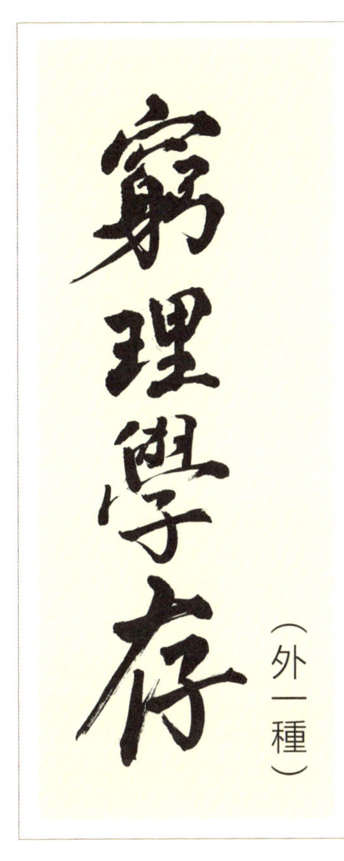


# 窮理學存（外一種）

［比利時］南懷仁 集述

宋興無 宮雲維等 校點

浙江大學出版社
ZHEJIANG UNIVERSITY PRESS

圖書在版編目（CIP）數據

窮理學存：外一種 /（比）南懷仁集述；宋興無等校．—杭州：浙江大學出版社，2016.9
ISBN 978-7-308-16037-7

Ⅰ.①窮… Ⅱ.①南…②宋… Ⅲ.①歷史地理—世界 Ⅳ.①K916

中國版本圖書館 CIP 數據核字（2016）第 151561 號

書　名　窮理學存（外一種）
集　述　〔比利時〕南懷仁
校　點　宋興無　宮雲維等

責任編輯　宋旭華
文字編輯　王榮鑫
責任校對　周晶晶
封面設計　石　幾
出版發行　浙江大學出版社
（杭州市天目山路 148 號　郵政編碼 310007）
（網址：http://www.zjupress.com）
排　版　浙江時代出版服務有限公司
印　刷　浙江印刷集團有限公司

開　本　十六開
字　數　五〇九千
版印次　二〇一六年九月第一版　二〇一六年九月第一次印刷
書　號　ISBN 978-7-308-16037-7
定　價　九十八元

# 前言

二〇一二年四月，浙江工商大學與比利時西弗蘭德大學共建的孔子學院在布魯日正式成立。在孔子學院的建設方案中，有一個重要的學術任務，就是進行中歐文化交流。如何開展中歐文化交流？浙江工商大學國際合作處、人文學院和西弗蘭德大學的相關專家經過多次討論，決定首先整理出版南懷仁的《窮理學》。

南懷仁（Ferdinand Verbiest），字敦伯，又字勳卿，一六二三年十月九日生於比利時的皮藤（Pittem），十八歲時加入天主教耶穌會，一六五七年隨衛匡國啟程來華，一六五九年奉派往陝西傳教，一六六〇年五月奉旨進京入欽天監輔助湯若望治理曆法，一六六九年被任命爲欽天監副治理曆法，歷加太常寺卿、通政使司通政使、工部右侍郎等銜，一六七六至一六八〇年任耶穌會中國教區會長，一六八八年一月二八日卒於北京，享年六十六歲，卒謚勤敏。

從一六五八年來華到一六八八年去世，南懷仁在中國生活了三十年之久。在華期間，他長期供職欽天監，贏得了康熙皇帝的信任和支持，從而使得各處的傳教士得以平安傳教，爲清初耶穌會在中國的傳播工作做出了傑出的貢獻，是明末清初最著名的來華傳教士之一。其間，他還奉旨改造觀象臺儀器，預推永年曆法，鑄造火炮等，傳播西方近代科學知識，爲中西文化交流做出了重要貢獻。

南懷仁一生有各種文字的著述達四十多種〔一〕，《窮理學》是其最重要的著作之一。據南懷仁《進呈〈窮理學〉書奏》，《窮理學》一書成於一六八三年，原書六十余卷，旨在使治曆者『求名理』，『明曆理，以廣開百學之門，永垂萬世事』。爲撰集此書，南懷仁『自欽取來京，至今二十四載，晝夜竭力，以全備理推之法，詳察窮理之書，從西字已經翻譯而未刻者，皆較對而

〔一〕詳見（法）費賴之著，馮承鈞譯《在華耶穌會士列傳及書目》第三五〇至三五九頁，中華書局一九九五年版。

增修之,纂集之;其未經翻譯者則接續而翻譯,以加補之,輯集成帙,庶幾能備理推之要法矣』〔一〕。可見,該書是最能體現南懷仁中西匯通思想的一部著作,著名學者馮承鈞先生認爲是書『集當時西學之大成,可稱偉著』〔二〕。然而,該書當年未獲准刊行,後亦未見有公私書目著録。這使得歷來的研究者無法窺知《窮理學》之原貌,自然也就影響了對南懷仁及相關問題的研究工作。民國二十八年(一九三九),燕京大學圖書館收得舊抄本《窮理學》殘本一部,共兩函十六本,朱絲闌恭楷,書面綢綾標題,頗似進呈之本。〔三〕雖然是殘本,但畢竟保留了完整的目録和近乎三分之一的内容,這對於我們了解《窮理學》的梗概,進一步推動南懷仁及中歐文化交流的研究仍然是有積極意義的。這是我們整理出版《窮理學》的初衷。

我們所整理之《窮理學》,即現北京大學圖書館藏之《益世報》所謂燕京大學圖書館收得之殘抄本,題名《窮理學存》,計存十六本十四卷:第一本《窮理學理推總目》,第二至六本爲《理推之總論》五卷,第七至十本爲《形性之理推》四卷〔四〕,第十一至十六本爲《理辯之五公稱》五卷。其中,第一本篇首有《進呈〈窮理學〉》文,與《在華耶穌會士列傳及書目》第三五六頁馮承鈞注①内容相同,當爲馮氏遺墨。題名《窮理學存》,我們認爲是符合殘抄本《窮理學》實際的,因此,在整理出版時我們仍沿用了這一書名。在整理過程中,我們盡量保持原貌,只對個别明顯的錯别字進行了改正。爲了閱讀的方便,我們還根據文字的内容,對一些較長的段落進行了適當的段落劃分。

本書的整理和出版工作由宋興無教授、宫雲維教授負責策劃和主持,並最後統稿。人文學院歷史系部分老師和研究生參加了校點工作,具體分工是:姜勇,理推之總論第一至四卷;馬金霞,理推之總論、第五卷形性之理推第六至九卷;宫雲維,理辯之五公稱第一至五卷。《坤輿圖説》两卷由馬瓊校點,附録部分由戴穎琳負責。

本書在整理過程中得到了孔子學院總部、浙江工商大學國際合作處、浙江工商大學人文學院以及西弗蘭德大學孔子學院、北京大學圖書館的大力支持,人文學院歷史系張燦、張嬋、羅傑、王思思、朱瑛、姚凡等同學承擔了《窮理學存》的文字

---

〔一〕詳本書附録。
〔二〕(法)費賴之著,馮承鈞譯《在華耶穌會士列傳及書目》第三五六頁注①。
〔三〕徐澤宗著《明清間耶穌會士譯著提要》第一九〇—一九一頁,中華書局一九八九年影印本。
〔四〕馮承鈞《在華耶穌會士列傳及書目》第三五六頁注①作《形性之理推》三卷,《形性之理推》一卷,當據抄本目録卷統計,誤。

輸録任務，浙江大學出版社宋旭華先生、王榮鑫先生爲本書的出版付出了辛苦的勞動，在此一并表示感謝。

由於水平所限，校點錯誤難免，敬請讀者批評指正。

校點者

二〇一六年六月

# 目録

## 理推之總論三卷



## 理推之總論四卷

**理推之總論五卷**

## 形性之理推六卷

**形性之理推七卷**



**形性之理推八卷**

形性之理推九卷

**理辯之五公稱一卷**



**理辯之五公稱二卷上**

**理辯之五公稱二卷下**



**理辯之五公稱三卷**

## 理辯之五公稱四卷

## 理辯之五公稱五卷

## 坤輿圖説　卷上

## 坤輿圖説　卷下

附録

# 理推之總論一卷

治理曆法加工部右侍郎又加二級臣南懷仁集述

## 總引

究先、究後者，古論總有四卷。亞利名爲究解之論，而此云究先、究後者，以別其中兩論之各名也。然而亞利分別兩論，名先二卷爲理推之論，而後二卷爲指顯之理推，則夫究先、究後之名，非亞利所立，乃釋亞利者所立耳。所謂究解者，元文曰亞納利細，譯言物復歸乎所由受成之元始也。如房屋或實受折，或就明悟之用受折，而歸乎所由受成之木、磚等物。又如物化生或實，或就明悟以歸乎所從受成之元始，即質、模、缺等是也。夫復歸元始之義，不一而足。窮理學所論者二：一爲收也者之復歸，即所云究先復元者。一爲收義之復歸，即所云究後復元也。從其前或一端，或二端所推而收者，論其所從以推之規模爲當與否，則謂之收。若論所推之義理爲真與否，則謂之收義。究夫收也者而歸之乎元始，乃是收也者之復歸者也。如題列所受成之限界、辯論所受成之題列，就當然之規模安置者，乃可從先。以推收何義者，是乃收也者之元始也。欲究收也者而解其元始，則須證所收者從限界與題列，據窮理學所設之規而安置之者以推而收也。究收義者而歸之乎元始，是收義之復歸者也。題列所受成之限界、辯論所受成之題列與收義，就其質義理也。合和者，是乃收義之元始也。欲究收義而解其元始，則須證所收義從夫亟收義所爲真之所以然之先列者而推收之也。據此可知，究收與收義而歸之乎元始者，意非在明識其元始而止，更在以審所推之收當否與所收之義真否也。

四卷總名究解之論，而第一、第二謂之究先復元，第三、第四則謂之究後復歸元者，緣一、二卷但究收也者解其元始，而三、四卷則究收義而解所受成之元始也。夫究收也者，固先於究收義，緣欲明收義之真從先列而推者，先須知夫收也者就當然之規模而推也，故究收也者謂之究先，而究收義則謂之究後也。

或問此論不但釋收也者與收義之歸元者，且亦釋何得作成凡理推也者之規模，則不宜以復歸名之，宜就所設作成理推者名之也。曰：欲明何物所受成之諸分，則舉其在物内爲物所現受成者，不如舉其所受析，乃各更自顯厥性也。又解作成理推者較易，而解復歸元始者較難。凡有才智之人，雖昧於窮理學所設之規法，亦或能作成理推之諸辯，然欲令析之而歸乎元始，則非知窮理學之規法者不能矣。故凡知夫解析各理推以歸乎所受成之分，必亦知夫合諸分而作成理推者。若但知合諸分作成理者，未必併知解析而歸乎元始者也。

論究先復元者所向之界，或曰：辯論爲本向界，緣辯論所該者四端皆屬此論所釋故。或曰：指顯之理推者，爲此論之向界也。亞利於首卷初篇自謂將論夫指顯之理推者，則以爲全論之向界可知也。雖然，謂專一之理推，不舉所資之質，而但舉所就之規模，是本向界者較當。緣究先所論，本在釋理推故。若辯論所該，其三端皆爲釋理推之一端，而兼及之，故亞利不以爲本向界耳。辯論與理推，其規模下論詳之。所云專一之理推者，葢總析理推，有兩倫：一爲專一，一爲合成。就專一之稱謂受成者，是爲專一之理推；就合接之稱謂專受成者，是爲合成之理推。故亞利惟論專一之理推者，葢於推覓物理更切耳。

所謂亞利自云，將論指顯之理推，故以爲向界者，此非有害前説，但指顯之理推，雖爲究先、究後兩論所向之終界，而究先者之特界，則在理推者耳。若謂依據五公稱首卷嘗論理推者，理辯學之向界則亦可以爲究先者之論之特向界也。曰：論理推有兩義，一舉其就模與某質受成，如指顯之質、其義理必然明顯可指者。可證之質其義理有論可以證之，然而非必然者。實爲謬質，而或似可證，或似指顯者，皆關於窮理學之本界也。二舉其就模與質受成，然其質無拘何等，但須爲可用以證何義者質耳。前義之理推乃爲理辯學之本界，後義之理推則爲究先者之特界矣。

究先者之論析爲二卷，一論理推也者與所受成之諸分；二論理推也者之諸情，即所云能與不能者是也。第一卷則有三論，一釋題列，與所受成之限界，二審凡題列相轉之何若，三釋凡諸理推也者之規模，與關乎各規模之諸情也。

## 論題列與限界及理推也者 第一篇

首篇總有四端：一解題列者，析其屬類；二解限界；三解理推者；四提兩論。以爲凡夫要理推者所依之如規也。

（古）初即宜定兹向何界指顯理推，與指顯學乃所向界。

（解）初論即設究先與究後者所向之要界，即指顯之理推是也。據亞利所論《多備加》六卷之三篇，凡藝須就所論之要義以定向界。夫指顯之理推，乃究先、究後全論之要義，故指之爲所要之向界。又云夫指顯之學亦屬此論所向也。或曰：指顯之理推，乃究後之本向界，而指顯之學則爲究先者所向之特界。此説無據，不如總舉指顯之理推與指顯之學以爲究先、究後兩論所共之向界較當也。

釋指顯學之義有二説：一謂指顯理推也者之學凡有一界，吾能証其情，則所就以證其情之知用，正屬某一種學之知也。今能生確知於明悟者，本爲指顯理推之獨情。則所由能證此情之知用，即謂之指顯之學。二謂指顯之學非論指顯理推也者之學，乃明悟就指顯之理推所得之確知也。亞利究後者二卷，皆論如何能就指顯之理推，以得確知之學。確知即就真，且初，且無隔之元始，而推其義理也。此解較是。亞利此篇所云指顯之學與究先、究後者全論中所云者，皆同一義。如一卷十八篇，謂就究先、究後之論，可證明悟於指顯之諸學，不能無窮推而不止。夫云諸學，則非指論指顯理推者之學矣。緣論指顯理推者，惟一藝，不可稱諸學故。又一卷之四篇，解可知者之廣藝云是指顯學所向之界，則是此篇所云指顯之學，非所就以釋指顯理推也者之學，乃明悟就指顯理推者所得之確知是也。

或曰：據亞利第二卷十七篇云，以上諸論，可知理推與指顯之理推之爲何性，與夫何如可作成之。又指顯之學，亦因而可明，緣與指顯之理推皆一義故。則所云指顯之學，非明悟就指顯之理推所得之學，乃釋夫指顯理推者爲何性情之學也。曰：否。所云皆一義者，非言指顯理推者與指顯之學，其各性情皆一義理，但言論其二者皆一義云爾。即釋夫指顯理推者之性與何如作成者，即是釋指顯學之性與何如可得之也。葢謂指顯之理推固就真且初，且無隔之元始而成，即是謂明悟就真且初，且無隔之元始之理推所得之知也，是乃所云指顯之學耳。

（古）又須解闡云題列者於限界者，各義何屬？

（解）此欲立全論之要義，如天文學於初論中，即設在後所須用之元始，解釋通論，設若與諸求者然，故先解理推者所受成之題列與限界也。葢理推所受成者質有二種：一爲所受成之諸分，二爲顯見於兩端相結之相宜。兩端之相宜復分四倫：一固然；二可證；三似可證而實謬；四題列本真，但因僞解其義，所收義必謬也。茲所論者前義之質，若後義之質，詳在後論。

（古）又宜闡釋理推者，何全成理推？與不全成，何以相別？又謂「在全」、「非在全」者，與「稱凡」者、「稱無一」者，厥義何云？

(解)設學者，先解宗性，然後降下而釋屬類。今指顯之理推，乃理推也者之屬類。夫既云究後者之論，將以釋指顯之理推，則此自宜先釋理推也者之宗爲何理與何爲全成之理推，即能全然推而收者。何爲非全成之理推，即非全然推而收者。以明要理推也者所受析之兩端何義云。餘見後論。

(古)題列云何？爲言論屬，或是或非何一某義於何物者。屬端有三：一公，一特，一非限定。謂何某義或與凡者，或與無一有相宜通是，乃所云公之題列。謂何某義與或一者互宜、互結、非宜、非結，或與非凡有相宜者，是則所云特之題列。非加公號，非加特號，泛云相宜或非相宜，是則所云非限定者。

(解)解釋題列而云，乃是言論，或能是或能非何義於何物者也。葢各全成之理推，必亟三端：第一端直謂題列，亦謂首題列，是題列之一義。又云題列非特指首端，兼亦指理推也者中三端之各端，是題列之二義也。此所解者，則指理推也者之各端矣。就幾何而析之，有三倫：一公，二特，三非限定之題列矣。各解原文已明，不復悉。

(古)指顯題列、推辯題列，理非相適。夫指顯者，非問非求兩端反謂特取其一；推辯題列設反謂端而求其一。

(解)欲釋前所解之題列與究後之論所用指顯之題列，及多備加之論所用推辯之題列，何以相别者，先釋指顯與推辯兩倫之題列何以相别也。夫指顯之題列，直於反謂之兩端、取其一端，而絶不容彼反對之一端者。如云有幾何其数等，若各減去之数等，則所存之数必等也。推辯之題列則並設反謂之兩端，一顯設，一非顯設，而問求其一焉。如云身樂爲美好否，云爲美好，是顯設之一端；云否是非顯，設之一端。罷拉多分别兩題亦然。嘗云：論恒然不屬可變之理，則須用不可辯、不可駁之言。若據相似之理以推，則其言但與真者相似，即足以爲證也。

(古)惟各題列在理推中厥狀無異，指顯推者與問求者皆據某義，或在某物，或不在者，以推其論。

(解)前釋指顯與推辯兩題之所相别，今釋所相同者，即兩題皆足以成理推。故前所解，皆統指顯、推辯之兩題也。凡理推也者之規模，不係於某種之質，故雖其質不同，而理推也者之規模不因而即不同也。試觀指顯而推者、求問而推者，其各所資之質，雖一屬固然，一屬兩可然，各據或是、或非之某一題列，定之爲真，爲他人允許者，而後以推其論。緣推辯者雖就求問以得答者之義旨，然非就求問以推，惟據求問所得之義旨而推故也。

(古)理推題列，乃是「某義是某物」，抑又或非無拘所資何某倫質。指顯題列固屬爲真，而從最先無隔元始，以推厥義。

推辯題列，以論求者，則爲反謂兩端之問；以論推者，則爲可證似乎真者。取攝之義詳釋題列與指顯題，及推辯題，何以相别，具在後論，兹惟略義。

〔解〕以上推收三倫之題列何以相别：即理推者之題列乃某義之或是、或非乎某一物者也；非論所資之質，爲屬何倫之質，故爲脱乎質之題列。指顯之題列則或爲最先無隔不待證之元始，或就不待證之元始以取其證之題列也。推辯之題列，以論求者，則爲求反謂兩端之一之問；以論推辯者，則爲可證，且似真之一端之取攝也。

雖求問爲推辯者之本分，緣推辯不拘定反謂之一端，即兩端皆能證故。然而推辯之題列所須者，不在先有求問，而在所辯某事之義理，須非固然之屬須先曉辯者、允許之某義而已。指顯之題列則不然。其義理固然恒一，而不可變，不須先問反謂也者之何一，亦不須先曉辯者允許之某義，直可取攝而證之耳。

〔古〕題列者所歸稱與所稱底，是即云限界。

〔解〕前已釋理推也者所受成之近質，即題列也，今釋遠質，即所云限界是也。或曰：亞利此篇所設之學，非循當然之次第者也。何以故？論當然之次第，或就更專一之物以進釋夫合和而成者，或就更合和者以進釋夫更專一之物。若兹就更專一者，以進釋夫合和成者乎，則宜先解釋限界，而後解題列也者之義旨。若就更合和者，以進釋更專一乎，則宜先解釋理推者，然後解題列與限界也。而亞利此篇不然。故知設學之次第，未必盡當。

曰：亞利於解題列、限界及理推者，非就更專一者、更合和者之理以解其義，惟就已明者，以進釋夫未明者，而此亦爲設學當然之次第也。《超形性學》五卷之一篇云：有時不宜從最先者進釋各物之理性，宜從更易曉者以起論也。夫題列與稱謂義理相係，稱謂已解《譯聽篇》中，則明題列較明限界更易，故以釋題列爲始也。況亞利就題列以解限界，則自先釋題列，而後釋限界，何可議哉？所云題列所歸是限界者，蓋雖字語爲題列所終歸者，然而字語之論，是説藝之專業，而非理辯之所務。理辯所務，釋理推與題列，及釋限界而止，故以限界爲題列所終歸者也。

〔古〕夫理推也者，乃是言論屬而從所先設，據其爲某義，必推收他義。

〔解〕前解理推所受成之質，爲題列與限界明矣，兹乃解明理推也者之本理也。三端各有本論。

〔古〕據其爲某者，即因所函義非須他限界，乃可以推收其爲固然者。

〔解〕解所云理推也者，據其爲某義以推他義，其旨未盡明，故復悉云。所收之義非有他因，但因先者所函之限界，以推其爲然而已。凡先者所函之限界，其所安設之次第，原自可因以推收固然之義，不須更改，或又加他限界以推收也。

（古）非須有他義，以顯所推收屬爲固然者，惟從先所函顯明其確固，是謂全理推。若捨先所函，更須一或多，以顯爲確固，是非全理推。

（解）此析前所釋理推爲兩端：一爲成全，一爲非成全。成全者何？所推之屬固然者。但從先所函相序之限界已明，不須更加他以明其爲固然者，是爲成全之理推。如凡係乎第一形，據正推收之理推，其所推收之義，皆顯於先者所函之中，是爲屬固然者。故惟此一倫之理推，乃謂成全者耳。非成全者何？所惟之屬固然者，雖從所循之規模可推而收之，然欲顯明所收之固然，然又須或一或多者也。一者，即或須夫先者兩題列之轉，或須歸答人所推者於不可有之理也。多者，即須兩題列之轉，尤須題列更設其處也。詳論見後。

（古）倘欲爲顯明，所推屬固然，非他須限界，惟須題列移。

（解）於非成全之理推，苟欲所收之義，顯明其爲固然者，不須他取一限界明之，但須題列就所原函之限界，一更移而已。此義見於兩題列之相轉也。緣限界仍自留存，但一移改，而題列即變故。辯中悉見。

（古）云在於全者、云稱乎凡者，義旨皆爲一。謂可以稱凡，即云底所函，皆屬受其稱。謂無有一者可以受厥稱，即云底所該，皆不屬可稱。

（解）兹指兩端，以爲凡第一形理推也者之所就審，如試石然。惟凡第二、第三形之理推，則又皆就審於第一形，以補其闕者。故總論，凡理推皆依據兩端以爲審試真否之規也。兩端云何？一曰在於全者，在於無一者。二曰稱乎凡者，稱乎無一者是也。所云其義皆一者，即言兩端並兼於一題耳。夫底之所該全屬乎稱者，乃所謂底之全在稱者也。又舉其稱，而以稱凡底之所該者，乃所謂用稱以稱凡底者也。如云凡人皆是生覺者，蓋以人論生覺者，宜謂人全然在生覺者；以生覺者論人，宜謂就生覺者，可以稱凡諸人也。云在與一者，稱無一者，所指亦然。如云無一人爲石者，無一生覺有司覺之德能者。

依此舉兩端爲審試凡理推之法，一凡可泛用，以稱某一底，亦可用以稱凡諸底所該一一者。二凡所泛非乎某一底者，亦可以非乎凡諸底所函一一之物也。第一端見於第一形之第一、第三之規，第二端見於第一形之第二、第四之規。義詳在後。

當知凡理推之元始有四：一質之元始，即題列與限界，皆爲理推者所受造之質。二模之元始，即凡理推所屬之某形某規。三所受全之元始，即非全成之理推所以全而爲成者之法，是乃題列之相轉，與先者之相移，及歸乎屬不可有者。四節之元始，即凡理推也者所受審受試之公論也。

四種之元始，篇中悉提其義。先釋題列與限界，以具質之元始之爲何。次解理推也者，而並釋所屬之形與規。次釋全成與非全成之理推，而云全成者不須他，以爲成全之始。若非全成者，則須有他，以爲所受全之始也。篇終則論夫節之元始矣。

# 論題列與限界其理正否 辯一

駁凡題列中有兩限界，故比各限界更爲合成者，則欲從當然之序以設學，宜先解限界，而後解題列。如《譯臆》之論先解名與務，而後解稱謂諸端也。正論曰：限界之本義，即題列所歸之元始耳。凡物未受造之先，固不能析解而歸之乎所受造之分，則必當先釋題列，而後解所歸之諸分也。若《譯臆》之論，非釋稱謂歸乎元始之義理，惟論稱謂之受造成者，故先釋諸分，而後釋全者。如欲造室，先造諸分，然後造成全室。若欲拆室，則必先拆全者以及各分矣。況爲他物之所受解者，本物宜先受解。若非先解，則所據以解與所欲解之物，兩皆不得明矣。夫限界就題列而受解，則非先釋題列，限界何得明耶？

## 解題列爲當 一支

解題列云是言論屬，或是或非何一某義乎何物者。所云「言論屬」，則以爲解也者之宗。緣題列爲言論，然亦有不爲題列而爲言論者。所云「或是或非」云者，則當殊而立也。但釋此解有兩説：一謂所云「何一某義乎何物者」，乃言論之宗，所受接之本殊。而「或是或非」者，則題列之屬顃耳。蓋凡爲宗者，若欲就限解而釋之，不能就所受接之殊，以爲其解也。今所解題列乃是限解，而所云「或是或非」者，本爲題列之宗所受接，以成屬顃之兩端，則不可以爲題列所受解之殊矣。二謂所云「或是或非何一某義乎何物者」，皆以全成夫言論之宗所受接之一殊也。此説更允。依此義以釋夫解者云題列也者，乃是言論或擄真，或擄似真，以界以祛一稱別於其稱之底者。所云「底」，須爲公底。舉其指有隔之屬，如云凡人皆是生覺者，夫人之爲底，本非指人性之類爲無隔之屬，本指某某爲人性有隔之屬者。又如云凡白者，是自立之體。夫白者爲底，本非指依賴者，是指白色所稱之某物耳。抑舉其泛指所函之諸義，如云凡人皆是生覺者，夫人之爲底，不但指某某爲特一者，亦不但指人性脱乎諸特一而謂生覺者，其義蓋云人之公性，或舉其在各特一，或舉其脱諸特一，爲生覺者。所云或據真，或據似真者，以別乎凡不屬真，亦不屬似真，而顯然屬謬之題列。蓋亞利所解之題，本爲可用，以成而證何義之理推也，而凡顯然屬謬之題列，不可用以成此理推者。亞利解理推，云就前所設，可以推他義者，即云就所己是者；或就所屬可是者，以推他義也。若彼顯然屬謬之題，顯然不屬可是者，豈可用以成證他義之理推哉？所云「畀一稱」、「祛一稱」者，以明凡合接之稱謂與設之稱謂，皆非所係乎題列解中者。緣亞利此論惟釋可用，以窮各物性之理推，而凡設之題，與合接者於窮物之理推無用也。所云「別於其稱之底」者，以明凡稱與底相同之題，亦不係於前解。緣所論惟藝成之題列，而凡稱與底同者，雖亦有用於窮理，要皆自然而成之題列，非因辯藝之規受成者耳。所謂「底須爲公底」者，以別於孑一者之題列，緣於設學鮮用故。又以別於凡屬公底之題列，舉其惟指無隔之某義，如云生覺者爲宗，人、馬爲類，各指公性，而不指屬公性之諸特一者。緣凡若是之題，皆當孑一者之題，其用亦鮮故。觀亞利就幾何以析題列爲三端：一公，一特，一非限定之題列，未嘗言及孑一者可知矣。

所謂「此説更允」者，蓋所云何義乎何物，非釋全義，而題列之特理終不顯明。如云亞利之書者，此非成何義之言論也，必加所云「以畀以祛」、「何義乎何物」，而題列之特理乃具矣。釋所據之論，云雖是之與非，本爲題列所受析而成屬類之殊，然總舉所云或是或非者，則爲言論之宗所受接而成題列之總義也。況題列之總義，本非可謂宗藝成者非宗之切義故，但可謂同名似義者。而凡公者同名似義之性無所別於其屬倫，故欲解其性，不若就所受接之殊解之。如欲解有也者，而云是或自在，或依在乎他者，云自在者，依在者乃有也之總義所受接而成自立體，與依賴者兩端之殊也。較舉其本理，而謂是可在者，更明且詳也。可在者，總有之內理也。

依此推知前解所指之題列非爲曲解，正爲限解。何故？凡解某性，而指其性之本宗與本殊者，其解非曲，正限其性而解者耳。今依上所論題列也者就本宗即言論。與本殊即所云或是或非，何一某義乎何物者。而受解，則爲限解可知也。是之與非，乃題列所以別於諸他言論，所以爲本殊。此論但據第一答駁所云不可就是與非何義乎何物者，以解題列焉。若欲據第之答，則謂凡同名似義之性，其所限解焉者，雖非如同名同義之性所解之切，緣無本宗、本殊故。然而所統之上性則如其宗，所別於他性之理則如其殊，故所解非曲，亦謂之限解矣。

雖然，駁正論有三端：一、題列也者，無論明悟所成與口之所出，其切理本在爲能表之言論。蓋明悟之所成者，本爲所表之界，因性之顯示；而口之所出，則爲藝成之具，以表外物與明悟之内義也。則就是非以解題列者，不可爲限解。

二、雖所云或是或非云者亦係乎題列之内理，然終不可就之以解題列。何故？此處所解之題列乃可用以成夫證何義之理推者也，而凡題列可用以證何義者，宜論其爲真與否；而是之與非，無所取乎此也。則不宜就是非而解，宜就真謬而解，如《譯臆》之論所解稱謂者然。

三、駁所云設之題列，非統乎前解者，曰：凡設之理推，就設之題列而成，則後既論設之理推，此亦宜論設之題列，豈可以爲非統乎前解者哉？

釋第一曰：爲能顯示物之表者，誠係乎題列之本理，故解中云題列爲「言論屬」。而言論爲解中之宗者，本爲顯物之表也。但爲表，雖亦係題列之内理，而其内理則非直在爲表而已，更函所接夫宗之本殊，即所謂或是或非云者。

釋第二曰：雖稱謂與題列皆爲明悟第二用之屬，然兩者不能相轉相當。緣題列之義隘，稱謂之義廣故也。夫稱謂就或爲真或爲謬者而解，故凡稱謂或是設之稱謂，或是理性之稱謂，理學所用以窮物性者，是謂理性之稱謂。其類之屬，下論具之。設之稱謂，非直窮物之性情，惟就所設所許之義，以推其論。如云設人有羽，即可飛，此非論人有羽者可能否，惟云設有此理，必可以推云，即可以飛耳，故不以之謂理性之稱謂。或真或謬，皆受統乎其解。若題列之解，惟兼統凡專一，且真或似真之稱謂，而其所以相别，亦就其名，以推而明焉。蓋稱謂所以爲稱謂，以其但顯明悟斷物之内用於其外，而其爲真與否，固無拘也。而題列之所以爲題列，惟在提舉某義，以推收他義耳。彼夫顯然爲謬之義，豈足以推他義哉？故凡顯然謬之稱謂，皆不受統乎題列之解也。依此推知，題列不宜就所云或真或謬者以解其理矣。所謂題列之能證何義，無所取於是非，惟取其爲真爲謬者，曰：亞利解題列，就凡諸理推不相同之形，與凡諸形不相同之規而解。然而諸不相同之形與規，皆就是與非之相距，則就或是或非者以解題列，其義允矣。

釋第三曰：所云設之理推，雖在後，亞利亦論及之，然非以爲究解先後者之本論，但以其與專一之理推有相似，而旁及之耳。豈即因而謂其所受成之分即設之題列。必統乎專一理推之解哉？

## 就幾何與何似以析題列之屬端 二支

幾何與何似之兩析，一則篇中詳見，一則但提之耳，非詳論也。所云題列之幾何者，凡爲底之物屬乎某稱者，或数之多，或数之一也者，是題列之幾何者也。蓋爲底之物，或舉衆，或舉一，以屬乎稱。舉衆者，如云凡人皆爲能笑者，人之爲底者，則舉衆人而言。舉一者，如云或一人爲窮理者，所云人者惟舉現在之人，而或以此人，或以彼人，謂爲窮理者。非限定題列之底者亦然。如云人爲窮理者，惟指非定之一者耳，義云或此人，或彼人云云。爲窮理者，若更舉限定之一者。如云此一人爲窮理者，則惟舉某甲而言之耳。

亞利就幾何析題列有三端：一公，二特，三非限定之題列也。未及論孑一者，緣凡孑一之諸有常變，不屬可確知者故。特一之題列，如云或一人；孑一之題列，如云某甲。解公之題列，云是有公且屬公號之底者也，如云凡生覺者是自立之體也。解特之題列，云是有公且屬特號之底者也，如云或一人爲窮理者。解非限定之題列，云是其底非屬何一某號者也，故云非限定，即非屬乎某一定之幾何者也。論孰謂公號，孰謂特號，又論公號、特號如何可相當與否，詳見《引咎辯》三卷之五篇。論公號、特號，各所有於明悟相應之臆，詳見於《譯臆論》一卷之四、六兩篇。

論題列之何似有兩端：一云本然之何似，一云依然之何似。稱也者與底之相接，是之謂本然之何似，乃題列本分之模也。爲真爲謬，與他義有所係於稱與底之相接者，是之謂依然之何似者也。亞利解題列，以爲言論或是或非云者，則以指本然何似之析者耳。證其析之兩端爲相對，而盡包夫受析之義。蓋理學有公論曰：凡每物或是之或非之，必有真者居其一焉。則其端爲相對，而盡包題列之屬端可知矣。

問：此析爲宗之受析於屬類乎？抑爲同名似義之理受義於屬端乎？不可爲宗之析於真類者乎？證非宗之析於類者曰：每有兩物，而但就先後以共某公義，則不足謂屬其公義之類。而公義不足爲其屬類之宗，惟就同名似義之理，以析其公義於屬端耳。今夫是也者先於非，則是之題列與非之題列，不能就一名一理，以共題列者之公義，故不足以爲真類。而題列之公義，不能就一名一理，以受析乎屬端，故不足以爲真宗也。所云是先於非者，亞利《譯臆》之一卷十二篇云是固先於非者，蓋是之所以先於非有多端，一人但就是之模，或在底，或可在底，以識其模之非，而未嘗就其非，以知其模，則是者在先明甚。況非也者就是而成，豈不在是之後哉？二是也者指有其物，非也者指匪有其物。今雖專舉受造之諸物先匪而後始有，然直論有與匪有，則有者先，而匪有者後也。獨瑪云：多者先於一者，何故？一者乃多者之非，多則是之有也。三凡非也者，必因有是之他模，以得比例。如因物或屬白色之模，故真可以非黑色乎其物，則是豈不先於非者哉？

證爲宗之析於類者曰：用此以稱彼全脱乎是與非者，則是非兩端，並共夫稱謂之總義，而非先後之可論也。緣兩端非所相係，各自得總義之全者故。又就所云凡每物或是之或非之，必有真居其一者，可以爲證。蓋其義乃分析之義而直，且並統是之非之兩端。

欲明正義，當知凡論題也者，或舉界義，或舉模義，而論之。若論界義者，則是之題列爲實有，而非之題列不然。如云某甲有義德者，此一是之題列；而義德在某甲者，乃實之有也。又如云某甲非是義德者，此一非之題列；而義德之非，在某甲者，是其題列之界，屬非之有也。若論模義者，則施之題列與非之題列，皆爲實有。緣或爲口出之聲，或爲明悟所懷之臆，皆是且實之有故。

論界義，則不可指總理以爲是之題列，與非之題列所共之宗。故是之題列與非之題列，不能爲公之題列之屬類。緣有也者，與其非不能挾一義相合於一理故。論模義，則分析題列於明悟之題列、語成之題列兩端。論明悟之題列，則依上所論，無所別於斷用，皆專一之何似耳，故必自具爲宗爲類之真理也。若語成之題列，則爲藝之由多聲依然合成者，故非宗類之真理，但因與宗類有相似，亦謂之有宗有類耳。以此推知，明悟之題列，可謂真宗真類與否，則後説較是。

或曰：若明悟之題列可以析是之題列，非之題列，而以爲其屬類乎？豈非有明悟之一用居在不相屬兩宗之下哉？比如云人是生覺而能推理者，明悟所是此題列之用，居在乎然之之是用之下，又居在乎原始之下，兩者不相屬，若各自爲一宗，豈非有一是用居在於不相屬兩宗之下哉？所云不相屬者，明悟所以然何一某義之是用，非即可爲原始。又凡爲原始者，非即所然之是用也。蓋多有原始，本屬所非，而無所是之用故也。明悟所以許何義之用，有兩端：一爲是用，一爲非用。如云人爲能推理者，我所以許此義之用，謂之然許之是用。又云人非爲能推理者，我所以許此義之用，謂之然許之非用也。從諸然許之是用，取脱所共然許之一理，以較屬之諸端，可以爲宗，而屬端可謂之類也。所云原始總有三端：一爲物所現受造之原始，如凡諸變化之動。二爲物所受成本有之原始，如諸屬形之物。所受成之元行，此兩元始所以相别者。蓋第一端乃物所以受造，而非爲物受成之本分，不留在於物内。若第三，則非作然施乎物之受造，而爲物受成者或質之分，或模之分也，故必留在於物之内矣。三端則乃明悟所以知物之元始，如各種學，所具不待證而自明之公論。前所云原始，惟論第三端。

釋之曰：夫然許原始之用，不能就一名一理，脱乎諸用，以成一宗也。蓋各自一理而惟就一名似義，以相合乎一總理耳。前所舉然許之用，非居在兩宗不相屬之下，但宜置之乎然許是用之下也。何故？然許之是用與然許之非用，各自一宗，其屬端各自一類，而然許原始之用，不能脱乎屬端自成一宗耶。則曰：夫爲原始之物，各函三者：一其物之本有；二爲原始之物，以視受肇者之互；三其互所受基之理，即始肇之物，所以出乎原始者之由來也。據此以論，則爲原始之三端，皆不能就一名一義，以相合乎一理者。論原始之本有，其受造之有與非受造者實之有，與思成者，皆可稱之爲原始。顧其所共之總理，非一義之理，惟似義之一理耳。論原始所以視夫受肇者之互，則超性而非受造之互、因性而受造之互、又實之互與思成之互，豈能就一義而合於原始之總互哉？論互所受基者，則凡思成之互所受基之理，係於明悟非實理。而凡實之有所具之實互，固有實之理爲基者，則爲原始之三端，誠不能挾一義以合乎一總理也。至論然許諸是之用，雖所就以然許各論者，或但爲似義之理，不屬同義，然專舉其爲是之用，則皆共一理，故足爲真宗真顚者。其然許諸非之用，亦同此義。明悟此一用，並具二理，即可爲原始之然許也者，亦可爲然許之是用。如云人爲生覺而能推理者，舉其爲理學所具之原始，則所然許之之用，不能爲真顚；而所屬然許原始之總理，不能爲真宗也。論其爲一是之題列，則所然許之之是用固爲顚，而所屬是用之總理，亦可爲真宗也。

釋前駁曰：其論惟可證是非之題列。就界義而論，固不能挾一理，以共題列之總性，緣是之題列更顯且純故。若論題列之本有，即舉其爲聲之所成，或舉其爲明悟之所懷，則皆實之題列，皆可以共題列之一總理也。謂凡是之題列之界，先於非之題列之界乎，則論聲之所成，明悟之所懷者，是之題列，必先於非之題列也。如明悟之德能，固先於愛欲之德能。緣明悟之界即真者。先於愛德之界，故曰明悟所以先於愛德，非就所共之總理，而謂爲先者。蓋二者或論靈德之近宗，或論神德之遠宗，固必就一名一義以屬乎一總理也。而其所以先者，或因明悟較貴，或因其界較先故。云先於愛德，緣愛德非有明悟之用在先，不能行其本用故。設非先有明悟與其底之相宜，愛德不能與其底有所相宜也。是之題列所以先者亦然，但緣以貴以界而先，故在明悟與是之題列，更爲自然之用耳。豈即因此而有礙乎同名同義之共哉？

## 釋限界 三支

限界也者，論其直且模之義，則其所視夫所限界也者題列之互是；論其旁且質之義，則題列所由終然、全然受限界之或語或臆者是也。云終然者，以別於全之題列，緣理推歸乎全之題列，而全之題列，非理推終歸者也。又以別於若之穪謂，蓋凡若之穪謂，雖皆歸於所受成之題列，然論所總歸者，則宜歸之於題列之諸分也。如曰若日出乎，必有光焉，是若之一穪謂也，欲解之而歸於所受成之始，非但至於所受成之專之題列即云日出云有光者。而止，必解以歸於其專題列所受成之諸分，即日與光。是乃終所歸者也。曰全然者，以別於附語之諸聲，暨凡自不作義之語。蓋即非全穪、全底，而惟加在穪與底，故本非爲題列所受成之限界，惟或合乎穪，或合乎底，與之同限題列耳。

釋限界亦指所析之兩端，即穪與底是也。問穪與底爲限界，或因爲題列所受成之末分乎？抑因爲題列所終歸之末分乎？謂因爲題列所受成之末分以謂限界者，所攄曰：解題列而歸之乎原分之後，夫前在題列中之名與務，論其本理，則在題列之外，與其在題列中無以異也。而或至於爲穪、爲底，則惟見於合成之題列而已。夫前解題列凡在其中爲限界者，但可謂名，不可謂穪、底，而亞利乃指限界謂之穪、底，豈非但論現合成題列之限界乎？又亞利此論欲釋題列之本性，乃篇中解題列，惟提夫兩端之接而在其中之務，則知欲盡釋題列之性，必須釋在兩端之限界爲何。故今又提題列之稱，與所稱之底也。依此論，則所謂題列析後在中之務，與兩端之名，皆可留存，故皆可以爲限界者非也。蓋惟在題列之兩端可謂限界，而非凡得留存者皆可謂之限界，玆務之合兩端也。在其中而不在於各端，豈得謂之限界哉？若謂亞利解限界，但指凡留存於題列受析之後者以爲限界。今析題列而合之務亦可留存，則依所解限界，奚獨在兩端之名？即在中之務，亦可謂限界也。曰：所解限界，其義乃析題列之所歸之稱與底也，則非凡析題列之所歸皆爲限界，惟所歸而爲題列之稱、底者，是爲限界。故雖云析題列之後，合之務仍在，而非即可並謂限界也。

謂因爲題列所終歸之末分以謂限界者，所據云此論本爲凡理辯學所成之藝，具以歸之乎原始之論，則論限界非因其現成題列，而在於其兩端，惟因其爲題列所歸者，以謂之限界也。

辯曰：設稱與底，非因爲題列所受成在其兩端以謂之限界，惟因爲題列所終歸者以謂限界乎，則是之務，即亦爲題列所歸，亦宜以謂限界也。

釋之有三説：一曰：是之務所以不爲題列之限界者，蓋非爲題列之本分，而凡物惟可謂歸於本分，不可謂歸於非本分者，證非題列之本分者。凡藝之模也者，非可以謂藝成者之分，比如室舟之某形，是乃室舟之藝模也。豈可謂室舟之一分哉？又如衣冠等藝成之各形，亦未有指爲受成之一分者。此蓋在俗論或可，而在窮理者所用，斷不可也。蓋窮理者論凡或性成、或藝成之物，以爲有二種之分：一爲其物所以全已形體之諸分，謂之全分。是乃各體之若干分，如人身之手足，房室磚瓦是也；一爲其物所以具某一性之諸分，謂之本元之分。是乃各物所以成某物之質與模也，如身與靈在人，土與某形在凡塑成者。夫此兩種之分，皆見於各題列之中，即底與稱是也。乃題列之所受全之分，兼稱與底二者，則爲題列之質分。而稱與底所以相接之務，是爲題列之模分也。觀此可知，務之所以不爲限界，非因其非題列之本分也，緣雖非題列所受全之分，而亦爲題列之模分故。

二説：是之務亦爲限界，但亞利之解限界，非專舉務以謂限界，乃兼稱與務，而謂爲一限界耳。其不必詳言之者，蓋《譯臆》篇中已嘗謂務之在題列，常屬所稱者，故不須又言。此所云稱者，亦兼務也者而言也。

此説所謂兼稱與務，以務爲屬所稱，故總謂一限界者，良然。但是之務，在題列中有兩義：一合乎稱者，而並屬受稱；二爲稱與底所受接之結。是之務，或在固然之題列，或在可不然之題列，皆具此兩義。舉前義，雖是之務，亦可謂限界。因其合於稱也，故非專舉而解，乃兼兩者以爲一限界。而至論後義，則不可指是之務以謂限界也。

三説：謂析題列歸之乎元始，彼是之爲務，非有所合接兩端之義也。今欲析一物，以歸元始，惟可謂歸乎析後所留存之諸分，而不可謂歸乎非留存之分也。如截屬幾何大小之一物，非謂亡滅之一分受截，但謂所留存之一分受截耳。今論是之務，於題列既析之後，其所接稱底之義不復留存，故不以謂限界也。

辯曰：析題列後，其稱與底之留存，但舉其爲名，而非舉其爲稱爲底之義也。蓋此義惟見於在題列中之際，而不見於析題列之後。然而稱與底於析題列之後亦謂之限界，則是之務，雖析題列而後，不復現存所接兩端之義，豈即不可謂限界耶？

釋之曰：稱與底所以成題列，非就其稱底之義而成之，惟就各所指之某物以成題列耳。然各所指某義，或論之在題列中，或論之析題列而後，非不悉皆一義，以故題列雖析，不礙其爲題列之本分也，豈不可謂題列所歸之限界乎？至論是之爲務，則爲就其爲稱、底所以相接之合，以謂有所係乎題列之全成者，析題列後即無所接之義，即不可謂所歸之本分，而稱之謂限界也。

又辯曰：依理學通論，夫馬與他諸性成之物，皆得謂歸乎質、模之兩分也，然而除去人之一模，其餘他諸性成者，既經壞滅，厥模豈復留存哉？推此則是之務也者，雖析題列而後，不能就所接兩端之義，以得留存，因不即謂非題列之限界也。

釋此有兩説：一謂凡性成之物，雖其模已不留，亦可以歸乎所受成之質模。緣其模雖滅，而其所視元質之互尚存不滅也。若藝成者不然。蓋其模初非與某質有本然之互，如室之一形，豈嘗拘乎石之質、木之質哉？則雖性成者之模滅而不留，無礙於性成者所歸之限界。而藝成者之模則否也。

此説非也。性成者之模，本無拘於模此質，與模彼質。凡質具有當然之緣引，則皆可以模焉。比如已死之馬，論其模，初非與先所模之質有限定之相視，夫亦泛視，或此質，或彼質皆可耳。然則執性成者之模，其視質之互謂質，雖不留，可以爲所歸之限界。而藝成者之模，因無定向則否也矣。

正論曰：性成者之模所以爲性成者，所歸之限界，非因其與質有固然之相視也。即以性成者之模，本不與其全者併滅耳。然全者既壞，而其模因其不能本自在，乃就本性之屬懷，以受其滅耳。其模既不因全者滅而亦滅，則真可以爲全者所歸之一限界也。論藝成者，則異是。蓋所爲析夫藝成者之析，其向正欲滅其模。如析衣，析室，非析其質，惟析其模耳。觀此則知性成者，真可謂受析，而歸乎質、模之兩限界。緣其模，非因全者之滅而滅，故其全者既滅之後，謂之留存也。若藝成者，其析也惟滅模之是向，既不可謂全者既滅之後，其模仍在，則豈可指之爲藝成者所歸之限界哉？夫題列者，藝成之屬也，如欲析之正，即析其模耳，豈能留純而爲題列所歸之一分哉？況是之務之在題列中，非與性成之模有相似，而與性成者之質、模相接之結有相似也。夫結之於質、模相離之後，其不可留存也必矣。

曰：《譯臆》之一卷，已謂明悟之稱謂，爲專一之何似，不能受析，以成多何似者。今謂析題列，而歸乎稱、底相别兩原始，則欲成明悟之稱謂，必須合結稱、底相别之兩臆而後可。蓋物之所歸，即物之所受成者耳，豈可以爲專一之何似哉？曰：語成之稱謂，顯於明悟之稱謂，釋之更易。故亞利之解題列者，即論語成之題列。而凡語成之題列，非不有相别之分也。若以論明悟成之稱謂，則所謂析題列歸乎稱、底，故必就相别之兩臆受成者，義非謂明悟成之稱謂，自函相别之兩臆，惟謂明悟將成某稱謂，須先有表稱、表底，相别之兩臆，而凡明悟之斷用，是明悟之稱謂也。雖須先有此兩臆，而其所表務之合也者之臆，則不須先有也。以故析稱謂後稱、底之兩臆，皆各留存。而是也者之臆，雖舉其爲一務，非有合結之義，亦可留存。然論其爲稱與底所相接之結，其於即析之後，豈可留存哉？

## 解理推也者當否 辯二

### 釋推論之本理何屬 一支

亞利《譯臆》一卷之一篇，又《三魂論》三卷九篇，惟提吾人明悟之兩用，即直用與合用耳。若推論之用，則凡理學名家，皆提以爲别於第一、第二用之一用也。亞利不提第三用者有兩義：一謂亞利提第二用已兼包第三用；二謂司明之德能，就所能發之用，有三直通義旨者：曰連合兩義，以定是否者；曰斷由前而推後者；曰理也。達斷二用狀如圈心，而推之用，則如理之周行然。亞利惟提第一、第二用，則但論明悟舉其有所别與理耳。夫理推與凡諸辯規，皆爲推論之屬，故須先論其宗義，以定其屬類焉。

明悟之第三用所以謂推用者，蓋與諸生覺者之動有相似。夫動也者，本爲離此界，以至彼界之行，非株守一界之謂也。明悟之推用亦然。所須有多知識，蓋亦從此知識之一界，至彼知識之他一界。以故總解推論之宗義曰：是明悟從此一識之徑，以至彼一識者也。

斯各多謂推論，非須有多知識，惟明悟用一知識，而其從此一物，以明彼一物者，是真推論之屬也。此説非是明悟之於明物性也，必須從一知識，以得他一知識者。緣因明悟本性之光有限，又所得物象，不盡足用故也。如欲人之明悟，洞曉夫天神所直達之物，必須有多知識，周遍而後，可得知其物也，夫止一知識無所相係者，是謂自己不能先乎自己，豈可以爲人明悟由先以推後之知哉？但可以謂天神之直達耳。

總析推論有二端：一相接之推論，一所以然之推論。凡相接而非所相係之多知識者，是相接之推論也。如先知天，後知地，兩知非有相係，但爲相接之知耳。如先識某甲，而後以至識某乙，其所知某乙之識，必係於所知某甲者，是所以然之推論也。獨瑪釋之曰：是從此一者，而知彼一者之識也。總之，明悟所以明物之勢有三：一明一物於他物；二明一物於明他物之後；三從一物而知他物。比如夫次所以然，於初所以然之性，明見凡能施之效者，是謂明一物於他物者也。明悟先明此而後明彼者，是謂明一物於他物之後者，即相接而無所相係之推論也。從此一物就理之合也者，以推收彼一物者，而其所知此一物之識，本爲明悟知彼一之所以然者，是謂從一物而知他物者也，是即所以然之推論也。

相接而不相係之推論，與所以然之推論，其別有四：一，相接之推論，雖亦須有多識，而後之識、先之識，各自一識，非有相關之義也。若所以然之推論，則不然。即在先之識，無所係于後之識，而後識必係于先識也。後識所以必係于先者，有兩義：一，作然而係；即後識以先識爲生已之作所以然。二，模然而係。即後識以先者，爲其所學之模所以然。作然係于先者，証見《譯臆》一卷之四篇；模然有係者，則《究後者》一卷之二篇，已具其論也。就此一別而推，以證前所謂推論者之宗義，必統多識而其一爲所以然，其一爲所生之效也。若夫專一之識，豈可謂生已之所以然哉？

二別，凡相接之推論，雖就合斷之識而成，然不止合斷，即直通而專一之識，亦足成相接之推論。若所以然之推論，則非合斷之識在先不可也。所謂專一之識足成相接之推論者，如明悟可以成專一之一臆，而後又成專一而不相係之他臆；成合斷之一用，而後又成合斷而不相係之他用；成所以然之一推論，而後又成所以然而不相係之他推論也。可見相接之推論，所須之識，無拘明悟某一用之識。直、合、推三識，皆足以成之也。所謂所以然之推論，非合斷之識不可者，如第二之爲用，即合斷之用。必須第一之爲用即直通之用在先者，則第三之爲用，即推論之用。固須有第二之爲用在於已先者矣。

此推論所函之所以然，乃就理之合以成之所以然，故明悟行此第三爲用之時謂之理，而所行之爲用謂之理推者。今凡有就理之合，而施之所以然者，必其在後爲效之識，與在先爲所以然之識，併與其識所向之界，有固然之相宜，及内之相係也。則夫所所以然之推論，使非有斷用之識，何以能成之乎？蓋凡直且專一之識，雖亦從專一之他識可以受成，然受成之識，與成之之識，非固然之相宜相係也。緣亦能就物象而受成，故其識或就他識，或就物象而成，未嘗不爲一類之識也。必如就表人之臆，以成表生覺者之臆，又就表生覺者之象以成表生覺者之臆，其兩臆皆一類之臆耳。故從人之臆，以受成之臆，與所從生之人之臆，其所相宜相係，非他，即從象受成之臆，其所係于象者而已。就此論推知，或謂明悟之第一用，若就一識，以推收他識，可謂所以然之推論者非也。蓋此兩識中，惟見有提之收，從先識以提後識，是提之收也。未見有理之收也。明悟就一直且專一之識以收他識，其先識非就內施以生後識，惟就外提而生其識，故非爲所以然之推。所以然之推，必就內施於其效也。論明悟就斷用之識以推收他識，其先識必就內施以生所推之識，故所收真爲理之收，所推真爲所以然之推論也。亞勿落曰：明悟就解就析，以得某全者之知識，非可謂之推論，緣其知識，但從專一之識以成之故。

三別，凡相接之推論，不能受成於須臾之間，必以時而成。其所云相接者，政以此故。蓋因其一識，受成於他識之後，以謂之相接之推論耳。若在須臾之間受成者，設非就何一某種之所以然相係、相序者，皆謂之並受成。顧相接之推論，其兩識既無先後所以然之相序，則其所以先後，正在時之先後，不能在須臾而成也。若所以然之推論，雖有所以然與其效相序之先後，而在須臾間，亦可受成焉。蓋所以然與其效，雖並在於須臾，而究其性之原來，則所以然固先于其效也。緣先識爲後識之所以然故，則雖並在一須臾，豈不有原來之先後哉？所謂先後兩識可在須臾受成者，亞利《究後者》之論，一卷之一篇，嘗證明悟於須臾造成，不但可以然兩識且證有時不能不然者。茲惟舉一端證之曰：明悟先發之兩斷，能一須臾存之，即亦能於一須臾生此兩斷也。蓋設無有他故礙于其用，則生此兩斷所須之能力，豈必大於所須以存之者哉？

四別，窮理家所直稱爲推論者，惟所以然之推論。若相接之推論，則罕謂之推論云。

所以然之推論，復析兩端：一謂從先之推論；一謂從後之推論。若先之識，統函所推收者之所以然，是謂從先之推論。如曰：人是生覺而能推理者，則人是能笑者也。蓋所謂生覺而能推理者，乃是人爲能笑者之所以然也。若先之識，惟統函其所推收者之效，是謂從後之推論。如曰：人是能笑者，則是生覺而能推理者。所謂能笑者，乃是人爲生覺而能推理者之效也。此兩端外雖更有從非函所以然，與效之兩識作成之推論，然亦可以歸乎從後者之一端，則析爲從先從後兩端是已。但此兩端之所由分，本就推論者之質以分。而今未遑論其質，其質之義，見《究後論》中。惟欲釋其模耳。夫所謂推論其所統者，不但凡辯之諸論，凡從此以推彼之收也者，皆受統於所以然之推論。至若從甲物，以推甲物之收也者，如云爲人爲生覺者，則人爲生覺者。則皆非推論之屬。緣非有兩題列相別者，不能成推論故。

推論之宗義，析爲嗣之推論、所以然之推論兩端，乃理學所是之析也。但兩端之間，別有一端，即明悟就所已試，以收某原始知識之推論也。證就所已試，以收某原始之識，固有推論者。亞利《超形性學》一卷之二篇曰：明悟於得某原始之識，必從所已驗者，即就孑者之題列，以收公之題列。而凡就或一或多之題列，以推收他之題列，豈不爲推論之屬哉？證此推論，與前兩端推論爲不同者，蓋凡嗣之推論所函之識，其在後者與在先者，非固然之相係。若明悟所從推某原始者，則其識與其原始之識，固有先後之序也。又所以然之推論，其先識本爲後識之所以然，而在後者，就理之合也者，從先以推焉。若所知原始之推論，先識非爲後識之所以然，而在先孑一之題列，有如引開其路，使明悟之明其原始，益得確固，而免于謬耳。

析推論必欲止于兩端，則原始之推論宜歸乎所以然之推論。若是，則所謂所以然者，不但指所以然之本義，且亦指凡物得有所須之緣引也。欲析推論，而謂其屬端有三者，則其所知某原始之推論，又當謂之緣引之推論矣。

## 解理推當否 二支

證理推之解不確者有六：一，理推即相接之多言論者耳，則解中不可指獨倫之語而稱之爲理推者。

二，他辯論與夫收也者，其與理推之所相同，匪直言論，且亦有所同共之別理焉，則不可指言論，以爲理推所屬之近且無隔之宗也。

三，前釋所云從先所設者，謂先設之題列，宜爲專一且公，且或已受然，或可受然之題列也。顧夫若之理推，豈非就所依之規模而可收義之理推乎？然其所函非專一之題列，或爲合接之題列，又就孑一之題列，受成之理推，因其所收之義甚明確，故又謂之闡之理推。則夫可容於所解之理推者，豈獨公之題列哉？且此兩理推者，亞利並無他論相釋。則知前解必統此兩端矣。

四，所論理推也者，非論其質，論其規模已耳。今凡由顯然謬之題列受成之理推，雖論其質不足以推收確義，而論其規模，則亦爲全成之理推，豈不受統於前之所解哉？

五，凡所收之義，不爲理推也者之屬分，則不可謂夫理推爲從此以推收彼之言論耳。所謂非屬分者，生知識於明悟，乃爲理推也者之本效。則知識與理推原不可謂一物，或生全已，或生已之一分。而今理推所生之知，即是所推而收之義，則收之義非受統乎理推可知矣，而又安得爲理推哉？

六，有理推而不可就厥規推收何義者，如曰凡習文藝者皆知者也，凡習文藝者皆是人，則或一人爲有知者也，是一理推之屬也。顧所收之義有疵，緣先兩端屬固然。且恒然真實，不能爲謬，而所收者則爲可不然之屬，自可謂謬故。又有非理推而就厥規可以推收其義，如曰某甲爲能笑者，某乙爲能笑者等，則凡人皆爲能笑者也。此爲從多孑一者之題列，以引推公之題列，是謂之引推，非理推之屬也。然就厥規所推收之義，固真而不謬，則所解理推能收他義云者，豈能與理推相應而轉哉？

先釋前所解理推，而後釋駁論亞利解理推者，曰：是言論屬，而從所先設，攄其爲某義推收他義者也。所謂言論者，則指宗義，而其餘諸語，則爲理推所異於他推辯之論也。所云從所先設者，則指須有專一且或已然是、或可然是之兩題列也。蓋古者所以造理推，本欲用證諸義，使明悟免於謬迷，不能不尊是夫真者耳。則所函之題列，非或自爲真，或非相似真者不可。亞利析所解之理推惟指四端：一指顯之理推；二兩可之理推；三似真之理推；四似兩可之理推也。云從所先設者，其義如是。則凡若之理推，既不由專一之題列而成，又凡由顯屬謬之題列而成之理推，既不屬可然是者，則皆不得受統乎前解可知也。

所云推收他義者，言所推收異於在先兩端之義也。言此以別於不推他義，而其所收，即先所設者也。其云必者，以著夫理推規模之能力也。蓋雖理推所資之質，與所收義，皆屬兩可。惟先之題列若已然是，而所依之規無疵，則所收者固然不可不推收也。

此其解爲本元之解乎？抑依然之解乎？一説謂理推也者，論其模義，則指從所推收，以視所推收者之互也。今凡互視就所爲其基之情，以受解，詳見《十論》。則解理推，非解其本元，而解其依然之情也。雖然，即已謂凡明悟之所藝成者，其質與模皆受統于其本元之義，而凡理推亦爲明悟藝成之屬，則不可謂前解爲理推者非本元之解也。證之曰：就言論與或受是之合，或受非之合以解題列，其解也本爲就宗與本殊之解，故謂之本元之解。今夫理推，就言論之爲宗與理之合也者之爲殊而解，豈不亦爲本元之解哉？次相序也者之於言論，不係于外，而必係于其本元之内。則限定之某序，即可以推收者，必係于限定之某言論，即理推者之言論可知也。

曰：夫理之合，爲明悟第三用之本殊，而理推也者，舉其與他推辯同共推論之宗義，亦就此殊以解其本元者，良然。然論其所以別於他諸推辯者之特殊，即可以必推他義者，是爲依然之殊耳。蓋可必推收與不可必推收，以論理推，正如或指真，或指謬，以論題列。今夫指真指謬之在題列，但爲其依然之殊，則所云可必推收與否，亦爲理推也者依然之殊耳。

釋之曰：豈但理之合爲拘夫言論之宗，以成理推之屬類者，本然之殊，即所云可必推收者，亦爲理推别於他諸推辯之殊也。蓋所云可必推收，有兩義：一其所推收之義，本爲真義，謂之質真；二設在先之兩題列爲真，則所推收者必亦爲真，不能爲謬，此謂之模真，亦謂之從別者之真也。論前義，則所云可必推收與否，非爲理推本元之殊，以此而論理推，如以真謬論題列，蓋皆依然之殊耳。論後義，則爲理推所以成其本元之顛殊也。問其殊之本理何在，曰：夫在先題列與各題列之限界，其所和合之某序，即已如此。則所推不得有疵，且不得不推收者，是理推也者所以殊於他諸言論之屬顛者也。故解中曰：從所先設，據其爲某義，即據其題列與限界相置之某序，以推收他義。

釋第一駁曰：理推誠可謂合接之言論，而不可謂專一之言論也。緣兩題列就所共之一限界以相合，而收義與題列，又就理之合以相接故也。至理推所由以謂一之言論，此如推論亦謂之明悟之一用云爾，故指獨倫之語爲理推也。

釋第二曰：雖言論爲理推之遠宗乎，然此遠宗與理推之間多有隔殊，可以當近宗也。故其解甚當，無疵。所云在其間之殊者，蓋曰言論則爲理推之遠宗。曰：從先之推收云者，則爲所以接言論之宗，而成收也者屬顛之殊。又曰：推收他義者，則爲辯論所受成之本殊。云推收而又曰必者，即依所置之規，不得不推收者，則是理推所受成之特殊也。

釋第三曰：所舉之理推者，皆不可必推收即不能就所置之規，必然推收厥義也。若之理推不受統乎前解，蓋前解即是從前所釋之題列，受成之理推，而凡前所釋者，皆專一而非合接之題列。緣皆就所謂或是或非何義乎他物者以受解，而就是非受解者，本爲專一之題列所受解者也。論若之題列，則可謂相推之題列，而不可直謂之是，不可直謂之非之題列者也。

論夫函孑一者題列之理推，可必推收與否，此分二義：一凡孑一之題列，亦可受統乎必然推收之理推否；二亞利此論所解之理推，亦可容孑一之題列者否。論前義，則然。亞利本卷九篇，亦論凡闡之理推，此屬皆必然之收。而所函之題列，皆孑一者之題列也。論後義，則凡孑一題列之理推，非受統乎此解者。緣孑一之物不屬諸學所論，而諸學惟論各孑一者所共之公稱，不及論各所有之特稱也。而玆之所解，亦惟諸學所用於推論之理推者耳。

釋第四曰：雖此非論定倫之某質，如或兩可之質，或固然之質，然亦泛論凡可用以證何義之質也。若欲成理推也者，而不必論可證他義之質，即凡顯屬謬，皆可以成理推乎，則理推豈可謂明悟後先推後之第三用哉？就此推知，凡理推也者，受成于兩並屬疑之題列，如云星之数爲耦對之数，蓋星之数爲耦爲奇兩者，不可定，故云並屬爲疑之題列。即此一端與彼一端，其所屬疑者無異。則皆非統乎前解者也。

釋第五有兩説：一謂理推所收之義非關理推也者之本元，但爲所生之效，且所向之爲耳。亞利《究後論》一卷之二篇，其解指顯之理推似同此義。二謂所收之義非但爲效，非但爲理推所向之爲，且實爲其本元之所受全備者。亞利《形性論》之一卷云先者即理推之所函，第一、第二之題列。即若其質，而收義則若其模然。今據前論，凡藝成者，非但函其質之諸分於本元之内，且亦統其模，以全其物之本元。則理推之收義爲理推之模者，豈能不關係於其本元之内哉？

正論曰：亞利《究後者》之一卷，惟舉兩題列因當然之規，以相序而以爲理推所全成者。其在他論亦曰：理推由兩題列與三之限界，以成其全也。雖然，直論理推之本元，必宜謂統函收義於其内者。亞利本論之所解，即統收義之理推者也。所謂直論理推云者，葢理推本爲明悟之第三用，而第三用所以係于此論，祇因釋理推者故耳。然則明悟之第三用本爲推論之屬，而所括之義，不能不函於其内理者，則收義必関乎理推之所以成全者也。不然，明悟之二用、三用無所相别。況使理推之本元，惟統兩題列而不函收義，亦宜謂凡不成全之理推，其本元之理，全在於先之一題列也。何故？凡惟一之題列與所括之義，是謂不全成之理推者也。如云凡生覺者爲自立之體，則凡人爲自立之體，是一非全成之理推，惟函一之題列與所括之義耳。若于此又加一題列，則可造成全之理推。如云凡生覺者爲自立之體，凡人皆爲生覺，則凡人必爲自立之體。成全之理推所括之義以論爲先者之兩題列，與夫不成全之理推所括者以論爲先者之一題列，其勢無以異。則若成全之所括，非関乎其本元乎，庶可謂凡非成全之理推所括者，亦非関于其本元，而其本元之理全在於一之題列耳。然豈一有是理哉？所謂亞利於本論所解亦同此義者，葢其解理推曰是言論，而此言論之中可推而括何義者也。非曰：由此言論可以推括，而曰此言論中可以推括，則知所括者亦在其言論之中，即必関乎其言論之内理也。況亞利此論，欲釋明悟之第三用，而其爲用也，本統所括之義理，前已有其證矣。

今釋駁論有二説：一曰所謂理推能生或顯且確之知，或非顯非確之知，非必須其知實别於生其知之理推者。如亦謂限解也者能生限解之知，而其知非他，即其限之解耳。又如凡致知而非致用之學，以其致知之知爲其所向，而其學非他，即致知之爲用耳。致知之學、致用之學解，見《五公稱》第一卷。夫指顯之理推，即由明顯之題列造成者。其受成以後，必有顯且確之知留於明悟。又兩可之理推，即由兩可之題列造成者。其受成而後，亦必有其物可有不可有之知留於明悟。故謂理推能生知識於明悟也。葢所云生效者，義有二：一作然而生；一模然而生。作然而生者，如日之生光，光之生熱，皆爲生其效之作所以然。模然而生者，如白之在物，謂之使物爲白者，云使者非作施之謂，而模施之謂也。所謂理推能生知識於明悟者，即云在明悟使之能徹其理，是非作然，而惟模然之使知耳。

一説謂理推因此一分，作然生他一分，即就先者以生所括之義，故云理推也者能生或顯確之識，或兩可之識。葢凡藝成而非一有之物，其此一分，亦能爲他一分之作所以然。如凡性成之物一分爲他分之或質，或模之所以然也。釋第六駁另具一論。

## 凡理推爲就規模之推辯者否 三支

凡可從此一義以推收他義者，總謂之推辯。故可指推辯者以謂宗，而屬端則如其屬類也。問凡理推爲就規模之推辯者否，即是問推辯之屬端皆理推之屬，皆固然可以推括厥義，抑他推辯雖非理推之屬，亦可固然推括者否。固然推括者，即推括而不得不推括者也。兹非問獨理推爲因規之推收者否，惟問獨爲因規之推辯者否，蓋推收與推辯，厥名雖嘗互用，而其義則實不同。推收也者，是言論屬，是言論中從此一以推收他一者。其或有限界在於先者，而不在於所推收。或非有限界在其先，而不在所推收，無論也。如曰凡人皆是生覺，則或一人爲生覺者。又如曰某甲是人，則人爲某甲是也。蓋推收之屬端有二：所謂非有限界在於先，而不在所推收者，是一端之推收者也。每有一題列，或從已以推收，或從當已之題列以推收者，又受統之題列，從統之之題列推收者轉之題列，從受轉之題列推收者，皆此一端之屬類也。但此端之屬，雖總名之推收，而惟轉與受轉者自有本名，即所云相轉之題列也。

凡有一題列從他題列推收，而其先者必函限界，不在於所推收者，是二端之推收，而特可謂推辯者也。此端之屬類有四：一曰成全之理推；二曰非成全之理推；三曰引推；四曰譬推。成全之理推，前已有解。非成全者，即惟函一題列爲先者。成全與非成全之理推所以相别，蓋成全者必統兩題列爲先，而非成全之理推，其先者惟一題列耳。如曰人爲靈才之屬，則人是能理推者。從幾孑一之物，以推公者，是之謂引推。如曰此之火能熱，彼之火能熱，則凡諸火皆能施熱也。舉或一之相似，或多之相似，以證某孑一之物者，是即譬推者也。如曰某甲精于舉業，所以登科，則某乙若然，亦必登科矣。

推收也者，復分兩端：一曰模之推收；二曰質之推收。其因所就之規模推收厥義，無拘所資之質，爲何倫之質，即或爲固然之質，或爲可不然之質，而所推收不能不推收者，是模之推收者也。其因所就之質推收厥義，即其所就之規模在某倫之質，從真之先者可以推收真之後者，而設易其質，則不能推收真義者，是質之推收者也。如曰人爲生覺者，則必有司覺之德也。此之推收，因所就之質爲固然之某質，故所推收者真實無疵。又曰草木爲生活之物，則其爲動也不難。此之推收雖規模與前無異，而因所資之質不同，故所推者故屬謬義。凡屬前所設首端之推收者，皆模之推收者也。論次端之屬，是即所問理推者外，凡獨云理推，即成全之理推。更有别推收，因所就之規，推收其義爲不能不推收者否。

釋此疑曰：夫惟理推就當然之規模造成者，爲模之推辯。且可推收厥義，而不能不推收者也。但兹所云理推者，義廣于亞利所解，兼包孑一與諸若之理推者也。所謂凡理推云者，蓋造成理推無拘所就之質，爲何一種之質。若其先者即真，所推收亦必爲真。不能有先者真，而所推收屬謬者也。後論詳證此義。欲證所謂惟理推爲模之推辯者，須證三類推辯之屬非即成全之理推一，引推二，譬推三。皆非模之推辯也。證之曰：凡模之推辯，必須非有何一限界在所推括，而不在於先者。又必須有某一限界在於先，而不在所推括者。今除成全之理推，其它推辯之屬，皆不其然。則惟理推爲模之推辯者耳。所謂凡模之推辯，須非有何一限界在所推括云者。設有限界於所推括異乎在其先者，則雖所就之規模不易，而以推括或此義，或彼義，任意皆可。如曰凡人皆爲有覺魂之屬，則必有司覺之德能，此非成全之一理推也。其所推括之限界，即司覺之德能，與覺魂有相宜，故所推括必真焉。若曰人爲有覺魂者，而推云則爲非推理者。云非理推者，非與在先之限界有相宜，則所推括者必謬也。所謂必須有某一限界在於先云者，設非有限界在先而不在於所括者，則其論但爲推收也者之屬，不可謂模之推辯也。所謂除成全之理推，其他推辯皆不然者，蓋論非成全之理推，其所括者必函夫先者所未函之限界。如前所謂凡人皆爲有覺魂，則皆爲有司覺之德能者。又凡人皆爲能推論者，則皆爲能笑者。是後之所括，固異於先之所函者。論譬推既爲此一物以視他物之相似，故非因所就之規須特括某一限定之義，而任意可以推或此或彼。如曰某甲得世福，而其心不足，則某乙雖得世福，其心亦不足矣。

論引推者，亞勿落謂引推之屬有兩端：一指顯之引推；二兩可指之推。凡資固然之質而成者，是爲指顯之引推。如曰某甲爲能笑，某乙爲能笑，則凡人皆爲能笑者。凡若是之引推，非必提舉凡屬某性之特一者，但須識其所括之情，固在於幾特一，而據之可以推其情固在於公性。緣凡就固然依於孑一者之稱，先與公性有固然之相宜故。凡就兩可之質而成者，是爲兩可之引推。如曰此之母愛其子，彼之母愛其子，則凡爲母者，皆愛其子也。凡若是之引推，必須提舉凡屬其倫之孑一者，不則所括不必真也。緣其稱非固然，而惟可不然，則若有一之孑一，未經提舉，既或不可就其稱，稱之爲某物，亦不可以稱夫統諸孑一者之全類也。釋亞勿落者有謂其義惟謂兩端之引推所括者，皆模之括，不能不推括者，即指顯之引推。提舉幾孑一，兩可之引推；提舉諸孑一，而各所括者，皆模之推收者也。

論亞物落之義爲前所指者否，玆未暇釋，但論引推之本理，既不兼具前所設凡模之推括須有之兩者，即非宜有限界在所括者而不在於先者，與宜有何一某限界在於先而不在於所括者。而專具其一，固不可指之謂就厥模以推括之規也。證非具兩而惟具其一者，造成引推有二規：一提舉特一，以推括公性之某稱。如曰此之火，彼之火云云，皆能熱，則凡諸火皆能熱也。若是，則所括者，必有一公之限界不在於所先者。即凡諸火皆能熱。既不在於先者，則可任意易之，以置別之限界，而曰則凡諸水皆能熱也。二提舉幾特一，而所加云其他諸亦然，即云其凡諸亦然。如曰此之火能熱，彼之火能熱云云，則凡諸火皆能熱。而所謂云云者,即所謂凡諸火皆能熱也。若是,則所推括爲屬固然,不能不推括。蓋其義無異於先之所函,而其所總括即先者所謂云云者耳。如此論者,雖爲模之推收,但既非具引推也者之切理,不可謂之推辯,惟與引推者有相似也。

正論曰:引推也者,若提凡某公者所統之屬,其所括之總義,乃屬固然,不能不推括之義。但究何從爲固然者,則非歸乎其模,而全歸乎其質之固然者,故惟謂質之推收也。所謂非歸其模者,凡若是之引推,非限定之某模,緣所函之題列爲先者本無定数,而就屬孑一者之多寡,爲題列之多寡故。如欲就各重天之動,引推而括夫凡天之皆動,須有十之題列爲先者;欲就各元行所居之處,以推諸元行各相當之所,惟須四之題列;欲就各火之能熱,以括凡火能熱者,則須無数之題列也。夫爲其先者模既無有定数,故所推括爲固然者不在其模,而惟由其質之爲固然者耳。雖所提或爲可不然之孑一,然既提舉凡屬其倫者,則所推括必爲固然。如設凡諸人爲白人,而提舉一一以盡人類之屬,雖人之爲白,乃屬可不然,但所推括云凡人皆爲白者,必爲固然之推也。其資固然之質受成之引推,即亞勿落所謂指顯之引推。其義詳在究後之論,兹未及悉。

所謂論引推之本理不可謂就厥模而推括者,蓋若造一引推,而又加一題列,以歸之乎成全理推者之規,其推也,就其模而推括不能不推括之規也。如曰此之天運,彼之天運云云,又加一題,云所提舉之列天即諸重天,於是可就規模而推收云,則凡重天皆運也。此其所推括,必爲固然之屬,不能不推括者。但所推之爲固然者,非可歸乎引推也,本理推之規所括者耳。

不但引推可以歸乎理推之規模,即非成全之理推與譬推亦可歸之於成全理推之規也。論非成全之理推者,則亦須更加一題列,統函所欲推括之限界者。如曰凡德之屬,皆可讚美,則義德爲可讚美者,須更加一題,云凡義之屬皆爲德。有是兩題,即凡德之屬皆可讚美,凡義之屬皆爲德也。乃可推括云,則義德爲可讚美者。蓋所謂義,既已統乎第二之題,以爲先者之一,正可復取而推括云,則義德爲可讚美者也。論譬推者,如曰某甲得世財不得真福,則某乙雖得世財,亦不能得真福也,須更加一題,云某乙之所具,即其人性與世財。無異某甲所具者焉。有此題爲其次,即可推括云:則某乙雖世財具備,亦非即得真福也。但欲於孑一之各質,云某甲某乙是孑一之質。就理推之規,以推括譬推之所括者,須造成兩理推:其一就第三形而成者,以推括夫某甲與某乙所以無異者,即各具神靈恒在不屬滅者;其二就第一形而成者,以推括某甲因具恒在不屬滅之神靈,故雖世財具備,不即得真福也。詳論在後。

依上諸論,釋前支第六駁曰:凡理推也者,又惟理推爲就其模推括,不能不推括之推辯者也。謂所舉之理推,即云凡習文藝者,皆知者也;凡習文藝者,皆是人,則或一人爲有知者。正爲理推者,良然。然所謂推收之義未確者,則非也;所擄之論即云先之兩端皆屬固然者，亦非也。緣謂凡習文藝皆是人者，非固然之題列，而爲可不然者故。義詳下篇。所謂有非爲理推，而就厥規推收者，依上論可以答之矣。

# 理推之總論二卷

治理曆法加工部右侍郎又加二級臣南懷仁集述

## 直題相轉

總義本篇有二論：一提析題列之屬端；二提直題列之何以相轉也。屬端者有三：一析直者；二析是非；三析公特與非限定之題列。論直之題何以相轉者，釋有四端：一曰凡公且非之題列，直然受轉；二曰凡公具是之題列，依然受轉；三曰凡特且是之題列，亦直然受轉；四曰凡特且非之題列，絶不可受轉也。證具後論。

古凡題之屬，以指爲有。凡爲有者，或固然爲，或依然爲。固者依者，各有是非。是者非者，或公或特，或非限者。

解欲釋理推也者之原始，故提夫所受成全者，以立斯論也。此篇非悉凡所受成全之原始，惟釋何以相轉耳。夫題列之相移，與引乎不可有者，論此二始，較宜先於相轉。而今不然者。葢亞利《究後論》一卷之八篇曰：雖於設學諸論有所先當知者，然設其義甚明，無須立論也。題列之相移甚明，故置弗解。而引乎不可有者之規，又須理推之規以成。理規未釋，不能悉此規也。

理學所謂相轉者，約有四義：一名稱之相轉，即從脱底之名以推括托底者。如曰知也者在人，則人爲知者。知也者之知，即脱底之名。爲知者之知，即托底之名。亞利《獨偹論》二卷之一篇提此義曰：論在限解與宗性，及獨情乎，則從脱名以推托義之名，其論固真，不能屬謬。若論在於依賴者，則不然。如曰白色在於黑人，非即可稱之爲白者，緣既有白在齒，即可謂白色在，但所推括固謬。葢一分之白，不足以推全底之爲白者故也。

二，夫一題轉爲他題，其限界與所排之次序，仍前無易，惟厥何似也者變易焉。設其一者屬是，其二者須屬非者；其二者屬是，其一者須屬爲非者。亞利《本論》十六篇提此義曰：凡舉切之可不然，以稱某底之稱謂，其所相轉皆屬此義。如曰某甲辯論爲可不然，則某甲非辯論爲可不然者，理辯學所謂何似相對之相轉者是也。

三，稱易爲底，底易爲稱，而其何似仍前無易。惟就限界而論，設前屬有限者，宜變爲非限；設前屬非限，宜變爲有限者。如曰凡人皆爲生覺，則凡非生覺皆爲非人者。亞利《獨偹論》二卷之三篇亦提此義，謂之互轉之推收，理辯學稱之爲互對之轉也。

四，稱易爲底，底易爲稱，而其限界與題列之何似俱各仍前。如曰凡人皆爲生覺，則或一生覺爲人。亞利此篇所論之相轉，即此第四義之相轉者也。解之曰：是稱謂所函兩端之變易，兩端者即稱與底。而其何似與真也者，仍前無易者也。所謂何似無易，即兩稱謂，受轉者一，轉之者二。總皆或是或非者。所謂真也者仍前，蓋兩稱謂雖皆可以屬謬，又雖轉之稱謂可爲真，而受轉者可爲謬。然設受轉之稱謂爲真者，則轉之者亦必爲真。不然，不可從受轉者，以推括其轉之稱謂也。云受轉者，云轉之者，如曰凡人皆爲生覺者，則或一生覺爲人。所謂凡人皆云者，是受轉之稱謂。所謂則或一生覺云者，是轉之之稱謂。亞利析第四義之相轉兩端：一謂直然之相轉，亦謂就斯限界之相轉。解之曰：是題列之幾何，留存之相轉也。如曰無一人爲石，則無一石爲人。二謂依然之相轉，亦謂非就全，惟就分之相轉。解之曰：是題列之幾何，不留存之轉者也。如曰凡人皆爲有覺能者，則或一有覺能者爲人也。

所謂或固然爲，或依然爲云者，以示題列之三析。三者明，而所釋何以相轉者之四端亦明矣。一析依在，即直然與何若之題列；二析是與非之題列；三析公特非限共三端之題列。亞利茲論何若之題列，雖但提固然與依然者，然其意則欲就此兩端推他諸何若之題列也。

（古）凡公且非依在之題彼此相轉，即直即限。如云世樂無一爲美，相轉則云無一美好爲世樂者。夫公且是，匪即公轉，惟即特轉。如云若凡世樂之屬皆爲美好，相轉則云或一美好爲世樂者。凡特且非，則不可轉。如云若使或一生非是人，屬不可轉云：則或一人非生覺者。

（解）設四端，以明依在之題列何以相轉也。一曰凡公且非之題列，就限界以轉，即直然轉。如曰非一人爲石，轉云：則非一石爲人。在第一之題列爲底者，在第二爲稱；又在第一爲稱，在第二則爲底，故云就限界轉也。就題列所統之全稱全底以轉，故云直然相轉。二曰凡公且是之題列，非直然，而惟依然相轉，即非就全，而惟就其分相轉也。如曰凡人皆爲生覺，轉云則或一生覺爲人。非取在第一爲底之全，以爲第二之或稱或底，惟取其全底之一分，以爲第二之底者，故云依然相轉，就其分相轉也。三凡特且是之題列，亦直然轉。如曰或一世樂爲美好，轉云：則或一美好爲世樂。四凡特且非之題列，不可相轉，轉則先者爲真，而所推者爲謬。如曰或一生覺者非爲人，是爲真論，欲轉必云：則或一人非爲生覺者，所推固謬。

(古)設公且非如云甲乙，而所云甲非與乙宜，則夫乙者與所云甲非所相宜。若或相宜，姑稱云丙，則所謂甲非與乙宜，非爲真屬。緣夫丙者亦謂爲乙。

(解)欲證前設之四論，以明依在之題列何以相轉也。其不取某物爲稱、爲底，而取活字爲稱、底者，義蓋有二：一欲明此論之爲真，非係乎質之爲固然，而係乎題列之某規不能不推括者；二欲各任取某質，因四論以推括厥義也。

茲取甲爲稱，取乙爲底，以證第一論。曰：設有云無一乙爲甲者，必可轉云：則無一甲爲乙。若謂所轉非當，則必先者真，而所轉括者謬也。若是，則云或一甲爲乙者，是與所轉括者相反謂之義也，必真不謬。所云無一甲爲乙者，是所轉括云。或一甲爲乙者，是與所轉括者相反而謂之義也。夫此即爲真乎，則試於宗甲以下，爲指某特一之甲。而以所云或一甲爲乙者，論此特一之甲，必爲真論。又姑稱此特一甲爲丙，於是可用第三形中闡之理推云：丙爲甲，丙爲乙，則或一乙爲甲者。今所推云：或一乙爲甲者，與第一之所云無一乙爲甲，正屬相反而謂。又兩皆屬真，所云或一乙爲甲者，故所推括固爲真論。所云無一乙爲甲者，前取立論以爲公且非之真題，故云兩皆屬真者。則似公且非之題非之然相轉也，必有相反謂之兩題並屬謂真義與前所定者弗允矣。須知公且非之題列，不但可直然而轉，並可依然而轉也。何以故？從公且非，正可以推特且非者。公者乃謂之統，而特其受統者也。如云無一乙爲甲可以推，則或一乙非爲甲。所謂無一乙云者，是公且統之題列。所謂或一乙云者，是特且受統之題列。又因上論所定，從此一公且非之題列，可以轉彼一公且非之題列，即上所云無一乙爲甲者，則無一甲爲乙者。則從一公且非之題列，可以轉括一特且非之題列。若是，則不但直然而因其全，可以轉公且非之題列，如上所云，無一乙爲甲，則無一甲爲乙。且亦可依然而因其分轉之也。如云無一乙爲甲，則或一甲非爲乙。夫闡之理推甚確，且顯其所證，如屬目所見者然。故亞利欲證依在題列之何以相轉，用此理推也。

(古)謂夫甲者與凡乙宜，則夫乙者與或一甲固有相宜。設無一甲屬其乙者所相宜乎，亦無一乙屬其甲者所相宜也，而上已取甲與凡乙固屬相宜。

(解)茲證第二論，即凡公且是之題列，非直然相轉，而惟依然轉者，謂凡乙皆爲甲，正可轉云。則或一甲爲乙者，若謂不可相推乎，則先者真，而所推者謬也。若是，則所推括者相反謂之義，即無一甲爲乙者，固屬爲真。今就上論所定，此之題列，即所云無一甲爲乙。可以轉云無一乙爲甲，而此即所云無一乙爲甲與第一即所云凡乙皆爲甲正爲相悖，則若所云凡乙皆爲甲，不可轉云則或一甲爲乙者乎？必有兩相悖之題列，並屬爲真者也，於正論弗允。

（古）特且是者，所轉亦然。若云甲者與或一乙有相宜稱，則夫乙者與或一甲亦相宜稱。謂無一甲可以相宜，則云甲者亦無一乙可爲相宜。而上已取甲與或乙，必有相宜。

（解）復取所證第二論者證第三論曰：謂或一乙爲甲者，正可轉云則或一甲爲乙者。設謂兩者不可相推乎，則先者真，而所轉括謬也。若是，則所轉括者相反而謂之義，即無一甲爲乙者，爲真不謬。而此題即無一甲爲乙者固與所取之第一即或一乙爲甲者相反而謂，則若特且是之題非直然，而因其全以轉，必有相反而謂之兩題，並屬爲真者矣，義乖正論。

（古）設云甲者非與凡乙有相宜稱，匪必斯乙非與凡甲有所相宜。如指生覺以謂爲乙，又指人者以謂爲甲，從生覺者與凡人屬，有相宜稱，而所云人非與凡覺可以相宜。

（解）證第四論，即凡特且非之題列不可受轉也。設使欲轉，則必先者真，而所轉括謬也。如曰或一生覺非爲人，是先者屬真也。若欲轉括云則或一人非爲生覺者，義豈不謬哉？

## 前設之四論當否 辯一

### 公且非以直相轉 一支

亞利所設第一論曰：凡公且非之題，直然受轉，即就其全相轉，似所據者未確。何故？其所推云或一甲爲乙，而爲指某一甲姑稱之謂丙者，其論非是。蓋從一特且真之題，可降而推括限定之某一者。如曰或一目爲必須，以得見者，此特且真之題列也，顧不可從之降而推曰則某一限定之目，爲必須以得見者。緣不可限定或左目、或右目爲必須以得見故。

二，如曰無一舟爲必須以渡海者，此題屬真。緣論渡海，雖須有舟，然非有限定之某舟爲必須以渡海故。若欲轉之曰：則無一必須以渡海者，爲舟也，所轉括者固謬。緣與其相反謂者，即或一必須以渡海者爲舟，乃真之題列故。

三，如曰無一幼者已爲老，又曰無一老者將爲幼也，此兩題皆真。顧欲轉之曰：則無一老者已爲幼，無一幼者將爲老者，此皆謬題也。若是，則第一論所謂凡公且非之題，皆直然因其全可以轉者，義非確矣。

欲前設之四論皆確無疵，則凡切義之相轉，必須轉與受轉兩題各所函之限界，皆同而後可。苟非相同，四論之所設，未免有疵。所以爲相同者有三：一就其限界所指之義理；二就所以指其義理之何若；三就其限界所當者之多寡、廣狹，以謂相同也。所謂就所指之義理者，即受轉之題之全稱，其在轉之之題，須爲其全底也。不則先者真，而所括者不免爲謬。如曰無一河在魚，則無一魚在河。又曰論性之力，無一瞽爲見者，則論其性力，無一見爲瞽者。在此兩論爲先之兩題，即無一河在魚，無一瞽爲見者。皆屬爲真；而所括之兩題，即無一魚在河，無一見爲瞽者。固屬爲謬。其所以爲謬者，即轉之之題，不以受轉題之全稱爲其全底，而以受轉者之分稱，爲其底故也。試觀所謂在魚者，所謂爲見者此其稱也，若指此稱以爲轉之者之底，即宜云無一在魚者爲河，無一因性之力爲見者而爲瞽也，而其論豈不真哉？

論限界指某義理之何若，宜爲相同者，非謂表限界之臆想，須屬同類。若須同類，則有兩題：一曰或一人笑，一曰則或一笑者爲人，不可以爲相轉之切義。緣人笑之笑爲依托之務，而或一笑者之笑爲自立之名，各所生於明悟之臆想，故不相類，而彼兩題正爲互轉者。然則所謂指義理之何若，宜相同者，非論臆想之同類可知也。蓋其義，謂設有一名在受轉題，就自立以指其義，其在轉之之題，勿就依托而指也。

就限界之所當多寡須相同者。蓋若轉題之限界，或所當多，或所當寡，於受轉題之限界所當者；又若限界在轉之之題，其所指廣，於在受轉題之所指者，則所轉括之論未必真實也。

釋第一駁曰：亞利所推括甚確無疵者，所舉謂或一目必須云者，曰：此題與亞利所提者，即所云或一甲爲乙者。其理可不相比也。蓋所謂或一目必須以得見者，惟就分離之義爲真。欲釋題列之屬何，有兩義：一謂就全離之義；一爲就分離之義。就全離者，如曰或一人爲義者，欲釋所云或一人者，其義何當，宜釋之云：此一人爲義者，抑此一人爲義者，抑彼一人爲義者云云。又如曰或一人非爲義者，宜釋之云：此一人爲義者，抑此一人非爲義者云云。合接全題以別誰人爲義者，爲非義者，故謂之全離之義也。就分離者，如曰欲得見必須或一目，欲釋所云或一目者，其義何當，宜釋之云：欲得見必須此目，抑彼目，即左目，抑右目也。

非合全題，爲合一題之限界之分，以定或一爲必須者，故謂之分離之義也。若欲就全離之義而釋彼題云：欲得見必須此一目，抑欲得見必須彼一目，兩題皆謬矣。而凡就此義爲真者之下，不可取定某特一者。若夫題列就全離之爲真者，則於其題之下，可以指某限定之特一者焉。亞利所舉曰：或一甲爲乙者，乃就全離之真。故其以下可指限定之某特一者。若問何以知亞利此題就全離之真，曰：此題與前公且非之題即所云無一甲爲乙者相反而謂，又彼公且非者就全離以釋，緣爲他一公且非且真之題所受轉者故。即所云無一乙爲甲者。而凡公且非之題，欲其屬真，非必就分離釋之。蓋雖或就分離之義，可以爲真，然設自爲真者，即就全離釋之，未嘗不爲真。如曰無一人爲石，欲此題屬真，非但就分離之義，以知其爲真，雖就全離可釋其爲真也。云無一目爲必須者，以得見此題，惟就全離之義，爲真者。推此觀之，亞利所舉，或一甲爲乙。以指其下有某限定之特一者，亦就全離爲真。緣第一公且非之受轉，即無一乙爲甲者。與第二公且非之轉之者，即無一甲爲乙者。皆就全離而釋之題則。夫特且是之題，與第二公且非相反謂者，即所云或一甲爲乙者。亦同此義，故其下可指限定之某特一者也。

釋第二曰所云無一必須以渡海而爲舟者，其轉括固疵而謬焉，但其所以謬者，非因公且非之題不能受轉於公且非者，而惟受轉之題，即所云無一舟爲必須以渡海者。論其本然之所當自屬爲謬也。蓋其所當，非爲合全，而爲合分之當。

凡就合接之全義以受釋之題，謂之合接全義之題。故所當者，乃合全之當也。如曰凡人皆爲生覺者，釋之曰：此一人爲生覺者，與彼一人亦爲生覺者云云合接全題，故謂之合全也。其所別於全離之題，蓋全離者就抑字接其諸題，以別其義之何屬，而所云何全者，則就與字接其諸題，以明受釋之題，所統諸特義也。凡就分義受合接以釋之題，謂之分。義受合接之題，故所當者，乃合分之當也。

如曰凡遊之星爲七者，釋之曰：此之遊星，與彼之遊星云云爲七者，非合全題，惟就其題限界之諸分受接，故謂合分之題也。其所別於分離之題，蓋分離者，就抑字接其限界之諸分，以別其義之何屬。而所謂合分者，則就與字接其限界之分，以明受釋之題，就統之諸特一也。

乃所題之駁設以爲合全之當，則其所轉括不相推也。所謂題之所當爲合分之當者，蓋凡題列既有或應或當，或必須等語，而又有一名，舉其指有隔之義在題。如曰凡人皆爲生覺者，人指某甲某乙等，人性之特一，而所云人與某甲某乙特一者之間，有人之覿性，以爲人之所無隔指者，故指某甲某乙，謂之有隔之義。此其題非就合全受釋，惟就合分之受接釋之也。所謂無一舟爲必須者，夫舟者爲指有隔之一名，故非就合全，惟就合分釋之爲宜也。所謂論其題本然之所當固謬者，蓋執此義，宜釋之云：此舟與彼舟云云非爲必須以渡海者，顧雖非有一限定之舟爲必須者，然豈無非限定之一舟固爲必須者？則所謂無一舟爲必須云者，本屬爲謬，豈得轉括不謬哉？問：若受轉之題爲就全受接而屬爲真也，則其所轉括何若，爲真乎？爲謬乎？曰：倘轉之題，即所云無一必須以渡海爲舟也。合接全義以受釋，則所轉括固相推，而屬爲真之題也。蓋欲釋之，宜謂此一必須以渡海者非爲舟，彼一必須者非爲舟云云，而此義真焉。緣非有一限定之物爲必須者而爲舟，故執此義而論，則夫相反而謂之題，即或一必須以渡海者爲舟也。必屬爲謬矣。

釋第三有兩說：一謂亞利所設四論，以明題列之相轉，非以論凡指徃時、來時，惟論指現時之題耳。欲因四論所設以爲轉指夫徃時、來時之題乎，須先解之，而爲現時之題。如所謂無一幼已爲老者，宜解之曰：無一幼爲已老者；所謂無一老者將爲幼，宜釋之曰：無一老者爲將幼，皆指現時之題。於是，所云無一幼爲已老者，正可轉云：無一已老者爲幼。所云無一已老者爲將幼，正可轉云：無一將幼爲已老者。

二說謂亞利額《冷論》一卷之三篇曰：每有一題列，而其中之務，非指現時而指徃時，其題列之底，則宜推之以及乎現時與往時也。又每有一題列，其中之務，非指現時而指未來時，其題列之底，宜推之以及乎現時與未來之時也。因此而論彼兩題，則第一之義云：無一或現爲幼，或已爲幼者，而已爲老者。第二之義云：無一或現爲老，或將爲老者，而將爲幼者。若是兩題皆爲謬，第一爲謬者，蓋多有人先爲幼而後爲老，第二之爲謬者，蓋將有多人爲幼，然後爲老者。兩題即謬，故所轉括者不能不謬矣。

## 公且是者相轉　二支

題列相轉之第二論曰：凡公且是者依然受轉，即非因其全，而惟因其分受轉也。證其轉不確者有三：一曰設所前據以證第一論爲真且確之義乎，亦可依之以證公且是之題亦以直受轉，非就其分受轉也。如曰凡乙者皆爲甲，宜轉之云：則凡甲者皆爲乙。若謂不可相推乎，則相反而謂之題即云：或一甲者非爲乙。以論所云凡乙者皆爲甲，必真而相推之題也。若是，則取非乙之某甲，而姑稱之丙，然後用闡之理推而釋之云：丙爲甲，丙非爲乙，則或一乙非爲甲者。今此題與第一之所云凡乙者皆爲甲相反而謂，則倘前所據以證公且非之相轉爲確論乎，此公且是者轉豈不確哉？

二，如曰凡白之人皆爲人，此題之真，不能不爲真也。緣其稱爲人之人係乎其底之義理故。底者即白之人。然欲轉之而云：則或一人爲白人者，即須指現在之一白人。設無一現在之人爲白人，其題固屬爲謬。則凡公且是之題，不可就其分受轉也。

三，設無一人爲知文藝者，而曰凡知文藝者皆是人。此題屬真，而乃轉之之題云：則或一人爲知文藝者，固屬謬也。所轉括爲謬者，上所取之設自證。夫受轉之題，即凡知文藝者皆是人。屬真者，蓋曰：凡知文藝者皆是人，此題本屬固然之題。緣與之相反謂者，爲屬不可有之題故也。蓋相反謂者，即云或一知文藝者，非爲人是也。若以此爲屬可有，爲真者乎，則《釋臆》之一卷所論，從屬限且非之題，可推括屬非限且是者，可取以釋也。夫所謂或一知文藝，非是人者，可推括云：則或一知文藝者爲非人，而此題之屬不可有明甚。則彼所從推括者，即云或一知文藝者非是人。亦屬不可有之題明矣。執前所設諸論第一支之論以釋上駁釋第一曰：亞利所以證凡公且非之題以直受轉，與駁論所據以證凡公且是亦以直受轉者，其理不可相比也。亞利所用以括公且非之題，以直受轉，本爲因厥規推括，不得不推括之理推。若駁所據以推凡公且是之題，亦因直受轉則否也。蓋第三形中，論夫闡之理推惟有二，因規推括者，其一者，即其兩爲先者，皆爲是之題。其二則第一屬非，第二屬是之題也。本論在後。亞利所用證公且非之題，以直受轉，則爲其一之理推，而駁論所據，亦非其一，亦非其二之屬。蓋其第一題爲是者，即所云丙爲甲者。其第二則爲非之題，即所云丙非爲乙者。而因此規推括之理推，固屬疵謬，不能就固然，以括其義。試用有義旨之限界，就此規造成闡理推云：某馬指特一之馬爲生覺，某馬非爲某人，指特一之人。則某人非爲生覺者，而其所括者爲謬必矣。

釋第二有三説：一謂若取所設曰無一白人現在乎，則所謂凡白之人皆爲人者，本屬爲謬。若不必白人之現在，而公且是之題，即所云凡白之人皆爲人。爲真乎，則所轉特一且是者，即所云或一人爲白人。亦爲真題也。此説蓋執所謂凡白之人皆爲人者，非固然而爲可不然之依賴之屬故。設無一白之人現在，義不能不謬也。緣凡可不然之題，惟當稱與底現結之時爲真否，則爲謬故。顧其題即凡白之人皆爲人非可不然，本屬固然者，在《譯臆》之一卷已定之矣。

二謂所云凡白之人皆爲人者，與諸如是題論，其所指之本義不能受轉也。緣云人者論在第一，即所云凡白之人皆爲人。在第二，即所云或一人爲白人。其所當之義各不同。在受轉者，第一。全脱乎現在，其當本爲固然，以指凡諸爲人，或現在或非現在者。在轉之者，第二。則因其題之屬可不然，故其當非固然，而依然特以指現在之人耳。此説未確。何故？第二題依然之當，本由自屬可不然者以生，而苟從固然之題推括可不然者，其所當自然有變。然則凡從物之自然以生者，倘其轉本爲因規模之轉，不可謂有相轉之碍也。

三説論所謂或一人爲白人者有兩義，一舉其題之本性，二舉其轉推他題，即爲所云凡白之人皆爲人者之所受轉也。論本性者，則爲可不然之題，故所當者必爲依然之義。論其爲他題所受轉者，則爲固然之題，脱乎實之現在也，蓋如屬可有之界。《臆》云：白人者，或現在，或非現在之界，論其屬明悟之析臆，謂之界臆。固統函人以爲所全成之一分，則云人者，亦固爲彼「界臆」之一分矣。緣人雖就可不然以結乎白者，然其所屬能結乎白之容德，則就固然有之也。此説較允。因以釋駁，宜謂彼特且是之題云：或一人爲白人者，非但指現在之人，且亦全脱乎現在，以指或現在，或非現在之人也。何則？雖其本義在指現在之人，然因所受轉之他題即屬固然，則轉之之題，亦謂之屬固然而脱乎現在也。蓋凡此一題因有他題相係，以致或異乎其本所當者，夫亦其常耳。如謂或一人非醒，此題因爲非者論其自然，宜全脱現在，以指或現在，或非現在之或一人，顧舉其與所云：凡人皆醒者相反謂，則所指者狹，惟指現在之人耳。緣與之相反謂之公題，亦專指現在之人故。

欲釋第三，先須辯底也者雖惟就可不然以結某依賴乎，然因爲彼依賴之所限然限然者，即其依賴惟可以結此底，不能與他底相結。求結者。則其稱彼依賴也，就可不然稱之乎？抑就固然稱之乎？如曰知文藝者、曰笑者以稱人，曰嘶者以稱馬，曰聽者以稱生覺，曰笑者、嘶者、聽者等皆指現用。皆是也。

一説謂凡如是題，皆屬固然，其底皆就固然以稱其依賴者。所云底者有二義：一謂結之底；一謂稱之底。稱謂所稱，是爲稱之底。

依賴者所結，是爲結之底也。此所謂底，即結之底，即文藝、笑、嘶、聽所結之底。而問就何義，以穪夫結已之依賴，或就固然，或就依然而穪也。證之曰：欲解夫知文藝者，宜云是文藝所依托者。然則凡解也者，必就固然以穪諸受解之物，則彼言論之全，即所云是文藝所依托者。乃就固然以穪知文藝者矣。又有一穪而挾其全就固然以穪何一某底乎，其全穪之各分，亦就固然以穪其底也。所云人者，爲彼解中之一分，則亦就固然以穪知文藝者矣。

次，欲一穪就固然以穪某底乎，惟須其底就固然與彼穪相宜，非須穪也者亦就固然與其底有相宜也。如云雪爲白者，云白者，穪也；云雪者，是其穪所穪之底也。雪之爲底，就固然與白相宜；若白之爲穪，與雪之相宜者，非如雪與白相宜之固然者。何也？雪不得不爲白，而泛論白者，可不爲雪故。今云知文藝者固然與人相宜，即他諸物不能爲文藝所托，而惟人乃文藝所能依托者。則所云知文藝者爲人，必爲固然之題也。所謂欲一穪云者，凡題之所是，即底與穪之相宜耳。今夫知文藝者之爲底與人之爲穪，就固然以相宜，則其穪就固然以穪其底者。

三，如曰人爲能覺者，此固然之題也，緣人與能覺者有固然之相宜故。若能覺之相宜與人者，非如人與能覺相宜之固然者。緣人不能不爲能覺者，而能覺者可不爲人故。如馬爲能覺者，而不爲人。

四，如曰質爲屬模者也，設令凡生魂、覺魂，皆可本自在而無所繫乎質，如人之靈模者然乎，彼題亦必爲固然之題也。蓋所以爲固然者，非因模固然與質相宜，不能不與之結，但因質與模有固然之相宜，不能不與模結耳。如夫能笑者，所以與人有固然之相宜，緣非依在於人不能爲其有故。凡依賴之屬，所以與自立之體，有固然之相宜，緣非依在自立之體，不能爲其物故。則今所云知文藝者，使非依在乎人，無別可依，以爲其底，豈非與人固然而相宜乎？又如泛論實之依賴所向，即受造之自立體，以全成其所爲依賴之有是也。凡公依賴之屬類，各就其向所能依之本底，以別其倫。如凡屬神之依賴所向，固爲神體，形之依賴所向，固爲形體也。則所云知文藝者，既惟可在於人，豈不固有視乎人之本向哉？

二說謂此類之題非爲固然，皆可不然之題也。欲明此說，當知所云知文藝者，可當兩義：一謂質義，一謂模義。質義即有文藝之物，模義即文藝之合乎其底者也。凡依賴之合明爲底者，就穪也者之所須，或屬質義，或屬模義。如曰白者爲自立者，曰白者爲依賴者，兩題皆真，緣所云白者在第一，則當質義；即指白色所依之底。在第二，則當模義。即指依底之依賴者。不則，不能並屬爲真也。依賴之合名，可當質義云者。亞利既然此論，更謂每用指自立體之名，以穪指依賴之合名。如云白者爲木。斯其爲合名也，不能以當模義也，當質義耳。蓋《究後論》一卷之十八篇謂云白者爲木，非以木穪白者，惟白色所依之物是木所穪之底耳。因就質義以答上論，則曰：所謂知文藝者爲人，非爲固然，惟可不然之題也。蓋其義云文藝所依者爲人，然則文藝或依在人，或非依在人，皆可不然，非固然者也。故所云知文藝者爲人，其全題總屬可不然者耳。即前說證爲固然者，亦未嘗忤此義。緣所據之論但以彼題爲屬專且模之義，非舉質義故。因此以釋第三駁，則謂所轉括云則或一人爲知文藝者，設容無一知文藝之人乎，固屬爲謬。然其所以爲謬者，惟因受轉題之所設容夫無一知文藝者，本屬謬義故也。

此說既合乎亞利之所是，無復可與之辯者。雖然，其釋未盡也。蓋非釋設彼依賴之合名，不指質義，而指模義。即指文藝依合乎某底者，其題爲固然者否。蓋其執爲固然之論者，皆舉模義言也。故又釋之曰：雖所謂知文藝者，指模義乎，其題亦非固然，惟可不然之題耳。何故？題之所以或爲固然，或爲可不然者，全係乎稱與底合結之若何。今文藝與人，惟就可不然以相結，緣惟就文藝與人之現在以結，則舉人以稱知文藝者之題，論其直義，但爲可不然之題而已。

釋執固然之說所據者，所謂解與解也者之各分，皆就固然以稱受解之物。釋之曰：若其解之各分在其解中，爲所受解之物之模乎，則全解與解中之各分，皆就固然以稱受解之物也。若非爲模，而惟加在所解物本有之外乎，則不可舉總解與其解之各分以稱受解之物也。解依賴者，則就所向之底而解，但其底非依賴之所受成之模，惟加在依賴之本有使之現在者耳。試觀相因而有之兩物，雖各所向之界，宜置之乎所受解之中，然非即可指彼界而就固然稱其受解之物。如解父者云：是或一子之父；解子者云：是或一父之子也。顧豈可提子以稱父而謂父爲子？可提父以稱子，而謂子爲父耶？

所謂欲稱某底，非須斯稱就固然與底之相宜云者，曰：雖稱與底固然之相宜，非須若底與稱相宜之固然者。然使稱與底，惟就可不然有相宜，則底亦不能與稱有相宜之固然者也。所謂凡題之所是，即其底與稱之相宜云者，曰：雖題之所是，惟在謂其底自求與某稱結，而不及謂斯稱亦求與某底結乎。然設稱非自求其底，而惟就可不然與之相宜，如以人論知文藝者，惟就可不然相宜。則其底亦非自求某稱，不能就固然與之相宜也。所謂能覺與人相宜非固然者，曰：能覺之相宜亦屬固然，但能覺者之在人，非如能推理者爲人性本且特之情，而祇爲生覺之宗在人者之本情耳。故以能覺者論人，其所相宜之固然，非無隔之相宜，而爲有隔之相宜。即因人性所統之生覺者，以稱其固然爲生覺者也。

所謂設令諸模皆本自在，無所係乎質，而云質爲模之所模，其題爲固然者，曰：雖謂諸模皆本自在，然既未嘗非有模以模其質，否質不能存，則謂質爲模之所模者，固屬真謂。若無有模模質者，豈可謂質爲模之所模哉？至論人，則誠可離文藝，而文藝亦誠可離人，故不能就固然相稱也。今釋所駁公且是之題受轉之第三論，曰：所謂凡知文藝者皆是人，既已設無人知文藝者，則其題非真，非固然之題也。所據證其題之爲真，即相反而謂，固屬不可有者，曰：相反爲謂之題，所云或一知文藝者非爲人者，非屬不可有，本屬真論，而就《譯臆》二卷之所定，宜轉之云：或一知文藝者爲非人也。蓋受轉之題，即所云或一知文藝者，非是人。所謂知文藝者，惟舉其模義與自立義而言。模義者，非指文藝之物，而指其文藝合在某底者，以爲所以見在之如在然，故云自立之義。若舉其質義與托義，質義者，非指文藝合在某底者，而指夫有文藝之物，以爲文藝所依托者，故云托義。不可以爲其題之底矣。則轉之之題，即或一知文藝者爲非人。所云知文藝者亦舉模義、自立義而言，故不可以穪人，更可以穪非人者。以上諸論，惟舉知文藝者，而笑者、嘶者、聽者，其理無異。

## 特之題列之相轉　三支

特且是之題，非以直受轉者，證有三論：其一，如曰或一人爲死者，不可轉云則或一死者爲人；曰或一見者爲被瞽者，不可轉云則或一被瞽者爲見者；如曰或一房被燬，不可轉云則或一被燬者爲房也。其二，如曰或一顆爲人，不可推之云則或一人爲顆也。

雖然，所謂特且是之題以直受轉者，其義甚確。第一駁所舉皆甚當無疵之轉也，但其題義宜就前設兩論釋之。就其一論，則所云死者、被瞽者、被燬者，皆指往時之語，故須推廣爲底者之義，使之兼現、往兩時。乃釋第一之云或一現爲人，或已爲人者，是爲死者。釋第二之云或一現爲見，或已爲見者，是爲被瞽者。釋第三之云或一現爲房，或已爲房，是爲被燬者也。轉第一者云或一死者，非現爲人，即已爲人；轉第二者云或一爲瞽者，非現爲見者，即已爲見者；轉第三者云或一被燬者，非現爲房，即已爲房也。其義固真，必可相轉相推者。

就其二論，則第一之受轉者云或一人爲受死者，第二者云或一見爲被瞽者，第三者云或一房爲被燬者，轉第一者云或一受死者爲人，轉第二者云或一被瞽者爲見者，轉第三者云或一被燬者爲房也。但所云爲者非指現在，而指本元之爲也。故所云或一受死者爲人，其義云或一受死者爲具人性者，而此義則已全脱乎現在矣。

釋第二駁曰：所云人者在受轉與在轉之者，其所當之義不同。在受轉者，則指無隔之義，即指公性；在轉之者，則指有隔之義，即指屬倫之特一者，故不能相推也。

凡特且非之題，不可相轉者，亞利未嘗舉證，惟舉此論明之。今測其第四論所據者曰：每有非也者在乎務之先，必非其穪於在屬倫之諸特一者。如曰或一生覺者，非爲人，斯非爲人之非，非所云人者，於人性之諸特一，故其義云或一生覺者非爲此人、非爲彼人等，以及盡人性之諸特一者。亞利《譯臆》一卷之六篇論須以公號加乎穪者否，惟論是之題而已，未嘗及於非之題。緣非也者，在非之題，非其稱使之不在諸特一者，故不須更論其宜，以公號加稱否也。因此可明特且非之題，不可受轉之故。蓋受轉題之底，因其有特之號，必屬特義；若稱，則因所加之非，必屬公義。如欲轉之，夫在受轉之題爲底者，在轉之題宜變爲稱，而因所加非其稱之義廣於前爲底之時，故所轉括常屬謬論也。

因此，則或有駁亞利之比論，以證特且非之不可受轉，即因其不能相推者，可以釋矣。如曰或一生覺者非爲人，則或一人非爲生覺者，蓋或駁之曰：第一所以爲真者，緣或一生覺，即非靈之生覺者非爲人故。今設在第二之生覺，亦指非靈者所云或一人非爲生覺者，亦爲真論。故所轉括者，固相推也，釋之曰：依上所論，非也者在務之前，分散其稱於其倫之諸特一者，故所云生覺者在第二。既有非在其前，不能復有在第一，而無有非在前者所有之義。蓋生覺之在第一者，因其屬特號，宜析然釋之。如云此一生覺者非爲人，抑彼一生覺者非爲人，以及一無靈之生覺，實非爲人者。故欲受轉之爲真，惟須有一生覺，而非爲人者。至論在第二之題，爲所有之非，以當公號者，則宜合然釋之。如云或一人非爲此之生覺，亦非爲彼之生覺等，以及合盡諸生覺者，終不能得或一人而非爲或一生覺者。其所轉括，不能不屬謬矣。

雖第四論所設凡特且非之題，不能相轉者，其義爲確，然亦有可辯者二端：一曰公且非之題每可受轉，屬之特且非者，亦可受轉也。今依第一論，凡公且非者皆可受轉，則屬於公題之特題，亦可受轉也。所謂公題受轉屬之特亦受轉者，每有一公題爲真者，屬公之特題亦真，則使兩公且非之題，即受轉與轉之之兩題皆真。夫受統之兩特，即一受轉、一轉之者，固爲真也。如曰無一乙爲甲，則無一甲爲乙者，此即兩公且非之題也。從此兩統題可以括受統之兩題，從第一者推云或一乙非爲甲，從第二者推云或一甲非爲乙者。設兩公之題爲真，所推括兩特亦必爲真，則特且非之相轉何爲不可也？

二曰設相轉也，悖乎特且非之題乎，亦宜悖乎公且非者，何以故？每有一物與爲先之義相悖，其於從先者推括之義亦悖焉。今特且非之題從公且非者推括，則若相轉也者悖乎特，公者其能受轉哉？

釋第一曰：所謂公且非受轉，其屬之特且非亦可受轉者，良然，但公且非之題必屬爲真乃可受轉，謬則不能受轉。然而爲謬之義多於爲真。設公爲謬，而所統之特爲真，如所云或一生覺者非是人。此特之真者，不能受轉也。若謂則公之受轉非多於特之受轉，緣公者受轉，特者亦受轉故，則豈以公者爲可因其全受轉，而特者不可受轉耶？曰：凡公且非之題，當其爲真，皆可因其全受轉，故直謂之可受轉。至論特且非者，則雖當其爲真，而必屬乎真之公者乃可受轉。若公者非真，則雖特且非者真乎，不可受轉矣，故直謂特且非不可受轉也。亞利於證一、二、三論，則用無義旨之限界；如云甲云乙。欲證第四特且非之不可轉者，則用有義旨之限界。如云生覺者云人。緣先明所屬公題即云無一生覺爲人者，是爲特題。即或一生覺非爲人者，所屬之公題也。爲謬，而特者之不能受轉則明，而用無義旨之限界以明公非之爲謬，其論終非顯矣。

釋第二之所謂設特且非不可受轉，公且非亦不可受轉者，曰：所謂凡悖乎爲先，亦悖乎從其先推括者，良然。但所謂特且非之題，從公且非推括者，則否也。亞利所謂不能受轉之特之非者，固不能從公之非推括之也。推括者有兩義：一因規模推括，二因質義推括。所云或一生覺非爲人，雖因規模，必從所云無一生覺爲人者以推括。然論質義，則所云或一生覺非爲人者，既爲真義，不能從所云無一生覺爲人者以推括之也。緣真義不能從謬義以推括故也。故雖謂轉也者與特悖，其義非云特且非之題悉皆不能受轉，惟云非必可受轉者耳。倘欲轉之間有先者爲真，而所轉括爲謬，故不可直謂模之轉也。

## 孑一之題相轉　四支

論孑一諸物，其理異乎恒常，學者多不及論。亞利之不釋其理與何轉者，正以此故。兹釋之，其論更全矣。孑一之題有三種：一兩端皆孑一。如曰某甲爲此窮理者，某甲與此窮理者，皆孑一者也。二底爲孑一，稱則否。如曰某甲爲人，某甲者，底也，孑一也；人者，稱也，即人類之人也。三其稱孑一，底則否。如曰凡人爲某甲，某甲者，稱也，孑一也；凡人者，屬公之底也。三種各具一是一非。今設数端，則知其何以相轉矣。

一，凡有稱、底、孑一之題是與非，皆以直因其全受轉也。是者，如曰某甲爲此窮理者，轉之云：則此之窮理者爲某甲。非者，如曰某甲非爲此石，轉之云：則此石非爲某甲也。

二，凡有孑一之底，而稱則屬公。其是者，則受轉乎特。如曰某甲爲窮理者，轉之云：則或一窮理者爲某甲也。非者受轉乎特，亦可轉乎公之題也。轉乎特者，如曰：某甲非爲石。轉之云：則或一石非爲某甲。轉乎公者，如曰：某甲非爲石，轉之云：則無一石爲某甲者。

三，凡或是或非之題，有公底而孑稱者，皆依然因其分受轉也。如曰：人爲某甲，則某甲爲人。又曰：無一石爲某甲。則某甲非爲石是也。

四，凡是之題，底特而稱孑者，亦依然受轉。如曰：或一人爲某甲，則某甲爲或一人。論非之題，則不可受轉。如欲轉之，必有從真之先者。推括之謬義，如曰：或一人非爲某甲，則某甲非爲或一人。第一者爲真，緣某乙爲或一人而非爲某甲。第二者爲謬，緣某甲不能非爲或一人也。泛論孑一之相轉，必須孑一之限界爲不可析，且不能自傳之物。不則，所推括義未必確。

駁所謂是者以直受轉，曰：每有固然之先，而所推括屬可不然者，其一雖真，其二則可爲謬也。今孑一且是之題，其受轉者可爲固然，而轉之者或爲可不然之題。則使有稱、底、孑一且是之題，以直受轉乎？豈非有先之屬真，而所推括屬謬者哉！所謂其一雖真，其二可爲謬者，凡屬固然之義，不能不真，求不可謂謬者也。若可不然之義，則可爲謬者亦可爲真，故亦謂兩可之義。設夫兩可或屬爲謬，而從固然以轉可不然者，豈非從真之先者以推括謬之義耶？所謂孑一且是，一固然，一可不然者，有如此冷，就厥性之固然結於此水，緣因性之能力不能別此水而自存故，而此水非就固然以結乎此冷，不拘乎彼此，但有或此冷，或彼冷，即可存焉。若是，則曰：此冷者爲此水，則此水爲此冷者。所云此冷者，合冷與底而言。斯之爲轉也，豈不謬哉！

釋曰：所謂孑一之是者，一固然，一可不然者，非也。云固然者有兩義：一爲性之諸司之所以然所致之固然，如雪之爲白者。一爲本係乎物之本元，非諸性所以然之所能致者，如人之爲靈，爲能笑者，皆或爲人之本性，如云爲靈者。或爲其性所固然發之情也。如云能笑者。後義之固然，全脱乎現在，不須有底有稱而後可以稱其底。前義則否。設非底與稱之相結，不可以稱其底也。則雖此冷就固然以結此水，而此水或非就固然以結此冷，不因而即謂從固然轉括可不然。又謂先者屬真，而所括者則謬也，何故？此水、此冷兩者，非現在不能相結，而論現在，不但此冷不能離此水，即此冷現在時，此水亦不能離此冷也。則現在相結之時，彼此皆不可不然，豈云從固然推括可不然者？又豈云先之爲真，而所轉括之爲謬哉？

據此義，推知凡云人受造爲白者、象牙變爲紅者等題，不可轉云白者受造爲人、紅者變爲象牙也。緣凡有一合名，如云白者，云紅者，合白色、紅色於爲白爲紅之物，故謂合名。挾立義而指者，如云白者、紅者，若以指白色、紅色，依托於爲白爲紅之物，則謂挾托義而指；若指某物有白色紅色者，則謂挾立義而指。必指某模所依之底。故云白者受造爲人者，其義云有白色之人受造爲白者，而其爲謬明甚。欲轉所云人受造爲白者，則宜云：夫受造爲白者爲人也；欲轉所云象牙變爲紅者，宜云：夫變爲紅者爲象牙也。此類題之相轉，皆同此義。

## 直之題列可就反置受轉否 辯二

### 固然之題反置之相轉 一支

凡在受轉之爲稱者，而在轉之爲底；又在受轉之爲底，而在轉之爲稱。及論爲稱、底之限界，設在受轉屬限，在轉題則屬非限；設在受轉屬非限，在轉題列屬限者，是即反置之相轉者也。釋凡可不然之題，何以反置而轉，自有本論具後。玆惟論固然且專一之諸題相轉若何。云数端如左：一端凡公且是之題，或屬限定之限界而轉爲非限定；或屬非限定之限界而轉爲限定。論其何以相轉，則皆以直因其全受轉也。所謂穪、底屬限，宜轉屬非限者，如曰凡人皆爲生覺者，則凡非生覺者皆爲非人也。若謂所轉括非從厥先者相推乎，則亦宜謂夫與所悟者相反而謂之義。云或一非生覺非爲非人者，暨所設云凡人皆爲生覺者，兩並屬真也。而今不然。何故？依《譯臆論》之所定，則從所云或一非生覺者非爲非人，可推括云或一非生覺者爲人，而轉此所云或一非生覺者爲人，即可以括云或一人爲非生覺。又從此所云或一人爲非生覺，可推括云或一人非爲生覺，而此所云或一人非爲生覺者，與所設第一者云凡人皆爲生覺者，正相反而謂之題也。則前所轉云凡非生覺者爲非人也，固爲當然之轉矣。

所謂穪、底屬非限，則轉爲屬限者。如曰凡非生覺者爲非人，則凡人皆爲生覺者。若謂所轉即凡人皆爲生覺者。不相推乎，則夫與所轉者相反而謂之義。即或一人非爲生覺者，暨第一所云凡非生覺者爲非人，宜兩並屬真也。而今依《譯臆》之所論，凡非限之題相推者，從彼所云或一人非爲生覺者，可以推云或一人爲非生覺。又因前所論凡特且是之題何以相轉者，即此之所云或一人爲非生覺者，受轉以括云或一非生覺者爲人。而從此所云或一非生覺者爲人，即可推括云或一非生覺者非爲非人。顧此所云或一非生覺者非爲非人者，與第一之受轉所云凡非生覺爲非人者，相反而謂。則前所轉云凡人皆爲生覺者，固爲當然之轉矣。

二端凡特且非者，亦以直受轉也，論屬限轉乎非限者。如曰或一生覺非爲人，則或一非人非爲非生覺者。若謂所轉括不相推乎，則夫與所括者相反而謂之義云凡非人皆爲非生覺者，暨第一所云或一生覺非爲人者，兩皆屬真也。今此之所云凡非人皆爲非生覺者，就前所設公且非之題，何以相轉之第一論，固受轉於所云凡生覺者皆爲人也。又此所云凡生覺皆爲人者，與第一所云或一生覺者非爲人，兩者相反而謂，則前所轉云則或一非人非爲非生覺者，固爲當然之轉矣。論屬非限轉乎有限者，如曰或一非人非爲非生覺者，則或一生覺者非爲人也。謂所轉括不相推乎，則夫與所括者相反而謂之義云凡生覺者皆爲人也，暨第一所云或一非人非爲生覺者，兩皆屬真。今此之所云凡生覺皆爲人者，就前設相轉之第一論，宜受轉於所云凡非人皆爲非生覺者。而此所云凡非人皆爲非生覺者，與第一之所云或一非人非爲非生覺者，相反而謂。則前之所轉云則或一生覺者非爲人也，又即當然之轉矣。

三凡公且非，與特且是之諸題，或屬限變爲非限，或屬非限變爲有限者，皆不可以直受轉也。如欲轉之，必先者屬真，而所括屬謬矣。論公且非之屬限，變乎非限者，如曰無一人爲石者，是公且非屬限之一題也。欲轉之云則無一非石爲非人，此題固謬。緣與彼相反謂者云：或一非石爲非人，固屬爲真故。如馬爲非石，又爲非人者。論屬非限變乎有限底者，如曰無一非人爲非無靈之物，則無一無靈之物爲非人也。第一之爲真者，葢因與之相反謂之題云或一非人爲非無靈之物者，本屬謬也。第二之爲謬者，緣夫與之相悖之題云凡無靈之物，皆爲非人者，固屬爲真故。

論特且是之非限，變爲屬限者，如曰或一非人爲非石者，則或一人爲石者。第一之爲真，葢某馬指特一之馬爲非人，亦爲非石者。第二之謬易明，不須取證。論屬限而變非限者，如曰或一人爲屬可想者，則或一非屬可想者爲非人也。第一之爲真，緣各人能爲明悟所想，或是或非之界故。第二之为謬，葢因夫特且是何以相轉之論，其所云或一非屬可想者爲非人，宜受轉云或一非人爲非屬可想者，而此之爲謬明甚。緣凡爲非人之物，皆可以界明悟，或是之，或非之之用故。惟夫流通之限界，所云屬可想者等此類之名，皆可用以通稱萬物，故云流通之限界。或不可變爲非限者，故又舉一論，以證其所轉非相推之轉也。但非有一特且是之題稱與底屬非限者爲謬，故不可指先者爲真，所括爲謬，以證所轉非當然之推。如公且非之稱、底非限者，亦非有屬真之一題，故亦不可指其先者爲真，而所括爲謬，以明其轉之不相推也。又前所設，以證公且非之稱、底屬非限不可相轉者，其設喻亦不切。緣其一之限界，即所云非無靈者。非切義之非限界者故。葢云無靈者本爲靈也者之非，若又加一非，則其名不可謂非限之名，且宜謂是之限界。緣以一之非加於其名前有之他非，即爲是其前非之所非故也。

欲證凡特且是之相轉，固非相推，須證夫與所轉括者相反之義，非所悖乎先者。如曰或一人爲生覺者，則或一非生覺者爲非人也。欲明所轉之非相推，姑舉於彼相反之義而云：無一非生覺爲非人者，此義非悖乎先所云或一人爲生覺者。緣雖容無一爲非生覺而爲非人者，其真謬無論，而所云或一人爲生覺者，仍自爲真，非即爲謬也。欲證公且非相轉之不相推，亦執前比，以明夫與所轉括者，其相反之義，非所悖乎先者可也。

或曰：所摢摅以證特且是之題，不可就反置而轉其論非確。緣夫與所括者相反之義，與先者固相悖故。葢所謂無一非生覺爲非人者，受轉云無一非人爲非生覺者，而此與彼先之所云或一人爲生覺者，正屬相逆。何以故？所謂無一非人爲生覺者，與所謂或一非人爲非生覺者，不能並真。今此之所云或一非人爲非生覺者，從彼先所云或一人爲生覺者，就不能不推之規，以推括，則所云無一非人爲非生覺者，亦逆乎所云或一人爲生覺者；則彼所云無一非生覺爲非人者，原逆乎先者所云或一人爲生覺者；則前所轉云或一非生覺者爲非人，是即當然之推也。證所謂或一非人爲非生覺者，從原先者以推曰：若舉生覺者以是之於人，云或一人爲生覺者，則云非生覺者宜非之於人。緣是非之謂，爲相反之限界，不能並舉，以稱一物故。若是，即曰夫非生覺者，受非乎人，則宜受是乎與人相反者，即宜受是乎非人也。緣所非乎此一物真，可以是乎與其物相反者故。則云或一非人，爲非生覺者，固屬爲真。則所謂或一人爲生覺者既爲真也，固可推云：或一非人爲非生覺者。

釋之曰：所謂若舉生覺是之於人，則云非生覺者宜非之於人者，良然。但所推云則若所謂或一人爲生覺爲真者，固可推云或一非人爲非生覺者，則非是也。蓋此本非就厥模之規，以受括之推。緣夫與所推括者相反之義，非所悖乎其先者故。所推括者即云或一非人爲非生覺者，與相反者，即無一非人爲非生覺者，其先者或一人爲生覺者。所據云非生覺者受非於人，則宜受是乎與人相反者，非也。蓋每有一稱，而受非乎公之某一限界，匪即可是其稱乎彼限界，舉所變而爲非限者，若因受非乎公，即可受是乎所變，而屬非限者，即可推而證人非爲生覺者。如云：人者真可受非乎生覺者，蓋云或一生覺者非爲人也，必爲真論。緣有生覺而非爲人者，則云人者真可受是乎夫與生覺相反者，而云非生覺爲人者，固屬爲真。若是，則云人爲非生覺者，亦爲真，緣兩者相推故。然而斯論俱謬矣。當知謂所非乎此一物真，可以是乎與其物相反者，非論公之限界，而惟論孑一之限界。緣公限界之所統者廣，故可以舉相反之義，以爲皆是也。如云生覺者爲人，又云生覺者爲非人。生覺者，宗也。其義統人與非人，如馬等。云故兩者雖相反，並可以稱是生覺者。

雖凡公且非之題，不能就其全以受轉，然亦可就分受轉也，證屬限轉非限者。如曰：無一人爲石，則或一非石者非爲非人也。若謂不相推乎，則夫與所轉括者相反之義云：凡非石者爲非人，固屬爲真。今所云凡非石之爲非人者，受轉云：凡人皆爲石。而此所云凡人皆爲石者，正悖乎第一之所云無一人爲石者，則前所轉云則或一非石者，非爲非人也，固爲當然之轉矣。證屬非限而轉有限者，如曰：無一非人爲非生覺者，則或一生覺者非爲人。若謂不相推乎，則夫與所轉括之相反者云凡生覺者皆爲人也，宜謂爲真者。今此之所云凡生覺皆爲人者，就前設之第一論，宜受轉云：凡非人皆爲非生覺者。而此之所統云或一非人爲非生覺者，固爲真論。而此所云或一非人爲非生覺者，正悖乎第一之所云無一非人爲非生覺者。則前之所轉云或一生覺者非爲人也，固爲當然之轉矣。

# 論凡屬可不然之題與凡有合成之限界者亦可就〔一〕

## 反置受轉否 二支

有謂凡可不然之題與凡有合成之限界者，皆不可就反置以受轉也。證凡可不然之屬，有限不可轉爲非限者，如曰凡生覺之物爲屬有色者，不可轉云：則凡非屬有色者爲非生覺者。葢有非現在之甲馬非屬有色，而不可謂非生覺者。證屬非限不可轉爲有限者曰：設無一人現笑者，而謂凡非石者爲非笑者，此論必真。顧欲轉之云：則凡笑者爲石者，豈不謬哉！何以故？所謂凡笑者爲石者，依前設之論，受轉云：或一石爲笑者。今此之所云或一石爲笑者，明爲屬謬。則凡公且是之題，資乎可不然之質者，不能受轉明矣。

證凡有合成之限界，亦不可受轉者，如曰凡智之生覺者爲人，不可受轉云：則凡非人者爲非生覺之非智者。葢第一者爲真，而所轉括者爲謬。緣天神爲非生覺者，而爲智者故。

此説亦可然謂凡可不然之題，與有合成之限界，亦可就反設。因前定之論，以受轉者較允。

釋第一者曰：在兩題之限界，宜同一義，或在兩者，皆指現在之生覺，而非指非現在之生覺。夫生覺之限界在第一者，倘指現在與非現在之生覺者乎，則一之所云凡生覺皆爲屬有色者，固爲謬論。緣非現在之甲馬爲生覺，而非爲屬有色者故。所轉云則凡非屬有色者爲非生覺者，非當然之推也。若生覺之限界在兩者，惟指現在之生覺者乎，則兩題皆真。葢彼非現在之馬，論其生覺之限界，所指者既非限生覺不可謂生覺者，更可謂非生覺，故所轉云則凡非屬有色者，爲非生覺，固爲真之轉也。

釋第二駁，或曰：公且是之題，從屬限以轉非限者，可謂就厥模，不能不推之轉也。若從屬非限以轉有限者則否，此義未確。葢論凡公且是可不然之轉，與專一且非之轉，其勢相同。在各種兩題相推，因而爲先者，亦復爲所括。而所括者，又可復爲先者。故若從屬限以轉非限者，爲就模之轉乎，則從非限轉屬限者，豈非亦就模之轉哉？

〔一〕 此處缺文，底稿如此。

或亦因第二駁無所解，故謂欲就反置以轉，不可容凡諸所求之語。即所云設無一人笑者。若容所求，固不能受轉也。此解亦非彼所求者，其義自屬可能，則若容此義，即爲不可受轉乎，豈非即謂其題不能就規模之推受轉也。

兹釋其駁曰：所轉云則凡笑者爲石者，論其從先以受推，義本非謬，但非超直之義，而爲若設之義。如曰凡非石者皆爲非笑者，則凡笑者皆爲石者，即是謂設有笑者是必爲石，而此之所括固從先者推之。緣彼先者所云凡非石者皆爲非笑者，是舉非笑也者以稱凡非石者。故設有笑之用在，惟可指石以爲笑也者之底賴耳。若問何故，所轉括之義，非超直而爲若設之義乎。則曰：先者所受成，皆爲非限之限界，而凡非限之限界，非須現在，而後可以相稱。緣凡非之稱，本脱乎實之現在故。至論所轉括者，則所受成之限界，本屬有限者，倘欲就直義以相稱，固須兩限界之現在。今既非現在也，則苟欲相稱，須執先者所執之義，而後可相推也。然則先者之義，本非超直而爲若設。設無一人現笑者，是謂若設之義。則所轉括者，即凡笑者皆爲石。亦非超直，固爲若設之義也。如云設現有笑之用在惟以石爲其底也。所謂凡笑者皆爲石者，受轉云或一石爲笑者，而此之既謬，則彼亦謬者。曰亞利所謂凡公且是之題，受轉乎特且是者，惟論直超之題，非論若設與諸何若之題。云凡笑者皆爲石者，既爲若設之題，故不能受轉云或一石爲笑者，則從所轉括者爲謬，即或一石爲笑者。推證受轉者即爲笑者皆爲石。亦爲謬也。

至論凡有合成之限界，雖或亦可就反置以受轉也，然謂不可者，其説較允。所謂不可受轉者，第三駁其證也。蓋雖或曰從彼先者云凡智之生覺者皆爲人，不可推括云則凡非人皆爲非生覺之非智者，而宜轉云則凡非人皆爲非生覺之智者。然駁論終未之解也，何以故？所轉括者云凡非人皆爲非生覺之智者，其題可有二義：一渾然舉全稱，即云生覺之智者。而以爲全屬彼非之所非；二其稱也，非全屬乎非，而其義云凡非人皆爲非生覺，亦爲智者。循後義，則有先者屬真，即所云凡生覺之智者，皆爲人也。而所括者即所云凡非人皆爲非生覺，亦爲智者。屬謬。緣石之非人爲非生覺，而非爲智者。循前義，則所括云凡非人皆爲非生覺之智者，雖自屬真，但其義屬强解，非爲自然。蓋依《譯臆》之論，凡非限題之稱，自宜全屬非限，若全稱惟具一非，則所云生覺者雖屬非之所非，以爲屬非限。然云智者倘非，自一非不可以爲非限之名也。緣斯非生覺之非，惟非所云生覺不能推之以非所云智者故。

謂可受轉者，則解第三駁曰：特用一非，以非全稱非悖乎非限題之本理也。《譯臆》之論，惟謂凡非限題之稱，宜全屬非限，無拘或特用一非，或用兩非，以非其全之稱也。若特用一非，而總非生覺與智者，則所轉括云非人爲非生覺之智者，本爲當然之推矣。

# 理推之總論三卷

治理曆法加工部右侍郎又加二級臣南懷仁集述

## 何若題相轉 第三篇

總義 此篇舉三論，以釋凡何若之題相轉者。一曰：凡有固然且是何若之題，其相轉皆如前所釋直題之受轉然；二曰：凡屬可能之何若，與凡可然之第一、第三兩端者，第一端之可不然，即可當固然之何若；第三端之可不然，即可當可能之何若。其轉，則如屬固然且是之所轉者然；三曰：凡屬可不然之第二端者，第二之可不然者，即能指可有亦可非有之物。若爲是之題乎，則其相轉。與第一、第二論之所設者無以異；若爲非之題乎，則公者不可因全而特者，則因全以受轉也。

古 爲固然者，與直超題互轉無異，即公而非就公。以轉。夫公且是。與特且是，俱就特義。以受轉者。如曰夫甲與無一乙。有相通義，是爲固然，則夫乙者。與無一甲可以相通，亦爲固然。若夫乙者。與或一甲有相通義，則云：甲者與或一乙，亦相通焉。

解 茲是何若之題，何以相轉，惟論屬是之何若，而不論有非之何若，與凡屬不可有之題。緣此兩端之相轉，就相當之題之相轉。可以明之，不必更悉。當知此論何若之題，非就所屬之何若。以定其何似與幾何。蓋就夫謂者所函之稱與底，以定其爲屬某何似，某幾何之題耳。即如謂者爲或是或非，或公或特，或非公非特之謂乎，則屬其謂者之題亦然，或是或非，或公或特，或非公非特之題也。又當知亞利論何若之題，何以相轉，非就其題之要限界，謂者與何若者，是爲題之要限界。而惟就其次限界謂者之稱與底，是爲限界。以定何以相轉也。古義有三論：

一曰，凡題列之何若系屬固然者，其相轉也，與直超之題列之相轉。無以異。證凡公且非以直受轉者，如曰。無一乙爲甲是爲固然者，則無一甲爲乙。亦爲固然者也。若謂不相推乎，則夫與所轉括者相反之義，固從彼先者可以相推而云。

無一甲爲乙非爲固然者。顧云或一甲爲乙爲可不然者，原可以當彼所云無一甲爲乙，非爲固然者。則姑轉括云或一甲爲乙，爲可不然者。今凡爲可不然者，爲亦可然者。所云或一甲爲乙，既爲可不然者，亦爲可然者。夫既爲可然者乎，則設爲現然可以指，或一甲而謂現爲乙者。緣凡可有之有，雖非現有，可以爲現有，而就之以推其論故。今既有或一甲爲乙者，則就直且特之題互轉之論可以指，或一乙爲甲者。然而凡就可然指之現爲有，亦可不爲有，則所云或一乙爲甲者，亦爲可不然，而可以當此所云無一乙爲甲，非爲固然者。今此所云無一乙爲甲，非爲固然者，與第一所云無一乙爲甲爲固然者，正相反謂，則若前所轉括云無一甲爲乙爲固然者，非爲當然之轉乎，宜謂有相反之兩題並屬爲真者也，而豈其然哉。

㊟古若甲也者與凡爲乙，抑與或乙固然相通，則乙也者與或一甲亦固相通。謂非相通，則斯甲者與或一乙，亦非以固而屬相通。

㊟解兹證凡公且是之題就分受轉，特且是者則就全以轉也。曰：凡乙爲甲爲固然者乎，則或一甲爲乙，亦爲固然者。若謂不相推也，則與所推相反謂之題，或一甲爲乙非爲固然者，與夫先公特兩題，皆可並爲真也。而今不然。何以故？從彼題云或一甲爲乙非爲固然者，可推云或一乙爲甲非固然者。今此所云或一乙爲甲非固然者，與彼兩題悖，且悖乎公之所云凡乙爲甲與特之所云或一乙爲甲者，則不能與其兩者並屬爲真矣。云悖乎特者，蓋既云或一乙爲甲爲固然者，又云或一乙爲乙甲非固然者，相反而謂，義固相悖。所云悖乎公者，蓋云凡乙爲甲是固然者，可推云或一乙爲甲是固然者。今此之所云或一乙爲甲是固然者，與彼所云或一乙爲甲非固然者相悖，則所云或一乙爲甲非固然者，亦悖乎公之所云。凡乙爲甲爲固然者，緣凡與某題相悖，必亦悖乎某題所從推之他題故也。

所云或一甲爲乙，非固然者，則或一乙爲甲，亦非固然者，其推也甚明。亞利置弗之及，兹補一證云，或一甲爲乙，非固然者乎，則無一甲爲乙，爲可然可不然者。若無一甲爲乙爲可然可不然者乎，姑設無一甲爲乙，而所云無一甲爲乙者，可以推云無一乙爲甲，則所云無一乙爲甲，必亦爲可然可不然者。今所云無一乙爲甲，爲可然可不然者，可以當所云或一乙爲甲非固然者，則從前所云或一甲爲乙非固然者，豈不可推云或一乙爲甲非固然者哉？而其推也，必爲真且當然之推矣。

㊟古凡特且非不可受轉，其故已明。

㊟解論固然特且非之題，則謂不可相轉；苟欲轉之，必有真之先者，而所轉推固謬。如曰或一生覺非爲人爲固然者，則或一人非爲生覺，亦爲固然者是也。

（古）可然之題，其轉不一。云可然者，義不一，故云固然者、云非固然與可能者，咸謂可然。

（解）所謂可然者，其義非一，則其題受轉之何若，其規模亦不得歸於一也。故欲釋其何若以轉，先釋夫云可然者，不同之義也。蓋其義有三：一與所謂固然者相通。如曰人爲生覺者爲可然者，惟此義未切。二與所謂非固然有，非固然非有，惟可然可不然而有者相通。如曰某行，某立，此爲可然者之切義。三與所謂可能者亦相通矣。云固然者，則指可然者之第一義；云非固然者，以明可然者之第二義；云可能者，則是可然者之第三義也。

（古）夫是之題其所互轉，若超若固。如云甲者或與凡乙，或與一乙，其義互宜，爲可然者，則云乙者與或一甲，其義互宜，亦爲可然。若夫乙者與無一甲，義理互宜，爲可然者，則云甲者與無一乙，義理互宜，亦爲可然，斯推已證。

（解）論凡是之題屬可然者，諸義者，而謂其所相轉與前是且超，及是且固諸題所轉者，皆一規耳。釋之曰：如云凡乙皆爲甲，抑云或一乙爲甲，是爲可然者，則或一甲爲乙，亦爲可然者。若謂所推非當乎，則與所推相反之題，即云或一甲爲乙非可然者，可與彼兩所云凡乙皆爲甲，抑或一乙爲甲者並屬爲真。而今不然。何以故？云或一甲爲乙非可然者，可推云或一乙爲甲爲非可然者。今此所云或一乙爲甲爲非可然者，與先所云凡乙皆爲甲，抑云或一乙爲甲是爲可然者，正相逆，則所推云或一甲爲乙亦爲可然者，即爲真且當然之推也。所云或一甲爲乙非可然者，可推云或一乙爲甲亦非可然者，其推之當，亞利謂前有其證矣。

若問證之何處，曰：論可然者，就其第一之義以爲與固然者相同乎，則謂或一甲爲乙非可然者。推云或一乙爲甲非可然者，與謂或一甲爲乙非固然者，推云或一乙爲甲非固然者，其推無以異，而此推爲當也。亞利于前釋固且是之題何若相轉者，以爲明甚矣，不須更證。

論可然者第三之義，以爲與可能者相同乎，則彼推之爲當，可證之曰：謂或一甲爲乙，非爲可然者，可推云則無一甲爲乙爲固然者。二者相當，故可相推。此之所云無一甲爲乙爲固然者，可轉云無一乙爲甲爲固然者，而此所云無一乙爲甲爲固然者，與所云或一乙爲甲非可然者，固相當矣。然則亞利已明，凡當先者之題，必受轉乎當後者之題，故謂彼推之爲當，前已證也。

論可然者第二之義，就其指可有，可非有者乎，則證彼推之爲當曰：依亞利本卷之十六篇所云，或一甲爲乙非可然者，其題之所以爲真者，有兩端焉：一，緣無一甲爲乙爲固然者；二，緣凡甲皆爲乙爲固然者。今就此二端各可推云或一乙爲甲非可然者，則就所云或一甲爲乙非可然者，亦可推云或一乙爲甲非可然者矣。所謂就彼一端所云無一甲爲乙爲固然者，可推云或一乙爲甲非可然者，蓋若無一甲爲乙爲固然者乎，則無一乙爲甲亦爲固然者。則或乙爲甲，豈爲可然者哉？所謂就彼一端所云凡甲皆爲乙爲固然者，可推云或一乙爲甲非可然者，蓋若謂凡甲皆爲乙爲固然者，則或一乙爲甲，亦爲固然者。則或一乙爲甲，豈可又謂爲可然者？緣凡爲固然者，不能復爲可然者，故此所以證彼推爲當之論也。至審其證之爲確與否，後別有論。

(古)論非之題其轉不然，非皆如直。苟云可然，即云固，非抑云非固，則其所轉若前者爾。如云人者，非爲夫馬，衣非爲白，皆爲可然。蓋人爲馬，固非相該；云衣爲白，固非相得，其所相轉與是無異。如云無人可稱爲馬，爲可然屬，則云無馬可稱人，亦屬可然。又云無衣可稱爲白，乃爲可然，則云無白可稱爲衣，亦爲可然。若或一白固稱爲衣，則或一衣固稱爲白，其推之當，前已有證。

(解)凡屬可然且非之題列，其相轉之規非必如直之題，列相轉之規。至論第一、第三義可然者，凡非之題相轉，如直題之相轉。然所謂固非相該者，則指非且可然第一義之題列。緑就此義，謂固非爲馬，謂可然非爲馬，皆一義。故所謂非固相得者，則指非且可然第三義之題列。緑就此義，謂非固爲白，謂可然爲白，亦皆一義故。所謂其相轉如直題相轉者，如曰無一人爲馬，是爲可然，則無一馬爲人，亦爲可然。此兩題云可然者，即第一義之可然者。亞利前已證。凡公且非之題，屬固然者，皆因全而轉，故今不復證其推爲當。蓋此云可然，即固然者也。又如云無一衣爲白，是爲可然，則無一白者爲衣，亦爲可然。此兩題所謂可然，即第三義之可然者。若謂不可相推，宜謂彼與所推相反謂之題列；云無一白者爲衣，非爲可然者，可與先所云無一衣爲白爲可然者並屬爲真。而今不然，何故？比如云或一白爲衣爲固然者，可以當彼所云無一白爲衣非爲可然者，而云或一白爲衣爲固然者，與先所云無一衣爲白是爲可然者，相反而謂。則若彼推非當然之推乎，即云無一白者爲衣，亦爲可然者。豈有兩相反之題，並屬真者哉？則須謂凡公且非屬第三義可然者之題，就直且全以受轉矣。

(古)凡非且特其轉亦爾。

謂凡非且特一之題，屬第一、第三義之可然者，其不可相轉也，如直題非且特者之不可相轉然。其所以不可相轉者，亞利以爲其義自明，故不復證。蓋此苟可相轉乎，必有其先屬真之題，而所推者必屬爲謬。如曰或一生覺非爲人，是爲可然者，就可然者第一、第三之義，此題必屬爲真。則或一人非爲生覺，亦爲可然者是也。就兩義而言，此題必屬爲謬。

(古)若云可然即云多有，則非之題其轉，弗若夫特且非亦可相轉，若公則不後論可然，並具斯證。

㊣解此爲夫泛論非之題，屬第二義之可然者，其轉不能如直題之轉也。蓋公之題不可轉，若特，則可相轉矣。屬第二義之可然者又統三義：一指槩可有之事；二指少有可有之事；三指可有可不有均等之事。而斯槩可有者，是可然者於推論之諸規模所就之義，故茲論可然者，而惟取此義焉。

所謂特且非亦可相轉，若公則否者，茲非具證，惟云在後本卷十六篇，將證其爲是也。彼處取設三論以證，公且非之題不可相轉，而今亦辯中畧提其義。

㊣古云與無一，云與或一，非相關係爲可然者，其題之似雖必爲是，顧所轉規，則如上論。

㊣解茲又謂凡題之屬何若者，使以何若稱是，其謂雖非，厥稱于謂者之底，是皆宜謂是之題也。蓋何若之在彼題，如爲之在直題然。今凡直題雖非其稱，而苟不非其爲，其題必不屬非，而爲屬是之題。如曰慾爲非善，木爲非白者，皆是已。何若之題亦然。雖謂者之稱非之于底，苟不非何若，其題必爲是，不可謂屬非之題也。至論相轉之理，則不然。若謂者之稱非之乎底，雖何若之屬爲是者，其題之勢即如直題，皆宜謂屬非，而不屬是者。蓋此題之所轉，惟轉謂者之稱與底，而何若者則常然非轉矣。

## 論屬何若題之相轉 辯一

### 固能可三何若屬是者其題之轉當否 一支

證非當者有四：一，如曰凡學文語者皆是人，是爲固然，不可推云則或一人爲學文語者亦爲固然。蓋先者必屬爲真，緣其與已相反謂之義。云凡學文語者皆是人非固然者，必屬爲謬。蓋當此者云或一學文語者，非爲人是爲可能者，必爲謬故也。所謂不可推云者，蓋無一人學文語者自屬可能，豈可推云則或一人爲學文語者亦爲固然哉？云凡有善者皆是生覺，云凡笑者皆是人，云凡嘶者皆是馬，其不可推云則或一生覺爲有善者，或一人爲笑者，或一馬爲嘶者，亦同此理矣。

二，如曰無一目爲必須者，以發見用，是爲屬可能者，不可推云則無一必須，以發見用，而爲目，亦爲屬可能者也。蓋釋先者宜云此一目非必須以發見用爲可能者，彼一目亦非必須以發見用爲可能者。蓋不可決指兩目之各一，以爲發見用之必須者，故先者必屬爲真。而所推云則無一必須以發見用者爲目，亦爲屬可能者，豈不謬哉？

三，如曰或一人爲生覺，爲固然者，不可推云則或一生覺爲人，亦爲固然。緣其先者爲真，而所推者屬繆也。謂屬繆者，蓋云或一生覺爲人爲固然者，可以當所云無一生覺爲人爲非可能者。然云無一生覺爲人爲非可能者，自爲謬論，則彼與之當者亦必爲謬也。所謂云無一生覺爲人爲非可能者爲謬，蓋題之謂者本爲公謂，無一生覺爲人者，是爲其題之公謂。宜接然而釋之云：此生覺非爲人，爲屬非可能者；又彼生覺非爲人，爲屬非可能者等云，以及窮諸生覺之屬。顧生覺者之中，有非靈之生覺，自屬可能非爲人者，則豈可總謂無一生覺爲人爲屬非可能哉？

四，屬可能者、固然者、可然者，三可若之題義，又各屬合義、分義，則宜釋夫就何義而轉。如屬可然之第二義者，亦前釋就三義之何以受轉也。

前解古文，已明亞利設諸題相轉之規甚當，無疵，此故惟釋駁論。

釋第一曰：所謂凡學文語皆是人，是爲固然者，此非屬真之論也。釋公且是之題相轉，可以見此題非爲真之故。所謂與彼論相反謂之題，即所云凡學文語者皆是人，非固然者。曁當其題之他題即或一學文語非爲人是爲可能者皆謬，則非也。蓋雖凡現在而學文語者，不能不爲人，然論非現在而已學文語者，則可真謂或一學文語非爲人是爲可能者。緣非現在之某、現在之時既已學文語，可稱爲學文語者。而今既非現在，不可稱之爲人，則亦可謂之學文語，亦可謂之非人者。若謂凡依之稱謂，須底稱並現在，方可相稱，否即是謬論。豈可以非爲人之稱稱非現在之學文語者？則曰凡依且是之稱，底非現在，不可相稱，良然。論依且非之稱則否，必底之現在也。故以非爲人之稱，而稱學文語非現在之底者，無礙正論。

釋第二有三説：一謂所云無一目爲必須，以發見用，爲屬可能者，非爲必真之題也。蓋凡相接之題，雖各自真，然使其題内諸分題不能相容，而並爲真，則相接之總題不能强而謂之真也。則雖所云此一目亦非必須，以發見用，爲可能者，與所云彼一目亦非必須，以發見用，爲可能者，皆爲真題，而要未必果爲真題也。蓋設謂右目非必須，爲可能者，爲必真之題，即所云左目非必須，爲可能者，不能一同爲真。緣右目設瞽而不能發見用，左目即爲必須者，則兩題相接之總，即此一目亦非必須，彼一目亦非必須。與兩題所推解之公題，即如一目爲必須云云。皆爲謬題矣。此説非也。蓋或兩題，或多題，相接之總所以爲真者，惟在總題之諸分，各自爲真耳。苟其分皆屬爲真，總題從何而謂繆題哉？

二説謂所云無一目爲必須以發見用，爲可能者，不可就接全題而解云此一目亦非必須爲可能者，彼一目亦非必須爲可能者。緣凡云必須，不能接全題而解，惟可接公題解云亦此一目，亦彼一目，非必須，以發見用，爲可能者。若就此義，則受轉之題，即無一目爲必須爲可能者。故屬爲謬，而所轉推者，不能無疵矣。

三説謂彼題之所云無一目爲必須，以發見用，爲可能者，就相接之全題而解，固屬真題。而所推轉云無一必須，以發見用，爲目者自爲可能者，亦屬真論，不可以爲謬也。蓋云無一目限然必須，以發見用者，既爲可能，則云無一限然必須，以發見用者，爲目也，亦爲可能。若非加「限然」二字，而總論爲必須者，則固有或一必須，以發見用，爲目者矣。第二、第三説皆可。

釋第三曰：所轉推云或一生覺爲人，爲固然者，其題屬真非謬也。又所謂無一生覺爲人，爲屬非可能者，亦非謬論。蓋此題非接然解，接然者，如云亦此生覺非爲人，爲屬非可能者，亦彼生覺非爲人，爲屬非可能者等。爲具非可能者之何若，與屬非之謂者，即無一生覺爲人者。宜分然釋之也。如云或此生覺非爲人，爲非可能者；或彼生覺非爲人，爲非可能者云云。若就此義解，則受轉與所推，皆真題矣。所謂宜分然釋之者，下有共證。

釋第四曰：凡題有固、能、可三何若屬是者，或論合義，或論分義，相轉之規皆一。故亞利並歸一論，問何謂合義、分義，曰：合義、分義，於屬合若之諸題，或係於謂者，或係於何若者。凡何若之在題，自能指何如謂者之穪，合於底之質義，是謂係於謂者之分義；其在題若能指何如謂者，穪與底模義之相宜，是係於謂者之合義也。如曰坐者立，爲可能者，就分義則言在坐之人，或坐時，或他時，亦能立；就合義則言坐之人舉其在坐，亦爲立。就分義解，則其題真；就合義解，爲謬矣。凡係於何若之分義，必諸特一之題釋謂者，各有一何若加在其題者。凡係於何若者之合義，則必諸特一之題釋謂者，總一何若加在其諸題之總者。如曰或一行體動爲可能者，就分義而釋，則宜云此形體動爲可能者，抑彼形體動爲可能者；就合義而釋，宜云此形體動，抑彼形體動爲可能者。當知所謂凡題具固、能、可屬是之三何若，或在合義，或在分義，其相轉之規，皆一者，惟論屬真之題。若謬題，則不可謂之相轉矣。

問何以得知彼諸題下其降解當何如？若分然降解，則宜分分降乎？不分別全題，惟分其一分降解，是謂分分降解，如曰或一生覺爲人，爲可能者，降解云：此生覺爲人，抑彼生覺爲人，爲可能者，抑字分接兩題，然惟分所云或一生覺爲人者，故謂分分。抑宜分全降乎？如曰或一生覺爲人爲可能者，若降解云：此生覺爲人爲可能者，抑彼生覺爲人爲可能者，抑字分接兩全題，故謂分全降解。若接然降解，則宜接分而降乎？如云無一目爲必須，以發見用，爲可能者，若降解云：此一目非爲必須，亦彼一目非爲必須，爲可能者，亦字非接全題，惟接其一分，故謂接分降解。抑宜接全而降乎？如曰無一目爲必須，以發見用，爲可能者，若降解云：此目非爲必須，爲可能者，亦彼目非爲必須，爲可能者，亦字接全題，故謂接全降解。曰：欲明此義，須設四端：

一曰：凡題之具何若而是者，其底爲公，則在其底下，或接分而降解，或接全而降解；其底爲特，則或分分降解，或分全降解，皆可。

二曰：凡屬是之題，或特或公者，若循其稱而下，則須就分分而降解；若題爲屬非，則無拘特公，或就接分降，或就接全降矣。以上兩端，皆論題有屬是之何若者。

三曰：凡題有非之何若者，其所以降解，如有是之何若者降解，但須就于何若者之合義解之，不則不可。如曰凡生覺者皆是人，爲非可能者，就合義而降則云：此生覺爲人，亦彼生覺爲人，爲非可能者，而其題必真也。若就係于何若者之分義，則云：此生覺指某一人非爲人，爲非可能者，亦彼生覺指何一馬非爲人，爲非可能者。而此接全題，因所云亦彼生覺指何一馬之生覺非爲人，爲非可能者，全屬爲謬。而所解之題，即云凡生覺爲人，爲非可能者。必屬爲真。緣夫當已之題云或一生覺爲人，爲固然者，真而不謬故。

四曰：凡題有屬非之何若者，欲循分義而解乎？係于何若之分義，解見先論。則公之謂者以下，宜分然全降解；而特一之謂者以下，宜接全降解矣。如曰或一生覺爲人，爲非可能者，不可解云抑此生覺爲人，爲非可能者，抑彼生覺爲人，爲非可能者，但宜解云亦此生覺爲人，爲非可能者，亦彼生覺爲人，爲非可能者。若從前解，則彼受轉之題，即或一生覺爲人，爲非可能者。雖屬爲真，而當已之題云凡生覺爲人，爲固然者，必謬也。公謂之題，其所以就分全而解，其理亦爾。葢非之何若係于公謂者，必使其謂可以當特之謂者。若係於特之謂者，則使其謂可以當公之謂。故凡相當之題，其謂者宜相反而謂。緣何若在此一題則屬非，在彼一題則屬是故也。

## 論不可有等何若屬非者其題之相轉何如　二支

凡題之有何若屬非者，亞利不論其相轉之規何如。緣凡題或屬不可有，或屬他非之何若者，必有當已之他題，或屬固然，或屬可能之何若也。比如凡題或屬不可有之是者，或屬可然，或屬可能之非者，必可以當屬固然者之他題。又凡題或屬固然，或屬不可有者之非者，必可以當屬可能者之他題，詳見《引啟辯》。故欲知其題何以相轉，前宜察夫當已之題，或屬固然，或屬可能者何如。於是因前所設，凡屬是何若之題，何以相轉，宜推彼當之題，或所受轉，或所非受轉之他題。依此，則如彼所欲察之題，受轉於何他題，必宜受轉于當夫轉當已之題也。比如或遇此題云或一人非爲生覺，非爲固然者，先宜察當此題之題，屬可能者爲何題，即知所云凡人爲生覺爲可能者，是爲當之題也。而此題之所受轉則云或一生覺爲人，爲可能者，又此之題必當所云無一生覺爲人，非爲固然者，是即爲所云或一人非爲生覺，非爲固然者所受轉之題也。故知凡題屬是之何若者，其相轉之規既明，則屬非何若者之相轉亦易明矣。雖然，今設四端，而其理尤甚著也。

一曰：凡題具公且是之謂，而屬非之何若者，不可受轉也，證在上論。設相當者之互轉，今又證之曰：若欲轉乎，必先者之屬真，而所轉收者屬謬。如曰凡生覺爲人，非爲固然者，不可轉云則凡人抑或一人爲生覺，非爲固然者。又如曰凡生覺爲人，非爲可能者，不可轉云則凡人抑或一人爲生覺，非爲可能者。

二曰：凡題具公且非之謂，而其何若亦屬非者，直受轉於公之題，而不可受轉於特之題。所謂受轉於公者，如云無一乙爲甲，非爲固然者，宜轉而云則無一甲爲乙，非爲固然者。若謂不相推乎，則與所推者相反之題，即無一甲爲乙，爲固然者，宜謂真論。而今依亞利所定相推之法，從此所云無一甲爲乙爲固然者，可推云則無一乙爲甲爲固然者。而此所云無一乙爲甲，爲固然者，與先所云無一乙爲甲，非固然者，相反而謂。則前所推云無一甲爲乙，非爲固然者，必爲當然之推矣。

所謂不可轉於特者，蓋先者爲真，而所轉推者爲謬。如曰無一人爲生覺，非爲固然者，自爲真論，但所轉推云則或一生覺非爲人，非爲固然者，必謬。緣夫與已相反謂之題云，或一生覺非爲人爲固然者，必屬爲真故。

三曰：凡題具特且是之謂，而屬非之何若者，直然受轉於特之題，而又依然受轉於公之題也。所謂受轉於特者，如曰或一乙爲甲非爲固然者，宜轉云或一甲爲乙非爲固然者。若謂不相轉推乎，則夫與所轉收相反之題，即或一甲爲乙爲固然者，宜謂爲真也。顧依亞利所定相推之法，從彼所云或一甲爲乙爲固然者，可推云或一乙爲甲爲固然者，而此所云或一乙爲甲，爲固然者，與先所云或一乙爲甲，非爲固然者，相反而謂。則前所轉云或一甲爲乙，非爲固然者，必爲當然之推矣。

所謂受轉於公者，如曰或一乙爲甲非爲固然者，宜轉云則凡甲爲乙非爲固然者。若謂不相推乎，則與所轉推者相反之題云凡甲爲乙爲固然者，宜謂屬真。顧從此所云凡甲爲乙爲固然者，可推云或一乙爲甲爲固然者。而此所云或一乙爲甲爲固然者，與先所云或一乙爲甲非爲固然者，正相反謂。則前所轉云則凡甲爲乙，非爲固然者，原爲當然推也。

四曰：凡特之題具謂與何若屬非者，依然可受轉於公之題，不可受轉於特之題也。所謂受轉於公者，如曰或一乙非爲甲，非爲固然者，宜轉云則無一甲爲乙，非爲固然者。謂不相推乎，則與轉推相反之題云無一甲爲乙爲固然者，宜爲真論。顧從此所云無一甲爲乙爲固然者，可推云無一乙爲甲，抑或一乙非爲甲，爲固然者。而此所云無一乙爲甲，抑或一乙非爲甲，爲固然者，與先所云或一乙非爲甲，非爲固然者，正相刺謬。則前所轉云則無一甲爲乙，非爲固然者，自爲真推也。

所謂不可受轉於特者，如曰或一人非爲生覺，非爲固然者，不可推云則或一生覺非爲人，非爲固然者。蓋先者必真，而所轉推者必謬也。

# 第二義可然者之題何以相轉 辯二

## 亞利論此類取合義乎取分義乎又此題之闡解何如 一支

前辯第一支已明何若諸題，或屬分義，或屬合義之理，茲特詳之。蓋此義切見于屬可然者諸題也，欲知各題爲真與否，宜先知其爲屬何義，爲分義乎？爲合義乎？蓋總此一題在合義，則爲謬；在分義，則可爲真。如曰或一形體動爲可然者，就合義論，固屬爲謬。緣指分别之總題云此形體動，抑彼形體動者爲可然之題，而此義固不得不謬也。須知凡總者之中特有一題屬固然者，諸題之總直謂爲固然，總者之中雖惟一真之題，諸題之總亦宜謂真者。然則或有謂天動乃彼總者之一題而非爲可然，必屬固然者，則諸題之總亦爲固然。而所解之原題云或一形體動爲可然者，就合義而解，必屬爲謬也；若就分義而解，則其題爲真。蓋非以其解原題諸題之分别之總全爲可然，而惟指全總者之分屬爲可然者，此義固真。緣云人動亦爲總者之一題，而本爲可然之題故。依此推知，凡可然者之題，苟屬合義而欲其爲真，必須其謂者亦可爲真，亦可爲謬。若屬分義之題，則不須兩可。試觀所云或一形體動者必爲真，不得爲謬，而具此謂其可然之題云或一形體動爲可然者，必爲真題也。

可然之諸題皆可有分合兩義，然亞利論其相轉之規，則不取合義，而惟取分義焉。蓋分義切見何若之題，而合義非其切義。苟以爲屬合義者，其題即是直題，而惟因其能指何若，或一穪，與或一底相宜，故謂爲何若之題耳。如曰無一石動爲可然者，又曰或一形體動爲可然者，執合義而解之云此謂者所云無一石動，或一形體動者，爲可總然之謂。而此所指之規，切爲直題，所以指其義之規也。

雖論于可然諸題，惟循分義以論其相轉，顧此義辯明，又别作一論，特辯合義之相轉焉。

開解其題如何？曰：論分義，凡何若且第二義可然之題，各須固然之兩題以解之：一其謂者是，一其謂者非。但此二題，或論其何若者之何似，或論其謂者之幾何，與所解之原題固不相似。若可然者屬是，則兩題須接全而解；苟屬非者，則宜分全而解也。可然之屬是者，如曰或一乙爲甲爲可然者，解之云亦凡乙爲甲，非爲固然者，亦爲無一乙爲甲，非爲固然者。又如曰無一乙爲甲，爲可然者，解之曰亦爲或一乙爲甲，非爲固然者，亦爲或一乙非爲甲，非爲固然者。可然之屬非者，如曰或一乙爲甲，非爲可然者，解之云抑爲凡乙爲甲，爲固然者，抑爲無一乙爲甲，爲固然者。又如曰無一乙爲甲，非爲可然者，解之云抑爲或一乙爲甲，爲固然者，抑爲或一乙非爲甲，爲固然者。

凡題屬第二義之可然者，所以須有彼兩題解之者，蓋第二義之可然即既可有，亦可不有者也。故苟屬是，而欲其爲真，須有屬可能者之兩題，共具一謂者。而其謂也，在一題須屬是，在一題須屬非者。如曰或一乙爲甲爲可然者，欲證其題爲真，須此兩題皆爲真者。一曰或一乙爲甲，爲可能者；二曰或一乙非爲甲，亦爲可能者。而此之兩題，正當彼固然之兩題，解屬可然之原題，故謂凡題屬是之可然者，宜攄接全而闡之也。

證凡題屬非之可然者，宜就分全而闡之曰：凡是之可然之題，欲其爲真，須有可能者之兩題亦屬爲真。若可能者之一題爲謬，彼是之可然之原題亦謬。今各題之所須以得爲謬者，亦足令與其題相反謂之他題爲真也。則凡非可然者之各題所以可爲真，非須可能者之兩題爲真，惟須其一爲真耳。故謂凡非可然者之題，就分全且固然之兩題而解，緣彼可能者之兩題，正當固然者兩題故。但因凡分全之題所以爲真，惟須其一分爲真者，故彼題亦不必兩爲真，惟須其一爲真者耳。如曰或一乙爲甲爲可然者，此題之爲謬，惟須此兩題之一爲謬，即或一乙爲甲爲可能者，或一乙非爲甲爲可能者。又曰或一乙爲甲非爲可能者，此題之爲真，惟須此兩題之一爲真，即或一乙爲甲爲可能者，或一乙非爲甲，爲可能者。蓋曰或一乙爲甲非爲可然者，此題與先者所云或一乙爲甲爲可然者，正相反謂。故其所以爲真，惟須彼兩題之一爲真。即或一乙爲甲爲可能者，或一乙非爲甲爲可能者。故謂可然之屬是者，就接全之兩題而解；若可然之屬非者，則就分全之兩題而解矣。

欲上論真是無疵，更須有二：一，凡特之題，或是或非，而屬是之可然者，欲其爲真，須彼可能者之兩題。解原題者惟攄特一，又攄可然者之本義，而爲真者，如曰或一乙爲甲爲可然者，其義云或一之統乎乙者，就可然者甲依已者，即其所依，非謂不得不依。蓋謂雖依，亦可不依者也。不然，可有一題屬謬。而解之之兩題，皆各爲真，如曰或一生覺爲人爲可然者，固謬，而解其題之可能者兩題云或一生覺爲人爲可能者，又或一生覺非爲人爲可能者，皆可爲真也。

二，凡特之題，或是或非，而屬非之可然者，不特須有兩題解之，且又須第三題也。蓋固然之兩題，解原題者，或皆爲謬，而所解非可然者之題，或屬爲真。如曰或一生覺爲人，非爲可然者，固爲真。緣夫與已相反之題云或一生覺爲人，爲可然者，固屬爲謬。然其所以爲真者，非因凡生覺爲人爲固然者，亦非因無一生覺爲人爲固然者，兩題皆謬故。則又須加一題，有特之是且非之謂者。如曰或一生覺爲人，非爲可然者，解之曰抑爲凡生覺爲人，爲固然者，抑爲無一生覺爲人爲固然者，抑爲生覺亦有爲人，亦有非爲人者，是亦固然者也。而彼非可然者之題所云或一生覺爲人，非爲可然者，爲第三之所云，亦有爲人，亦有非爲人者，固屬爲眞。 蓋生覺者之屬，亦有固非爲人者，如諸非推理之類，亦有固爲人者，如凡推理者之屬。

或曰：二端之論，似未必當。 第一之所謂彼可能者之兩題，釋解其可然屬是者，須共據特一乎，豈其然哉？ 蓋循彼題之規模，不可推而謂兩須據特一而解。 既不可就模義而推，則惟就其質義，以定其爲然者耳。 是彼兩題所推收者，非模之推收，而惟爲質之推收，豈得爲眞？ 蓋凡推收之模，欲其題爲眞，而推收之間無疵者，無所係于質，全係于模耳。

又既謂凡非之可然者須有三題解之者，亦宜謂是之可然者之題亦須有三。 蓋是之可然者與非之可然者既相反謂，則彼解其題之固然者之題，亦相反謂。 而今云解是之可然者宜有二，解非之可然者則須有三，二與三何得互對相反哉？ 蓋此所云或一乙爲甲非爲可然者，所以爲眞，惟須三題之一屬眞者。 如云抑無一乙爲甲爲固然者，抑凡乙爲甲爲固然者，抑乙亦有爲甲，亦有非爲甲爲固然者，則云或一乙爲甲爲可然者所以爲眞，必須此三者皆眞，以對三題解非可然者之題。 如曰凡乙爲甲非爲固然者，亦無一乙爲甲非爲固然者，亦乙亦有爲甲，亦有非爲甲，非爲固然者。

第二端之所謂解非可然者，宜有三題，其論亦未當。 蓋或有固然者第三之屬眞，而所解非可然者之爲謬。 如曰或一何似者爲人，非爲可然者，此題必屬爲謬。 緣與已相反謂之他題云或一何似者爲人，爲可然者，必屬爲眞故。 蓋白者，就可然謂之爲人也。 顧欲解之云或一何似者爲人，非爲可然者，抑爲凡何似者爲人，爲固然；抑爲無一何似者爲人，爲固然；抑爲何似者亦有爲人，亦有非爲人，爲固然者。 而此之第三，必屬爲眞。 緣能笑者，本爲何似者之屬分，而固然爲人。 又能嘶者亦爲何似者之屬分，而固然非爲人。 則不可指三題而謂，就分全以解，非可然者之題也。 曰：二論皆當無疵。 所謂不可循兩題之模，而定其皆宜據特一云者。 曰兩題皆據特一者，非但係于質，且切係于模。 蓋可然者之本義，與其題之規模，自須兩皆據特一者耳。 苟惟據特一者乎，則何必三題以解其原題哉？ 夫與已相反謂者，既爲非可然者之題，自可以當固然者他題，故必須三題能全然分別，原題之穪於其謂者之底也。 若可然之屬是者，穪與底全然有別，則有兩題屬固然者，即足以解明其義矣。

雖然，謂解可然屬是者，亦有三題，如解可然屬非者，于理爲當。 蓋欲可然者之題爲眞，須彼三題解與元題相反謂，非可然者之題，皆屬爲謬。 則若可然、非可然之兩題，各有三解之者，所推尤顯。 而從解之之題，以推受解者，又從受解之題，以推解之者，非不爲模之推也。

駁第二論之所謂或有固然者屬眞，而所解非可然之爲謬者，良然。 但其論，非謂從第三之題不可不推其非可然之爲眞者，惟謂非可然之稱。苟惟可分兩半，而其一固然在底，其一固然不在底者，如所云生覺之一分爲人，一分非爲人，爲固然者，於是從第三題解其非可然者，必可推非可然者之爲真也。雖然，從解之之題以推受解者，非不爲模之推。緣第三題之模理，自指其稱惟析兩分，而其一固然在，其一固然不在者。蓋謂乙也者，其一分爲甲，一分非爲甲，爲固然者，即謂凡爲乙者，一分之爲甲，一分之非爲甲，爲固然者。故曰其題之模理，自指乎析兩分之義也。

## 第二義之可然屬是者相轉 二支

亞利所定之論有三：一謂凡公且是之題，循其分受轉。如曰凡乙爲甲爲可然者，宜轉云則或一甲爲乙，爲可然者。若謂爲不可推，則宜謂其與已相反者爲真也。即或一甲爲乙，非爲可然者，而其所以爲真者，抑爲無一甲爲乙，爲固然者；抑爲凡甲爲乙，爲固然者；抑爲甲分爲乙，分非爲乙，爲固然者。若曰爲無一甲爲乙爲固然者乎，則宜推云無一乙爲甲，爲固然者。然則此之所推，與先所云凡乙爲甲，爲可然者，固屬相悖。若曰爲凡甲爲乙，爲固然者乎，則宜推云或一乙爲甲，爲固然者。若是，則凡乙爲甲，非爲可然者。不然，乙固然爲甲，又可然爲甲，義固相悖。若曰爲甲分爲乙分非爲乙，爲固然者乎，則宜推云或一甲爲乙爲固然者。若是，則或一乙爲甲，爲固然者。顧此所云或一乙爲甲，爲固然者，與先所云凡乙爲甲，爲可然者相悖，則必宜謂凡公且是之題，循其分以受轉也。不然，則是兩相悖之題，可並屬爲真也，豈其然哉？

二論謂凡公且非之題，不可直然受轉，但依然可受轉耳。所謂不可直然受轉者，亞利本卷之十六篇證取三論：一曰若公且非之題，可循直而轉乎，則公且是者，亦宜直然受轉。今凡公且是之題，不可直然受轉，則公且非者，亦不能直然受轉矣。欲證公且非苟直然轉，而公且是亦宜直然轉者，須知凡題屬第二之可然者，皆就互對之何似受轉。即是者轉於非，非者轉於是。而謂者，或稱或底之幾何，則恒然不移。如曰凡人皆坐爲可然者，轉云無一人坐亦爲可然者。又曰或一人非爲白是爲可然者，轉云則或一人爲白，亦爲可然者。今證原義所云，公且非設直然轉，則互對公且是者亦然。曰凡乙爲甲，爲可然者，則就互對之何似宜轉云無一乙爲甲，爲可然者。今依執公且非，可直受轉之説者。此所云無一乙爲甲，爲可然者，可轉云無一甲爲乙，爲可然者。又此所云無一甲爲乙，爲可然者，就互對之何似轉云凡甲爲乙，爲可然者，則豈非公且非之題直然受轉，而公且是者亦然乎？然而公且是之題，固不可直然受轉也。蓋云凡人皆爲白，爲可然者，乃屬真之題，顧不可推云凡白者，皆爲人，爲可然者。緣與相反謂之他題，云凡白者爲人，非爲可然者，必爲真故。而此之爲真，又緣解此之他題云或一白者指雪之白非爲人，爲固然者，必爲真故也。

二曰若公且非之題直然受轉乎，必先者真，而所推收者謬也。如曰無一人爲白者，爲可然者，此屬真之題，而所推云無一白者爲人，爲可然者，則謬。緣或一白者，即雪之白，固然非爲人故。

三曰凡直然受轉之題，須與所推收者相反互對之他題相悖，而今可然者之題公且非者，不能悖乎所推收者相反互對之題，則不可轉明矣。所謂不能悖云者，如曰無一乙爲甲，爲可然者，推云則無一甲爲乙，爲可然者，然則與此所推收互對相反之題，即無一甲爲乙，非爲可然者，而此之爲真，可就解之之題明之，即或一甲非爲乙，爲固然者。不然，甲固然非爲乙，又可然非爲乙。顧此所云或一甲非爲乙，爲固然者，與先所云無一乙爲甲，爲可然者，可並爲真。緣謂無一人爲白，爲可然者，又謂或一白，即雪之白者，非爲人，爲固然者，並屬爲真故。則先所云無一乙爲甲，爲可然者，與所推收者相反互對之題，即無一甲爲乙，非爲可然者，無所相悖。則所轉云無一甲爲乙爲可然者，非當然之推矣。

所謂惟依然而循其分可受轉者，如曰無一乙爲甲，爲可然者，則就互對之何似，宜轉云凡乙爲甲，爲可然者。然此所云凡乙爲甲，爲可然者，依前所定，宜轉云或一甲爲乙，爲可然者。而此所云或一甲爲乙，爲可然者，就互對之何似，宜推云或一甲非爲乙，爲可然者。顧此即爲從彼公且非之題云無一乙爲甲，爲可然者，所推轉特且非之題也。此轉之爲當，亦就與所推收者相反互悖之題，爲謬者可明矣。相反互悖之題，即或一甲非爲乙，非爲之可然者是也。

三論謂凡特之題，或是或非，若其謂者非固然之質乎，則宜直然轉之也。

所謂非固然之質者，蓋凡題屬第二義之可然者，雖其謂或屬固然，而其題亦可爲真。但云爲真者，惟論特題，若公者則否。如曰或一形體動爲可然者，此其題真焉。蓋雖云或一形體動，本係於質之固然，顧云人動人指或一形體之動者爲可然之事，非固然者也。而凡係此義諸題，皆不可轉者，緣先者爲真，而所推之爲謬。如曰或一何似者爲人，爲可然者，不可轉云則或一人爲何似者，爲可然者。又曰或一何似者，非爲人，爲可然者，不可轉云則或一人非爲何似者爲可然者。

所謂特且是可轉者，如曰或一乙爲甲爲可然者，宜轉云則或一甲爲乙爲可然者。若謂不可推，則相反互對之題，將可推而爲真者云。或一甲爲乙非爲可然者，顧此之所以爲真，抑爲無一甲爲乙爲固然者；抑爲凡甲爲乙爲固然者；抑爲甲分爲乙，分非爲乙，爲固然者。若爲無一甲爲乙爲固然者乎，則無一乙爲甲爲固然者，與先所云或一乙爲甲爲可然者相悖。若爲凡甲爲乙爲固然者，或爲甲分爲乙，分非爲乙，爲固然者乎，則或一乙爲甲，爲固然者，與前所設定其題之謂者，須非係於固然者弗允矣。

欲證所謂特且非之題亦直然轉者，其論亦然。即宜指三題，解彼與所轉收相反互對之題，而明其悉與先者相悖。如前論所指之三題，解彼與所轉收相反互對者，與先者相悖然。

駁前論有四：一曰：凡公且非之題，似亦可直然受轉也。蓋無一乙爲甲，既爲可然者，則甲可分別於諸乙，又乙可分別於諸甲。蓋乙之視甲，猶甲之視乙，甲既可分別於諸乙，乙何猶不可分別於諸甲乎？則如無一乙爲甲，爲可然者，即無一甲爲乙，亦爲可然者矣。

二曰：雖公且非之題直然受轉，不可謂先者真，而所推收者謬。如謬，必見於亞利所設之論。曰無一人爲白者，爲可然者，則無一白者爲人，亦爲可然者。顧此之所推真而不謬。若謂爲謬，則其所以謬，惟爲或一白者，非爲人，爲固然者，而此之題爲非真也。蓋所云白者，或特言白雪之質有，或言質有，據其爲白色之所模。若據質有而言，則所推收與所從推收之先者，並謬。緣人爲雪之質有，非爲可然者故。若據其爲白色之所模而言，則不可謂或一白者，非爲人，爲固然者。緣雪舉其爲白，非就固然以別於人故。

三曰：第三論所謂凡特之諸題，皆直然受轉者，似未盡然。蓋既須其謂者弗係於固然，苟係固然，即不可轉。則其推可謂質之推，而不可謂模之推也。若須設定其質之非固然者，然後可轉乎，則設定或此義，或他義，而爲公且非之題，亦可直然受轉也。

四曰：凡特且是之題，屬非可然者，不可受轉。緣所轉收有疵，非當然之推故，則論特且是之題，屬是之可然者受轉，不宜就非可然者之轉，以取其證矣。

釋第一曰：若乙就可然分別於諸甲，甲亦可分別於諸乙，但不須亦就可然分別也。蓋或有受統乎甲者，而就固然分別於乙。如雖無一人爲白，爲可然者，而人分別於或一受統乎白者，雪之白者。非就可然之別，而就固然之別也。

釋第二曰：所謂無一白者爲人爲可然者，此題非真，必爲謬。緣謂或一白者非爲人，爲固然者，固真而不謬故。所謂白者，或特指底，或並指模者，則曰此所云白者，本指其底，據其屬白色之模。然則因有或一白者，固然爲雪，故不但雪固然非爲人，即雪之白者，亦固然非爲人也。

釋第三曰：有謂凡特之題，因必須不係于固然之質，故其轉非當然之轉，亦非模然之推也。但因其推轉與直且模之推轉相似，又所設之不係于固然者，自爲可然者之本性所須者，故亞利置之模推之倫耳。此說亦可然，不如謂其轉爲切且模之轉較是。蓋所設之不係于固然者，非可謂設，蓋可謂可然者，本性自須之限也。夫可然者之質，自須屬兩可，無拘於一，然後可用以成可然之題。故謂無係於固然者，乃其性之自須者也。所謂若亦設定不係于固然之質，公且非之題亦可直然受轉者，非也。蓋雖無所係于固然者，而要必先之爲真，而所推之爲謬。如曰無一人爲白爲可然者，則無一白者爲人，爲可然者，其先者必真。無所係于固然之質，顧所推收者則謬矣。

雖設其題不係於固然者，不可直然受轉，然他有可設而凡公或是或非者，必可直然受轉也。即必須凡受統乎受轉題之稱中，非就固然以别于底者。蓋彼題所謂無一人爲白者，爲可然者，其所以不可轉，祇回有受統乎白者，就固然分别于人故耳，即雪之白者是也。證所謂設凡統乎稱者，非就固然以别于底，其題皆可受轉者。如曰凡乙爲甲，爲可然者，宜推云則凡甲爲乙，爲可然者。若謂不可推乎，則彼與所推相反互對之題云凡甲爲乙，非爲可然者，宜屬爲真。然此之所以爲真，抑爲或一甲爲乙，爲固然者；抑爲或一甲非爲乙，爲固然者。若爲或一甲爲乙，爲固然者乎，則或一乙爲甲，亦爲固然者；則凡乙爲甲，非爲可然者。而此與先所云凡乙爲甲，爲可然者，正屬相反也。若爲或一甲非爲乙，爲固然者乎，則與前所設即凡受統乎受轉題之稱中，不宜就固然分别與底者相悖也。

證公且非之題，亦可受轉，其論亦然。如曰無一乙爲甲，爲可然者，宜推云則無一甲爲乙，爲可然者。若謂不可推乎，則彼與所推相反互對之題云無一甲爲乙，非爲可然者，宜屬爲真。而其所以爲真者，抑爲或一甲爲乙，爲固然者；抑爲或一甲非爲乙，爲固然者。若爲或一甲爲乙，爲固然者乎，則或一乙爲甲，亦爲固然者；則無一乙爲甲，非爲可然者，與先所云無一乙爲甲爲可然者，正屬相反也。若爲或一甲非爲乙，爲固然者乎，則悖於前所設誠反稱所統，非就固然分别于底之義矣。

（第四之所取非可然之題不可轉者解見後）

## 第二義可然屬非者相轉　三支

雖亞利未釋第二義，且非之可然者諸題何如相轉、互推，然曰其已用非可然者之相轉以證他論，故茲特設幾端以明其題之可相轉否也。

一曰：凡公且非可然者之題，或非或是者，皆不能受轉。即亦不可轉公，亦不可轉特之他題也。緣欲轉此類之題，必有先真而所推收者爲謬故。證公且非不可轉者，如曰無一白者爲人，非爲可然者，宜轉云則無一人爲白者，非爲可然者；或云或又非爲白者，非爲可然者。先之所云無一白者爲人，非爲可然者，前論已證其爲真，而所推之爲謬自明矣。

證公且是不可轉者，如曰凡白者爲人，非爲可然者，則凡人抑或一人爲白者，非爲可然者。先之爲真，而推之爲謬，亦自明矣。

二曰：凡特且非可然者之題，或是或非者，不能轉于特之他題，但可轉於公之題也。顧其謂者，若無所係于固然之質，則如前所論特且是可然者之題，亦可轉於特之他題也。所謂不可轉於特者，如曰或一人爲何似者，非爲可然者，此題固真，而所轉云則或一何似者爲人，非爲可然者，必謬。

所謂可轉於公者，如曰或一乙爲甲，非爲可然者，可轉云則凡甲爲乙，非爲可然者。若謂不可推乎，則彼所推相反互對之題云凡甲爲乙，爲可然者，宜謂真也。顧此所云凡甲爲乙，爲可然者，可轉云或一乙爲甲，爲可然者。而此與先所云或一乙爲甲，非爲可然者，互對相悖，則前所推云凡甲爲乙，非爲可然者，本爲當然之推也。

證特且非可轉於公者，如曰或一乙非爲甲，非爲可然者，宜轉云則無一甲爲乙，非爲可然者。若謂不相推，而指其相反互對之題爲真者，即無一甲爲乙爲可然者乎，亦否。蓋所云無一甲爲乙爲可然者，可轉云或一乙非爲甲，爲可然者。而此與先所云或一乙非爲甲，爲可然者，相反互對，則前之所轉，乃當且真之推也。

所謂若無所係于固然之質，亦可轉於特者，則依前所設諸論，可取其證。蓋上所舉，先真推謬者，皆係于固然之論。欲明不係于固然者，何以相轉，則觀前所陳特且是可然之題，不係于固然者，何以相轉，即其證矣。

三曰：從特且是之題，屬非之可然者，不但可推公且是之題，且亦可推公且非者。又從特且非之題，不但可推公且非之題，且亦可推公且是者。據亞利本卷之十六篇，論相反互對何似之題，何以相轉者，可取其證也。又證公是公非之兩題，皆從特且是者，以推曰從公且是之題，就相反互對之何似，可以推公且非者。又公且是之題，從特且是者以推，證見上論第二端。則公且非之題，亦從特且是者可推也。

證公非公是之兩題，皆從特且非者以推，曰：從公且非之題，就相反互對之何似，可以推公且是者。又公且非之題，從特且非者以推，證見上論二端。則公且是之題，亦從特且非者可推也。

證上端所設必爲真者，蓋泛論係可然諸何若之題，或是或非，苟皆屬一同之幾何，則皆相當之題也。如曰凡人爲白者，抑曰或一人爲白者，爲可然者；又曰無一人爲白者，抑曰或一人非爲白者，爲可然者；兩題相當，故其一若真，其二者亦必真而是，即爲可然者之本理也。

然則凡特且是之題，屬非可然者，既不可轉於特之他題，則上論所設第四駁何以解也？或謂亞利作彼轉，不取可然者之第二義，而取或第一、第三之義。循此兩義，則可然之題，如固然與可能之題，皆可轉也。所謂或取第一，或取第三之義者，亞利此篇非詳論第二義可然者之題何以相轉，況又謂特論在後，本卷之十六篇。則其非就第二義以轉其題也，明矣。

此說非也。亞利此篇謂凡是之題無拘屬何義之可然者，其相轉皆如他諸何若之題之相轉，故宜謂亞利用非可然者之轉，亦有所設焉。即設其謂者不係于固然者之質，如所謂第二義切是之可然者之題，亦須其謂不係于固然者，而後可受轉焉。若是，則本支之二端，已明其轉當然之推矣。

## 第二義可然者之題據其屬合義而言可相轉與否　辯三

### 其題有可相當可解之之他題否　一支

窮理者之於推論，罕用此題。據其屬于合義者，然茲陳数端，以明其理，而此論悉備矣。一曰：凡是之可然者之題，俱可就非固然者接全之兩題受解，但其一者之謂，宜與所解可然者之謂相同，而其二者之謂，則須與所解可然者之謂相反謂也。如曰凡乙爲甲，爲可然者，解之曰亦爲凡乙爲甲，非爲固然者；亦爲或一乙非爲甲，非爲固然者。又曰或一乙爲甲，爲可然者，解之曰亦爲或一乙爲甲，非爲固然者；亦爲無一乙爲甲，非爲固然者。欲證此題能解彼可然者之題，須復舉可能者之題，如前所舉，以證固然之題，能解其可然者屬分義之題也。然則欲公且是之題，屬合義者爲真，論特之題在後。須凡特之題解其謂者，皆爲可能之題。若其一爲非可能者，而其受解之題，既就接全以受解，全題亦必屬可能者。又須諸特之題解其可然者，或幾或一爲可然之題，苟皆爲固然者，則其接全之總題，亦爲固然者。故夫受解之題云凡乙爲甲爲可然者，必爲謬焉。所謂若或幾、或一，爲可然者，其接全之總，即爲可然者，上論已證，不復贅。

論公且非之題，欲其爲真者，亦須兩題屬可能者爲真，一公且非，一特且是者。葢謂無一乙爲甲，爲可然者，必須或一乙非爲甲，爲可能者。而爲此可能者之題，其解可然之公者，接全之總題，亦爲可然之題也。斯可能者之兩題，必有非固然之兩題，具相反互對之謂者相應，而此即所謂解公且非者之題也。

論屬合義諸特之題，欲其爲真者，必須其謂者原屬可能之謂，次須凡解其謂者諸題之中，無一固然之題。葢可然者之原題，就分別以受解。凡分全之總題，倘其一分屬固然者，即全題俱爲固然之題，故分全之總題，須無一分之屬固然者。則欲解可然者之特題，須屬可能者之兩題，一特一公。特者與所解之可然者宜共一謂，而其謂也在可然者。苟屬是乎，在特之可能者，亦須屬是；苟屬非乎，在特之可能者，亦須屬非也。公者，則其謂與特者之謂，宜相反互對。比如若特題之謂者云或一乙爲甲，爲可能者；公題之謂者，宜云無一爲甲，爲可能者。此可能者之兩題，必有非固然者之兩題與之當者相應，而其一之謂與所解可然題之謂，並解一謂；其二之謂，則與可然題之謂者，相反互對也。

二端曰：凡題屬第二義及非之可然者，欲其爲真，必須固然之兩題，就分全以解其題也。其一之謂與非可然者之謂皆一，其二之謂則與之相反互對者也。證之曰：各題既足以爲謬，則與其題相反謂之他題，亦足以爲真焉。夫是之可然者之題，所以爲真者，惟須非固然之兩題，而其一之謂須與可然者之謂相同，其二之謂須與可然者之謂相反互對者。又其可然者之題所以爲謬者，惟須解之之兩題，其一爲謬，則非之可然者之題，與是之可然者相反互對；所以爲真者，惟須解之之一題，與解是之可然者之或一題，相反互對者爲真耳。彼解是之可然者，原爲非固然，且接全之題。此解非之可然者，則宜謂固然且分全之題，然後爲正相對也。

或曰：依上論推之，似兩端並具一何若，或並屬可然，或並屬非可然，惟其謂相反互對者可爲相當之題，豈其然哉？蓋他諸何若之題，但因其何若相移，故須其謂與固然題之謂，相反互對耳，而要非所論于並一何若之兩題也。所謂可爲相當之題者，蓋依上所論，解其兩題之題，皆相同。如曰或一乙非爲甲，爲可然者，解之云亦爲凡乙爲甲，非爲固然者；亦爲或一乙非爲甲，非爲固然者。前解所云凡乙爲甲，爲可然者，亦已指此兩題爲解。則彼兩題並屬可然者，正爲相當之題矣。

曰：所謂兩題並出一何若，可謂相當者，良然。顧此于理無碍也。他題之何若，所以相移，蓋凡可然、固然兩何若，欲其相當相解，須於幾何相似。故固然之屬非，則可然者須屬是；固然之屬是，則可然者須屬非也。若夫並屬相似之何若，或並屬可然，或並屬非可然之兩題，而有互對相反之謂者，正可相當矣。

或曰：分義與合義之題，咸就相同之題與之相當者，以受解，則似無所相異也。曰：兩倫之題，或可相推，或不可相推，不可强合，以爲皆屬一倫者。蓋從各公且真，而屬分義之題，可以推凡屬合義之題，或公或特，或是或非者。解之有二：一曰：凡公且屬分義之題，欲其爲真，必須凡解之之題，皆爲可然。設皆可然，則合義之題，或公或特，必爲真者。緣特之爲真，必須凡解之之題，皆爲可然。若公之爲真，亦須解之之一題屬可然者爲真即可。二曰：凡可然之題，既就相反互對之何似可以相轉，則從公或是或非，屬分義之題，亦可就當然之規模以推與已相似之他題屬合義者。然則凡公題設其爲真所統之特，雖屬合義，亦爲真者，但須凡特之屬，皆爲可然之受統于公且真，屬分義者耳。則從各公且屬分義之題，可推他題或公或特，或是或非，而屬合義者。然欲從凡屬合義之題以推凡屬分義者，則不可。蓋曰凡形體動爲可然者，就合義解，則爲真；就分義，則謬。所以謂分義可推合義，而不可以合義推分義也。

從特之真且屬分義者，不可推特之真屬合義者，緣推則先真推謬故。如曰或一何似者爲人爲可然者，就分義解，則爲真；就合義，則謬也。

從特之真且屬合義者，不惟可推特而已，且亦可推公之屬分義者。蓋凡特且合義之題，欲其爲真，則是者須凡解之之題，非一屬固然者；非者須無一屬非可有者。今凡或公或特屬分義，欲其爲真者，所須亦即此而已。則從合義之特，豈不可推分義之或公、或特之題哉？

## 凡可然且屬合義之題可相轉否　二支

先論凡題係于是之可然，而後論凡係于非之可然之題也。總設八端：一曰：凡特且是之題屬合義且是之可然者，就不得不然之規，可轉于特且是之題，又可轉于公且非者。所謂可轉於特且是者，如曰或一乙爲甲，爲可然者，宜推云則或一甲爲乙，爲可然者。若謂不可推乎，則與所推相反互對者，宜謂真也。即或一甲爲乙，非爲可然者，而此之所以爲真，抑爲或一甲爲乙爲固然者，抑爲無一甲爲乙爲固然者。

若爲或一甲爲乙，爲固然者乎，則可推云或一乙爲甲，爲固然者；則或一乙爲甲，非爲可然者。而此所云或一乙爲甲，非爲可然者，與先所云或一乙爲甲，爲可然者，正相反互對也。證所推云或一乙爲甲，爲固然者，則或一乙爲甲，非爲可然者。蓋依前支之論，先者乃解所收者之題，故所收不得不爲當然之推也。

若爲無一甲爲乙，爲固然者乎，則可推云無一乙爲甲，爲固然者；則或一乙爲甲，非爲可然者。蓋彼固然之題，亦解此非可然者之題，固相推焉。然則所云或一乙爲甲，非爲可然者，與先所云或一乙爲甲，爲可然者，正相反互對之謂也。

所謂可轉於公且非者，蓋凡可然之題有相反互對之謂者，正可相當。今公且非之題，可以當特且是之題。又他特且是之題，既可轉於其特且是者，則亦可轉於公且非之題也。

二曰：凡公且非之題，屬是之可然者，直然受轉，不可就其分而轉，然亦可就其分以受轉於特且是之題也。所謂直然受轉者，依第一端之論可明。蓋一特且是之題，可轉於他特且是者。又受轉之特題，必有公且非之他題相當；而轉其特題之特題，亦有公且非之他題相當，則其特且是之題，既直然受轉，而當之之公且非之題，亦直然轉於他公且非者。如曰無一乙爲甲，爲可然者，宜推云則無一甲爲乙，爲可然者。若謂不可推乎，則與所推相反互對之題，宜爲真也。即云無一甲爲乙，非爲可然者，而此之所以爲真，抑爲或一甲爲乙爲固然者，抑爲無一甲爲乙爲固然者。又從此兩題可推云無一乙爲甲，爲固然者，或一乙爲甲，爲固然者。又所推固然之兩題，正解與先者相反互對之題，即無一乙爲甲，非爲可然者，則設彼兩題爲真，其所解與先者互對之題，亦必爲真矣。

所謂不可就其分受轉者，蓋必先真而推謬。如曰無一人爲白者，爲可然者，此義真是。顧所推云或一白者非爲人，爲可然者，固謬。

又特且非之題，正當公且是者，則若公且非之題，可轉於特且非者，亦可轉公且是者。如不可轉公且是者，則亦不可轉特且非之題也。所謂不可轉公之是者，如云無一人爲白者，爲可然者，此義真焉。而推云則凡白者皆爲人，爲可然者，必爲謬矣。

所謂可轉特之是者，第一端所證，凡特且是之題屬合義，且是之可然，可轉公之非者，亦證此義。蓋公非之題既能當特之是者，而斯特是之題既能當公之非者，則前所證特之是題可轉公之非者，即今所證公之非題可轉特之是者也。

三曰：特且非之題，屬是之可然者，不可受轉也。緣先真收謬故。比如欲轉特之題云或一人非爲白者，爲可然者，此義真焉。顧所轉云則或一白者非爲人，爲可然者，固謬。欲轉於公者，亦不相推。如曰或一何似者，非爲人，爲可然者，所云何似者，惟指人類中之何似耳。不可推云則無一人爲何似者爲可然者。

四曰：公之是題，亦不可轉也。證取第三之端之論。蓋特之非者與公之是者，正屬相當。今依三端，特且非之題既不可轉，則公是之題亦不可轉也。又本篇之第一辯已證此題云凡乙爲甲，非爲固然者，不可轉于他題。顧彼題爲解公是之題屬可然，而係合義者之一也。則所解公是之題，亦不可轉。緣欲各受解之題，轉於他題，必須凡接全而解之之題，皆可轉故。又轉公之是題，必先者真，收者謬。如曰凡人爲白者，爲可然者，則凡白者，抑或一白者爲人，爲可然者。夫受轉之題固真，而轉之之兩題皆謬矣。以上四端，皆論是之可然，屬於合義者。

論非之可然者，亦有四端：一曰：凡特之是題屬非可然者，亦可直然轉於他特是之題，亦可依然轉於公非之題也。所謂直然轉者，如曰或一乙爲甲，非爲可然者，宜轉云則或一甲爲乙，非爲可然者。若謂不相推乎，則彼與所推收相反互對之題，宜爲真也。即云或一甲爲乙，爲可然者，顧此題依前所論是之可然者之第一端，可轉云或一乙爲甲，爲可然者。而此與先所云或一乙爲甲，非爲可然者，正相反互謂，則或宜謂相反互對之兩題，並屬爲真；或宜謂前所轉乃當然之推也。所謂依然轉者，蓋依前所論是之可然者之第一端特之是題與公之非題，具相反互對之謂者，正可相當，故可相推也。

二曰：公之非題可直然轉，不可依然轉也。所謂可直然轉者，如曰無一乙爲甲，非爲可然者，宜轉云則無一甲爲乙，非爲可然者。若謂不相推乎，則彼與所推相反互謂之題，即云無一甲爲乙，爲可然者，必爲真也。顧此題依上論，是可然者之第二端。可轉云無一乙爲甲，爲可然者，正與先所云無一乙爲甲，非爲可然者相反互對，則前之所轉必當然之推也。所謂不可依然轉者，蓋特之非題可以當公之是題。則若公之非題可轉於特之非者乎，必亦可轉於公之是者，然而不可轉也。如曰凡白者非爲人，非爲可然者，則凡人爲白者，非爲可然者，先者爲真，而所轉收者固謬也。則亦不轉於特之非題可知矣。

三曰：公之是題屬非可然者，絶不可轉也，緣先真轉謬故。如曰凡白者爲人，非爲可然者，真矣。推云則凡人爲白者，非爲可然者，抑或一人非爲白者，非爲可然者，皆謬也，豈但不可直然轉，亦不依然或是或非者轉矣。

四曰：特之非題，直然、依然皆不可轉也。不可直然轉，如曰或一白者非爲人，非爲可然者，此題爲真。而所推云則或一人非爲白者，非爲可然者，謬矣。不可依然轉，如曰或一白者非爲人，非爲可然者，不可轉云無一人爲白者，非爲可然者，亦緣先真推謬故。

## 何若之題可就反置轉否　三支

釋此義有兩端，一曰：凡固然之題與可能暨第一、第三義之可然者，皆可就反置受轉，如凡直之題受轉然。即公之是題與特之非題，皆直然受轉。若公之非題與特之是題，則不能直然受轉，而公之非者，亦可就其分而轉也。但欲其轉無疵，必須依前所謂直題轉時須依之規，又須謂者之界屬非限何若則否。如曰凡乙爲甲，爲固然者，則凡非甲爲非乙，爲固然者。所謂可受轉，如直題之轉者在前所證直題之相轉，即此所證何若題之轉也。蓋凡𥚃若或屬固然，或屬可能者，斯就當然之推，所收者不能爲可然，不能爲非可有者之屬。則若直題當然之推可以加何若，必亦可加乎所從推之先者，暨所收者焉。則所推於直題，既爲真之推，而在固然，可能、可然之題循反置轉，亦必爲真矣。如云凡人爲生覺，爲固然者，宜轉云則凡非生覺爲非人，爲固然者。若謂不可推，宜謂凡非生覺爲非人，非爲固然者。顧此題有當已者云，或一非生覺非爲非人，爲可能者。又此依前論所設，非限題之規法，可推云或一非生覺爲人，爲可能者；而此循亞利本篇所設之規法，可轉云或一人爲非生覺，爲可能者；而此就非限題之規法，可轉云或一人非爲生覺，爲可能者。又當此題之他題云凡人爲生覺，非爲固然者，顧此與先所云凡人爲生覺，爲固然者，正屬反謂。則初所轉云凡非生覺，爲非人，爲固然者，自爲當然之推矣。

所謂不能直然受轉者，蓋緣先者真，所推謬也。如曰無一人爲石，爲固然者，抑爲可能者，則無一非石爲非人，爲固然者，抑爲可能者。又如曰或一非人爲非石，爲固然者，則或一石爲人，爲固然者。

二曰：凡題屬第二義之可然者，其相轉之理，亦即如直題之相轉然。蓋雖可之質，因其或指現在，或指非現在，不能恒一，故其相轉不若固然與可能之質之相轉。然設稱、底之所指者恒一不移，則其題之相轉亦與上諸題無以異也。若謂此倫之題不可直然轉，緣轉則就不得不推之規，必有先屬可然，而所推屬固然者故。則曰兩界相關之理，或甲界爲稱，而乙界爲底，或甲界爲底，而乙界爲稱，甲與乙所相宜者，仍在而不移也。則豈可謂欲轉其類之題，必從可然以推轉固然之題哉？

雖然，究論相稱之規模，則固然者之中與可然者之中，亦各有多少之異。即所推收者比所從推之先者，或多固然，或少固然，或多可然，或少可然者。如曰或一人爲生覺，則或一生覺爲人。蓋先者則係于人之本元之固然，而所推收者則非係于本元，惟係于固然之情耳。若云或一生覺者爲人，則或一人爲生覺，其先者惟屬情之固然，而所推收必屬本元之固然。故所推收之固然，較所從推收之固然，更爲固然。顧所推收之更固然，不從其先者之本分以推，更由人之本元所自有，以爲固然者耳。《究後者》一卷二篇見詳論。則雖從先之屬可然，以推收固然之題，豈可有碍乎？

# 理推之總論四卷

治理歷法加工部右侍郎又加二級臣南懷仁集述

## 形與式云何

理推者,明辯之要規式,西語所謂細録世斯模者是也。亞利此篇,與首卷中之諸篇,特論凡理推之形、理推之規式,故先須明形與規式爲何義,而後所論更明也。理推受成之質有二:一近質;一遠質。理推所受成之題列,是爲近質。題列所受成之限界,是爲遠質。故凡理推之規模,苟其題與界,非就當然之序相置者,不能全備,不能推收也。夫限界相置之序謂之形,而題列之置序謂之規式。解所云形者曰:是限界當然之位置,以得推收厥義者也。何云當然者? 理推宜有三界:一謂之大;一謂之小;一謂之中。在理推而居第一位者,是爲大限界。居次位者,是爲小限界。在兩題與大小兩界相接,而不入於所推之義者,是爲中限界也。若有理推,而所具之限界不止於三者,則其形必非當然,必不能推收其義也。大小兩限界,各須在於一題,又須在所推收之義。若中之限界,須在兩題,然不與所推收之義。如曰:

凡德皆爲可讚美。

凡義皆爲德。

則凡義皆爲可讚美。理推先題列之中,以所謂稱爲大限界,以所受稱之底爲小限界,此爲大小所以分别也。

所謂讚美,即大之限界。所謂義,即小之限界。云讚美者,常爲稱。云義者,常爲底。而爲稱,自貴於爲底者故也。又所謂德者,是中限界。緣爲讚美者、義者,大小兩限界所以相接者。而中之限界,云德者在各題,而不在於推收之義也。倘三限界相置之序,或有不如此者,其形非當然之位置,不可以推收矣。

解理推之規式,曰:是兩題就其何似與幾何,當然之安置,以推收厥義者也。葢形之所以成者,不但須限界咸備,且又須其限界就當然以安置。則規式之所以成，亦不但須有其題，且又須其題就何似與幾何當然之相序也。苟非其然，形雖正，而規式不可取用矣。蓋雖各形之限界存其當然之序，但因兩題安置之序有不相同，故各形有可用於推收，亦有不可用於推收之規式也。各形之兩題就幾何，而論其安置之不同序，各有四焉：一兩題皆公；二兩題皆特；三初題爲公，而次題爲特；四初題爲特，而次題爲公也。又四端之安置，各就是非之何似，以分不同者四端：一兩題皆非；二兩題皆是；三初題非，次題是；四初題爲是，而次題爲非也。總之各形可成不相同之十六規式，其可用以推收與不可用以推收者，亞利詳別篇中。而論凡不可用之規式，所以不足推收者，常謂因其限界有可凡，有可無一，則須先釋所云限界之可凡，限界之可無一者何義焉。

## 可凡可無一之限界

亞利欲明孰爲不可用之規式，執其形之能力，不可用以推收者。即謂其規式中之兩題，恒然不變。而或推收公且非，或推收公且是，並屬真之兩題，是謂有限界之可凡，公且是者。有限界之可無一者也。公且非者。所云可凡、可無一者，非指推收，屬一質，屬一規正相悖之兩題，並屬真者。蓋一質一規所推不能不一，但指一規式，而不一質，或可推收公且非，或可推收公且非皆爲真之兩題也。試觀第一形造成一理推，有公且是之初題，有公且非之次題者，必可推收限界之可凡可無一者。如曰：

凡石皆爲自立之體。

無一光明爲石。

則無一光明爲自立之體也。又

凡活者皆爲自立之體。

無一石爲活者。

則凡石皆爲自立之體也。第一之理推，則從大小兩限界，推收限界之可無一云：則無一光之明爲自立之體。第二之理推，則從大小兩限界，推收限界之可凡云：則凡石皆爲自立之體也。證凡可推收限界之可凡、可無一之規式，不可用以推收義者曰：凡就當然之法收義之理推，此非論孑一之理推。必可推收或公之決義，或特之決義。公者或是或非，特者亦或是或非也。今凡有限界之可凡、可無一之規式，彼諸决義咸不可推。何故？若或一規有限界可凡規可凡而可推收公且是之真題乎，則在其規，從其初次爲先者之題，必不可推或公或特屬非之題。緣非之公者，與是之公者相悖；而非之特者，與是之公者相反謂故。若其規有限界之可無一而可推收公且非之題乎，則從其初次兩題爲先者，必不可推或公或特之是題。緣是之公者，與非之公者相悖；而是之特者，與非之公者相反謂。則凡併有限界之可凡可無一者之規式，絶不可用於推收諸是非之題也。不可推是者，爲限界之可無一；不可推非者，爲限界之可凡矣。

## 理推之第一形　第四篇

【古】前義既决，茲則須論凡理推者就幾以成，何置何若，而後辯决指顯之論何以造成。蓋理推爲公，指顯屬端，故凡指顯亦爲理推。顧凡理推非必指顯，則理推者論固在先矣。

【總義】此論凡第一形可用，與不可用理推之規式也。總設兩端，而定可用之規式，何以别於不可用者？一曰：設兩題皆公，而第二題用中限界，稱是小之限界；又第一題用大限界，或稱是，或稱非中限界乎，即有可用理推之兩規式也，一曰拔八臘，一曰惻辣勒者是已。二曰：設兩題一公一特，而限界之相置恒一不變。若初之題爲或公且是，或公且非者，而次題爲特且是者乎，即有可用理推之兩規式也，一曰諸理意，一曰沸理阿者是已。

【解】既定凡理推之原始，此篇則論各理推如何造成也。故曰：先宜明就何幾，即須用何幾之限界、何幾之題列；次宜明須用何置，即何置之形；三宜明須用何若，即何如之規式，以成各理推者。又曰：而後即至於究後者之論，方得解明，凡指顯之推，何以受成。蓋理推者統也、宗也，而指顯之推屬也、類也。諸學之次序，先統、宗，而後及夫屬、類。故亞利於厄書三篇，非古之窮理者，爲其解明各理推之規式，先於解明其理推之總義也。

【古】每三限界在一理推者，倘其最末者在於全中者，又其爲中者或在，或不在於全初者，此其限界之理推也者，咸備無缺。

【解】茲解第一形有兩題之屬公者，以明可用與不可用之規式。屬於其形者，曰安置之限界；若其最末者，即所云小限界；在於全中者，即爲中限界。就公且是所稱之底，又中之限界，或在，或非在於全初者，即中之限界。爲大之限界就公或是，或非者，所稱之底乎。此其限界之理推必爲全備者，即從彼推此，必爲固且顯之推收也。

亞利此論，就所謂中之限界爲大之限界所稱之底，又爲小之限界所受稱之稱，即明第一形之元理，又指第一形中極貴之規式，所謂拔八臘與惻辣勒者是已。蓋拔八臘之規式，須有兩題屬公且是者。如曰凡生覺皆爲自立之體，凡人皆爲生覺，則凡人皆自立之體也。惻辣勒之規式，兩題皆須爲公，而其大者須屬非，小者須屬是。如曰無一生覺爲石，凡人皆爲生覺，則無一人爲石者，其題之是非若是。故拔八臘規式推收公且是之決義，而惻辣勒者所推收，即公而非之決義也。

(古)其在於別，而別在已，此所謂中。因在題中，故亦謂中。大小限界，其一在別，其一則別在於已者。

(解)此釋中之限界，與大小之限界者何謂？曰：夫在於別而別在於已者，此謂中之限界。所謂在於別者，即云爲別所稱之底。所謂別在於已者，即云爲別所受稱之稱也。又曰：中之限界，不但因其接合大小兩限界，謂之中之限界，且亦因其於造成，夫理推亦居在兩限界之間。故所謂大小之限界，其一在別者，即指中限界所稱之底，或是之，或非之者。所謂其一別在已者，即指所用以稱中限界之稱也。別在已者，是爲大之限界；在於別者，是爲小之限界。

(古)倘可以甲稱凡謂乙，倘可以乙稱凡謂丙，夫甲也者，必可以稱凡所謂丙。所云稱凡乃屬何義，上論已定。倘可以甲稱無一乙，以無一乙稱凡謂丙，夫甲也者，必可以稱無一丙者。

(解)此就所云稱凡與稱無一者，以證前所提理推之兩規式，皆依當然之規模而收者也。比如甲爲大限界，乙爲中限界，而丙則爲小之限界，於是推曰：甲可以稱凡乙，則亦可以稱凡乙所稱者；今乙可以稱凡丙，則甲亦可以稱凡丙者。依此可見，前所指第一之規式，必可推收公且是之決義也。第二規式所推公且非之決義，其理亦然。

當此知兩規式，凡推收公之決義者，亦皆能推收特之決義屬於公者也。蓋按亞利本論第一卷之二十八暨三十三篇，每從此一論，可以推收甲先者，亦可以推收甲先所推收之後義。又每從後義可推收者，亦可從甲先者以推收也。今凡此等規式之先題，既可推收公之決義，又從公之決義；既可推收特之決義，則特之決義，亦可從彼先題以推收也。亞利本論二卷之第一篇亦提此義。

(古)若初限界與凡中者必然相得，然中也者與無一界相互關係，兩界相從不能具備，所推收者，非固然義。緣夫初者亦可與凡，又與無一相得相係故。公與特皆不屬固，所推收義既非固然，其推也者焉可謂備？生覺人馬，生覺人石，可爲其喻。

(解)亞利未解凡可用特之規式，先設提兩公不可用之規式，云每有大之題列屬公且是，小之題列屬公且非者，此不可用之規式一也。緣凡決義或是或非者，皆不可推收故。何以證之？設有兩先者屬真，而其限界依前所置，無變易，於是可以推收或公且是，或公且非之決義，與其先者並屬真焉。是所謂有限界可於凡者，亦可於無一者。如曰凡人皆爲生覺，無一馬爲人，則凡馬皆爲生覺者。此即所謂限界可於凡者。緣凡馬固屬爲生覺故。又如曰凡人皆爲生覺，無一石爲人，則無一石爲生覺者。此即所謂有限界可於無一者。緣固無一石爲人者故。依此可知，凡有一理推而其大之題屬公且是，小之題屬公且非者，其所推收非當然之推收。故其理推之規式，爲無可取用之規式也。

(古)又初若也者，與中非所關，而夫中也者非所關於兩，其理推也者亦無所取用。知學線醫學，知學線一者，是爲其比喻。

(解)兩先之題皆屬公且非者，是亦係第一形，無用於推論之規式也。葢有限界可於凡者。如曰無一線爲知學，無一醫學爲線，則凡醫學爲知學。又有限界可於無一者，如曰無一線爲知學，無一一也者爲線，則無一一也者爲知學矣。

(古)若夫限界一公一特，大者爲公，或是或非；小者爲特，但屬爲是，斯推也者，固爲全成。小者若公，又若別置於前所設，其推也者無所取用。中所在者，是吾所謂大之限界，在中下者，是吾所謂小之限界。若甲也者，係乎凡乙；若乙者，係或一丙。依前所定，則甲也者，必有所係於或一丙。又若甲者與無一乙有所相係，然乙也者有所相係於或一丙，則甲也者必無相係於或一丙。倘乙與丙乃無限屬，又屬爲是，所推引者與特乙丙無所相異，其推也者，皆爲全備矣。

(解)茲提凡第一形之規式，有一先之屬公，一先之屬特者，曰：若大題爲或是或非之公，而小題爲特且是者，此其限界，爲得當然之置，而所推爲當然全備之推也。亞利此提第一形可取用之兩規式，一曰諸理意，一曰沸理阿者，而後因全備理推之法，以證其爲是者。又曰：小題之爲特者，亦可取無限定之題，即非有或公或特之號者，而所推與特題之所推無異。緣凡無限之題，自可以當凡特之題故也。

(古)若公也者，或是或非，係小限界，而其特者抑無限者，或屬於是，或屬於非，所推必疵。此若甲者或有關係，或無關係於或一乙，而夫乙者係於凡丙。好習與智，好習非智，可爲其喻。又若乙者與無一丙有所相係，而斯甲者與或一乙或有相係，或無相係，抑非與夫凡乙也者有所相係，所推亦疵。白馬際諸，白馬與鳥，可爲其喻。

(解)此處宜去不可取用之兩規式，大題屬公或是或非，而小題屬特且非者。但亞利意欲從容以證其不可取用，故先去四規式有大題屬特而小題屬公之不可取用者。蓋或兩題皆屬爲是，或皆屬爲非，抑其一屬是，其一屬非者，而所推收咸不能當。緣必有限界可於凡，亦可於無一者故。比如設小題或是或非者，曰好，曰習，曰智，即可於凡者限界也。如曰或一習爲好者，凡智皆爲習，則凡智者皆爲好者，推收亦然。又如曰或一習非爲好者，凡智皆爲習，則凡智者皆爲好者，曰好，曰習，曰非智，即可於無一者限界也。如曰或一習爲好者，凡非知皆爲習，則無一非知爲好者。若小題屬非，而大題或屬是，或屬非者，曰白，曰馬，曰際諸，際諸者，西土一鳥，其種皆白，無一黑者。下論每用此名，即取常白不黑之義。即可於凡者限界。如曰或一馬爲白者，無一際諸爲馬，則凡際諸皆爲白者。若大題云或一馬非爲白者，所推無以異，又曰白，曰馬，曰鳥，即可於無一者限界。如曰或一馬爲白者，無一鳥爲馬，則無一鳥爲白者。若大題云或一馬非爲白者，所推收之義亦然。

(古)又若斯距向大限界，乃公也者，或是或非，而斯距者向小限界，乃特且非，抑無限定且屬非者，於是所推亦不能當。比如甲者，必有關係於凡乙者，而夫乙者無所關係於或一丙，據此推收必有凡者與無一界。若大爲公且爲非者，所推收界，亦凡無一也。

(解)此去前所非兩規式，有大題屬公，或是或非，而小題屬特且非者，證其不可取用。蓋緣彼規式必有限界可於凡者，可於無一者故也。比如大題倘爲公且是者，生覺人際諸，爲可於凡者限界。如曰凡人皆爲生覺，或一際諸非爲人，則凡際諸皆爲生覺者。生覺、人、雪，即可於無一者限界。如曰凡人皆爲生覺，或一雪非爲人，則無一雪爲生覺者。若大題爲公且非者，而小題爲特且非者，曰無魂者，曰人，曰雪，即可於凡者限界。如曰無一人爲無魂者，或一雪非爲人，則凡雪皆爲無魂者。曰無魂者，曰人，曰際諸，即可於無一者限界。如曰無一人爲無魂者，或一際諸非爲人，則無一際諸爲無魂者。所云斯距向大限界者，亞利穪題列謂之相距。緣題列之於推論，與天問學所謂線者有相似。蓋題列有兩限界與接兩限界之合也者，因而似如有線之長然也。理推也者，由三題與三限界造成，義如三角形，由三線以得全成。夫三線於三角形謂之離距，則三題於理推亦謂之離距也。

又證若小題爲特且非，而大題爲公且是者，所推之義非當。何故？凡從後之一題，可就當然之推，推收何義，即亦就其後之題所從推之先者可以推其義也。今公且非之題，視特且非之題，爲其所從推之先者，緣公且非之題必統特且非者。又因前所論小題爲公且非，大題爲公且是，不能推收決義。則若小題爲特且非，而大題爲公且是者，所推亦非決義。就此論，亦可證小題爲特且非，而大題爲公且非者，所推亦非當然之推也。

(古)若兩特距皆或屬是或屬非者，或其一是，其一爲非；或其一者屬無限定。而夫其一屬爲限定，或斯兩距皆無限定，所推收者必不能當。曰生覺者，曰白，曰馬，爲是限界，曰生覺者，曰白，曰石，爲非限界。依此則知，欲於是形特推全備，須置限界如前所定。

（解）此論則去第一形之四規式，有大小兩題之屬爲特者。蓋或兩題皆是或皆非，或一是一非，或一爲無限之題而一爲屬有限，或兩題皆屬無限。凡若此者，俱不能因當然之規，以推其義也。緣此必有可於凡者限界，即生覺者、白者與馬。又有可於無一者限界，即生覺者、白者與石也。依此則知，第一形内可取用者，惟四規式：一曰拔八驫；二曰惻辣勒；三曰諸理意；四曰沸理阿是已。外此皆爲不可取用之規式。顧所謂不可取用者，非謂悉不可用於推論，但謂僅可曲然以推，而不可就正以推也。

（古）依前可知，此一形者諸規全備。緣皆依前所定之則，以證其是。又可以知用此一形，可釋諸論。或係於凡，或係於無一，或係或一，或係非凡，故稱此形爲第一者。

（解）從前所設之論，推收兩端。其一凡係此形之規式，就正而推收者，皆全備之規式。緣皆就所謂可於凡者與可於無一者，以證其爲是故。其二用此形之規式，可以推明凡諸辯論。蓋公之且是與公之且非、特之且是，與特之且非之辯論，皆可就此形之規式而解，而就他諸形則不能。蓋於第二形，惟可推釋非之辯論，是者則不能推。又於第三形，惟可推釋特之辯論，公者則不能推。故此形謂之第一者，緣或論其全備，或論其所居之位，超越他諸形故也。

第一形不可取用之規式，一十有二：

一，爲先者大小兩題皆公且非者。

二，大題公且是，小題公且非者。

三，大者爲特，小者爲公，而皆爲是者。

四，大者爲特，小者爲公，而皆爲非者。

五，大者爲特，爲非，而小者爲公且是者。

六，大者爲特，爲是，而小者爲公且非者。

七，大者爲公，小者爲特，而皆爲非者。

八，大者爲公是，而小者爲特且非者。

九，大小兩題，皆爲特且是者。

十，大小兩題，皆爲特且非者。
十一，大者爲是，小者爲非，而皆爲特者。
十二，大者爲非，小者爲是，而皆爲特者。

# 論理推者第二形 第五篇

(總)(義)此篇分二論：一解第二形，二提諸規式可用於不可用者。解第二形曰：是可用中限界以稱大、小兩限界者。兩限界之間，第一形與中限界相似者，即所用爲稱者，是謂大之限界也。提規式曰：每有兩先皆公，而其一是，其一非者，是爲可用之兩規式也。蓋若其大題爲非者，則成惻撒勒第一規。若小題爲非者，則成恰默事色第二規。又若其一題爲公，其一爲特，其一爲是，而其一爲非者，即有兩規可用者：一曰拂西懦，一曰拔落蛤是也。凡不可用之規式，具見末篇。

(古)每有一稱係於一界就可凡者，又係他界就可無一。抑於兩者，或就凡，或就無一是也。吾所謂第二形者。

(解)亞利此篇解第二形，緣此形本貴於第三形，一則爲用中之限界，一則爲所推收諸决義，爲中之限界者。蓋雖此形中之限界非居中位，如於第一形之居中者，然就中一界，可以稱大小之兩界。若第三形，則中之限界但爲大、小兩界稱之底而已。云爲所推收諸决義者，蓋第三形惟可推收特義，而第二形公特諸義，皆可推收也。然則欲解此形諸規式，須先釋三者：其一謂：每就中界，以稱大、小兩界或是然，或非然。或是然稱其一，而非然稱其二界者，是理推之第二形也，但此解不能統凡第二形内之規式，而惟提屬公之兩可取用，兩不可取用之規式耳。今解第二形統包所屬諸規式者曰：每用中限界，以稱大、小兩限界者，是第二形者也。

(古)夫所稱兩，是之謂中；受稱於中，是謂限界。居近於中，是謂大者；與中相離，是謂小者。

(解)釋第二形内何謂中界，何謂限界，曰：所用以稱兩限界，是所謂中；居近於中，即與中也者之性相似者，是爲大限界。謂與中也者之性相似者，緣中也者，未嘗不稱他限界，而大限界於推收時亦爲稱，非爲底故。與中相離，即遠距於中之性者，是爲小限界。緣此界常爲底，而未嘗爲稱故也。

(古)夫其中者居於兩外，惟論置位，必爲初者。

解中也者於此形，未嘗可爲兩界所稱之底，故謂在兩界之外；又常爲稱，不可爲底，故謂之初者、貴者。蓋爲稱者，初也，貴也；而爲底者，後也，賤也。雖然，第一形就其中也者而言，必貴於第二形。緣論其中之所居，在題列之中，更稱與爲中之義。蓋中之爲義，本取兩限界中之地位也。

古此形之内，所推收者非現全備。惟可全備，或界爲公，或非公者。

解謂第二形之内不能有一全備之理推。緣中也者，非居於兩限界之中故。又謂此形之理推，雖非現成之全備，然皆能歸於全備，或就指顯之推，或就屬不可有者，以歸之乎第一形之理推也。

古若使限界俱爲公屬，而夫中者就凡，以係於其一者；就無一，係於其二者。而非也者，無拘或指大之限界，或指小者，於是所推必爲當推。若不其然，推收非當矣。

解茲提十六規式，可於此形造成者，而設六端以明可取用與不可取用者。一曰：每有兩先題，一屬是，一屬非，但無拘或大之屬是，小之屬非；或小之屬是，而大屬非者，其所推收之義必當也。此端包統此形之第一、第二可取用之規式，一曰惻撒勒，一曰恰默事色。而就指顯之式，歸之乎惻辣勒者，第一形之規式也。又謂可歸之乎不可有，以明其爲固然者焉。

古若夫戊者，可用以稱，凡已與庚，於是所推必無當推。曰自立體，曰生覺人，是爲者界；曰自立體，曰生覺，曰数，是爲乃非爲之限界者。又若斯戊，可用以稱，無一已者，與無一庚，所推亦然，不爲當推。夫其曰線，曰生覺者，與夫曰人，是爲者界；夫其曰線，曰生覺者，與夫曰石，是乃非爲之限界者。依此可知，若於斯形，從公限界，欲推收論，必須置界，依前所定，否則所推非固然推。

解設第二端曰：兩題屬公，或兩爲是，或兩爲非者，從斯所推，不能爲當推也。緣必有就凡者與就無一者之限界故。蓋設兩題皆爲是者，曰自立之體，曰生覺，曰人，乃就凡者之限界。比如凡生覺者爲自立之體，凡人皆爲自立之體，則凡人皆爲生覺者。曰自立之體，曰生覺者，曰数，乃就無一者之限界，但茲所謂自立之體，即指各物所受成之本元而言，不則第二題必屬爲謬。如曰凡生覺皆爲自立之體，凡数爲自立之體，則無一数爲生覺者。若兩題爲屬非者，曰線，曰生覺，曰人，乃就凡者之限界；曰線，曰生覺，曰石，乃就無一者之限界也。

古若大題者，自屬公義，或是或非；而小之題，自屬特義，是非反對。於是所推，特之且非，必乃固推。所謂反對，比如公者，屬爲非乎，特必須是。又若公題，屬爲是乎，特必須非。

（解）第三端曰：若大之題爲公，或是或非；小之題爲特，而其是非之何似。與大之題相悖者乎，其所推者必當且固也。亞利此端，别指可用之兩規式，曰沸西懦，曰拔落蛤。而沸西懦者，就指顯之推，歸之乎沸理阿規式。拔落蛤者，就不可有者之推，歸之乎拔八臘之規式也。

（古）若戊也者，與凡諸庚，有所相係。然非與凡已有相係，於是所推，不當不固。

（解）第四端曰：若大之題爲特，或是或非；而小之題爲公，與大之是非相悖對者，從兩題所推收之義，不能當且固也。緣必有就凡者，就無一者之限界故。亞利指生覺者與自立之體，與一也者，以爲就凡者之限界，宜知所云自立之體，亦指各物之元理，如上論之義旨也。

（古）若夫兩題皆一何似，皆或並是，或並非者，必不能成當然之推。姑取兩題皆屬非者，惟其大題自屬公義。比如戊者，與無一已有所相係，又與或一庚無所係，從此宜推。夫已也者，與凡庚者有所相係，又與無一庚有相係。曰黑，曰雪，曰生覺者，是即可取爲非爲界。若戊相係於或一庚，又非相係於或一庚，爲者限界，不可取定。

（解）第五端曰：兩題之一，或大或小者爲公，而其一爲特，而皆並爲或是或非者，所推亦不能當固也。此端去四規式不可用者，而先去有大之屬公，小之屬特，皆屬非之規式。緣必有就無一與就凡者之限界故。曰黑，曰雪，曰生覺者，是就無一者之限界；曰植物，曰生覺，曰人，是就凡者之限界也。又謂若小題爲特，而屬相悖之他題並可爲真者，即不可指就凡者之限界。比如曰無一鹿爲馬，或一生覺非爲馬，爲此小題屬相悖之題。即或一生覺者爲馬，並爲真者。故公且是者曰：凡生覺皆爲鹿者，不能與彼先者並屬爲真，故不可指就凡者之限界也。蓋若所云凡生覺皆爲鹿者，爲真乎，則可代前所設之題云或一生覺非爲馬，與大題所云無一鹿爲馬，可就惻辣勒之規式，推云無一鹿爲馬，凡生覺者爲鹿，則無一生覺者爲馬。而此所云無一生覺者爲馬，與彼小者之屬悖對者所云或一生覺爲馬，正相反而謂。若是，則必有兩相反謂之題，並屬爲真者。

（古）若使兩題，皆屬是者，惟大爲公。如云戊者與凡諸已，有所相係，又與或一庚有所係，則夫已者，必與凡庚有所相係，又與無一庚有相係。如曰白者，曰際諸、石，是非爲界。

（解）此又去不可用三規式曰：若大之題爲公，而小之題爲特，而並皆屬是者，必有就無一者之限界，如白者、際諸與石；又或亦可指就凡者之限界，如可覺者、生覺者與馬。若大之爲特，小之爲公，而兩題皆爲非者，必有就凡者之限界，如白者、生覺者與鳥；又有就無一者之限界，如白者，及石與鳥。若兩題皆爲是者，曰白者、生覺者，曰際諾，是就凡者之限界；曰白者，曰生覺者，曰雪，是皆無一者之限界已矣。

（解）第六端曰：每有兩題，皆屬爲特，無拘或皆是，或皆非；或一是，而一非者，所推不爲當然之推也。此端去不可用之四規式也。曰白者，曰生覺者，曰人，是就凡者之限界；曰白者，曰生覺者，曰有魂者，是就無一者之限界也。依上論，可知此形可以成推辯十六之規式。而惟惻撒勒、恰默事色、沸西儒、拔落蛤四者，爲能推收當然之推也。

（古）依上論，而知此形凡規式，俱非全成推。緣所以造成，或固係於界，或設其爲然，如就不能有以顯推何義。又依上論，知此形不可成屬是之理推，而凡或爲公，或爲屬特者，皆爲屬非推。

（解）從上論推收兩端：一謂此形凡諸規式，皆非全成之理推也。緣或就限界之所固有，其如兩題彼此相轉，或就屬不可有者之設以受成。其二端謂此形不能推收屬是之諸義，惟可推收屬非之義，或公或特者。

第二形不可用之規式，一十有二：

一，兩題皆且是者。

二，兩題皆公且非者。

三，大題爲特且非，而小題爲公且是者。

四，大題爲特且是，而小題爲公且非者。

五，大題爲公，小題爲特，而皆屬是者。

六，大題爲公，小題爲特，而皆屬非者。

七，大題爲特，小題爲公，而皆屬是者。

八，大題爲特，小題爲公，而皆屬非者。

九，大小兩題，皆爲特且是者。

十，大小兩題，皆爲特且非者。

十一，大小兩題皆爲特，然大者屬是，而小之屬非者。

十二，大小兩題皆爲特，然大者屬非，而小之屬是者。

# 理推之第三形　第六篇

【總義】此篇先解第三形，後解可造成於此形，凡諸理推者之規式也。解第三形曰：每用大、小兩界，而顧或以兩公是，或以兩公非；又或以一是，而以一非乎。中限界者，是第三形者也，其可用之規式，一曰諸拉皮，兩題皆公且是者；二曰沸蠟簸，兩題皆公，而大者爲非，小之爲是者；三曰諦撒米事，大題爲特且是，小題爲公且是者；四曰諸地西，大題爲公且是，小題爲特且是者；五曰博加多，大題爲特且非，小題爲公且是者；六曰沸醴所，大題爲公且非，小題爲特且是者。凡不可用之諸規式，具提于後。

【古】若斯限界，於此一中，其一關係於夫凡者，其一關係於無一者；抑斯兩界，或俱關係於無一者，或俱關係於斯凡者，所成之形，謂第三形。兩界所稱，是謂中者。中所受稱，是謂限界。遠離於中，是謂大界。與中相近，是謂小界。夫中也者，居在界外，置則爲末。此形理推，亦非全成。但若限界，或公或特，爲中所稱，可全而成。

【解】釋第三形曰：每有兩界皆公，然或是或非，或其一是、其一非，中之限界者，是第三形也。此解惟統四規式之有兩題皆屬公者。欲解之，舉其統凡關乎此形或可用，或不可用之規式者。則曰：凡中限界，爲大、小界所稱之底，是即第三形之切義也。夫中也者之在此形，其地位不當乎中，而當乎兩限界外，蓋即末之地位也。緣未嘗爲稱，嘗爲底故。與中也者相離而遠者，是謂大限界。緣或在兩題，或在推收常爲稱，未嘗爲底故。與中限界相離而近者，是爲小限界。緣雖在兩題爲稱，顧在推收則爲底，不爲稱故也。

【古】舉公限界而推之謂夫辛也者與壬也者，有所關係於凡癸者。則夫辛者，固然關係於或一壬。蓋斯謂可相轉推，則癸也者，必有所係於或一壬。則夫辛者，既於凡癸有相係者，又斯癸者；既於或一壬有相係者，故其辛者，與或一壬必有相係。是所推收，歸係初形，舉不可有，亦可造成此之理推。又舉日闌推，可證其是。蓋其兩者，既有相係於凡諸癸，設指其一癸者之屬，比如丙者，取丙而以爲屬癸者之特一者。則辛與壬皆有關係於其丙者，則其辛者亦必有關於或一壬。又若辛者，與無一癸有關係者，而夫其壬與凡諸癸有相係者，於是必推斯辛也者，與非凡壬有相係焉。若壬癸題，其相轉規式亦然。又就理推屬不可有亦證此規，如先規式所由顯證。

(解)此所云辛，皆指大之限界；云癸，皆指中之限界也。茲始解第三形諸規式曰：從兩題皆公且是者，必可推收特且是之題，而此即爲諸拉者之規式也。亞利就小題之轉，歸此規于諸理意者之規，以證其爲是者。又謂就屬不可有者之推，與闡之理推，可證其規式之當然者。就闡之理推證之曰：凡癸皆爲辛，則此一癸比如丙者，亦爲辛，緣特之題屬公之題故。又曰：凡癸皆爲壬，則此癸，比如丙者，亦爲壬，此推皆爲固且當然之推。今又推曰：丙爲癸者屬之特一者，亦爲辛，亦爲壬，則或一壬爲辛。然則凡諸各義，可從後者以推，即亦可從其先者以推。故既從夫闡理推之先者，可以推收此義，即所云則或一壬爲辛。即亦可從在諸拉皮規式之先者，推收其義。緣其闡理推之先者，從在諸拉皮之規式理推之先者，以推收故。亞利此論，別指一規式，有兩題皆公，而其大爲非，其小爲是者，曰沸拉簸。欲明其爲當然之理推，則就明顯之推，又就屬不可有者之推，又就闡之理推，可證其爲是者。如曰無一癸爲辛，凡癸爲壬，則或一壬非爲辛者。證其爲是者，則曰丙非爲辛，丙爲壬，則或一壬非爲辛者。

(古)若壬也者，與無一癸，有所相係。而斯辛者，與凡諸癸，有相係者。於是所推，非當然推。曰生覺者，曰馬，曰人，乃爲者界；曰生覺者，曰無魂者及曰人者，乃非爲界。又倘其兩，與無一癸，可以相稱，所推不能爲當。固曰生覺者，與夫曰馬，曰無魂者，乃爲者界。曰人，曰馬，曰無魂者，乃非爲界。

(解)此指兩規式，有小題屬公且非者，而謂俱爲不可用之規式也，緣皆有凡，與無一之限界。其一大題爲是者，曰生覺者，曰馬，曰人，是爲凡者之限界；曰生覺，曰無魂者，曰人，是爲無一者之限界。其二大題爲非者，曰生覺，曰馬，曰無魂者，是凡者之限界；曰人，曰馬，曰無魂者，是無一者之限界也。

(古)若其一公，其一爲特，不拘屬公，或大或小，倘俱是者，於是所推，必爲固推。比如倘壬，與凡諸癸有所相係，而夫辛者與或一癸有所相係，則夫其辛必有相係，與或一壬。蓋凡是者，既可相轉，則斯癸者，必亦相係於或一辛。顧其壬者，既有相係於凡諸癸，而夫其癸，既有相係於或一辛，故夫其壬，與或一辛，必有相係。則斯之辛，必有相係於或一壬。就不可有，與闡理推，可證此規，爲固爲當，如前所證。又若其壬有所相係於或一癸，而夫其辛，有所相係於凡癸者，則斯之辛，與或一壬，有相係者。證此規式，與上所證，其理亦然。就不可有，與闡理推可取其證。

(解)茲提有一題公，一題特之規式，而謂若兩題皆爲是者，必可收當然之推也。若大之爲特，而小之爲公者，謂之諦撒米。若大之爲公，而小之爲特者，謂之諸地西。此兩規者，俱歸之乎諸理意之規，以證其爲當然之推也。又謂兩規式，亦可就屬不可有者之推，與闡之理推，證爲當然之推也。

〔古〕初特且非，次公且是，所推收必固。

〔解〕若大題爲特爲非，而小題爲公爲是者，是則爲别可用之規式，名曰博加多者。但因此規式，不能就明顯之論，證其爲是者。故就屬不可有者之推，以歸乎拔八臘者之規式。又謂此規亦可就闡之理推，以明其爲當然之推，如前所證之規式然。若大題爲公爲是，而小題爲特爲非者，此規式者，必不可用，所推不固。曰有魂者，曰人，曰生覺者，是就凡者之限界。曰有魂者，曰石，曰生覺者，是無一者之限界。又謂每有其規式之小題，與屬對悖之他題，並爲真者，不可指定就無一者之限界。比如，取此先者曰：凡生覺皆爲活者，或一生覺者非爲人，所推云：則無一人爲活者。與夫爲先者之兩題，不能並爲真者。緣此規式之小題云或一生覺非爲人者，與屬對悖之題云或一生覺爲人者，並可爲真故。蓋若所云無一人爲活者，可與其先者並真乎？設取與彼小題屬對悖之題云或一生覺爲人者，而以爲小題，即可於沸理阿規式推云則或一生覺非爲活者。而此所云或一生覺非爲活者，與前理推之大題，正相反謂之題也。又從前之大題云凡生覺爲活者，暨彼屬對悖之題云或一生覺爲人者，可推於諸地西規式而云則或一人爲活者。顧此所云或一人爲活者，與彼所云無一人爲活者，前所謂不可與先者之題並之爲真者。正相反而謂之題也。依此可知，凡有小題，與其屬對悖之題，並爲真者，不能於此規式指定，就無一者之限界也。又謂可證此規式之不可用者，蓋小題爲公爲非，而大題爲公爲是者，不能有當然之推。上論具證。則若小題爲特爲非，而大題爲公爲是者，所推亦不能爲當然之推。緣凡可從後者推收，亦可從其先者推收故。

〔古〕若界者，其一爲公爲非者，其一爲特是。而爲非者大，其是者爲小。於是所推收，必爲當然推。比如若辛者，與無一癸係，而壬與或一癸有相係者，則辛與或一壬必無相係。緣夫壬癸題，若受轉，此規必歸乎初形。若小爲非者，所推不能固。生覺、烏鴉、白，是爲者限界；生覺、學問、白，是非爲者限界。白者宜中置。

〔解〕此論解明可造之兩規式，而謂有大題公且非，小題特且是者，爲可用之規式。倘轉其小題，可歸之乎沸理阿規式，名謂沸禮所者。有大題特且是，而小題公且非者，不可用之一規式也。曰生覺，曰烏鴉，曰白者，是爲者之限界；曰生覺，曰學問，曰白者，是非爲者之限界。

〔古〕若使兩限界，皆爲屬非者，而其一爲公、其一爲特者，所推不能當。若小爲公者，生覺、學問、白，是非爲者界；生覺、烏鴉、白，是乃爲者界。若大題爲公，而小爲特者，曰烏鴉、雪、白，是非爲者界。

（解）兹謂可造之兩規式，有兩題皆屬非者，大題皆特，而小題爲公；抑大題爲公，而小題爲特者，皆爲不可用之規式也。緣皆有凡者，與無一者之限界故。又謂若小題爲特且非者，而與已之對悖之題並可爲真；而大題爲公且非者，夫爲者限界不可指定焉。比如，取兩題曰無一生覺爲石，或一生覺非爲人。所推云則凡人皆爲石者，不能與彼兩題之爲先者，一並爲真也。緣與彼小題云或一生覺非爲人者，屬對悖之題云或一生覺爲人者，可並爲真故。蓋倘所推云凡人皆爲石者，爲真乎，則取小題之屬對悖之題已設之爲真者云或一生覺爲人者，必可於諸理意規式推云則或一生覺爲石。顧此所云或一生覺爲石，與彼理推之大題所云無一生覺爲石者，正相反謂之題也。證此之規式爲不可用者，曰：從兩題皆公且非者，不可推收當然之何義者，上論已明。則知小題爲特且非者，所推亦不能當矣。

（古）若其兩界，或咸有係，或咸非係於或一中，抑其一係於或一者，而其一係於非凡者；抑非限定，所推收者，亦不能固。曰生覺者，曰人，曰白，是爲者界；曰生覺者，曰無魂者，及曰白者，乃非爲者界。依上則知，此形當推與不當推。蓋若置界，依前所定，所推必當。又若所推爲當，爲固限界，必置依前所定。

（解）兹去不可用之四規式，可從兩題皆特造成者，或兩皆爲是，或兩皆爲非；或大之爲是，小之爲非；或大之爲非，而小之爲是者。曰生覺，曰人，曰白者，乃就凡者諸規式爲者之限界；曰生覺，曰無魂者，曰白者，乃就無一者諸規式非爲者之限界也。總之，此形可以造成十有六規式，而内惟六者爲可用之規式耳：其一曰諸拉皮；其二曰沸蠟簸；其三曰諦撒米；其四曰諸地西；其五曰博加多；其六曰沸理所者。以此六規式，又加第一形、二形之各四規式，總論三形之規式，其以正推收者，凡十有四也。

（古）依前論，可知凡此形規式，不能成全推，而借他形推，以成其推全。又知此形中或是或非推，俱不公然推。

（解）依前所設諸論推收兩端：。其一，此形諸規式，皆不全成。緣皆措他形之論，以成其全故。其二，凡此形諸規，俱不能就公而推，惟能就特而推，或是或非者。

第三形不可用之規式有十：

一，大題爲公且是，小題爲公且非者。

二，大小題，皆爲公且非者。

三，大題爲公且是，而小題爲特且非者。

四，大題爲特且是，而小題爲公且非者。
五，大題爲特，小題爲公而皆非者。
六，大題爲公，小題爲特，而皆非者。
七，大小兩題，皆爲特且是者。
八，大小兩題，皆爲特且非者。
九，大小兩題，皆爲特大之爲是，而小之爲非者。
十，大小兩題，皆爲特大之爲非，而小之爲是者。

# 就闡之理推以證第三形之理推者其論當否 辯一

## 解析闡之理推 一支 解者釋其義理，析者定其屬端。

解闡之理推曰：凡有中之限界屬孑一者，是謂闡之理推者也。云理推者，則當其解之宗；云有中之限界屬孑一者，則當其解之殊也。緣就此以別於前所論三形之諸規式故。云孑一者義云：夫爲中之限界，須爲特一之物，不能以本有，傳授於他多物；又不能與或一物，可傳授本有於他爲多者，一同爲一物者也。

若使中限界真爲孑一之物，其所推收之固然甚明，故名曰闡之理推，如目見然。緣所推，如五覺之所試者然，故亦謂覺之理推。此等之理推，所以其爲固然明顯者，緣法節諸理推之公論兩端明顯其中也。其一端曰：凡兩物，與第三物相同爲一者，則彼此必相同爲一者也。其二端曰：凡彼一物，與第三物相同爲一者，而此一物，與第三物不相同爲一者，則彼此必不相同爲一者也。

闡之理推，於凡諸形，無不可以造成。但造成之法，各形不同。蓋若孑一也者，不但中限界爲然，即兩端之限界亦爲孑一。則於第一形，惟能有兩規式，就當然可推收者：其一者兩題皆是；其二者大題爲非，而小題爲是者。第二形有三規式：一，大、小兩題皆是；二，大題爲非，而小題爲是者；三，大題爲是，而小題爲非者。第三形有兩規式：一大、小兩題皆爲是者；二大題非，而小題爲是者。

若惟中限界爲孑一之物，而大、小題，或一或兩，爲屬公之題，則亞利所指，具公中之規式有幾，闡理推之規式，於第一形可造成者亦有幾。第二形不但可造其四規式，推收非之義者，且可別造四規式。推收是之義者，一從公之兩題推收屬公之義；二從大題公與小題特者，以推特義；三大題爲特，小題爲公，以推收公義；四大、小兩題皆特，以推收特義也。此四規者，非受拘於前所設諸理推通共之法。緣或從兩特之題，或從一題爲特者，可推收屬公之義，又於第二形可推收屬是之義。故轉其大題，可歸之乎第一形。其第一、第三可歸之乎第一之規式。第二、第四，可歸之乎第三之規式也。就屬不可有者之推，亦可證此四規式爲是者。第一、第三於博加多，第二、第四於沸理所者，規式也。第三形惟可造前所指之兩規式耳矣。

## 釋所提之元問 二支

謂亞利用闡之理推，以證第三形理推之爲固然，其論有疵者多端。一曰：亞利設指諸理推所由造成之原始，未設指夫闡之理推，則不當舉之，以證其理推爲當與否。二曰：不但於第三形可造成此理推，即於第一第、二形，亦可造成焉。則或宜就其理推，以證凡諸形之規式，或皆不當依此推證之也。三曰：凡所舉爲證之論，須比所證之義理，更明更固。今第三形造成闡之理推，非更明更固者。緣明悟于此所推亦可疑爲當與否，如疑其形他諸規式然，則不可依之以爲證也。四曰：就諸理推之所推收者，其推也，比闡理推之所推收者更顯。何故？他諸理推之所推，本爲模之推，若闡之理推，則從公之題，以推孑一之題。而此之推收，非模之推收。緣於後者有限界，非在於先者。又從特之題推收孑一之題，而此推亦常有屬爲謬者。如曰或一目爲必須以得見者，可指右目而謂爲必須者，則不宜舉此理推以爲所是他理推者之證也。

正論曰：就闡之理推證明他理推之所推爲固然者，其論甚當。又亞利舉此推以證第三形之理推，而不舉證他形之諸規者，其義亦甚當也。所謂其論甚當者，亞利篇中已證此義。今又證之曰：凡從後者可推收之義理，亦可從其先者推收之，此窮理者之通論也。今彼不全成之理推，所推收之義，顯然從闡理推之先者可推收焉。而闡理推之先者，原爲彼不全理推之先者；所推收之後者，則其推收也者，亦就當然之推，可從不全理推之先者而推收矣。比如造成一理推於諸拉皮之規式曰：凡形體皆爲有幾何者，凡形體皆爲自立之體，則或一自立之體爲有幾何者。又推之曰：凡形體皆爲有幾何者，亦爲自立之體。蓋公題既真，則凡孑一之題屬乎公題者，亦真矣。今又推之曰：此一形體爲有幾何者，此一形體爲自立之體，則或一自立之體爲有幾何者。此推所謂或一自立之體爲有幾何者，顯然從闡理推之先者而推。先者即所云此一之形體爲有幾何者。此一之形體，爲自立之體。顧彼先者，皆從諸拉皮規式造成之理推之先者而推之也。則可知彼推也者，云則或一自立之體爲有幾何者，亦從其諸拉皮規式造成之理推之先者模然推之矣。

但所欲解證之理推，若其規式之題一公一特者，於是不可從其特之題推收他題屬孑一而爲闡理推之一先者。故解證之法略異，必須取爲孑一之或一物在所欲解證理推中限界之下者。而因彼孑一之特題必爲真，又從其孑一者，宜造成一孑一之題。而此題與他孑一之題從別公題依前所設解證之法推取者，以造成闡之理推，可能推收其不全之理推所推收之義也。曰人，曰白者，曰生覺者，以爲限界。此於地撒彌規式，可造成其喻焉。亞利本卷之二篇亦指此爲可以解證其理推者也。

證其法之不當者曰：從特一之題不可常推收孑一之題。駁論之第四所謂或一目爲必須以得見者，是其喻也。曰：亞利所用造成理推特一之題而真可謂孑一之題者，非屬就抑字合分之義，非合全題，而惟合其分者，謂之合分之義。而屬就抑字合全之義。非合其題之一分，而合全題者，謂之合全之義也。而其就合全者之義，爲真之題以下必可指何一限定之孑一者。若四駁所舉之題，惟就合分之義可爲真者，故不可取之以造成其理推也。亞利論兩題彼此相轉之理，特題之下直取孑一之題，因此知其非取合分者之義，而直取合全者之義也。

所謂舉此理推以證第三形之理推爲甚當者，蓋雖他諸形亦可取孑一之中限界，造成闡之理推，然因屬之而爲底，比主而爲稱，其于孑一者之義理更爲切。而第三形中之限界，常屬爲底，未常爲稱。又夫闡理推之中之限界本爲孑一者，故在第三形以爲用其理推之自然之所也。又第二形從孑一爲中限界者所推，比從公爲中限界之所推者非爲更顯明之推。何故？孑一之中限界，其推所以謂更顯明者，蓋所取爲證之義歸之乎更限定、更可覺者。顧於第二形因中限界常爲稱，不爲底，其勢以當公之限界，則闡之理推，就孑一之中限界所推，非能顯明於第二形有公之中限界他理推所推者。又第一、第二形，俱推收屬公之義，而闡之理推無所取用於屬公之推收。若第三形之所推，皆爲屬特之義，故此理推與此形更有自然之相稱也。

今釋第一駁曰：上論造成理推之原始者，惟指三形通共之原始。若闡之理推，因其論與第三形切有相係，而與第一、第二形則否，故不必預指之也。釋第二所謂他諸形，亦可造成闡理推云者，上論已證。此理推於第三形更有關係矣。釋第三曰：第三形所造闡之理推，顯明於其形中他諸理推。緣使所推之義理，如可覺然。釋第四曰：從不全成理推之先者，以收夫闡理推之先者，其推也，固非模推，然不即可謂不顯於不全成理推者之所推也。比如，知凡人皆有兩足，又既顯然知索加德爲人，亦顯然知其有兩足者，故此推謂之可覺之推。緣不但明悟知其爲當然之推，即目視之亦覺其爲是者。從特一之題，舉其屬合全之義，所推收孑一之題，其顯明亦然。

## 設幾端以明前論 第七篇

前各形所有可用不可用之規式，既已解釋，兹更設幾端以顯前論。

（古）依上諸論，可知三形倘其限界俱爲特一，又俱或是或屬非者，其所推收必不能固。

（解）第一端曰：若大、小兩題俱爲特，而又或俱是，或俱非者，所推非當然之推也。

（古）倘其一爲是，而其一爲非，若非者屬公，必具真之推去。非小限界于大限界者，如甲與凡乙，抑與或乙有所相係者，乙與無一丙有所相係者。若斯題相轉，則其丙也者，必無所相係於或一甲者。他諸形所推，其理亦如此。緣各所推收，俱就相轉推。

（解）第二端曰：若使兩題之大爲是，或公或特，而小爲公且非者，未嘗不就當然以推收特義。非小之限界，于大之限界者，所云曲然之推是也。此端指提兩規式，就當然之法，推收其義，可造成於凡諸形者。其一，大題屬公且是，而小題屬公且非者；其二，大題爲特且非，小題爲公且非者。第一在第一形，而謂之法柏事木者；第二在第二形，而謂肥色是木者。以上諸規式，皆可歸之乎沸理阿之規式，但欲歸法柏事木于沸理阿，則又須其公且是之題，轉爲特之題乃可。

（古）非限定之題，代特且是題，必於凡諸形非限與特題各所推無異。又凡非全推，俱就第一形能全其成。緣俱就或顯推，或引之乎屬於不可有者，以全成其推。然或顯，或引，其形必第一。蓋若就正顯，以全各所成，俱就轉以成。而夫相轉推，必成第一形。若就引而成，亦屬第一形。

（解）第三端曰：若取非限定之題以當特且是之題，其所推收固相同也。

第四端曰：凡不全成之理推，皆就第一形之理推以得全成，但所受全成之法不同，或歸之乎正且顯之推，或歸之乎屬不可有者之推也。

（古）凡諸形所推，俱可歸第一屬公之推者。蓋凡第二形不全成之推，皆就第一形推以全其成。惟各所成法各異而不同。緣夫屬公者，須轉其非題。若兩題皆特，則須歸之乎屬不可有者。推第一形特就其形公推以受其成就，就第二形推歸乎不可有，亦可解證之。如曰夫甲者與凡諸乙係，而其乙也者係於或一丙，則其甲也者亦必有相係於或一丙者。若曰有所係於無一丙者，又曰有所係於或一乙者，則其乙亦係於無一丙者，而凡如此推，本屬第二形。欲用非之推所推亦然。如曰甲有係於無一乙者，而夫乙者係於或一丙者，則甲與或一丙有非相係。蓋若有所係於凡諸丙者，而有所相係於無一乙者，則乙亦必係於無一丙者。然此之推收，亦屬第二形。依此推，可知凡第二形推，既皆歸之乎第一形公推，第一形特推既歸二形推，則初形特推歸其形公推。論第三形推，若限界公者依初形公推以致其成全，若限界特者依初形特推以全其成就，知各形諸推皆歸乎初形屬公之推矣。

解第五端曰：不但凡他形諸規式，且亦第一形之兩規，諸理意與沸理阿者皆可歸乎第一形屬公之兩規式，云拔八臘與惻辣勒者。蓋凡不全成之規式既皆歸乎第一形全成之四規式，若今證諸理意與沸理阿兩規式歸乎拔八臘與惻辣勒兩規式，則顯然可推凡諸規式歸乎拔八臘與惻辣勒者矣。證二規式，云諸理意，云沸理阿，皆歸乎拔八臘與惻辣勒兩規式者，曰：凡第二形之規式皆歸乎兩規式，云拔八臘與惻辣勒者。蓋公之規式，顯然而歸特之規式，就屬不可有者之引推而歸今諸理意與沸理阿，就屬不可有者之引推歸乎第二形之規式。而諸理意者歸乎恰默事色、沸理阿者、惻辣勒，欲諸理意者規式歸乎恰默事色規式，須取與諸理意所推收者對悖之義，而以爲恰默事色德規式之小題。欲沸理阿規式歸乎惻辣勒規式，須取與沸略理阿所推收者對悖之義，而以爲惻撒勒規式小題。則諸理意與沸理阿亦歸乎拔八臘暨惻辣勒者。若謂全成之理推不宜歸乎不全成者，諸理意與沸理阿爲全成，而惻撒勒與恰默事色爲不全成，故彼兩規式不宜歸乎此兩者，則曰：諸理意與沸理阿者，所推皆爲特之推；若惻撒勒與恰默事色，所推皆爲公之推，故執所推而言，此之規式貴且全於彼之規式也。

古依上論，明凡爲者推與非爲者其理何若，又各形内凡諸理推如何互取。

解括前諸論而謂，依所定論，則明凡諸形理推所由稱，或在、或非在之何稱於何底者，何以推收其義也。又明凡不同形之理推何以相別。蓋依上論已定，不但因各所具中之限界以別，且各所由歸乎第一形屬公之兩規式者，亦得分別焉。緣或就其題之轉，或就屬不可有者之引推，或就他推，歸乎初形之兩規式者也。

## 推明與前篇關係数端

依亞利所謂於前四篇可以括收幾論，或關係於諸形，或關係於各形者。關係於諸形者有四：一曰：從兩題皆屬特者，不可模然推收當然之推；二，從兩題皆屬非者，不可模然推收當然之推；三曰：若兩題之一爲特者，所推收亦必爲特之推；四，若兩題之一爲非者，所推收亦必爲非之推也。

近今窮理者又加兩端：一曰：夫中限界或於其一題，或於兩題，全然宜分與之，即須當凡所能當之物。倘中限界在先題，惟當其全義之一分。大限界所接合者，而小之限界，惟接合中限界全義之別一分者，則於推收不可以其一限界，稱是他限界也。

二曰：凡在先題之限界未分與者，其在推收後者亦不可分與之。比如曰：凡活者皆爲有幾何者，凡活者皆爲自立之體，則凡自立之體皆爲有幾何者。所謂自立之體，在先題未曾分與，而在推後者則分與之，故所推云凡自立之體皆爲有幾何者，必屬謬推也。第一形兩規式，云拔臘皮與法柏事木者，雖其先題爲公，而所推非爲公推者，亦爲此故。蓋大限界于推收爲底，而於是題爲稱者，其在先之題未曾分與焉。凡係第三形之規式，其所推收不能爲公推，而惟爲特推者，其理亦然。

關係於各形之論，一曰：在第一形，從特之大題，從非之小題所推，非模然之推；二曰：在第二形，從大題爲特，或從兩題皆是者，所推亦非模然之推；三曰：在第三形，從非之小題，所推亦非模然之推也。

## 謂諸形爲三不多不少者其論正否 辯一

### 理推諸形惟三 一支

證凡理推之諸形，不止三者，曰：理推所以不同形者，惟因中限界與大、小兩限界相接有不同耳。然而中之限界與大、小兩限界相接之不同有四，則理推形亦有四矣。所謂理推之形不同，由中限界與大、小兩限界相接之不同者，解理推之形云：是諸限界當然之相接，以推收何義者也。顧此當然之相接，不但見於大、小兩限界之相接，緣大、小兩限界惟在一題可以相接。則所謂相接，乃中限界與大、小兩限界之相接也。所謂中限界與大、小兩限界相接之不同有四者，中之限界或以稱大、小兩限界，或以受大、小兩限界之稱。若以稱兩限界乎，則成理推之第二形；若以受兩限界之稱而爲底者乎，則成第三形也。又中之限界或爲大之限界所稱之底，而爲小之限界所受稱之稱；或爲小之限界所稱之底，而爲大之限界所受稱之稱。若爲大之限界所稱，而小之限界所受稱者乎，則成理推第一形；若爲小之限界所稱，而大之限界所受稱者乎，則成理推第四形矣。證第四形可就當然之規推收其義者。比如曰：凡人皆爲生覺，凡生覺皆自立之體，則或一自立之體爲人也。所云生覺者，則爲中限界，而爲人也者所受稱之稱。又人者，既於推收之義爲稱，必其爲此一理推大限界也。顧此理推與他同類者，皆可就模然之規推收其義，亦皆可歸乎第一形之兩規式，則能成理推之第四形必矣。

正論曰：理推之形止有三耳，不可少，亦不可多也。亞利本論二十二等篇明證此義，而本篇自取爲真論。茲欲證之，先當知凡理推所受造成之限界，其在理推中居先且貴之位者，是謂大之限界。凡爲稱者貴也，爲底者賤也，各題受造之諸分所由，以定貴賤，秖因爲稱爲底之別耳。但此貴賤之分在各形則又不同。比如中限界，視其一限界爲底，視其一限界爲稱，則其限界視中之限界爲稱者，是謂大之限界；其限界視中之限界爲底者，是謂小之限界也。設或置限界以成一理推，而非如此乎，則大、小兩限界既視中之限界或皆可爲稱，或皆可爲底者，於是兩限界之貴賤，惟或就兩題列之次第，在大題是爲大限界，在小題是爲小限界。或就所舉以受證之題以定之。蓋凡理推諸形之所以成，惟因所舉某一題可證其爲真與否耳。則夫居所舉之某一題爲稱者，其在二、三形是宜謂大限界也。依上所設之論，可知理推之諸形惟三，而中限界與大、小兩界之相接，不能別有第四以成第四形也。蓋所舉以稱中限界者，既爲大、之限界，則不可復舉中限界以稱大限界而爲小限界所稱之底。若然，豈可謂大限界居在題中尤貴之位乎？依此可知，執第四形之説，所舉之理推本爲第一形之理推，因此兩題之先後未得自然之序，其所推收在於拔臘皮之規式，非爲正推，但曲推耳。夫亞利豈不知有此理推哉？惟因其非自然之理推，故以歸之乎就曲推收之規式耳。所謂非自然之推者，蓋明悟之自然不從夫稱其中限界以推屬乎中限界，而爲其所稱之底者。凡所舉或是或非何一底者，亦須舉之而或是或非，凡屬乎某底而爲其所統者。然則每有一物本爲中界之所統，而又舉其物以稱何一模係於其中界者，所推必爲曲之推，不能爲自然之推也。或謂置兩題先後之不同，雖中限界恒然不變，而足以造成不相同之規式於一形之内者，則其題之先後不同。設中界亦變其所，如駁論所舉之理推可見者，必足以別成一形也。所謂兩題先後之不同而中界恒然不變者，亞利於第三形以惻撒勒與恰默事色者爲不相同之兩規，而所以不同者，惟因置題之次第相反，故所推亦爲相反之推。比如取此之限界曰石，曰生覺者，曰人，而所造之題大者爲非，小者爲是，則惻撒勒規式備焉。而可推收曰無石爲人者，又變其兩題之先後，即以前之大而爲今之小者，以前之小者而爲今之大者，必就所云生覺者中界，可以成恰默事色規式。而推云無一人爲石者也，又諦撒米事與諳地西兩規式，亦然。爲其先者非不相同，但所置之次第先後相反，而其所推或爲轉之推，或爲受轉之推耳。又所謂凡第四形理推之規式皆歸第一形規式之題，而但變所置之先後，造成者亦未盡然，不可執前所設之理推以概諸理推。比如，若造成一理推云無一自立之體爲幾何，凡幾何也者，皆爲依賴者，則或一依賴者非爲自立之體也。若此理推之題變其所居之先後，則小題宜爲非者。顧從小題之爲非者，第一形不可推收何義也。若謂雖從非之小題，於第一形不可推收何義，然就其受轉之題可以推收其義也，則曰彼理推宜推收者，必爲特且非之題。顧特且非之題，不能受轉，則不可執第四形理推之題，而謂但變其所，即爲第一形之題矣。

所謂惟變兩題所置之先後，足以造成於一形内不相同之規式者，曰：第二、第三形之規式所以不同者，前論已明。其非就兩限界視中限界以定爲不相同之規式。蓋或就其題所居先後之次第，或就在所推收爲稱而先必在大題内者也。論第一形，則既就其兩界視中限界以定其孰爲大、小者，則無拘大、小兩題孰居先後，惟所舉以稱中之限界者，即所謂大之限界也。況所謂中限界，在第四形，以視兩限界變其所者非也。蓋中限界或在第一形，或在第四形，非不稱小限界，而爲大限界所稱者。依此可知，上論所設非之理推，即無一自立之體爲幾何，凡幾何也者，皆爲依賴，則或一依賴，非爲自立之體。本係於第一形。所謂其理推小題爲非者，不可以證其不爲屬第一形規式，但可證不爲第一形就當然之法以推收其義之規式。緣此規不能就理之自然推收，惟曲然以推收故。

釋第一駁所謂由限界視中界之不同，既爲四，可以定理推之形亦爲四者，曰：上論已釋兩限界視中限界相接不同惟三，所以理推之形亦惟三。釋第二駁所謂第四形之理推别是一規，别是一推，不可歸第一形者，曰：其理推所收，非自然正推，惟曲推而已。依亞利所定，雖凡非就理之自然推收其義者亦可歸於三形，然論其本然，惟據理之自然以正推收者，以定三形之别耳。則所謂第四形非自一形也，蓋惟爲非就自然收曲推之規式，以歸第一形者。

## 駁前論 二支

雖依前論可解凡執四形之説者所據駁論然。兹專設專解，以定三形之説爲是者，其一曰：多有理推就當然之法推收者，而不能係於三形焉，則謂理推之形惟三，其論不確也。所謂多理推就當然推收者，姑舉三者以證。一曰：凡非活者爲非人，無一石爲活者，則無一石爲人者。證此推爲當然者，蓋從與推後者之相對悖者可推收與先者相對悖之義故也。所謂不係於三形者，二、三形之中限界不居在大、小兩限界之間，而此理推之中界居在兩限界之間，則其係於第二、三形也可知。若謂係第一形乎，則其理推既有小題屬非者，宜謂凡係於第一形，就當然推收者，規式不止於四，而亞利固已定其爲四，則亦不可置之第一形矣。二曰：無一非活者爲人，無一石爲活者，則無一石爲人也。此理推之大、小兩題皆爲非者，而就當然推焉，則自別成一形也。三曰：設無一人爲能覺者，亦無一人爲生覺者。今凡人皆爲生覺者，則凡人皆爲能覺者。此亦當然之一推。顧其先題爲非，而所推者爲是，與亞利所定三形皆不可以非推是者相悖，則此推不係於三形可知矣。

其二曰：此理推云：凡能明悟者，必爲生覺；凡人而專人爲能明悟者，則凡人而專人爲生覺者。此必係於拔八臘之規式。顧從屬真之題，以推收謬題也。

其三曰：多有非就當然推收之規式，而關係於諸理意者。如曰：凡或一最下類之特一者爲人，而今或一馬爲或一最下類之特一者，則或一馬爲人也。又曰：凡生覺者爲形體，或一自立之體爲生覺者，則或一自立之體爲形體也。此推本非正推，惟爲曲推。顧凡係於諸理意者之規式，所推咸爲正推也。則豈不有非就當然推收者，而係第一形第二、三之規式哉？

其四曰：若博加多規式係於第三形者，惟就所推收以定限界爲大爲小乎，則可從甲界推收乙界，又從乙界推收甲界，而所推收，或甲或乙，宜謂大限界也。若是，必先者屬真，而所推屬謬。比如云或一石非爲活者，凡石皆爲自立之體，則或一活者非爲自立之體是也。

欲釋此論，宜先知幾端大有係於造成理推者。一曰：凡具非限穪之題爲是者，則當非之題；若爲非者，則當是之題也。是以凡從非限穪之題造成之理推，欲其爲模然推收之理推，須其題所置之次第與具限穪之題，受造之理推之所置者正相反。比如造成一理推，關係於第一形有屬限且直之題者，而其小題不能屬非，則若其題爲屬非限者，小題不能爲屬是之題也。第二、三形之規式所安置者，其理亦然。

二曰：造成理推不宜用專，但惟等語。其故者有二：一，凡具其字之各題，欲解釋其義，須用兩題，一是，一非者。即所解之彼題可以當兩題焉。而所造成之理推，題不止于二，故所推非當然之推也。二，其專義之語在題，使其限界，變其原義，以屬別義者。比如云凡能笑者皆爲生覺者，凡人且專人爲能笑者，則凡人且專人爲生覺者。緣所謂專人者，其推非當然之推故也。

三曰：凡屬公之題，不可就接分之合，但宜就接全之合，以解其義。若特之題，非就分分之合，但就分全之合，而解其題之屬何義也。夫特題就分全之合以解者，上論已明。若公題，所以就接全之合解其義者，如曰凡元行爲四，水與地爲元行，則水與地爲四者。此理推之所推收所以爲謬者，惟因大題云凡元行爲四者，惟就接分之義可爲屬真之題，不可就接全爲真。使就接全，可以解爲真者，則所推未嘗非爲真也。

三端既明，今解前駁第一所謂多有理推就當然之法推收而不係於三形者，非也。所舉第一非就當然推收者，其故有二：一其限界俱屬非限；二理推之限界；三必不能多。而彼理推有五限界：非活者一；非人者二；活者三；石者四；人者五。第二所以非就當然推收者，亦以是故。如欲正其理推，則宜改其小題，而謂無一石爲非活者。若是，則在大題之限界爲底者，無所變，而所設小題之稱屬非限者，可以當是之題。而此必係於拔八臘之規也。第三所推，如可謂當然之推乎，是非其本能，惟因是之一題，大題所含者耳。蓋云設無一人爲可能覺，亦無一人爲生覺者。其題所以爲真，惟因取設有然之之一題云。凡生覺皆爲屬能覺者，即因此題。而彼理推之兩題皆爲是題，而係於拔八臘之規式矣。

釋第二曰專語之在彼理推，使所推收爲非當然之推，其所以然，上論已明。釋第三曰大題云凡者，因所云或一者必受限定，使之惟指人類之特一焉。依此義，則小題必謬。若不指人類，且又指馬體，則其理推必有四之限界，故不能就當然以推收也。釋第三駁所舉第二理推曰云非正之題，云非正之推收者，其義不相同。蓋若以所爲質稱所爲模者，是即非正題。若非正之推收，則從大之限界推收小之限界，而彼理推所推收者則不然。釋第四曰則別舉一辯，以明不但第一形，即第二、第三形亦有非以正推收之規式否。

## 第二三形亦有非以正推者否　辯二

### 論此義歧説　一支

雖亞利惟指非以正推收之兩規式係於第一形者，曰法柏事木，曰淝色事木是也。乃近世窮理者，皆謂別有三規式係於第一形，而不以正推收者。一曰拔臘皮；二曰惻蠟色；三曰諳末西是已。問何故指二規，而不指此三者，則謂亞利論理推於前諸篇但指其先之兩題，謂之理推。故惟規式與以正推收之規式其先題不相同者，如法柏事木與淝色事木者，以爲不相同之規式耳。若拔八臘、惻蠟色與諳末西三規式，論其先者，無所別於拔八臘、惻辣勒與諸理意之規式，而惟就各所推收有別。蓋前規所推收之題乃可轉後規所推收之題，而後規之所推本爲以正之推，前規之所推則爲非以正之推也。此論則又問，雖亞利惟指彼兩規式，係於第一形，非以正推收者，而第二、三形亦有非以正推收之規式否。

論此義有兩説：一謂第二、三形各有非以正推收之規式。第二形有四：一曰惻撒勒，一曰恪加默事色。葢此兩規雖以正推，亦可非以正推也。三曰淝色事木，四曰博加多者。第三形有六：一曰諸拉皮，二曰諦撒米事，三曰諸地西，四曰法柏事木，五曰淝色事木，六曰拔落蛤是已。證曰：亞利本論之七篇，謂每有兩題爲先者，而其大爲是，或特或公；而小爲非且公者；其在諸形之所推收，皆爲特之推，以非去小限界于大之限界也。是即指法柏事木與淝色事木兩規式。則於三形必有此兩規式，非以正推收者。論前所指他諸規式，其理無異。則非以正推非止斯二，其餘亦非以正推之規式也。

次凡就當然之推可從後者推收之義，亦可從其先者推收焉。今在第二形於惻撒勒規式，在第三形於諸拉皮規式，暨他前所指諸規，從所推收，可以推夫轉之之題。則從其先者，亦可推收其題也。顧從其先者，不能以正推夫轉與受轉之題。則其一者，必爲非以正之推也。

二説謂第二、第三形之規式皆以正推收，無一以非正推收者。此説依據亞利所定本論第五、第六篇。第五篇謂夫與中界相近，是第二形大之限界。今中限界在第二形常爲稱，而不爲底，則限界不但於先題爲稱，且亦於推收爲稱者，必與中限界爲近者也。則第二形内，凡在於推收爲稱，是即大之限界矣。第六篇謂夫與中界相遠，而不但於先者爲稱，且在推收者亦爲稱，是第三形之大限界。葢中限界在第三形常爲底，未嘗爲稱。故限界在推收非爲底者，是與中限界相離尤遠也。

依此推證曰：每有一規式，而於所推收，惟舉小限界以稱大限界者，是非以正推收之規式也。今第二、第三形未嘗可就小限界以稱大限界，則無不以正推收之規式係於第二、三形者。所謂舉小限界以稱大者，葢解凡非以正推收曰爲就小稱大限界云者。所謂第二、三形不可舉小以稱大限界者，依亞利所論取證。葢於推收爲稱者，既爲大限界，則雖轉所推收者，未嘗可舉小以稱大限界。比如第一形，不可舉小限界而稱中界，亦不可以大限界爲中界所稱之底。緣所舉以稱中限界者，是即大之限界也。則第二、三形爲小限界，不能於推收爲稱。緣凡所舉爲稱者，是即大之限界故。

## 兩説皆可 二支

欲定此義，須先明第二、三形之爲大限界者何也。此論有三説。一謂居在大題，此所云大題，即先言之某一題。是大之限界者也。二謂在於舉問題之界爲稱者，是大之限界也。比如設舉此問云無一石爲人者否，所云人者，是爲大之限界。若欲證此義而取生覺者爲中界，須造成理推於恰默事色規式，然後可推收自然之推焉。如曰凡人皆爲生覺，無一石爲生覺，則無一石爲人也。若所舉之問云無一人爲石者否，而以生覺者爲證此義之中界，於是造成理推，不在恰默事色，而在惻撒勒之規式。如曰無一石爲生覺，凡人皆爲生覺，則無一人爲石者。此兩理推，雖從在題問爲穪者，以推定大限界，然其大限界，非不居在於大題也。三謂在推收而爲其穪者，無拘所推收或是轉，或是受轉之題，是即大限界也。此説于亞利之意爲近。

依此三説，可解所問有非以正推收之規式否。執第一、第二説者，則宜謂第二、三形必有規式，非以正推收者。據第一説所舉之論，可證此義。蓋居在大題或在題問爲穪者，既爲大之限界，又惻撒勒、恰默事色與前所指諸規式所推收之題。既可以直受轉，而使或在大題之限界，或在題問爲穪者，轉而爲底，則設所推收者受轉，必爲非以正之推也。欲從此説，則宜謂亞利解第二、三形之大小限界，非舉廣義，就其統凡以正推收，與非以正推收之規式，而惟指以正推收規式之大限界。蓋即爲居在所推收之題而爲其穪者，若舉廣義而論，則居在大題或題問者，是第二、三形之大限界也。

欲從第三説，則宜謂第二、三形無非以正推收之規式也。蓋雖或有一理推，而在此一規式爲非以正推收，其在別規式，則皆以正推而收也。比如在惻撒勒規式，似非以正推；其在恰默事色規式，則以正推也；其在恰默事色規式，似非以正推；而在惻撒勒規式，則以正推也。在泚色事木規式，似非正推；在沸西儒規式，則以正推。在博加多規式，似非以正推；而在拔落蛤規式，則以正推而收也。若謂欲先之兩題造成不同之規式，不能不易先後所居者，則曰：此無所碍於以正之推收也。倘大題自具大限界，則雖在次位，必可以正推收。第三形之推亦然。比如，或有一理推在諳拉皮規式，似以非正推收，倘變兩題所居之先後，即可以正推收。在諦撒米事規式，似非以正推，然在諸地西規式，則可以正而推。總之第二、三形，若似非以正推，則或變其規式，而別造成其形内之他規式；或不變規式，而惟變兩題所居之位。顧其後所推收，非不以正之推也。

釋第一説第一支所舉之第一論，曰：亞利所謂法柏事木與泚色事木兩規式，常非以正推收，惟論此兩規式，係於第一形，而未嘗謂其係於他形者。若謂亞利不但指其兩規係於第一形，而謂所推皆非以正之推者，然又謂他諸形亦然，即所推亦非以正之推也。則曰亞利云亦然者，其意非言彼兩規式在第二、三形，亦非以正之推如在第一形者然。惟云論公特是非之義，則其兩規式或在第一形，或在第二、三形，所推收者無異也。顧在第一形，則非以正推，在第二、三形，則以正而推矣。

釋第二曰所謂凡從後者推收之義，亦可從其後者所從推收之先題者推之，良然。但在第一之推，爲其大之題，而在第二之推，不必亦爲大題也。此兩題之於變所置，如推收也者之穪與底，亦各變其所然。

權此兩説，雖第二所謂無以非正推收之規式者，未嘗不妥。然第一所謂有以非正之推，係於第二、三形者，似更是也。

一則第二說所解亞利之語似非盡然，蓋亞利既云他諸形亦然者，即指其所以然曰。緣其理推，常就轉以造成意言所造成之理推。其推也，必爲受轉之推。故從其兩題造成之理推，不居在何形者，非自然之理推，故亦謂之非以正之理推也。二則若就所推收，宜定大之限界，則在第二、三形可從甲限界推收乙限界，又從乙限界可推收甲限界。顧兩限界相推，雖論或屬公且非之推，或屬特且是之推，必爲當然且正之推，緣其題皆可相轉故。然若所推收之題爲特且非者，則兩限界不可相推，而惟可從在小題之限界，推收在大題之限界。上辯二支第四駁所指之論可爲其喻。蓋云或一石非爲活者，凡石皆爲自立之體，若推收云則或一活者非爲自立之體者，必爲謬推；若推收云則或一自立之體，非爲活者，必爲當然且真之推也。

# 理推之總論五卷

治理曆法加工部右侍郎又加二級臣南懷仁集述

## 論理推由屬何若之稱謂造成者 第八篇

【總義】凡理推從直稱謂造成者，亞利既已釋明。茲欲釋從屬何若之稱謂造成者，夫固然之何若？貴於他諸何若？蓋凡故然而有之物，其現在較非固然而有者，尤爲全備。固先論從固然何若之稱謂造成之理推也。

【古】曰直然在，曰固然在，曰可然在，在各自一。蓋有在者，而非固然有非固然，非直然在，惟可然在。直、固、可然成之理推，各自不侔。所受造界，亦各互異。或從固在，或從直在，或從可然，以成理推。

【解】此謂理推也者，分居三類，即如所受造成之稱謂有三類然。蓋惟稱謂爲或直、或固、或可然之題。固所造理推或屬直、或屬固、或屬可然之理推也。凡何若之理推，各有質、有模。夫題之或直、或固、或可然者，是爲近質。而題所受成之限界，是爲遠質。理推所係之形與規，是爲其模。形也者之爲模有三，如直之理推。然規式之爲模，何若與直略異。蓋直之理推有幾，規非何若之所有者。

【古】固然理與直然者，各所推收，大都不異。

【解】何若之理推又分二類：一，所受成之題皆屬一類，或皆固然，或皆可然之題，是之謂專之理推。二，所受成非爲一類而爲二類之題，如一爲固然，一爲直然；或一爲固然，一爲可然之題，是之謂雜之理推也。苟如其題皆固然者乎，則其所推與直題受成之推，大都無異，而惟就直與何若者，有不相同耳。

【古】直在者界，固然者界安置相同所成理推，無所相異。或兩爲當，或兩非當，亦就無一，與所云凡以定是否。欲轉固然，以明所推爲必然者，所轉無異於直題轉。

(解)設定一論曰：若大、小兩題皆爲固然者，在各形之所推收，無異於兩題之屬直所推收者。而凡全成之理推，皆就所云稱無一者。稱凡者，兩原始，以定其爲全備之推。其非全備者，則亦歸之乎全備。緣凡固然之稱謂所受轉之法，無異於直題所受轉者故。

(古)若在中形，公者爲是，特者爲非。在第三形，公者屬是，特者屬非，不可推之以歸乎全推。夫所係第三形，據闡理推證爲是者。

(解)拔落蛤規式係第二形，與博加多規式係第三形者，其題屬直，皆不能歸乎指顯全成之理推。其屬何若之題，亦皆不能歸乎全成之理推，而惟博加多者就闡之之理推可證其爲當然之推也。或曰：作一理推在諳拉皮，而云凡文學者爲知者，是爲固然；凡文學者爲人，是爲固然，則或一人爲文學知者爲固然。此理推之兩題皆真，而所推收者則爲謬。豈可謂直與固然所推俱一推耶？曰：小題所云凡文學者爲人，爲固然者，雖具固然之何若，然其謂非固也，非直題也，故所推必謬。其題所以非固然者，上論有證。

## 從一固一直雜成之理推係成之理推係第一形者 第九篇

(古)若其一題爲固然者，所成理推亦屬固然。然所云固非活然者，或此或彼須大屬固。如云甲者或固然係，或非固係於乙也者。又乙直係於丙也者，則甲固係，或固非係於其丙者。蓋甲也者，既就固然或係，或非於凡乙者，又夫丙者既直然是乙者之屬，則夫甲者亦固然係，或非固係於其丙者。

(解)上篇既明從固然題所造成專之理推，此篇則論從一直題，而一固然所造成雜之理推也。兹設数端，以明此義。其一曰：在第一形，若其一題固然，一題爲直，其所推收者必固然之推也。顧所云其一固然者，非謂或大或小之題爲固然者，但須其大題爲固然者。如曰：凡生覺爲自立之體，是爲固然者，凡人皆爲生覺，則凡人爲自立之體，爲固然者。又曰無一生覺爲石，爲固然者，凡馬皆爲生覺，則無一馬爲石，爲固然者。其推收爲當然且真者。就所云稱凡、稱無一者，以取其證。蓋設凡生覺、固然爲自立之體，而人爲生覺之屬，則凡人固然爲自立之體也。又若曰無一生覺爲石，爲固然者，而馬本爲生覺之屬類，則無一馬爲石者，亦爲固然者。

〔古〕若甲也者非就固然係於乙者，而乙係丙，爲以固然所推收者，非爲固然。若謂爲固，則甲也者在一、三形，必就固然係於乙者。而今不然。蓋或有乙無一甲係，又從限界可見其推非固然推。比甲爲動，乙爲生覺，而丙爲人，人從固然爲生覺者。曰生覺動，抑曰人動，非固然者。

〔解〕其二曰：若大之題非固然，惟爲直題；而小題爲固然之題，所推非固然之推也。何故？若從其兩題可推收固然之推乎，則從其所推固然之推，與其小題屬固然者，可推收於第一、三形，屬固然之特題。蓋上論已定。從固然之兩題所推，未嘗非固然之推也。如曰：凡乙爲甲，凡丙固然爲乙，則凡丙固然爲甲矣。今取所推曰凡丙固然爲甲，又取小題之所云凡丙固然爲乙，則可推云凡丙固然爲甲，凡丙固然爲乙，則或一乙固然爲甲也。若小題受轉，則在第一形亦可推收其推矣。然則所推收云固然者，非真也。蓋一題雖或屬真，非即爲固然者，此可見於可然之諸題。如曰：凡生覺者皆醒，蓋屬之特題所云或一生覺者固然醒，必謬也。又曰凡生覺者皆動，凡人固然爲生覺者，則凡人固然動也，所推亦謬。

〔古〕若甲與乙爲屬非者，所推非固，從上所論可推其證。

〔解〕其三曰：若使大題爲非者，所推亦非固然之推也。如曰：無一生覺者現走，凡人爲生覺爲固然者，則無一人現走爲固然者。雖直題所云無一生覺現走者，或爲真題，而所推云無一人現走爲固然也，必謬也。

〔古〕凡雜理推倘公爲固，則所推收亦必爲固。倘特屬固，則所推收非固然者。如曰：甲係就固然者於凡諸乙，而乙以直係或一丙，則甲也者必就固然係或一丙。蓋丙屬乙，而上已設乙固然係於凡甲者。

〔解〕其四曰：若其一題爲公且固然者，所推收必爲固然之推。若固然之題特而非公，則所推不能爲固然之推也。如曰：凡生覺者活，爲固然者，或一形體爲生覺，則或曰一形體活爲固然者。此屬固然之題既公，故所推收必爲當然且真之推也。云爲真者，則就所云稱凡者，以取其證。蓋若凡生覺者固然活，而或一形體爲生覺者所統，必可推云或一形體固然活矣。

〔古〕若使理推屬非所推，亦必屬固。

〔解〕其五曰：若非之理推，而其公題爲固然者，所推亦必爲固然之推。如曰：無一生覺爲石，爲固然者，或一形體爲生覺，則或一形體非爲石，亦或爲固然者。就所云稱無一者，以證所推之爲真也。

〔古〕若惟其分屬爲固然，所推非固。緣從此推，不可推收屬不可有。如公理推所推，非爲固然之推。非之理推所推亦然。動、生覺、白，可爲限界。

〔解〕其六曰：若小題爲特，爲固然者。所推非固然，而惟直之推也。葢從所推之直，不可又推或屬謬，或屬不可有者之推。如從小題爲公爲固然者，以推直推不可，又推爲不可有爲謬者。上論已明。倘推公且固然，而又從小題推特且固然者，其推必有謬也。

若理推爲非之理推，所推亦非固然，必爲直之推也。曰動，曰生覺，曰白，是爲或是推，或非推之限界。

或曰：第一論所謂，在第一形。若使大題固然，而小題屬直，可推收固然之推者，似不盡然。葢其推必先者真，而所推之後者謬也。如曰：凡走者動爲固然。或一人走，則或一人動爲固然者。曰：所謂可從其兩題在第一形推收固然之推，此惟論直之稱謂爲小題。而有稱與底固然相係者，良然其推必爲固然之推。若泛論直之稱謂，而不拘其稱就固然係底與否，則所推非必固然。如所謂或一人走者，所云走者爲稱，而云人者爲底。走者爲稱，非就固然係於人之爲底者。固所推云則或一人動爲固然者，不能爲固然且真之推也。

## 論雜之理推在第二形有一題屬固然一題屬直者 第十篇

〔古〕在第二形，若非之題爲固然者，所推亦固；若是之題爲固，所推非固。如云：甲者就可然係於無一乙，而丙以直有係於甲。然而非者，彼此受轉，則乙也者就可然係於無一丙。緣丙也者，爲甲所統。

〔解〕茲論第二形造成之理推有一題固然，而一題直者。釋此義設兩端。一曰：若公且非之題爲固然者，而或公或特之他題爲直且是者。則所推在惻撒勒與恰默事色，及沸西懦三規式，皆爲固然之推也。在惻撒勒規式，如曰：無一石爲生覺，爲固然者。凡人皆爲生覺，則無一人爲石，爲固然者。證此推爲當然之推。葢若轉其大題，即可造成理推在第一形。而有大題屬固然者，如曰：無一生覺爲石，爲固然者。凡人皆爲生覺，則無一人爲石，爲固然者。此推在第一形爲當然之推。就所云稱無一者，以取其證。葢云無一生覺爲石者，既爲固然，又凡人既皆爲生覺所統者，則無一人爲石，亦必爲固然者。

(古)若丙爲爲非，所推亦爾。蓋若甲者可然相係於無一丙，則丙也者，可然相係於無一甲。然則甲者以直相係於凡諸乙，則丙也者可然相係於無一乙，而第二形又見成焉。則乙也者，亦可然係於無一丙。蓋乙與丙彼此相轉也。

(解)在恰默事色規式所推，亦爲當然之推也。如曰：凡人皆爲生覺，無一木爲生覺，爲固然者，則無一木爲人，爲固然者。證其推之爲當然者。蓋若以全轉小題，而變兩題之所居，即可造成一理推係於第一形者。而從其理推之大題屬固然者，可推收固然之推。如曰：無一生覺爲木，爲固然者。凡人皆爲生覺，則無一人爲木，爲固然者。而從此所云無一人爲木，爲固然者，必可推云無一木爲人，爲固然者。

(古)特理推亦爾。若非之題爲公且固，所推收者亦必爲固。若是之題爲公且固，而非之題就分非固，所推之推非固然推。設非之題爲公爲固，如甲也者可然有係於無一乙，而以直係於或一丙然。而非者既可受轉，則乙也者，亦可然係於無一甲。而甲以直係或一丙，則乙固然非所相係於或一丙。

(解)其二端曰：若公且非之題为属固然者，而特且是之題为直之題乎，必可推收特属固然者係於沸西懦規式也。如曰：無一樹爲生覺，爲固然者。或一活者爲生覺，則或一活者非爲樹，爲固然者。證其推爲當然之推。蓋若轉夫大題，可造成理推係於第一形第四之規式，即沸理阿。有大題屬固然者，如曰：無一生覺爲樹，爲固然。或一活者爲生覺，則或一活者非爲樹，爲固然者。若小題爲是且固然者，所推收不能爲固然之推也。蓋欲其理推歸乎第一形，須其小題爲固然。然則依上所論，從小題屬固然者，不可就當然之法，推收固然之推也。

(古)若穪之題爲公爲固，如云：甲者係於凡乙就固然者，而非所係於或一丙，則乙也者亦無所係於或一丙。是所推者雖當然推，而非固然。

(解)若公且是之題爲固然，而小題爲直且非者，必可推當然之直推係於拔落蛤規式者。然而不可推收固然之推也。

## 雜之理推有一題爲固然一題爲直係於第三形者 第十一篇

(古)在末之形，倘界爲公，而其或一爲固然者，又其兩題皆爲穪題所推收者亦屬爲固。若一爲穪，而一爲非而非爲固所推亦固若穪爲固所推不固。

解又設数端以明雜之理推。其一曰：在第三形諸拉皮規式，每有兩題。其一爲固然，其一爲直者，所推必固然之推。又在沸蠟簸規式，若其大題固然，小題爲直，所推亦爲固然。他諸規式係於第三形者，若公之題固然，所推亦皆固然。不然，爲可推收直之推也。論愽加多規式，雖或大或小之題爲固然者，所推惟直，不能爲固然者。或曰：造一理推係於愽加多規式，而云或一生覺非爲人，爲固然。凡生覺皆爲活者，所推云則或一活者非爲人，爲固然者，必當然之推也。若謂不可推，則與所推相反謂之義。即或一活者，非爲人非爲固然者，與所設先題可並爲真者。又此之所云凡活者爲人，爲屬可能者，可以當彼之所云或一活者非爲人，非爲固然者，則造成一理推而云凡活者爲人，爲屬可能者。凡生覺爲活者，爲屬可能者，則凡生覺者爲人，爲屬可能者。顧此所云凡生覺爲人，爲屬可能者，與前理推之大題所云或一生覺非爲人，爲固然者，正屬相悖。則前所推云或一爲活者非爲人，爲固然者，必當然推也。釋曰：若小題本爲固然之題，因其質自屬固然者，於是所推必爲何若之固然之推也。前駁所證，衹此義耳。但因惟於固然之質可推收固然之推，而非固然之質則否。故泛謂不可推收何若之固然之推也。

古倘兩題皆爲稱者，而甲與乙係於凡丙。惟甲與丙爲固然者，則乙也者既係凡丙，夫丙也者亦有係於或一乙。緣凡公者就分受轉，則若甲者以固然係於凡諸丙，而丙亦係於或一乙，其甲也者固然有係於或一乙。緣乙也者受統於丙，而第一形以此復成。若乙與丙爲固然者，所推之證與前無異。緣丙也者與或一甲宜互相轉，則若乙者以固然係於凡諸丙，斯甲也者亦固然係於或一乙。又若甲、丙爲屬非者，而乙之丙爲屬是者，而其非者以屬固然，則夫是者既可受轉，其丙也者必有所係於或一乙。然甲也者就固然係於無一丙，而乙也者亦無所係就固然者於或一甲，緣乙也者受統於丙。

解其二曰：在諸拉皮規式，若大題固然，而小題爲直，所推必固然之推也。如曰：凡人爲生覺爲固然者，凡人皆爲自立之體，則或一自立之體爲生覺，爲固然者。證此爲當然之推。蓋凡人固然爲生覺，而或一自立之體，必爲人也者所統，故從此而推必有或一自立之體固然生覺者。若小題爲固然，所推亦爲固然者。如曰：凡人皆爲生覺，凡人爲自立之體爲固然者，則或一自立之體爲生覺，爲固然者。證此爲當然之推。與上所證者同歸一論。又就第一形，以證其推之當然者，則須轉其大之題，而小之題須爲大之題。緣其理推必須留存固然之何若，或於其大題，或於其小題也。然則在第一形之規式，必須大之題爲屬固然者。如曰：凡人皆爲自立之體，爲固然者。或一生覺爲人，則或一生覺爲自立之體，爲固然者。即可推云或一自立之體爲生覺，爲固然者。

若稱也者原爲固然，則在沸蠟簸第二之規，而大題爲非且固然之何若者，所推亦固然之推也。

如曰：無一人爲石，爲固然者。凡人皆爲形體，則或一形體非爲石，爲固然者。證其推爲當然之推。蓋若轉其小題，可造成一理推，係於第一形第四之規式。有大題屬固然之何若，如曰：無一人爲石，爲固然者。或一形體爲人，則或一形體非爲石，爲固然者。此推之爲當然。據所云稱無一者，以取其證。蓋無一人爲石，既爲固然，而或一形體爲人之所統，則或一形體非爲石，必固然者也。

(古)若稱爲固，所推非固。如甲與乙爲稱、爲固，而甲與丙爲直，非固稱者受轉，則丙也者固然有係於或一乙。故若甲者有所相係於無一丙，而丙也者有所相係於或一乙，則甲也者非所相係於或一乙，但非以固。緣第一形若非之題，非固然者，所推非固。上論已定。又就界推，亦可以明其推非固。如甲指善，乙指生覺，而丙指馬。斯云善者，或無一馬有所相係，而生覺者固然有係於凡諸馬。然一生覺非爲善者，非即固然。緣凡生覺或皆爲善。

(解)其三曰：若小題爲是，爲固然者，而大題爲非，爲直，所推非固然之推也。比如指善者，生覺者，與馬爲限界。作此題云：無一馬爲善者，而以爲真題也。蓋既爲可然，可不然之題，可設之爲真者，則取此大題而推之云無一馬爲善。凡馬爲生覺，爲固然者，則或一生覺非爲善，爲固然者。顧此所云或一生覺非爲善，爲固然者，本屬謬推。緣凡生覺爲善，原爲可能有之理故也。

(古)若一爲公，一爲特者，而俱爲稱。設公爲固，所推必固。推明爲固，上論有證。蓋夫稱者就分受轉，比如乙者係於凡丙爲固然者，而甲受統於丙也者。則乙有係於或一甲，爲固然者。然乙既係於或一甲，則甲亦係於或一乙，皆以固然。緣夫丙題必受轉焉。

(解)兹又推明，有一題爲特之理推，而謂若兩題皆爲是者，而公題爲固然，特題爲直者，所推必固然之推也。欲證此義，須轉特題，造成理推係於第一形，有大題屬公者。比如若大題爲特者，則在諦撒米事規式，宜推云或一生覺爲馬，凡生覺爲自立之體，爲固然者，則或一自立之體爲馬，爲固然者。證其推爲當然之推。蓋若轉大題，而變兩題之所，即可造成理推係於第一形者。如云凡生覺爲自立之體，爲固然者。或一馬爲生覺，則或一馬爲自立之體，爲固然者。今轉此所云或一馬爲自立之體，爲固然者，則云或一自立之體爲馬，爲固然者。而此所云或一自立之體爲馬，爲固然者，原爲前之理推所推收之推也。

(古)若甲與丙爲固爲公，所推亦爾。緣乙也者受統於丙。

㊀解若大題爲公，爲固然者，所推亦爲固然。如在諸地西規式云凡生覺皆爲有覺之屬，爲固然者。或一生覺爲馬，則或一馬爲有覺之屬，爲固然者。證此爲當然之推。葢若轉小題所云或一生覺爲馬，而謂或一馬爲生覺者，在第一形可以推收前推，而就所云稱凡者以證其是也。緣凡生覺爲有覺之屬，爲固然者，而馬爲生覺之所統，則其爲有覺之屬，爲固然者明矣。若特題爲固然者，不可推收固然之推也。篇中具其證。

## 論可然非固然者 第十二篇

㊀古茲論可然理推造成，本無固然。然設謂在，非即可云爲不可有，是謂可然。夫固然者，就同一名，而非同義亦謂可然。斯曰可然，據非與是互對互悖云非可然，云非可有，云非固然，義或相同，或相從推，則與此義互對而悖。曰可然者，無不可有非固然，非義或相同，或相從推。葢稱凡者，或是或非，其一必真，則云可然即非固然，云非固然即可然者。

㊀解此篇論理推有或兩題，或一題屬可然，而非固然者。所云可然者，非論總義，惟論其可然者之切義。故解之曰：是非固然，然設謂其有在，非即有不可有者之何義也。葢所云可然者，亦非爲固然，亦非爲不可有者。故設曰：可然者不可即謂有，不可有者在。緣云不可然者，即是云不可有者，即是云非固然有者。則與相反之義所云可然者，即是云非不可有者，即是云非固然非有者。

駁前論曰：茲所云可然者，惟論其總義即可能者之謂耳。顧此篇惟論可然者之切義，不論總義，則所舉之論以證其解爲是者，非可取用矣。曰：從屬切義之可然者，可推夫屬總義之可然者。故亞利謂屬總義之可然者，爲無不可有者，爲非固然，非有者。即是謂屬切義之可然者，爲非不可有者，爲非固然非有者。

㊀古凡可然題俱可相轉，但所云轉，非云是題與非題轉，惟云凡題屬是之形，皆以對悖可相轉耳。云可然有，可以轉。云可然非有者，云可然在於其凡者，可以轉。云可然而在於無一者，云可然在於非凡者，抑或一者，可以轉。云可然在於非或一者，其他諸題受轉亦然。葢可然者，既非固然，非固然者，既爲可能，非有在者。則若甲者依可然在於乙也者，亦依可然可非有在；又依可然在於凡者，亦依可然可非在者。凡若此題，非爲非題，皆爲是者。云可然有，可然非有。皆是之謂。

㊀解凡題屬此義之可然者，皆可轉乎以對相悖之何似也。葢此義既非固然，則凡可然有，亦可然非有。而凡可然非有，

亦可然而有也。

(古)所云可然亦分兩義。一，雖非固然，大都有。如人鬚白。論三篇論就中界，以視大、小兩界不同之勢，惟可造成理推之三形也。七篇之第一辯，已證此義矣。二十四、二十五篇，設舉兩論，一曰：凡理推之規式，屬非之兩題造成者，本爲非可取用之規式也。緣凡此等俱可推收所云者凡者，與無一者之界也。

二曰：凡理推惟可有三限界耳。證之曰：凡所推收之義，或就一中之限界推收，或就多中之限界推收。若就一中之限界乎，則各理推之限界惟三。若就多中之限界乎，則或爲不相關不相屬之界，或爲相係相屬之界。若爲不相屬者，則所推收雖惟一推，而所造成之理推必多。如天問學就月食證地之在中心者，謂地在中心之一推，而性理學就地自然之重以證其在中心，就月食與地之重以推。故論推雖惟一推，而其爲中之界既二，理推亦二焉。若中之多界爲相屬者，則所造成之理推雖一，然不可直謂爲一，而但可謂相接之一者。緣先就一中界推收何一某義，然後又取所推收之義，以爲先題從而推他義也。所推收者既非直爲一推，理推也者，亦不可謂之一也。

二十七篇則開後諸篇之論。蓋後篇將論何以究之而得所用以證凡諸題之中界，故此篇先論凡諸題更易可證爲是，可辯爲非者。則謂凡就多形多規式可證之題，是爲更易可證。凡就少形少規式可證者，是爲更難可證之題也。若辯爲非者，理則不侔。蓋凡更易可證之題，更難可辯。凡更難可證者，更易可辯之也。

從此推定特之非者，本爲諸題之中最易可證，而最難可辯者。特之是者則次之，公且非者又次之，公且是之題又次之。

## 二十八篇之總義

二十八以至三十二篇，亞利論如何可究得當然之中之限界，以推收所設舉諸義也。欲明此義，則總設幾端。曰：所設之題，先須分析爲稱，爲底之兩界，然後須解而究其稱與底之情也。又須究其先其後者，暨與其稱、底相悖之諸義。此端既明，則可究得中界以證以辯諸題無難焉。所云解者、情者，前論已悉。所云物之後者，即所用以公然稱其物者也。或固然稱，如以德稱義，而曰義爲德；或就兩可稱，如以愛其子，而稱曰爲父母者。云德，即義之後者也。云愛其子者，即爲父母之後者也。所云物之先者，即公然受稱於所爲物之先者。或固然受稱，如義受稱於德，而曰義爲德；或就兩可受稱，如爲父母者，受稱於愛其子，而曰爲父母者，愛其子也。云義即德之先者也，云爲父母者，即愛其子之先者也。所云物之相悖者，即或未嘗可用以稱其物，或少可用以稱其物者。如惡之視德，惡子之視爲父母者。

# 二十九篇之總略

此篇設舉六端，以爲究得理推當然中界之規模，以推收當然之推也。其一曰：欲推證公且是之題，必須究得爲稱之先，而爲底之後者。比如欲證凡諸義皆爲當讚美者，則宜取德以爲中之限界。緣依公然以德可稱義，而所云讚美者，亦依公然可稱德，然後在拔八臘規式可推。而證所云諸義皆爲讚美者，如曰凡德皆爲當讚美者，凡義皆爲德，則凡義皆爲當讚美者。在諸理意規式，亦依此法，可推證特且是之題。蓋所用以證凡義皆爲當讚美之中界，亦可用以證或一之義亦爲當讚美者也。

其二曰：欲推證特且是之題，必須究得一限界爲稱之先，又並爲底之先者，此義切見於諳拉皮規式。比如欲推證或一活者爲自立之體，宜取生覺者以爲中界，而云凡生覺者皆爲自立之體，凡生覺者皆爲活者，則或一活者爲自立之體矣。在諦撒米事與諳地西規式，亦可依此法推證特且是之題，但須變其題之所安置者耳。

其三曰：在惻蠟勒與惻撒勒兩規式，欲推證公且非之題，必須取中界爲底之後者，而爲與稱之悖者。比如欲證無一人爲石者，宜取生覺以爲中界，而云無一生覺爲石，凡人皆爲生覺，則無一人爲石者。在沸理阿與沸西懦兩規式，若小題爲特，亦可依此法，推證特且非之題也。

其四曰：在惻蠟色，在恰默事色規式，欲推證公且非之題，須取中界與底相悖，而爲稱之后後者。比如欲證無一人爲石者，宜取非覺之屬以爲中界，而云無一非覺之屬爲人者，凡石皆爲非生覺之屬，則無一人爲石者。在拔落蛤規式，亦依此法，可推證特且非之題，但須變小題而爲特題耳。

其五曰：欲證特且非之題，須取中界爲底之先者，而爲與稱之相悖者。比如在拂拉簸規式，欲推證或一自立之體非爲活者，宜取石者以爲中界，云無一石爲活者，凡石皆爲自立之體，則或一自立之體非爲活者。在沸理阿，與第一形非以正推之兩規式，曰法栢事木，曰淝色事木。又在沸西懦與拔落蛤第二形之規式，又在沸理所第三形之規式者，皆可依此法，推證特且非之題也。

其六曰：在拔拉皮規式，欲推證特且是之題，宜取中界爲稱之后者，亦並爲底之先者。比如推證或一自立之體爲活者，宜取形體以爲中界，云凡形體者皆爲自立之體，凡活者皆爲形體，則或一自立之體爲形體者。在諸未西規式亦可依此法，推證特且是之題，但須變小題之幾何，而以公爲特題耳。

# 三十篇至三十二篇總略

從前所論，亞利推收三端。其一曰：前所設諸論，以釋凡明顯之理推所由推收其當然之推，亦爲凡引乎不可有者之理推所由引收其推也。其二曰：所設之諸論，不但係於理辯學之理推，即他諸藝之理推，皆就此論以造成也。其三曰：拔八臘所用，以分別物性之理，而究得中界之法，非盡是也。

證第一所云明顯之理推，與引乎不可有之理推，皆據一法造成者。蓋兩理推皆就相同之限界以爲推收。緣限界恒然相同，無所變者，但引乎不可有者之理推，則取或大或小指顯理推之限界，以爲中之限界。而大都在是之理推，則取大限界；在非之理推，則取小限界，以爲中限界。而所新取之界，爲或大或小之界也。欲明此義，又欲明夫明顯之理推與引乎不可有者之理推何以相別，當知引乎不可有者之理推非以直推證所欲證之題，乃從辯人所許不可許之題也。與他顯然爲真之題相反謂者，又從他題顯爲真者引夫辯人許不屬可有者之何義。顧辯人不許然其義，故又轉而許然前所非之題。比如或一辯人不許此題之所云，或一活者不覺又自許不當許之一題，與先題相反謂者云凡活者皆能覺，於是宜造成引乎不可有者之理推云凡活者皆覺，凡植物皆爲活，則凡植物皆覺矣。此推顯然爲謬。辯人必不之許，故不得不許前所非之題，即或一活者非覺也。今設所云或一活者非覺，爲指顯之理推所推，必自具大、小兩界。則指顯理推之一界爲引乎不可有者理推之中界，而夫新取之限界即云植物，則當所取以爲中之限界也。

依此可明，所云指顯之理推與引乎不可有者所由造成之界俱同。又可明兩理推所以相別，蓋指顯之理推先推證所欲定之題，而引乎不可有者之理推非推收指顯所推者。乃從辯人所許，推收顯然爲謬之題，而從此題，或推證前所非之不當非者，或推證別一題與所非之題相似者，以證彼所非之原爲真之題。亞利所以分別此兩理推，蓋謂指顯理推之兩題皆爲屬真。若引乎不可有者，其一爲真，其一則據辯人所許以爲真耳。

證第二所云諸藝之理推皆係此法者，曰：上論所定推證各題之規法，雖爲理辯學之所設，然原爲通共之法。蓋凡諸推證，皆或據其物之後，或據其物之先者而成。其在不相同之藝，惟就不相同之質以爲不相同耳。

## 三十二篇以至本卷終總略

此諸篇之義，全在解明如何宜歸各理推於所受造成之元始也。凡理推有二：一模，一質。模由所係之形與其形之規式以成。質者有二：一近，一遠。各理推所受全之題，是謂近質。其題所受成之限界，是爲遠質也。欲歸理推於所受造成之元始，先須歸之乎兩題，而察其孰爲大題，孰爲小題。蓋欲知各理推以正收其推否，先須知孰爲大題，孰爲小題也。若在推收而爲其稱者之限界，原先在於大題乎，則其推必以正之推。若在推收而爲其稱者，原不在大題，而在小題乎，則其推收必非以正之推也。當知理推也者，雖須有兩題，然或特有一題，而闕一題。倘欲析其理推而歸之乎元始，則先須加所闕之題。又若理推所有之題或多，不止於二，而兩題所有之限界或多，不止於三。於是須先去其多者，然後可析而歸之乎元始也。欲明限界多否，則須察推收中或有限界先不在於兩題者。其先不在兩題者則多也。欲明題列多否，則須察兩題中或有限界不在於推收者。其不在推收之限界，而在題中者，自別成一題爲多者也。

欲析各題而歸之乎所受造成之限界，須知孰爲大，孰爲小，孰爲中之限界也。在兩題而不在推收者之限界，是中之限界。在第一形所用以稱中之限界，是爲大之限界。在先題而爲中之界所稱之底，是爲小之限界也。在第二、第三形則據上論，宜察明大、小之界矣。又當察明限界所指在兩題皆一義否。若在一題指一義，而在他題別指一義，即所推收不能爲當然之推也。析理推之形而歸之乎元形者，有兩義：一析而歸理推於所受造成之本形；一析而歸本形於別一形也。欲析而歸乎所受成之本形，必須先析兩題而歸之乎所受造之限界。蓋既明限界，即可知其理推在何一形造成者。或有一理推不但可推收係於一形之推，而三形之推皆可推收，故欲析之，亦須歸乎其諸形也。所謂析本形而歸乎他形，上論已明矣。

# 古論究先者

## 諸篇之總論

上卷解明理推之模、質與凡有係於其本元者，此卷則論凡非係於本元而但爲理推之情也。全卷分三論：一論理推者之能,二論理推者之疵,三論他推辯之諸類如何可以歸乎專之理推也。

## 理推者之能有六

理推也者有六能。其一各理推能收不相同之多推也。解此能有兩義:一凡是與非且公之推收,皆可相轉而轉與受轉之題,皆從同一之先者以推;二每可從其先推收何一全者,亦可推收其全者之各分,三形之理推皆有此能,皆可收多推。

二能從謬題可收爲真之推也。但所云收真者,非本然之收,而惟依然之推收。所以非本然推收者,蓋真者本然無所係於謬者。所以依然推收者,緣其理推在某形某規式,不得不推收其推故。如曰:凡屬壞之有,其形像皆圓者,天爲屬壞之有,則其像必圓矣。理推三形之理推皆有此能。或一題真、一題謬,或兩題皆謬,非不可推收真且當然之推也。

三能依圈而推。每從所推收之推與爲先者其一之題,以推收爲先者其他之題,是謂依圈而推也。比如從所推收之推與爲先者甲題以推收爲先者乙題,又從所推收之推與乙題以推收甲題,此即是全成之圈推也。此圈推之所以成,必須三之理推,少則不能。所當知者有兩端。其一曰:所云圈推,非論理推所據之質,惟論所受造成之模。蓋論其質,亞利究後者一卷之三篇,謂不可造成圈之推。蓋凡理推皆從更顯明之理,以推證不如顯明者。若從甲題可推收乙題,而後乙題又可推收甲題,則此之一題亦爲更顯明,亦爲不如顯明之題也,豈其可哉?論理推之模則必有多題,可依圈相推也。其二曰:圈推不能就常然無變之題而成,必其一之題受轉,然後可推其他之一題。比如欲推證一理推之小題,則須從其理推所推收之題與其理推之大題受轉者而推之。欲推證大題,則須從所推收之題與受轉之小題以推之。但所云轉,非模之轉也。惟公且是之題,據其質相轉耳。蓋凡公且是之題,據其模,不可以直受轉。故全成之圈推,惟在拔八臘規式可以造成也。

四能據轉而推。即從與所推收之推相對者暨其理推之一題,推收與他一題相對之題也。但所云相對者有兩義:一爲對相悖,一爲對相反者。從與所推收對相反者,大都可推收與他題相反之推。從與所推收相悖者,則或可推收相悖,或可推收反謂之推也。若從與所推屬互悖者推乎,則不可推收與其理推或相悖,或相反之他題之推也。

五能引乎不可有者而推。此能與第四能所以分别。蓋第四據已造成之理推而推,若第五之能,則非須前有造成之理推,惟須或一題權設爲真者。又第四則須理推之一題受轉,而第五則不必轉其一題也。此能之他諸義,上論已解之矣。

六能從相對悖而推,以非此物於此物。比如有辯人執固,而許相悖相非之兩題,一云凡理辯學爲藝,一云無一理辯學爲藝。此兩題即可推云則無一理辯學爲理辯學也。當知此之能,非切係於理推,而惟爲不得不然之推。緣惟有兩限界故。

雖然，亞利則指此能以爲係於理推者，一則緣須有三題，一則緣重提其一之限界，故兩界可以當三界焉。此義惟在第二、第三形可推之也。以上所論皆從第一以至十七篇者。

## 論理推也者之疵有六

亞利此卷惟指理推之六疵，在多彼與厄凌兩卷，則又指別之疵也。論六疵之大要曰：復原始來，如或有一題可就他題推證之而吾以爲自顯自明者，是此之所謂復原始也。所云復原始者，又分兩義，一如舉兩題不同語同義者，而據其一，以推證其二題。二如舉一題，以推證數題。然數題中或有一題，更可舉以推證先題，而先題不可舉以推證其題也。此疵凡係於三形之理推皆可有之，其顛頗多。亞利多彼卷之八篇具有詳論。

## 他推辯如何歸乎理推者

上卷第一篇之第三辯雖已略論此義，據亞利此處所論須又詳之。第一篇之三辯已定推辯有四顛：一曰引推，二曰比推，三曰非全推，四曰理推也。理推也者，本爲模然之推，蓋惟此顛就其模之能，就其題所安置之次第，在凡諸質皆可從真題以推收真推也。其餘三推辯，若不歸乎模之理推以得所推收其義之模力，必不能推收確當之推也。玆宜詳論推辯之三顛，何如須歸乎模然之理推。欲明此義，宜先明各顛之義理而後可也。

亞利多彼一卷之第十篇解引推曰：是從孑一之多物引而推收公者。所云孑一之多物，不但凡實爲孑一者，且亦言爲公之物，但其爲公之廣，不若所推收公者之廣也。又言凡諸分以視其全者，如首與足之視身體也。從實然爲孑一，引而推收公顛者，如曰此火與比火爲熱，則凡火皆爲熱者。從顛之公引而推收公宗者，如曰凡生覺皆長，凡植物皆長，則凡活者皆長也。從諸分引推其全者，如曰首病、足病、身體等分病，則全體病矣。另有理學家解引推者，其義更備，曰：是從多或爲全者之分，或爲宗者之顛，引推而收或一全，或一宗之推辯也。所云顛者，非但屬宗之顛，且亦言屬顛之孑一者。

夫引推或從孑一以推顛，或從顛以推宗，或從分以推全，故必須或諸孑一，或諸顛，或諸分，皆或詳然，或總然受提於先者。但若在固然之質，則雖不全提或孑一、或顛、或分，亦可造成當然之引推。緣幾屬之物所固有之稱以稱公性無謬故。亞物洛分別引推有二：一爲理辯學引推，二爲指顯之引推。據兩可之質而推，是謂理辯學引推。據固然之質而推，是謂指顯之引推。顧特論引推之本力，皆不能生固且顯明之知識。但因斯規至切，故窮理者以察明諸原始之通論也。未多利諸謂引推所以爲引推，惟因其能引人允許所推收者故。

引推所用之限界非他，即或是屬分，或是全分之在於先者。屬分者，或孑一、或類全分者，如首足等類。蓋從或一稱有係於其諸分者，以推亦有係於其全者。故欲引推歸乎理推而得其模力，須亦以其諸分爲中界，而在先者須與大小兩界相接也。如曰：火元行爲純者，氣元行爲純者，水與土元行亦爲純者，則凡元行皆爲純者。所云火氣、水、土爲中限界，緣爲所云純者有係於其四，所以謂之有係於凡元行也。又其四在先而不在所推收者，故爲中限界。蓋中限界非不在於先題，而未嘗或在於所推收者。然則其四在先題，惟與大限界云純者相接。故其先所云火氣、水、土爲純者，必須又加一題，云其四即爲衆元行焉，然後中限界亦與小限界相接，而理推者之本模始成矣。蓋引推之先者或爲一，或爲多，要皆祇可以當一題也。

所謂比推，即指某事可爲表則者以推收相似之他事，故爲之解曰：是推辯之一規，而從或一或多相似者以推證或一孑之物也。如曰：格肋索未得真福於財物，則加索於財物亦非將得真福也。格肋索與加索皆古有財者所謂推證或一孑一之物，蓋雖亦可用推證屬公之義。如云洛莫洛不容其弟並王者，則凡有權位者，將不肯容他人並權位者。然用此法於推證孑一之事，其用更切，而其推收之力更顯也。亞利本卷之二十四篇，指此推之所以別於非全成推及引推，而謂引推從諸分以推全者非全成推，從全以推諸分者至若比推，則從一分以推收相似之他分焉。經大理亞諾分別比推兩端：一就實有之事而推，二就非實有而設之如實有者而推也。

欲歸比推於理推者，須或從其一分，或從其多分在於先題者，推收其分所屬之全者。然後從其全者，可推而證所欲證之他一分也。如曰：甲國原爲小國，而今廣大，則乙國雖爲小國，亦可廣大焉。欲歸此比推於模然之推，須究甲國爲大國之所以然，而以爲中限界，當知比推之離模然推也較他推辯之諸類更遠。故所取於外以歸之乎模然之推，較他推辯亦更多矣。

據經大理亞諾所論謂非全理推者，有三義：一指明悟所懷之諸義，二指理之所推，三指某一論限定之推也。第一、第二義本係於文藝，第三義則爲窮理者用於推辯之一規式也。亞利解之曰：是非全之理推，從相似者推收者也。然則亞利所解非特爲第三義之規式，且亦兼包有係於文藝之第二義也。蓋其在他論謂此規乃指顯之推，從公義推收者。若惟可用相似兩可之義，而非從不可不然之理，係於固然之質而推，豈可謂指顯之推從公義推收者耶？如曰：人爲生覺而能推理者，則人爲能笑者。此推必從不可不然，即固然之質而推，不可謂從相似者之推也。所云非全之理推者，非謂爲非全。如凡非自爲指顯之理推，亦謂之非全成者，然因止有一題，而闕一題，故謂之非全之理推也。

洛多爾福其解尤明，曰：非全推者，是推辯從一題推收一題者也。所云從一題推收者，義言其題宜自具可推之理，以別於引推。暨比推之從一題推收，而非自具理之可推者，所闕之題，或爲大題，或爲小題。如曰：倨傲爲慝，則爲當避者。茲之所闕，即爲大題云凡慝皆爲當避者。若云凡慝皆爲當避者，則倨傲宜避焉，所闕即是小題云倨傲爲慝也。

欲歸非全推於全成之理推，則須加所闕或大或小之題，以接中界與先未曾接之限界也。蓋非全推所以非爲模然之推辯，原於所推收提取一限界，在先題未曾與中界相接者，則欲造成模然之推，須其限界在先題與中界相接。如上論所云當避者爲大界，所云倨傲者爲小界，所云慝者爲中界也。夫中界在先之非全推，非與大界相接；在後之非全推，非接於小界。故先者須加大題，而後者須加小題也。

## 引推比推非全推各所宜歸之形

欲明亞利本卷所論，不但須知引、比、全三推如何得歸乎模然之理推，且亦須知宜歸乎何形何規，故茲依前所論，須設數端以明此義也。

其一曰：引推本歸乎第三形，然緣有公之限界，而其小題可以直受轉，故亦可歸乎第一形之第一規式也。所謂本歸乎第三形者，蓋每有引推歸乎理推者所加之小題，須有凡他諸題在先而爲大題者所有之底。今其諸題之中界即其屬底，則小題亦以中界爲底也。然則凡有中界在兩題而爲底者，即造成在第三形之理推，則引推必歸乎第三形可知矣。如曰：凡人皆覺，凡非靈而有覺之德能者皆覺。而此所云凡人，凡非靈之覺者，即凡生覺者也。則凡生覺皆爲能覺者。依此，亦證夫引推歸第一形第一之規式。蓋其小題所云凡人與非靈而覺之物，爲凡生覺者。若爲真題，必可以直受轉而云凡生覺總爲人，爲非靈而覺者。若以此爲小題，則造成理推係於拔八臘規式也。

其二曰：欲歸比推於何形中模然之理推，必須先造成兩理推，而其第一從中界推收大限界，其第二從小限界推收大限界。故知此推不特歸乎一形也，其第一之理推則在第三形，而據所欲歸之比推，原爲或是或非焉。所歸之規式，亦或是或非者。第二之理推，則在第一形或係於拔八臘，或係於所惻辣勒規式，惟就第一之理推所係之規式也。比推所措於外以得歸乎模然之理推，多於引推及非全推所措者，緣自非具中界可證所收之推。故先須造成一理推，而比推之先者，宜爲其理推之大題，又須加一小題而在第二之理推。將爲中界者，宜爲其小題之稱焉。

# 形性之理推六卷

治理曆法加工部右侍郎又加二級臣南懷仁譯義

## 通合之幾何由何而合成　辨一

### 通合幾何之正義何在並其有現在之分與否　一支

夫所謂通合之幾何者，非但指現在之展也者，亦指其展也者所依賴之底，即形體也。限解之曰幾何者，即可受析於其所結之分也。所云分也者，即若干之分，非如質摸彼此相透相容而爲本然之分也。惟彼此能相接，又能相離，如木、水等物之兩分也。若干之分有多名，一曰相通者，即其由同一分相結者也。二曰非相通者，即依其全然彼此相别者也。三曰能盡大之分者，即小幾何能度大幾何，而均盡其大之諸分者也。四曰不能盡大之分者，即小幾何不能盡度大幾何，恒有或過或不及之分者也。以数明之，若四於八、於十二、於十六、於二十諸数，皆能盡分，無贏、不足也。若四於六、於七、於九、於十、於十八、於三十八諸数，或贏或不足，皆不能盡分者也。五曰可定指之分者，即有定度之名者，以定指其大小之相别。如曰丈，曰尺，曰寸等是也。六曰無定度之名者，如曰半，曰三分之一，曰六分之二等者是也。其若干分之比例説。詳見《幾何原本》第五卷。

### 通合之幾何所以合成由多點之相加與否　二支　點者無分，即無長短廣狹厚薄也。

正論之一曰：通合之幾何者，不能由多點之相加而合成也。緣此一點加與彼一點，不能合成加大故也。若欲加大而合成一體者，則必須此一點與彼一點切近從無隔相聯相接也。然各點既原無分，則非因其分，惟因其全而能受相合。故此一點與彼一點，既因其全體而受相合，則彼此相容而占一點無分之據，并不能展開而成通合之大體也。今一點與二點相合，又二點與三點相合，如此，則一點與二點各因其全亦相合。而諸點同占一無分之地，并不能相加一體通合之大，明矣。若謂幾何果由多點而合成乎，則氣水等物，或爲天冷所凝結，或爲天熱所鬆開者，其凝結鬆開之原由無從解矣。蓋所謂鬆開之中有空，凝結之中多有質體相透、相容等説者，皆不合性理也。後有其本論以證之。設令幾何由無可分之點而合成，則鷹最疾之所飛，不能過越龜最遲之所行也。緣鷹所飛空中之道，於此頃刻之一點，若通合之幾何，果由無可分之點而成，則時刻等亦然，皆由無可分之點而合成。其最疾之非所至者，不能過越道路之一點也。不然，於此頃刻之一點，同占道路之先後兩三點，而以其屬形之體，正如無形之神然同一時併在兩地，格物者之公論斷所不容也。然夫龜最遲之動，於此頃刻之同一點，所及者至少亦爲其道路之一點也。則鷹之最疾與龜之最遲，皆如一可乎？或曰：如此之顛，從遲而動者，當行動之時，其行或有隔斷，而多不動也。

答曰：依此之論，則最重大之石自高隕下之時，亦多有隔斷其隕而不動之時。又若比之天動，則必須云其石不動之時。較本石所動之時更多無比，何也？緣天運動神速無可比，頃刻之一分内所動者，至一百五十萬里有餘，而重大之石隕下之動所及者，不過三四十里。則其不動之處，較其動所及者，有一百萬多倍，理乎？况依前所解行動疾遲之别，即所云有隔斷並不動之處。則凡銅鉄等質之圓球，若轉動於其南北兩極之周圍，則其球合成之諸分，彼此必相離，而其體全破矣。緣兩極之正中諸分其轉動最速，其兩極相近之諸分其轉動最遲故也。又若幾何果由無可分之點相合而成者，則其測量之明理多有自相矛盾之説矣。如所云同一中心之大小兩圈，見第七十八圖。彼此必爲相等。蓋自大圈之各點，如甲、戊等，至本圈之中心壬者，可引直線，而所引之各線，必徑過小圈之各點，則大小兩圈之點数相等，因而大小兩圈必亦相等矣。不然，若兩線如甲辛壬及戊辛壬者，徑過小圈同一點辛者，則其線必爲斜，不可謂直線也。又如所云三角形甲、乙、丙者，見第七十九圖。其兩邊線中甲乙、甲丙者，另有於其底線乙丙者平行之他線丁戊者，較其本底更長也。蓋設令兩邊各由十點相加合成，而其底惟由六點而成，又自兩邊相對之各點，作他線與底線平行者。則第九點之平行線，於底密近者，必由九點而成，因而較於底線爲六點所成者，更長明矣。此等難解及相矛盾之説甚多。既皆由幾何所云不可分之點而推者，則另設一論以明正義。

正論之二曰：通合之幾何所結之分，皆可析分至於無窮焉。以後凡所謂分析幾何定指其分等語者，其意不論因分析定指之實工而分定之，惟論因明悟由實攄思想分析定指之工而分定之也。其正論所攄者無他，乃前所謂幾何結合之分有窮盡者，不合於理。則謂其所結之分可析分至於無窮者，必然之理也。

駁曰：幾何之各分，現有彼此相別，並其相別之理，以經盡盡，不能令其更受他别。然凡已經别盡而不能更受他别者，必定亦不能受他分析也，則幾何不可分析至無窮矣。

正曰：所謂各分别盡，即各分不能更加其相别之理者，則是也。若謂各分不能更受剖析於他分者，則非也。駁家以物之動有疾遲之加減者爲難，然其難，照形體之質，有縮聚稀鬆加減，可比而解焉。蓋動之加疾速者，在其動者於時刻之微秒，流歷於多在之所，猶如體質加縮聚者在其本質之多分，凝結於在所之窄也。夫動之加遲者，在其動者於時刻之多，流歷於所在之少，猶如體質加稀鬆者在本質分之少，開散於在所之寬。所謂動之各分從無隔彼此相接，并不能相透相容，故頃刻之些微不能流歷於所在之多者，其解説與體質之縮聚稀鬆之説無異。後有本論。

## 幾何内除其可受析之分另有無可析之分否　三支

性學家有一説，謂幾何雖有能受析之分至無窮，然其受析之分内另有無可析者，以相連其受析者而限界之。

正論曰：幾何無不可析之分。蓋凡已經受析之分，既爲與他分不及連，則自爲本體之限界，並不容不可析之他分以限界之。夫幾何内雖減去其所云爲界限之分者，究竟仍有其限，仍有其界。若一無可析者，加與一可析者，則猶如兩不可析者相加無異。緣不能令其可分者，更加爲大故也。又設有一墻於此，半白半黑，其黑白之交界必爲一，無二。今問其交界屬白乎？屬黑乎？若屬黑，則其白無限界。若屬白，則其黑無限界矣。審此，則明知黑白等各有其限界，而不用無可析之分以界之。且幾何凡受分析，其每兩分中，未剖析之前，惟有一點以結合之。其已剖析之後，即有兩點自發出以限界之。又既經剖析之後，若復結合，其前剖析之限界自滅，而相結之之一點另嶪而自生矣。依此之論，則時時刻刻，其無可析者，自然而發自然而滅，可乎？

一駁曰：測量等家以無可分之點、線、面，爲入門首學，則必有其無可析之理。

正曰：測量等家凡論點、線、面，皆係脱質之論，惟舉其長短、寬窄等，彼此相别之情理，並不拘定在某質與否也。

二駁曰：凡圓球切平面者，其切界必爲無分分之點。不然，或面不平，或球不圓矣。

正曰：所謂平圓兩形之切界爲可分者，非也。蓋圓球切平面之分，非以其分之全而切之，惟以其分内所函些微之他分爲切界。又其切界，非一定可指之微小，任憑定其微小也。不可分之更細更微，以爲切界矣。

三駁曰：設令圓球被染黑白等，則平面上必留其切界一定之明跡。然此跡不可爲屬分者，則必爲無分之點耳。

正曰：若平圓兩形之體屬硬實不能讓退之體者，則不留切界之跡。若屬軟濕能退讓者，則其切界之跡實屬可分者，而平圓兩體，各失其形也。

四駁曰：神體靈魂等俱屬不可分之體，則其受造之時必屬頃刻不可分之須臾也。又其能占之所，亦屬不可分之點也。

正曰：若謂神體等所受造之須臾並其占之所任憑定其微小，尚能定更微更小者，則是也。若謂其須臾并其占之所，盡屬不可分者，則非也。

五駁曰：凡所以然因性之效，皆由旺大漸次減退於微小而歸於盡，則其至微之小必退於不可分之盡也。如太陽之光透照空中之氣行，其光有一定之加減。假如有十分之累積，而其累積必在於一點不可分之氣。不然，於太陽近遠之兩處，有均平累積之光矣。

正曰：夫氣行受光十分累積者，於太陽有一定近遠之處，但此處非一點不可分之氣，必能受分於更細微之他分也。而其各分有光累積之加減不同，隨其離太陽近遠不同也。

六駁曰：設令有一尺長之木，從一丈之高，隕下至底，此木未曾至底之前，必於一須臾分不得之細微經過其在中各尺之空所。不然，若謂其須臾内尚有可分之時，則此分之時，其木正滿在一尺之空所而不動也。審此，則知幾何有無分之點者，爲必然之理也。

正曰：若謂一尺之木隕下時，存留然，就各諸分之全，正滿一空尺之所者，則非也。若謂其木就其長短之数寸数分，流歷然，經過空尺之所者，則是也。蓋此木隕下時，於每須臾，任憑定其細微，則已經過一尺之空所矣。夫動也者之各分，任憑微小，尚有可析者。因而此木流歷然，在空中之各所，并無全滿空所之須臾也。緣動之各分，不拘何細微，皆爲流歷者。而令其受動者，經過相接之各所，併不能留存之耳。

後駁曰：此木隕下時，人能留存，定止在一尺之空所，則定止之時，正滿一尺之空所，與其隕下時無二。則前所駁者是也。

正曰：人以留存之所能定止此木者則是也，若謂以流歷相接之所能定止此木者則非也。不但離所之動如此，即凡本然爲流歷而分分相接之有皆然。

## 幾何諸分相結之論 四支

正論之一曰：凡現在之幾何，不拘其爲恒然，其爲流歷然之幾何者，其諸分各爲自之本結也。蓋恒然之幾何與何居也者惟一無二，其流歷然之幾何與暫久也者亦然。然何居也者，自繫結於所。暫久也者，自繫結於時。今幾何既爲現在者，則其諸分從無隔相結乎？相離乎？若從無隔相結，則不得不相結如此。若相離，則不得不相離。蓋既現在於某所、某時，并其現在之本然。既自結於某時、某所，則其在於某時、某所，或相結、或相離者，必然之理也。

正論之二曰：形體之諸分所以相結者，非由其本然，惟由外加之結而相結也。緣其各分，據其本然，則可以爲現在，並不爲相結故也。

正論之三曰：形體各分受結之用，與其各分受造之用，惟一用而無二。蓋受造之用外，其餘之受結亦無從解，亦並無用矣。因此而知凡通合之幾何，受析於兩三等数端者，則其受造之用已變，而與其前爲不同類者。緣前爲幾何通合受造之用，後爲幾何分開兩端受造之用故也。

所謂通合者與所謂挨切者，兩不同之謂也。蓋通合者，即因彼此先相隔，後同歸一體之成全也。若挨切者，則不合成一體，不過從無隔彼此密近耳。

通合之幾何另有極難解之一題，即所問幾何之分数應謂有窮乎？無窮乎？欲明此題，必先總論夫所謂無窮也者，屬何義理也。

# 論無窮也者 辯二

## 無無窮也者有幾類論其義理併其獨情 一支

夫無窮也者，總分二端。一曰直然無窮，即包涵諸品類之德能精妙，因而任舉何一品，皆謂之無窮也。二曰因何然無窮，即惟舉其所包一類無窮之精妙，因而謂之無窮也。

無窮又分二端。一曰因其無可分之本有而無窮，如萬物之初所以然是也。二曰因其所涵之分而無窮。蓋舉其各分之本有，雖屬有窮盡，然或舉其衆分之数，或舉其衆分之累積，或舉諸分之展開廣大而謂之無窮也。

無窮又有兩義。其一，因其現在之所有而無窮。其二，因其德能所謂德能者，受加之德能也。而無窮。後論詳之。

所謂無窮與有窮，兩相反之謂也。其無窮也者之獨情與有窮也者之獨情，彼此亦相反也。故無窮也者，所隨之獨情，即其有窮也者所隨獨情之非也。今將其獨情数端，開列於後。

一曰：無窮也者，不屬人所能之。即凡知德有窮限者，不能窮盡無限知有也。

二曰：無窮也者，爲無量無数，不能經歷而盡。緣凡屬可量可数可經歷而盡者，皆有限定之大小多寡故也。

三曰：無窮也者，彼此無大小、多寡相等之理。蓋凡如此者，皆有一定之大小、多寡可量比而盡矣。

四曰：無窮也者，若舉其所以爲無窮之模理，則不受加減。緣凡有加減之處，則此一處必有窮有限，而不可謂無窮無限也。若質然獨舉其所謂無窮之物，則可受加減大小多寡等情。假如人数爲無窮，則其鬚髮之根数更大，又其眼目之總数比人之總数尤多也。

五曰：各無窮之数，必包涵各数之類，如百、千、萬等，各涵至無窮之倍数。蓋無窮之数内，設令有一類之数，假如萬数在其中，而不能倍至無窮者，則其数亦不得謂無窮也。緣以一萬有窮之倍数，可窮而盡也。

六曰：無窮之廣大，必爲無形也。蓋設令其爲或圓、或方、或三稜角等形，則必有其限界而窮盡也。

七曰：無窮者不能受動。蓋動也者有二類，一類爲直向之動，如上下左右等向，依直線而動是也。依此類之動而受動，則受動者必離此所而至彼所。因而其體先在此所，後在彼所者，彼此兩所有限界而窮矣。一類爲圓旋之動。今依圓形而動，則其動體之此一分，必離其所，而移動占彼一分之所。然後圓體之中心，若引道兩線至本體彼此兩分之所，其線相距中心愈遠，則彼此亦相距愈遠也。今圓體既有無窮之遠，則兩線必相距至無窮遠明矣。故若此一分，移動至彼一分之所。則以有限無之時，可經歷至無窮之遠，有此理乎？

## 現在之無窮何爲併其可有與否 二支

題所問者，惟其屬受造之有也。若非受造之有，其體現在爲無窮者，必然之理也。另有本輪詳之。

正論之一曰：所謂因現在而無窮者，即其大不容更大，其多不容更多者也。

正論之二曰：所謂可有現在無窮之有者，即自相反之謂也。以数目證之，有幾端：一曰：設令現在有無窮物之数，則此一数較彼一数，可謂更大併可謂非更大。二曰：一分與其全，可謂相等。三曰：可謂全数無分，併可謂全数有分。蓋設令現在有無窮人数，又有無窮獸数，則二類之数相併，較各類分開之数自然更大。令惟一類，即衆人之数，既謂無窮，則包涵不拘何等大之数至無窮之倍数。然人、獸二類，各無窮之数，雖爲相併，其所包涵不拘何等大之数者，不能過無窮之倍数也。則一類之無窮，與二類相併之無窮相等。因而其一分與其全亦相等矣。又可謂無窮人之数，由無窮特一之单数而合成，亦可謂非由特一人之單数而合成。蓋凡有一数在全数内者，而恁其離開。若其全数尚存並無缺，則此一数不可謂其全数所由合成之分也。今無窮人数目内，恁減去或特一人之單数，或兩人之雙数，至無窮之倍数，其無窮人之数目尚在。則其無窮人之数目，非由特一人之单数合成也。又無窮特一人之单数，包涵兩人無窮之雙数。然兩人無窮之雙数内，若減去特一人無窮之单数，則其餘特一人之单数尚在，並其無窮之数無缺也。審此，則可謂無窮人之单，實非爲無窮人之单数所由合成之分也，亦可謂非其所由合成之分也。此等自相矛盾之説，皆由所謂現在可有無窮人之数者，一説而推者也。今現在無窮人物之数，既屬不可有者，則幾何無窮之廣大，何似無窮之累積等情，愈屬不可有者也。緣無窮之廣大累積等情，皆包涵無窮之数目故也。

駁曰：公初之所以然，必有無窮之德能，則其効亦因之爲無窮矣。

正曰：若謂其效因其現在之無窮能盡公初之所以然之能者，則非也。若謂其効恁憑多大，公初之所以然，尚能加多加大至於無窮者，則是也。

二駁曰：亞利及窮理之家有云無窮也者，爲幾何之獨情，則其所謂無窮爲現在可有者，必然之理也。

正曰：亞利之所云有其正解，若謂因其現在之無窮爲幾何之獨情者，則非也。若謂因其能容受加增至無窮爲幾何獨情者，則是也。

## 因德能而無窮何爲與其現在無窮有何分别辨

正論之一曰：因德能而無窮者，即舉其現在之有，有限有窮也。舉其能容受加增者，則無窮也。所謂因德能而無窮者，非其容受加增之能，一日可盡而無窮之謂也。惟指其現在之有，恁憑何等大，何衆多者，恒然能容受加增更大更多至無窮盡也。

正論之二曰：公初所以然之靈明，凡所徹照之物品雖其無限定之数，然其数不但舉其物現在之所有不可爲無窮，即舉其靈明之徹照所向之界亦不能爲無窮也。蓋凡未曾現在而能現在者，惟舉其能現在之数多寡若干，則爲公初所以然靈明之徹照所向之界多寡若干耳。今舉其能現在之数，既不能爲無窮者，則舉其靈明之徹照所向之界，亦不能爲無窮明矣。

凡如此之駁論者，即錯想其未曾現在而能現在之物，另有其可以現在之能，而以爲如其物本性之内分然。夫可有之物，未曾現在之時，則其本性其内分等情，皆悉無矣。其所謂有現在之能者，惟指造之者之能而已。

駁家凡所據以證人物無窮之数能現在者，亦可因之而證幾何無窮之廣大何似無窮之累積。人物本然無窮之精妙等項，亦能現在也。今依格物者之公論，此等之無窮，既不能現在，則人物無窮之数，亦不能現在明矣。

## 論通合之分数 辨三

### 通合之幾何内現在有無窮之分與否 一支

正論之一曰：通合幾何之分，不可謂屬無窮也。蓋幾何内凡有限定之分及彼此相等，併不相通不相容者，皆屬有窮矣。假如有二尺長之木於此，若將一定相等之分数，或二或四或八等而平分之，其長短自然分盡而窮。然此顆之分外，幾何内無他分，則幾何之諸分皆有盡窮矣。先理推之首題，爲諸家所是然者，其次題爲此論之本根也。蓋凡有其現在者，必亦有其限定也。今幾何之諸分，各有其現在，則幾何之諸分各有其現定者，必然之理也。

又證前題曰：若現在有一顆無窮之多，則其無窮之数必由本顆一定特一之單数倍積以至無窮。然二尺長之木内，無特一之定分，可倍積以至無窮者，則明知本木内無無窮分之数也。蓋設令本木内有此等特一之定分，可倍積至無窮者，則本木即有現在無窮之長大也。

或曰：本木内有此等無可定之分，則屬初所以然之靈明所徹知者也。

正曰：初所以然不能生造無可定之分，則亦不能徹知無可定之分也。

駁曰：亞利及其門人俱有云幾何内有無定之分也。

解曰：幾何各等之分舉其名字，爲不可稱指而定者，則是也。若謂舉其現在之本然，有無定者，則非也。

有一家之説，謂幾何之分無定数，即其盡大之数不可定也。不然，若謂可定其數，則設令二尺長木内，其盡大之分数爲一百萬。今問一百萬中各分，尚能受析於他細微之分乎？不能受析乎？若能受析，則所定一百萬不盡其数也。若謂不能受析，則幾何由無分可之細微而合成也。從此而推数端如左。

一曰：幾何内不可定指其所起之首分及其所盡之末分，併彼此從無隔相接之分等説。

二曰：幾何内有彼此相等，并相通之分至無窮。假如二尺長之木内，有一尺長之木，彼此相等併相通者，至無窮照其本木之中，有相比例之分数至無窮矣。緣前一尺内所缺減之分大小若干，則從後一尺内加補之大小若干故也。

三曰：幾何内亦有彼此相等不相通容之分至無窮，但俱係不限定者也。蓋二尺之木内，有二尺平分兩段之木，有四段平分之木，有八段，有十六段等如此平分者，而各兩分彼此相等併不相通容者，至無窮矣。

四曰：幾何内亦有限定彼此相别併不相通之分，愈多愈小至無窮。假如二尺長之木内，有一尺，有半尺，有一尺四分之一，八分之一，十六分之一等如此之分至無窮。若照此等之分法分析一尺，則至無窮時終分析不盡矣。

以上所駁諸端，若欲解明，先須記存数端公論。

其一曰：凡事物明顯然屬爲無有者，雖或不明顯其無有者所以然之理，則不可即因之以爲屬有也。

二曰：凡巧辯理推之太過者，即如理推之不及也。理推之太過者，即似真而非真之理推也。如凡明顯然其事物不爲真者，即用似真之理以證其爲真也。凡所用之辨論以證幾何現在之分爲無窮者，皆此類太過之推論也，皆可以用推證幾何之各分現在有其細微之極盡，併不能受分也。又可以證不拘何等之幾何，雖不過一尺一寸之大，現在有無窮之分彼此相等者等項，明顯然所不能有者也。

三曰：夫因現在之有而窮，併因現在之有而無窮，此兩有之外併無别類之他有謂因德能而無窮者也。緣所謂因德能而無窮者，與其所謂因現在之有而窮者舉其實有，無不同一也。

四曰：所謂因德能而無窮者，惟純受之德能耳。然其義有二。其一者，因其受加之能而無窮。假如二尺長之木，雖因其現在之尺寸，有一定之大小，而無不窮者。然因其能受尺寸之加倍長大以至無窮，故因其能受加之德，有無窮定之長大，而謂之無窮也。其二者，因受減之能而無窮，如本木因其能受減各分之細微以至無窮，故因其能受減之德，有無定之細微，而又謂之無窮也。然幾何之各分，雖能受加減以至無窮，其彼此所以相别者，不能受加減也。緣各分彼此所以相别者，在各分本然之有也。今各分本然之有，既不能受加減，則其相别也者，亦不能受加減明矣。所論謂幾何爲現在之有，又謂幾何因德能爲無窮之有，則謂幾何爲現在無窮之有者。如此之論亦非也。緣幾何無窮之現在者，即其無窮分析之現在故也。

五曰：幾何現在之分，凡有彼此相通容而未離開者，不能定成無窮之数。緣舉其爲相通容者，惟可謂特一之單数，不能直然限定若干多之数故也。然幾何之本然，既不能窮其諸分之剖析，而不能盡彼此之相離，則其現在諸分之数，不能成現在無窮之多明矣。猶如凡可有之物，既不能一齊現在，而與其現之数，恁憑何衆多者恒然可加倍以至無窮，則其能一齊現在之数，從來不可謂無窮矣。假如二尺之木，直然惟可成二尺之数，其餘相通容之尺多寡不等，照其相之分大小多寡不等者，不能另成多尺之数也。又本木之四分、八分、十六分之等数，亦不能另成多分之数。緣與先二尺之分，舉其實然之有，皆爲相通者故也。凡所謂衆多之分数者，必由一定特一之分数倍積而成。今幾何内未受析之前無可指一定特一之分数，則未受析之前，不可以爲一定多分之数也。夫物性之公所以然，雖徹照明見幾何能受析於各等之分数，愈多愈細微以至無窮者，然從來不見其現在能受析於細微之盡也。猶如徹照明見凡可有之物，現在能成各等多大之数以至無窮，並不見其数多大之盡也。

駁曰：設令公初之所以然，照一尺之各分，現在生造相當之各人者，其人数必現在爲無窮。則其一尺之分数，現在亦爲無窮矣。

正曰：推收也者非也，蓋依如此之論其人数所以謂現在無窮者，不但緣各人存其現在之本有於他人之有相別者，即緣各人與他人具不相通容之本有也。其一尺之各分，雖其本然之有爲現在，并於他各分有其相別，然各分既不能受其剖析之窮盡，則各分尚包涵他分，而彼此無不相通容也。又凡欲定現在之物数大小若干，必須現在有一定特一之物倍積多寡若干。然幾何内無一定特一之分現在有無窮之倍積者，則幾何之分数，不可謂現在無窮矣。

## 正解駁論之辯 二支

一駁曰：物性之初所以然，明見幾何彼此相別之各分舉其爲不相通容者，則幾何之諸分，舉其爲初所以然明見之向界，必爲現在之無窮矣。

正曰：此一駁先後所論者，皆非也。蓋物性之初所以然，凡所見幾何之分者，惟舉其所以能現在之理而見之。然其所以能現在之理各分，必須通容細微之他分，而其分析不得窮盡，則不能成現在無窮之数者明矣。凡其能現在，而未現在之物者亦然。蓋定生物性者，凡所見能現在之物，惟因其能現在之数而見之。今其能現在之数，既不能爲無窮，則其所見之数，亦不能爲無窮者可知也。夫現在之幾何，假如二尺長之木定生物性者，不但可減缺其分之数愈多愈細至於無窮者，而從來減去不盡一尺之長大，且亦可加補其減缺之数愈多愈細，而從來加補不盡一尺之長大也。

二駁曰：設令幾何加補之分数愈多愈長大至於無窮者，皆爲現在，則必有無窮之長大爲現在，而其加補之大必已得盡矣。今有現在二尺長之木，而其加補之分数現在愈多愈細微至於無窮，則亦有無窮之細微爲現在，而其細微之加補已得窮盡，同是一理也。

正曰：夫幾何之分加補長大，與加補其分之細微，所相比之理者不同也。緣幾何加補長大之分数所以爲現在無窮者，乃其所包涵無窮之分数皆有一定之大，而與一定大之他分爲相等，併彼此不相通容者故也。若幾何細微之加補，則不然。緣其各分，雖能受析細微至無窮，然未剖析之前，皆無一定之大小。又彼此無不相通容者，故不可以成一定之数也。

三駁曰：一全之定分，凡因其本然彼此爲相别者，雖相結而合成一全，則仍存其所以爲定分之理。而相結之後，仍成一定之分数，猶如相結之前無異也。故幾何之分，雖現在相結合成一全體而彼此爲相通容者，但各仍存其所以爲定分之理。因而與他分各成一定之数，猶如相結之前然也。

正曰：凡因其本然各分爲别類者，則不拘其相結前後，各存其所以爲定分之理者是也。凡各分本然爲同類者，則不然也。緣别類之分，各由其本然而爲相别之定分。如凡質模合成一體者是也。惟幾何同類之分，未剖析之前，各所以爲分無一定之理，各由其本然而通容他分細微至無窮。又其結合之後，既爲他分所通容者，則剖析之前，其所以爲分者無定一之理也。蓋此一特一之分，比之於其所容之他分細微至無窮者，則可以爲其全也。若比之於通容者之他全，則可以爲分也。但所謂其分者，未相比而剖析之前，則又或可以爲二分之一、或四分、或八分、或百分等度数之一，無一定也。駁家所以爲難者，大概皆歸於此一端。其餘之辨論更易解也。

四駁曰：幾何之各分，與他分必有相别之定度。

正曰：各分與他分凡同成一體，各有一定之度者，則是也。若謂各分與其所包涵之他分，皆有一定之度者，則非也。

五駁曰：所謂現在無窮者，無他，乃凡一併現在之有，不能成一定盡大之数者也。今幾何既爲此類之有，則現在其爲無窮者明矣。

正曰：首題之所言者不盡也。蓋所謂現在無窮者，即凡物一併現在之外，另指其所成現在衆多之数者也。今凡現在衆多之数，必由各特一之定類之單数爲現在倍積而成。然幾何所能受析特一定度之各分，既不能現在，則亦不能倍積而成現在衆多之数可知也。

六駁曰：幾何之分，皆屬爲現在者，又爲無窮者，則幾何之分爲現在之無窮也。

正曰：推收也者，非也。蓋先題所謂現在者，推收幾何之分，舉其本然之有各爲現在，而現在成一定度之全體者也。然收題所謂現在者，惟指其分衆多之数爲現在者也。今各特一定度之分，既不能盡然受析，而一併現在，則其由特一之分倍積之全数，不能現在明矣。兹以下之駁論，大槩駁凡所謂幾何之各分能受析於細微之他分，至於無窮者。

七駁曰：幾何無一分不可受析者，則無一分現在不已經受其析者，皆可有之屬也。

正曰：所謂無一分云云者，若就分與之當而謂，則是也。若就接當而謂，則非也。

八駁曰：幾何諸細分之外，尚可指他分更細者乎？抑無他分可指更細者乎？若無更細者，則幾何内必有無可析之分也。若尚有一分較諸分之更細者，則此一分又不可析之分也。

正曰：所諸分者，若就分與當之義而謂，則先題所云者是也，惟後題所推收者非也。若所諸諸分者，就接當之義而謂，則先題所云者非也。

九駁曰：若幾何能受分至無窮，則離所之動屬不可有之動也。假如動者所行動，其所雖不過一尺之短，然終經過不盡矣。蓋一尺之所，未經過得盡，必先要經半尺之所。然未行到半尺，必須先經四分之一，又未到四分之一，必須先十六分之一，又先六十分之一，又先百千萬等分之一。分愈多則愈小，至於無窮俱在先者。然欲到無窮之所，必須無窮之時。則雖一尺之所，然終經過不盡也。

正曰：若用一定相等之時分，以到無定不相等之尺分，則所謂終經過不盡者，是也。若用不相等之時分，愈多愈小者，則所謂終經過不盡者，非也。蓋時分與尺分并其動也者之分，皆可受析於他細微之分，愈多愈細至於無窮，皆彼此相當之分也。此等之分，因德能而無窮者，皆舉其現在之所有，則與其限有有窮者，實然爲相等者。今用其有限有窮之時分，以經過有窮有限之所，自然屬可有也。

十駁曰：依幾何無窮之分析而論，則至疾之動者，從來追不及至遲之動者也。假如有馬有龟於此，行走二里之遠，而馬之行走較龟之行走加疾，僅比論十倍。今設令馬在一里之始，而龟在一里之終，兩者同時發動。蓋馬走完第一里之時，則龟走完第二里十分之一。又馬走完第二里十分之一，則龟走完第二里百分之一。若依此十倍之比例而走至無窮時，則龟之走恒在前十分之一，而馬之疾，終追不及矣。

正曰：此駁所論者非也。蓋馬之行走較龟之行走，既加疾十倍，則於各一定之時所行走之路，較龟同一時所行走者，必亦加多十有倍也。假如兩刻之時,其亀行走到第一里九分之一者,則馬兩刻之時以趕到本亀在其九分之末也。今駁論第一所以爲難者,在其所證其馬亀同走者,從來不能行到第九分之盡也。先解九駁論以辯明矣。

所謂大、小兩圈,各有無窮之分,因而彼此爲相等。又從大圈之各分至其中心,可引直線,令之經過同心小圈之各分者,如此之駁論易辯也。蓋大圈所包涵一定大之分,併與一定大之他分相等者,較其小圈所包涵者,既明顯然爲更多,則其圈爲更大者,亦必然之理也。然小圈之各分,既包涵細微之他分愈多愈細至無窮者,則從其在外者大圈之各分,至其中心凡所能引直線者,皆能經過其在内而爲同心者小圈相應之細分,在其諸線彼此無相通容也。

# 居所及空虚之論 辯四

## 外所何爲 一支

亞利限界外所者有云凡物之外所者,即周包其物切近之外面,而不可動者也。如大地及水球之外所者,即包涵地水球周圍氣行切近之外面是也。

所謂不可動者,非指其所能受冷熱等情而動,惟指離所之動也。凡受容何物之噐,如水桶、酒缾等,不可以爲其物之本所,緣隨其物而動故也。依亞利所云,此等噐物者爲可動之所也,真所者爲不可動之噐也。然性理家凡解外所不可動之緣由,多有不盡者也。

正論曰:外所不可動者,由其自發之内居也。故在桶内之水雖存其桶周包之切之外面,然於既隨其桶而動,則其外所亦移動而多有不同也。又河上之橋、山上之塔,雖其水與氣周流之外面常有改變然。緣先後周流之水與氣自發之居模恒爲如一,而其根地不動,故其所居亦恒如一也。所謂切近者,以指限界之所,爲其物無隔中之全所,非相隔而遠之所併非包涵他物之公所也。

## 萬物各在其所者由何模所以然 二支 此一支之論詳在十論之四,兹復置之以便接此一支先後之説。

論何居之模理有兩説,一謂物所現在之外所,是所云物之居耳。二謂居也者,乃依托夫外所者之内即也。所與居,華言之義不遠，但爲無字可代，故借以爲不同義之名目焉。內即，非內理之謂也，乃其物之內依賴耳。以其屬於本物，故亦謂內。以其相就之理甚微，故謂之即。但論外所有兩說：一謂是其物所滿之空虛，一謂其物所周包之外面也。循此兩說，論居亦分二義，一就外面爲物之居，一指空虛爲物之居。此二者，皆指居與所爲也。

從外所之説者有四證。一、亞利云動所向有三倫：幾何一，何似二，何居三。又云向乎居之動，是離此就彼之所動也，則外所與居一而已矣。二、物在何處，是物所在之居。今人非謂物在於依托之內即，而謂物在於外所。則所與居一，非兩模也。三、夫周涵在所之體之面，真可就之以稱其體。此所稱者，既是依模之稱，則必繫於依賴之某倫。既不繫於他倫，則必在於何居之倫者也。四、凡云上下前後，正爲居之屬類，亦爲屬於所之類也。則其二者，所以爲宗之模，惟一模矣。

從內即之所者有三論。一、謂物之現在，或此所或彼所之即，是夫依托於其物之內即，而名之爲居者也。義言居也者，乃離此就彼之動，所生之界也。顧其動之所就，非能有所施於物之內，而惟得其動後之現在。是所云其物之居也。二、謂其即也，固別於物所現在之即，又別於他諸依賴者，而惟就周物之面與物相合以發現而成者也。其解當云是形體所有之周限，合乎其外所之周限以現者也。三、謂居也者，乃依於物之內即，是物所以在所之模所以然，而又不爲周面所自作之效。夫惟置物於所者，乃其效之所以然也。

後説之第三解，乃居也者之正論，所須證者有二：一、其即也，乃在所之物之實即內即也。以駁前所云物居與外所，皆一之説。二、其即也，非由周包在所體之面而現，自別有爲作之所以然者，以駁後説之前解也。證其一曰：所動者，乃實之移者也，則其移所得之界，固爲實界。緣物所以得某界之作用，與夫界其爲實者必相稱，故但所得之界非爲外所，則必爲依托其物之內即也。所謂外所非爲移，而後得之界者，證之云：外所乃周包形體之面也。今設有形體動在天之外，彼非有物可以周包其物之面也，顧其動固爲實動，必有實界。有實界，而又無周面爲界者，則必有依托其物之即爲其實動之實界矣。所謂設有形體動於天外，其動爲實動。有實界者，彼體實可以離此而就彼，實可以現應夫天之不同分，則豈得無實界乎？又設令有一生覺之物在於天外，彼物亦能施動德之實用，則豈其有所動之實用，而無實用之實界乎？

次形體常有改居而不改周面者，又常有改周面而不改居者。則居與周面，非一物矣。改居而不改周面者，如人在海舶，包我之舶面，雖常一不變，而人之所居未常不動。改周面而不改居者，如河上之橋、山上之塔，所居恒一，然而周面則常有變動也。

就上論，亦可以辨前正論之第二端也。設如從地至月天，皆空虛無物，而或有形體從東向西而動，必得變動不同之居。

顧非以其周面相合於其體，以成其居也。

次，上論已證周面不變而居常變，又居不變而周面常變。則居非由周面而現，别有作居之所以然焉。試觀静天，或論其向上之面，或論其向下之面，未常可謂非在某處。顧夫向上之面，非與有體之面相合，以成其爲在所之居，而但有無窮之空虚，則焉得謂居也者由周包之面合於在所之物而成耶？

三，居也者，乃物在此處在彼處之模所以然，則不能由外形之面而現也。所謂物在處之模所以然者，凡實之即皆有本分之模效。前證居爲實之即，亦必有本分之模效，然而他無模效，則是置物於處者是居所致之模效也。矧設謂有物在於即也者之先，而可爲物在所之模所以然乎，則其即豈不徒在於物。况物受造之際，似輒可謂並在於厥後能在之諸處也。何也？已有在諸所之模所以然故也。而豈其然哉！若謂物未在所之前，雖已有其模所以然，但必待其物之置於某所，方施其效，則有辨夫其模所以然，必待置其物於某所乎？則物所以受置於所者，是即在所之模所以然，是即吾之所云居者而所指在其居之先者，固非在所之模所以然也。所謂不能由外所之面而現者，蓋其居若由外所而現，先有物之在所，後謂有居，則爲因性之所以然者，何以賦其即於物而又俾置於無用之處哉！

## 凡諸模之居也者與其底之居同爲一居與否 三支

正論之一曰：凡居也者，並凡與居也相同者，如動、如形等，皆爲自定置於所也。蓋居也者，本爲其底在定所者之模所以然也。今諸模所以然，既原自具凡與其底所致之效，則居也者等模自具其在所之效也。設令必須别一模以定置居也者在其本所，則此别一模亦必須他模以定置在於本所也。又此他模，另須别一模等，如此以至於無窮矣。其餘即也者亦然。其在所之居與其底之居，同爲一居無二也。緣即也者，本然與其底爲切密之結合，而不得實然不得相離。且明悟若不想其與底之相結合，亦想不及其本有，從何而得存其能現在之理也？

正論之二曰：凡諸模同其底居於所，其定在於其所者，非由特一之一居即，結合與質模及諸依賴者，以爲其公底者也。所據以證之有三。其一者，依賴之惟一模，不能一併占兩底也。其二者，設令居也者惟一模結在多底，則其在本底冷熱等依賴者，凡有些微加減之分，其現在所居之處雖不改變，然其居處之模理無不常改變可乎？其三者，若以質模及諸依賴者爲一居也者之公底，則作者不能性先在切近於其受者。蓋所謂在切近於受者，必指其受者在其本所之居，而其居必在作者之效後。緣其效爲居也者之底故也。豈其然哉？

正論之三曰：凡諸模併實有之依賴者，各有其本居，以爲其在所之模所以然也。其證攄，前論已明推之。蓋現在之模，各居於本所，然此其居所之模效，非由其底之居爲其模所以然，則必由其内即之本居耳。且諸模凡随其底而移動，則受其内之改變。猶如實離其底，而獨自移動無異然。設令實然離底，而獨自移動，則必改變本居。今随底而動，亦改變本居可知也。

駁曰：依此之論，則物性徒生多有并無其必然之用也。又模之各底移動時，所受依賴之模多寡若干，則受移動多寡若干矣。且亞利有云自立之體由其本然而動，其依賴者惟依然而動也。

正曰：諸模各具本有於底之有，相别而可相離者，故各模亦具其所在之本居。猶如各模有其暫久之留存，與其底之留存不同一者，併無徒生多無用之有也。所謂一底因其所受多模，亦受多移動者，非也。緣各模之動，惟在本模之内，併不在其模底之内故也。所謂諸模惟受依然之動者，非其模不受本動之謂，惟因其底之動諸模亦随而受其本動之謂耳。猶如在船上者，因随本船之動，而本身受動也。

二駁曰：諸模既受結合於底，則底之所居者，足以定其模之所居也。

正曰：推收也者，非也。夫底亦受結合於模，令因之而推模之所居，亦足以定底之所居可乎？

三駁曰：夫白也者，受結合於其底者，原與其所居無涉，故既已受結合於底在此一所者，則不拘何所必受其結合也。

正曰：就模之結合於底以定模之所居，猶如就底之結合於模以定底之所居，其彼此相結之理惟一耳。然因此而定謂其模在不拘何所，則其底必在同所者，猶如謂人之一靈模在於首，亦在於足，則首足同在一所，理乎？所謂模底原與其所居無涉者，若獨舉其結合之理，則是也。若舉其結合在或此所、或彼所等所者，則非也。

四駁曰：居也者，展開之謂，幾何之屬也。然幾何之本数，必使其所結合之底者，不能於同一所通透他底也。全依前論，其諸模既各有其本居，則不能於同一所通透本底，亦不能彼此相通透也。

正曰：夫質體之居爲幾何，並受幾何之效者，則是也。論質體之模，並其依賴者之居，則謂係幾何之屬以受幾何之效者，則非也。蓋質體之模，并其依賴者，原爲其質底之美全所由而成。然以美全，多由其依賴之模累積之分而成，則其模并累積之分，皆於其質體爲相通透者，物性自然之理也。其諸模并其依賴者，凡有不相通透之處，非由其本然，惟由所占不同質底之故使然耳。所謂依此之論，則屬形之模與神物，其居也無異者，亦非也。蓋神物全在於底之全，並全在於底之各分，屬形之模所不能及也。

分析居也者，最顯之屬類有二。詳見十倫之五卷。一曰列居，一曰限居。列居之解云：是即，是全物所以在全處，而其全物之各分，在全處之各分者也。如全人在其全所，而其人之各分，亦在其所之各分也。凡在世因性之形物，皆就此居，以爲在所者也。限居之解云：是即，是物所以既在此處，不可以出此處之外，而其物全在全處，又全在其各分處者也。凡神之體，如人靈與天神，皆就此居，以爲在所者也。蓋神體既不由多分輳合而成，不能以我之各分，就其所之各分。故以其全體，全在於所之各分也。

## 惟一形體能併居於多所否又多形體能併居於一所否 四支

正論之一曰：舉超物性之能而謂多形體並能列居於同一之所者，非相列之謂也。蓋所謂相逆悖之多模，並能在於同一之體者，非相反之謂也。然相悖之多模，視其同一之底而論，猶如多形體視其同一之所而論也。其相悖之理無異矣。

正論之二曰：多形體列居同一所者，因本性之能不能自動矣。設令其因本性之力能自動，則因本性之力亦能併占同一之所，形體之性力斷所不能及也。

正論之三曰：惟一形體並能列居於多所者，窮理者之公論也。蓋惟一形體併能限居於多所，則亦能列居於多所也。夫列居也者，爲形體因性之居。其限居也者，爲其超性之居。然形體由超性之居能在其所，則因本性之居，愈能在其所矣。又彼此相悖之兩模，如冷熱能並在於一體，則内之兩列居，亦能同在於一體也。

一駁曰：惟一形體不能在本體之外，又不能一併在本所之内外。然若惟一形體併能列居於多所者，是亦能在本體之外併能在本所之内外。蓋所謂列居本所者，即界在本所並不在他所也。

正曰：所云在本體之外，又並在本所之内外者，非也。蓋依上正論之義，其形體惟此其一居之外另有別居也。所云界在本所，并不在他所者，此非列居之正解也。其形體若獨舉此一居，雖獨在於此一所，并不能因之而在彼一所者。但若舉彼一居，則能因之而在於彼一所也。蓋此一居也者，不能阻拘形體，以内受彼一居也者。所謂居所也者，爲形體之限界，因而形體不能在其限界之外者。此一駁之解説，照前彼一駁之解説無異矣。

二駁曰：所謂形體置在別所者，即謂其移遷之所也。今所謂移遷其所者，即離此而就彼所也。

正曰：所云置在別所者，即以爲離此而就彼者，非也。其正義惟指，其形體置在彼一所，與此一所不同者矣。

三駁曰：依此之論，則其在所之形體較其居之所，更大矣。

正曰：若總論諸所較其形體而謂其更大者，則非也。若分論或此一所、或彼一所，而謂形體爲更大者，則是也。

四駁四：惟一形體不能並在於多不同之時，則亦不能並居於多不同之所也。

正曰：所謂一形體於此一時並在於他時者，相反之謂也。謂一形體在此所併在他所，非相反之謂也。

## 論一形體並在多所凡其各依賴何者相随何者不相随 五支

正論之一曰：夫居也者，不能随形體而同在多所。葢居也者，由其本然而拘定於其本所，斷不能移動於他所。猶如昨日之時拘定於本日，並不能移動於今日。又如此一所以然之施用，不能移動而爲彼一所以然之施用然，凡所謂即者皆如此。舉其本倫各爲拘定，並由其本然不能移動夫居與體勢之屬，如形象並各所之動亦然。

正論之二曰：夫居也者之外，其餘諸即必随其形體而同在多所也。

正論之三曰：凡實有之模，因其性之本然，則随其底而同在多所。葢諸模既結合其本體，則其體不拘在何所，必與之同在。又如其底凡移動時，必随之而同移動矣。夫與底切近之獨情，因性之自然愈随其底，於他依賴之類不同。緣他依賴者，雖因其自然依賴其底，在此一所者，不必因其自然依賴其底在彼一所者也。凡覺司之用，不能随形體之限居。其明悟之用，繫屬於覺司者亦然。緣此等之用，必由其形體各分之列居而成故也。猶如眼目之見用在首内者，不能在其足内而成然。

正論之四曰：形體在多所，較其在一所者，不加其力以能受相悖逆之模也。緣其第二居，不加其受之德能。猶如不加其作之德能無異，况多模彼此相悖逆者，惟視同一底而悖逆耳。今其多所之體惟屬一體，則其體在此一所凡受其悖逆之模者，其在彼一所亦受其悖逆之模也。

由此而知一人之體並在百所者，雖當百人之居，但不能當百人之力。設令惟此一所受傷受死，則百所亦受傷受死矣。然所謂受傷，非授傷者之擊動百所而見，而惟其傷效百所而驗也。葢凡繫屬於所動之類，皆惟拘定而在於一所，不能併在於他所也。故凡獨由所動之作用者，則並在百所一人之體皆能作用也。其餘所動以外之作用者，則俱不能也。譬如其一者，百所能發百鳥鎗，能動百刀百箭等，但其所用之力氣不能加增，在百所亦如在一所而已。其二者，此一所雖不飲食，但彼一所能飲食，復於百所俱一併能飲食。但其尅化之力，惟本一人之力而已，併不能加倍也。其三者，彼一所能行動，此一所能坐卧，又彼一所能往東，此一所能往西，並於各所能説不同之語等是也。

形體於彼所受冷，於此所受熱，其内受之變動如冷熱並在一所，其體受變動無異焉。其所謂在此一所愛人，在彼一所不愛人等相反之情者，斷不能也。緣此等之内用，皆屬活用，皆爲即之屬。因而必随其體，而與之同在各所也。

一駁曰：設令人之體，在京都並在江寧。而京都有火施熱，其火之施用，獨在於京都。則其受用，亦獨在於京都，並不在江寧。緣施用於受用，非兩用，獨爲一用故也。

正曰：所謂施用獨在京都並不在江寧者，若惟舉本火之力能施其熱者，則是也。若舉其在京都受熱之體並在江寧，而謂其受用不在江寧者，則非也。

復駁曰：是則在京都之火，能施其熱於在江寧之體也。

正曰：在京都之火，惟在於京都施其熱者，是也。其所施之熱惟在於京都之體，併不在於江寧之體者，則非也。

二駁曰：在京都之人目，所見本京之房屋者，有於其目一定之近遠也。然其在江寧本人之目，不能見京都之房屋於其目之近遠如一者。則在京都之見用，不能同在江寧之見用可知矣。

正曰：其次題與收題之推者，皆非也。其在江寧之人目，所見京都之房屋之近遠者，其近遠惟論在京都之目所見也，非論江寧與京都相隔之近遠也。如此兩所之見用，其分明不若一所之見用也。

# 空虛之論 辯五

空虛者，無有形體之所也。所謂所者，外所也。故天外既無外所之切義，則明悟思想天外之空虛者，亦無切義之空虛也。

正論之一曰：現在無空虛之所也。其物性不容空虛者，以吸水之筒等器明見之。蓋本筒内之氣，凡已吸往上，則在下之水必随之而上，以補前氣之空缺也。夫物性不容空虛之故者，蓋六合之内，萬品之物必須彼此相連相接，相輔助以行其事，以護存其本體也。

正論之二曰：六合内能有空虛之所者，舉超性之能，非屬不可有之理也。

正論之三曰：凡水等重物，移動往上，以補或氣行，或他物之缺，而滿空虛之所者，其所由受動之力，爲其或吸氣者，或移動他物者之力也。試觀其往上受移動之物愈重，則吸氣者等授移動者，其所發之力愈大矣。設令往上移動之重物或由本性而動，或由他物之性力而動者，則或吸氣者或受移動他物者，其物愈重，何必須加倍其力以授其動乎？夫吸氣在水筒之上端者，並吸動在筒下端之水既相接相連者，猶如人手動一丈長之木，凡動前端於手切近之尺寸，則並動其後端相連之尺寸在遠者也。

正論之四曰：所之空虛内，形體能動，猶如所無空虛然。蓋所之空虛，於其所在中之動無涉。猶如天動所作之外時，與各物内之暫久無涉。然其空虛不但不減其動之力，反滿其空虛之氣行等，能阻當其動而減其授動者，并其受動者之力也。審此，則空虛内能燃火藥，而其藥之燃因其自然之性力能滿其空虛也。謂所之空虛内形體能受動火藥能燃等者，論天外思想之空虛，則亦然同是一理也。

一駁曰：無所之體，不能受動然形體在空虛内者，原無在所則不能受動，可知矣。

正曰：駁之首題有兩義。若謂無外所並無内所之體不能受動者，則是也。若獨謂無外所之體不能受動者，則非也。

二駁曰：凡物由本性之力，不能作空虛。今所之空虛内，設令有形體受動，則形體由其本性之力，即作空虛也。

正曰：次題所論者，非也。蓋其形體在空虛内受動者，雖失其内居非因其失内居即爲作空虛也。緣所謂空虛者，非内居之缺，惟外所内實物之非也。雖然其形體在空虛内者，不能因性之力，而另加一分之空，全空内原所無者也。假如人既已合掌而入空虛内，則不能離開其掌也。

正論之五曰：凡輕重之物，設令其在或實所之空虛或天外思想之空虛者，其動也非因性從内發之動矣。蓋重物者，若其下無更輕之物，則不向下而自發動也。輕物者，若其上無更重之物，則不向上而自發動也。今輕重之物在空虛之中者，其上下既全無物從無隔相連接者，則無輕重大小相較之理也。依此之論，設令或所之空虛内，或天外思想之空虛内，有重石，其石從本性内，自不能發動。若謂其石自發動者，則天外之空虛既無邊際，其石必須發動至無窮矣。夫輕重之物在空虛内而受動者，其動也，雖不可謂爲因其性之動，亦不可謂爲强其性之動，惟可謂爲其本性分外之動耳。

# 論暫久 辯六

## 暫久之模理 一支

夫物之暫久也者,是物各所受有之留存也。

正論之一曰:各物所以在之暫久者,在其物所内有之依模也。蓋物所受有之留存,本爲暫久也者之模效也。所謂物之内居,既爲所現應於外所之理,則亦有内模之暫久爲其所現應乎外時之理也。設無宗動天,而初所以然欲在某物,其物必可就其所受之有以自存也。則暫久不關宗動天外運之曆,而在其物所留存之内模矣。次世物所現應乎宗動天之曆,有多有少,人所恒見比如父在世凡百歲,其子年歲不及,則夫暫久之異豈由宗動天之時乎?夫時之視乎兩人,一而已矣。況外時不能有所施於暫在久在之物也。則必在於各物内之依模,自有俾其或多或少,以應宗動之曆者,是謂物所内有之暫久也。

一駁曰:凡某一人有其現在並凡某一時有其現在者,則某一人之存留同某一時之存留必爲並在也。則某一人之存留也者,與其人之本有並與其外時,非相别之有也。

正曰:若物之有與時之有,爲一併在。而謂兩者既並在,不得不爲並在者,則是也。若謂某一物之有與某一時之在,必定爲並在者,則非也。

二駁曰:物之現在與本物之已在者,即爲其物之留存也。然物之現在并其已在,惟從其本然之有而有,則物之留存從其本然之有而有也。

正曰:謂物之現在並其已在惟從其本有而爲有者,則非也。謂從其本有并從其依賴之模而有者,則是也。

正論之二曰:凡受造之物,所有現在之暫久本然耳。

# 形性之理推七卷

治理曆法加工部右侍郎又加二級臣南懷仁集述

## 輕重之理推

夫輕重之學有二端。一曰明學，即其所向明知輕重之理而已。二曰用學，即其所向用省力之噐以得運重之便矣。今略提数欵以明其理，并以便其用，故從名界而起。

### 第一欵

重之體，必定自有點、線、面、形。内有容外有限，曰形。其中點爲形心，有直線過心兩邊不出限者爲徑線。形有二：一面形，一體形。假如九十二圖點線之外，甲平圓、乙長形、丙三角、丁方形等，具是面形。體形有三度：或長、或闊、或厚，如壬癸等體是也。

### 第二欵

重之心重繫於心，則不動。假如九十三圖有重於此，以線繫之，果在其心如甲，則不偏不動。倘不在心如乙，則必偏且垂下矣。

### 第三欵

每重各有其心，假如九十五圖有重於此，兩邊重相等，則重心必在其中無疑也。每重但有一重心。

第四欵

有直線過重心，不出兩限者，爲重之徑。假如九十六圖甲三角形重之心在中點，直線從乙至丙過中心，則爲重之徑也。諸重皆然。如立方形，三徑皆從重心直過，故重之徑無窮盡也。

第五欵

有重線過地心，交於地平，作兩直角者，爲重之噕徑。假如九十七圖圓爲地球，中有地心，横有地平線，上有方重，其線過地心交於地平線作兩直角，故其立線爲重之噕徑也。

第六欵

有重體不論正斜皆有徑線，從徑線分破，其側面即爲重之徑面。假如九十四圖圓圖徑線甲乙，從徑線開之即作兩半球，半球平面即重之徑面也。又如方圚丙丁庚爲外周，徑線分之，則兩半方形其分開之内兩平面，即重之徑面也。如從戊至巳徑線開之，則兩側面即重之徑面也。因徑面常過重心，所以兩分相等。

第七欵

有三角形，從角至對線於中作一直線，直線内有重之心。假如九十八圖從甲角至丁戊對線作一直線，於乙分兩平分，必定甲乙之内有重心也，丁至丙亦然。

第八欵

有三角形，其重心與形心，同所。假如九十九圖三角形，甲爲形心亦爲重心。

第九欵

求三角形重心。法曰：有三角形，各分兩分起線，各至角爲一直線，相遇十字交處便是重心。假如一百圖戊與辛中分有壬，壬至庚爲一直線，次庚與辛中分有巳，巳至戊爲一直線，兩直線相遇十字於心即得所求。

## 第十欵

有三角形，每直線從過角重心到對線，其分不等爲二倍比例。假如一百零一圖甲乙從角過心到丙丁對線爲兩分，甲戊線大於戊乙線二倍，其丙戊線亦二倍大於戊壬線。

## 第十一欵

有法四邊形，其重心分兩平分，爲徑。假如一百零二圖四邊有法長方形，其重心是甲，其徑辛卯爲一線，壬癸巳庚各一線，各線每徑長短不同，俱兩平分。

## 第十二欵

有法多邊形，其重心形心同所。假如一百零三圖六角形其角等，其邊亦等，是名有法多邊，其重心與形心總是一心。

## 第十三欵

平圓與鷄子圓形，其重心形心亦同所。圓界與多邊形相似，故其心皆同。其雞子形與平圓形亦相似，故其心亦同。見一百零四圖

## 第十四欵

求直線平形之重心。假如一百零五圖無法四邊形，先分作兩三角形，從對角打兩斜線到分線上，乙與丁分既成兩三角形，用前九欵求三角形重心法。即得壬辛兩心，壬與辛作直線，次用比例法，巳丙大斜線與甲戊小斜線比例，等於壬庚與庚辛比例，庚乃所求之重心也。

## 第十五欵

每多稜有法柱，其重心在内徑中。假如一百零六圖立方六稜柱，其重心在方徑内心，甲至丙爲内徑就是其軸，乙之内心

乃其重心也。

第十六欵

每多稜有法體，其重心形心俱同所。假如一百零七圖八稜有法柱，丁甲庚是其内軸，丁即其重心形心是也。

第十七欵

有體求其重心。假如一百零八圖無法之面，欲求重心。先於上作平線繫丙，次於丁垂一直線緊靠一邊，又次於甲亦作一垂線緊靠一邊。即從丙上往下以墨直點作線，丁至戊、甲至乙兩線，是徑之面復轉繫體。再如丁戊甲乙作兩線如前，就得第二徑之面，即向上端下端看兩線十字交處即得重之徑也。又將繫體横轉，從丙處繫於乙上，求徑線至庚，亦向十字交處看之，則得丁是重心也。

第十八欵

每體重之更重，必在重之心。假如重物，長短、厚薄、方圓爲體不一，而每體必有更重者爲重之心。譬人身之内有心，一家之内有長，爲一體中之主，故也。

第十九欵

重下墜，其心常在垂線。如一百零九圖三角形心，墜下必在直線。不然，必左傾右倒不能直下矣。所以重物在空，更重者雖在上，亦必先轉向下。

第二十欵

有重繫空，或高、或低，其重常等。如一百一十圖或在甲、在乙、在戊，其重之斤兩常等。

### 第二十一欵

每垂線相距似常相等，每垂線引長必到地心，所以每垂線之末必與地心相合，此垂線非平行線也。但如一百一十一圖長短四樣三角形，最近則兩直線之尖相合亦最大，最遠則兩直線之尖相合最小。而直線初分，衹覺其平行不見其末之相合，故以爲相距似也。以上止明一重之理，今又以兩重相比言之。

### 第二十二欵

每重徑面，分兩平分。兩平分者，既從重心之徑而分，自然兩重相等，爲兩平分也。見一百一十二圖

### 第二十三欵

有兩體其重等，其容亦等，爲同類之重。假如一百一十三圖兩圓球，其體俱是鉛，其大等，其重自等，所以名爲同類之重。

### 第二十四欵

同類之重，有重容之比例等。假如一百一十四圖大方圖八倍於小方圖，其重爲十六斤，則小方圖之容自八倍小於大方圖之容，其重當爲二斤也。

### 第二十五欵

有兩重，其容等，其重不等，爲異類之重。假如一百一十五圖有兩體相等，但一是金一是銀，其重自不相等。何也？金之體殆將二倍於銀，所以名爲異類之重。或問：金何以重於銀將近二倍也？曰：金之體最密而稠。試觀作金箔者，一兩金可作数萬張，銀則不及，故耳。

### 第二十六欵

重之類有二：曰乾，曰濕。乾，如金、石、土、木之類，不流者是。濕，如水、油、酒漿或水銀之類，但能流者是。

## 第二十七欵

每乾重繫於直線，而想直線有兩德。一無重，一不破。想者，未有直線而先有無形直線之想也。故無重，故不破。見一百一十六圖

## 第二十八欵

有重揷於直線，或在上或在下，但在垂線中者不動。不，則必動而轉下。假如一百一十七圖巳爲直線不動之一端，重在甲，是正在垂線之上而居中者也。不動重在乙，是正在垂線之下，而居中者也。不動，或戊、或丙，則必動而轉下作圓觚線。

## 第二十九欵

水摶不得。假如有銅球於此，水已滿其中矣，欲再强加別水，必不得。雖銅球分裂，亦必不能再加。何也？水體最密最稠，再摶不去，故也。

## 第三十欵

水面平，水隨地流，地爲大圓，水附於地，其面亦圓。夫水面平者何？蓋大圓不見其圓，衹見其長，故亦衹見其平面耳。假如地平之上，有低凹處，四周水來必滿凹處，與地相平而後流焉。故水隨地而圓，亦隨地而平也。

## 第三十一欵

有水之重，求其大。假如壺中有水十二斤，不知其大爲幾斗，或幾升，或幾合也。法曰：一尺立方，容水六十五斤，今用三率法。見一百一十八圖

| | | |
|---|---|---|
| 一 | 六十五斤 | 一尺壺中容水 |
| 二 | 十寸 | 就如一尺之容 |
| 三 | 十二斤 | 壺中有水 |
| 四 | 二寸 | 原壺之大 |

## 第三十二欵

有定體，其本重與水重等，則其在水不浮。、不沉，上端與水面準。如一百一十九圖乙爲水庫之容，甲爲定體之重，定體與水重既等，則定體上端必平與水面相準也。

## 第三十三欵

有定體，其本重爲輕於水，則其在水不全沉，一在水面之上，一在水面之下。如一百二十圖乙爲水庫之容，甲爲定體之重，定體既輕於水，則半沉半浮。蓋因水更重，所以驅定體而少上焉耳。

## 第三十四欵

有定體，其本重重于水，則其在水必沉至底而後止。如一百二十一圖自明。或有乾板，薄而寬大，或是金、或是鉛，但平平徐置水面則亦不沉。何也？薄而寬大，則板上之氣與板體相合，氣與水面相逼。故雖金鉛本重，而不致沉也。但有小隙，上水則必沉矣。

## 第三十五欵

有定體，本輕于水，其全體之重與本體在水之内者，所容水同重。假如一百二十二圖水内立方是木，甲浮水外，乙沉水内，甲乙全重，只以沉水多半體爲則，多半體所占，是水重即是本體重。

## 第三十六欵

有定體在水，即其沉入之大，求全體之重。假如一百二十三圖甲乙是全體，在水内外，但知乙在水内之容爲一萬尺，求其全體甲乙之重。用三率法一尺之容當六十五斤，則知其全體該六十五萬斤重也。

### 第三十七欵

兩水,或重、或輕。有兩體,同顭相等。其重水與輕水之比例,即兩體沉多沉少相反之比例。假如一百二十四圖一是海水,一是河水。海水自重于河水,但看兩體俱同,而甲沉入之多與乙沉入之少,則輕重之比例見矣。如甲入水視乙之入水爲二倍,則海水必重于河水二倍也。

### 第三十八欵

凝體在水,輕於在空,視所占之水多少,即其所減之輕多少。假如一百二十五圖空中立方銅體重十六兩,即以同大有水立方形較之,水可二兩。則在水立方銅體,十六減二,輕於在空之體,爲十四兩重也。

### 第三十九欵

兩體同顭,同重但不同形,在水其重恒等。假如一百二十六圖圓球與立方,其體皆銅,其重皆五兩,則其沉水之重常相等也。

### 第四十欵

有兩體,其大等,但一是凝體一是流體,已有凝重求流重。假如一百二十七圖有鉛球二十三斤,水球等於鉛球,該重若干?法曰:將鉛球以馬尾線繫於天平一端,沉之水中,於天平一端加權度,至平準而止,則鉛球止得二十一斤。以二十三斤在空中之重,減在水之重二十一,留二斤,即爲水球之重也。其證見前三十八欵。

### 第四十一欵

有凝體、流體,相等。已有流重,求凝重。假如一百二十八圖流體是水爲一百斤,求鉛體相等之重。法曰:將鉛體其重二十三斤,用水與鉛體同等,其重得二斤。就用比例法,二與二十三比例,即爲一百與一千一百五十斤比例。則得鉛體之重,一千一百五十斤。

## 第四十二款

有凝流兩體之重，相等。已有凝容，求流容。假如一百二十九圖有鉛球大十寸，水球重與鉛球等，求其大若干？法曰：將鉛體二十三斤與水體大等，得水重二斤。就用比例法，二與二十三，就是十與一百十五比例，得流容一百五十寸也。

## 第四十三款

有凝流兩體之重，相等。已有流容，求凝容。假如一百三十圖水容爲一百十五寸，鉛重與水容同大，求鉛容若干？法曰：將鉛體二十三斤，得水二斤。就用比例法，二十三與二，爲一百十五寸與十寸比例，得鉛容十寸也。

## 第四十四款

有兩凝體相等，已有彼重，求此重。假如一百三十一圖鉛球其重一千一百五十斤，求錫球同等之重若干？法曰：將鉛錫兩體同重者相較，又將兩水體，一箇等於鉛，一箇等於錫。一球水重七十四斤，一球水重一百五十斤。用比例法，一百十五與七十四，爲一千一百五十與七百四十斤比例，就得錫體之重七百四十斤也。

## 第四十五款

兩凝體，重相等。已有彼容，求此容。假如一百三十二圖鉛體容爲七百四十寸，錫體等重，求容若干？法曰：將鉛體重一百十五斤，以錫體相等重，得七十四斤。用比例法，七十四與一百十五比例，爲七百四十與一千一百五十比例，則得錫容一千一百五十寸也。

## 第四十六款

兩流體相等，已有彼重，求此重。假如一百三十三圖油體重五百五十斤，水體與油體相等，求重若干？法曰：取鉛體與水體等大者，得水之重或是十二斤。亦取鉛體與油體等大者，得其重爲十一斤。就用比例法，十一與十二，則爲五百五十與六百，則得水重爲六百斤也。

## 第四十七欵

兩流體相等，已有彼容，求此容。假如一百三十四圖油容爲六百寸，水之體與油體同大，求其容若干？法曰：將鉛體與水體相等，得水重十二斤。將鉛體與油容等，得其重爲十一斤。用比例法，十二與十一，爲六百與五百五十比例，則得水容爲五百五十寸也。

## 第四十八欵

球分本輕浮於水，其底在上，球之軸必在𠁽線中。假如一百三十五圖有木球，其平底在水中，必在上必不偏倚，其軸甲乙必在𠁽線之中。如甲乙之在丙丁也。倘强斜之，彼必自反正矣。

## 第四十九欵

水力壓物，其重止是水柱。餘在旁多水，皆非壓重。求水壓物重處，止於所壓物底之平面。求周圍𠁽線，於水上面。如水中之柱，柱乃壓物之重。如一百三十六圖水中柱圖，下面口底甚小，從底口𠁽線直至上面，中間水柱爲壓重，餘水皆無干也。

## 第五十欵

水來平衡於閘，求其衡勢之重，若何？如一百三十七圖求水柱法，止以所衡閘面高低作甲乙𠁽線，𠁽線平行，至丙相等。即從𠁽線上面之甲，斜行至丙，則是水衡半柱之重。其餘多水俱無干也。若閘板當中線辛壬者，平分爲三，而從辛至巳取三分之二，則巳爲衡閘板諸水之重心也。

# 力藝之理推

## 第一欵

力藝所用諸具，總名强運重之器。此力藝學所用器具，總爲運重而設。重本在下，强之使上，故總而名之曰强運重之器也。

## 第二欵

器之用有三：一，用小力運大重；二，凡一切人所難用力者，用器爲便；三，用物力、水力、風力，以代人力。假如一重物，百人方可運動，而此器止以一人運之，故爲小力運大重也。又若海船之内，底有小隙，日日溢水，人如不取，舟必沉矣。故必用氣管探下取之，則水從此管中取出，而取桶杓所不能取者，是器爲用實便也。其用物力、水力、風力以代人力，諸器中有明載者，不贅。

## 第三欵

器之質不一種，大都用木、用銅、用鐵居多。木必用堅者，如榆、槐、桑、檀、馬栗等木。總之要有筋絲，有横力，不受變者爲佳。塗木時，宜用核桃油，或芝蔴油、菜油、綿花油更妙。不可用脂油也。脂油性熱，易燒木，且易磨有聲耳。鐵要煉到，銅則紅者爲佳，黄者性脆，故耳。

## 第四欵

器之模不一式，一直線、一輥圓、一藤線。器有形象。直線者，杆、槓、柱、梁之類是也。輥圓者，滑車、輥木、轆轤、車輪之類是也。藤線，則螺絲、龍尾等類。

## 第五欵

噐之能力，最大、最多，然自不能用，或止受人之力以得所求，或必待人用之而後能力可顯。假如等子顃，受人金銀等物，乃可以權輕重。又如斧能劈木，斧自不能劈也。人用斧而後劈木之能力顯矣。每噐之公者皆然。

## 第六欵

運重之噐與所運之重，各各相稱，有比例。假如金銀，少者可用等子權度，多至千兩萬兩則等子不足用矣。故必天平之大者，方可權度之耳。諸如此顃，比例各各有等，難以盡述。能者明者當自解之。

## 第七欵

噐之能力最大者，其用時必多。假如有石重萬斤，百人運之止可一刻，以一人用噐運之，則爲時必待数刻而後可。

## 第八欵

噐之總顃有六：一天平、二等子、三槓杆、四滑車、五圓輪、六藤線。天平、等子、槓杆皆直線之顃。滑車、輪皆輥圓之顃。藤線有顃蛇盤，皆螺絲、龍尾之顃。上五者，皆爲權度之噐之象。如以一端，用手用力，譬如一百三十八圖等子小權下加手之圖，則五者又皆運動之噐之象也。藤線亦可權度，但用以轉運其用更多，故不設權云。

# 天平解

## 第九欵

天平之物有三：横梁一，指針一，垂準一。横梁分左右兩分，其中曰心，心連于梁而不動者也。其左右兩盡頭處曰端，指針者，兩端平則指針垂線如一。垂準者，重垂之線也。平則準，但兩端略輕略重，則指針必偏左偏右不準矣。見一百三十九圖

## 第十欵

天平用法有三：其重或即在兩端盡處，或繫于兩端，或盛于盤中。如一百四十三圖〔一〕

## 第十一欵

天平針心有三在：或在梁之上邊，或在梁之下邊，或在梁之居中。如一百四十四圖〔二〕

## 第十二欵

天平梁，其心在上，其兩端加重各等。一端用手扶起，手離，則必自動至平而後止。如一百四十圖斜起者，是扶起一端之圖；兩平者，是自動必至于平之象也。

## 第十三欵

天平梁其心在下，其兩端加重各等，梁準地平則不動，倘或一端斜起，則斜下者必翻轉一過而後止。如一百四十一圖有地平字者，既與地平準，則常平不動。倘如次圖斜起者，則必翻轉一過，針心必反而在上矣。所以必反之者，重之心在下故也。

## 第十四欵

天平梁其心在中，其兩端加重各等，與地平準者固不動，即或左斜、右斜，亦不動。兩平不動，人知之矣。斜之而亦不動者，何也？因兩重相等故不動，倘使一端略加些須，則動矣。見一百四十二圖

---

〔一〕 底稿如此，疑有缺文。

〔二〕 底稿如此，疑有缺文。

### 第十五欵

天平正立重，天平右端෴線，聯于重板中徑如乙，板下支角如丙。板在丙尖上不動，板因天平左端加重，則෴線自起至平而準，是名天平正立重。正立者，因෴線而爲名者也。見一百四十五圖

## 等子解

### 第十六欵

等子之物有二：一横梁，一提繫。横梁與天平之梁同，但提繫不在中，微不同耳。提繫者，෴準之换體也。

### 第十七欵

有兩重不同，左右繫於等之横梁，横梁與地平準，則兩重名爲準等。假如□□□甲一斤繫於右，乙四斤繫於左，横梁兩平，兩重名爲準等。葢别於相等之等也。

### 第十八欵

有兩重，相等、相似，一繫横梁一端之下，一横附於横梁。附横梁者，其重心必在横梁一端盡處則横梁平。假如一百四十六圖甲重繫於横梁一端之下，其重與丁重相等，其形與丁形相似，而丁重則平附横梁，其重心在丙，丙乙端與乙戊端相等，則等梁自兩平也。所以然者，甲重心直在戊下，丁重心横在丙下，故必相準。

### 第十九欵

此欵乃重學之根本也。諸法皆取用于此。有兩係重是準等者，其大重與小重之比例，就爲等梁長節與短節之比例，又爲互相比例。假如一百四十八圖乙大重八斤與甲小重二斤，爲準等，其比例爲四倍，則横梁長節從提繫到戊爲四分，短節從

提繫到丙但有一分，其比例亦是四倍。所以兩比例等，其兩比例又是互相比例法。

## 第二十欵

重在提繫長節一端，愈遠愈重，其垂下愈速。假如前圖甲二斤，其重乙八斤，其梁愈長二斤，則丁爲十四斤矣。

## 第二十一欵

有兩重相等，係于等子，爲準等于權，其重比例視遠比例。假如一百四十九圖等梁爲辛壬，其長爲十二分，其紐丙在第三分之上，其一重係庚下者爲乙重六斤，準等于甲重之在辛下者一重爲巳重六斤，在乙下者準等于丁甲丁之重比例，視等梁丙壬與丙庚之比例。假如用数，丙壬九分，丙庚二分，其名四倍半比例。丁十八斤，與甲四斤，亦是四倍半比例。

## 第二十二欵

有兩重不等，係于等子，爲準等于權，其重比例視遠比例。假如一百五十圖等梁爲十六分，丙小重爲三斤係丁下，遠于紐心十二分，甲大重十八斤係乙下，距紐心二分。丙小重準等于庚九斤，甲大重準等于辛九斤，甲重十八斤與丙重三斤，爲六倍比例。丁戊十二分與乙戊二分，亦爲六倍比例。

## 第二十三欵

有等梁是重體，另有重係一端下，其係紐不定可近可遠，到梁準等于重，其比例爲後一二三四之兩比例。一，重爲六十斤。二，等梁全體假如重四十斤。三，梁左長端八分與右短端二分之差，爲六。四，右短端二分二倍爲四分。見一百五十一圖

## 第二十四欵

有等梁是重體，另有重係一端下。若係紐定一所在，得前一二三四率之兩比例，自然梁之重與係重準等。覽□□□自明。

## 第二十五欵

等子便，天平準。等子與天平相較，等子人用最便，爲止一權，且隨物重輕，皆可用也。然而天平則更準，何也？等子紐前一端最短，故間有不準。天平兩端皆長，故更準于等子云。見一百五十二圖

## 第二十六欵

有兩重，係等梁兩端，求係紐之定位于準等。甲重六斤在丁一端，乙重二斤在戊一端，等梁全體四分，要知係紐宜在何分？法曰：甲乙相加爲八，就用比例。見一百五十三圖

| | | | |
|---|---|---|---|
| 一 | 八 | 爲兩重總数 | |
| 二 | 二 | 爲乙重之数 | |
| 三 | 四 | 爲梁體全数 | |
| 四 | 一 | 爲丁丙端数 | 紐宜丙分之上 |

## 第二十七欵

有等子重體，有其重亦有其分，亦有一重係一端下，求係紐之定位於準等。等子之重爲十二斤，梁六分，係重甲二十四斤，要知紐宜何分？法曰：平分等梁爲兩分，自乙至戊是等子重心，則想戊爲十二斤，加於甲二十四斤爲三十六斤，就用比例。見一百五十四圖

| | | | |
|---|---|---|---|
| 一 | 三十六斤 | 爲兩重總数 | |
| 二 | 十二斤 | 爲等梁重数 | |
| 三 | 三分 | 爲丙戊之分数 | |
| 四 | 一分 | 爲丙丁之分数 | 紐宜丁分之上 |

## 第二十八欵

有等子重體，有其重，有其分，亦有一重，但係一端少内，求係紐之定位於準等。等梁重爲二十四斤，全分十八，係重之

甲爲十二斤，係於丙分之下，要知紐宜何分？ 法曰：得重心徑在戊，想戊下所繫二十四等重，戊至丙爲六分，在兩重之中，兩重相加爲三十六，就用比例。見一百五十五圖

| | | | |
|---|---|---|---|
| 一 | 三十六斤 | 總数 | |
| 二 | 十二斤 | 係重 | |
| 三 | 六分 | 兩重中梁 | |
| 四 | 二分 | 從丙到乙 | 紐宜乙分之上 |

## 第二十九欵

有等子重，有其分，但兩係重在内不在兩端，求係紐之定位於準等。等子重十二斤，其全分十八，甲大重爲十八斤，乙小重爲六斤，要知紐宜何分？ 法曰：依法二十八欵用比率。見一百五十六圖

| | | 每用比率 | | |
|---|---|---|---|---|
| 一十八 | 爲梁之全分 | 一三十六 | 爲兩重總数 | 所以庚爲紐線則兩重 |
| 二六 | 爲乙重数 | 二十八 | 爲戊下之重数 | 爲等體之重俱是準等 |
| 三六 | 爲丙至七之分数 | 三十個 | 爲丁至戊之分数 | |
| 四二 | 爲從甲至戊之分数 | 四五個 | 爲丁至庚之分数 | |

## 第三十欵

有兩重準等，有定係紐位，已得此重，求彼重。甲重爲八斤，等梁爲六分係紐在二分之丙，求乙重若干？ 法曰：用第十九欵比例。見一百五十七圖

| | | |
|---|---|---|
| 一 | 四分 | 梁数長端 |
| 二 | 二分 | 短端 |
| 三 | 八斤 | 甲重 |
| 四 | 四斤 | 乙重當爲四斤 |

## 第三十一欵

有繫重，有等梁重，以準等求係紐之位。假如一百五十八圖等梁之重爲四十斤，其分有十，係重爲六十斤，求係紐之位在

何分？法曰：梁重心在丁，從丁到乙爲五分，用比例法。

| | | |
|---|---|---|
| 一 | 一百斤 | 爲梁重係重總数 |
| 二 | 六十斤 | 爲係重之数 |
| 三 | 五分 | 爲丁乙之分 |
| 四 | 三分 | 爲從丁到戊係紐之位分 |

## 第三十二欵

有兩重準等，已有此端梁之長，求彼端梁之長。假如一百五十九圖甲重九斤，乙重三斤，係兩端之下，已得丙至戊二分之長，求戊至丁長之分数。法曰：依第十九欵比例。

| | | |
|---|---|---|
| 一 | 三斤 | 爲小重 |
| 二 | 九斤 | 爲大重 |
| 三 | 二分 | 爲梁之小端 |
| 四 | 六分 | 爲梁大端之分数 |

## 第三十三欵

有等梁重，不用權，權物之重。梁重有四十斤，分作十分，不知係重多少，但那移係紐至準等，得其定位。假如從重到係位是二分，則大端爲八，相減爲六就是差数，用三率法。

| | | | |
|---|---|---|---|
| 一 | 四分 | 爲小端二倍 | |
| 二 | 六分 | 爲大小端差数 | |
| 三 | 四十斤 | 爲梁之重 | |
| 四 | 六十斤 | 爲係重之重 | 見一百六十圖 |

# 槓杆解

## 第三十四欵

槓杆有三名：一曰頭，一曰柄，一曰定。所外有依賴所，曰支磯。見一百六十一圖

## 第三十五欵

槓杆之類有三，總以薦起其物者也。一支磯在中，力在柄，重在頭，其名曰揭。二支磯在頭，重在中，力亦在柄，其名曰挑。三支磯在頭，力在中，重在柄，其名曰提。見一百六十二圖

## 第三十六欵

揭槓平在支磯之上，頭有重，柄有力，重與力之比例爲兩端長短互相之比例。假如一百六十三圖揭槓之長爲九分，支磯在戊，短端三分，長端六分，甲之重四十斤，乙力必定二十斤。依第十九欵比例，甲與乙二倍，長端與短端亦二倍。

## 第三十七欵

挑槓平在支磯之上，頭在磯，重在中，力在柄之比例。從甲重到支磯，是槓之分與挑槓比例，就是力與重等。假如丙至丁九分，戊至丁三分，是爲三分之一。所以重六十斤，力止二十斤也。蓋係重愈近於支磯，用力愈可少，故挑槓常常省力。見一百六十四圖

## 第三十八欵

有挑槓之分十尺，其本體重四百斤，上另有千斤之重，得槓之重徑，重之中徑，求挑力。法曰：丁戊與丁丙比例，要等四百與一千比例。假如戊丁爲二尺，就用比例，十尺與二尺比例爲一千四百斤，兩重之於二百八十斤比例。見一百六十五圖

## 第三十九欵

提槓頭，平在支磯上，柄有重，力在中之比例。全槓丁戊，與從支磯到力乙丙，分数比例等於力重之比例。假如丁戊爲十二分，戊丙爲四分，是三倍比例。力六十斤與重二十斤，亦是三倍，係重力常要倍於重，故少用。見一百六十六圖

## 第四十欵

力用槓子挑重，其比率等，與槓兩分。一分從支磯到點垂線，從心來到槓所。二分從支磯到力所。假如一百六十七圖乙甲爲槓子，丙爲支磯，能力在乙，爲三百斤，甲丁重爲九百斤，所以比率是三分之一。今從丁中心打垂線，到槓上，到戊點，就戊到丙長與丙到乙長比率，亦是三分之一。若戊丙爲兩分，則丙甲爲六分，是三分之一明矣。次圖，甲丁重係槓下，與甲庚二處，只用戊丁垂線，則不用甲庚兩點。其後萬法皆然。

## 四十一欵

能力挑重中心，在地平槓上，起重愈高，則用能愈少，若重愈低，則用能力愈多。假如一百六十八圖乙甲槓子在丙上，地平的，其垂線爲丁戊，起重在上，則用能力在乙從垂線丁點到庚，其庚到丙短於甲到丙之長，故用四十欵之能力少也。若重在地平之下，則從垂線爲丁到巳丙與丁丙長，所用前欵，力在於辛，故力多。

## 第四十二欵

揭槓在平，重心在上，重心起愈高，能力愈少。如一百六十九圖重心高起，垂線到甲，視下平重，去支磯愈近，故用力愈少也。

## 第四十三欵

重心在揭槓頭内，槓杆或平、或斜，其能力等。如一百七十圖重心在平、在斜，去支磯皆等，故其能力亦相等也。

## 第四十四欵

有重係槓頭上，支磯在内，槓柄用力，從平向下相距之所，與槓頭係重向上相距之所，比例等於槓杆兩端之比例。假如一百七十一圖支磯前相距小端，與支磯後相距大端，爲三分之一。蓋小端與大端，亦爲三分之一也。後挑槓亦然。

## 第四十五欵

有重，有槓杆，有力運重，求支磯所。假如一百七十二圖甲重百斤，力十斤，槓杆二十二分，求支磯所在。用比例法。

一　一百十斤　爲能力與重之数
二　二十二分　爲槓長之分数
三　十斤　爲能力之分数
四　二分　爲支磯之所

## 第四十六欵

有幾重，有支磯，有槓杆之長，求能力幾何。假如一百七十三圖有三重，甲四十八斤在頭，乙二十四斤在九分界，丙十二斤在三十八分界，支磯在二十一分界，槓杆共長六十分，求能力宜用幾何？法曰：甲乙中，槓爲九分，求兩重支磯？得小端三分爲戊，自戊至庚槓有三十五分，用比例又得五分爲己。第三次，支磯到力丁爲三十九分，從支磯到己爲十三分，比例等於三重，八十四斤與力爲二十八斤。

## 第四十七欵

有幾重，有槓長之数，有能力之数，求支磯所。法：即用四十六欵之圖，先求準等如巳爲八分，自己至力爲五十二分也。用比例法。

一　一百十二斤　爲甲乙丙丁三重與力之数
二　二十八斤　爲能力之数
三　五十二分　爲槓長短之分

| 四 | 十三分 | 爲從巳重心到支磯所之分 |
|---|---|---|

## 第四十八欵

有重物，有重體槓杆，有支磯所，求能力幾何。假如一百七十四圖巳重爲二千斤，其心爲丙，槓杆兩端爲丁庚，其體重四百斤，其重心在辛。槓杆斜起，在支磯乙上，甲乙是其定所，重徑爲丙壬壬辛爲六分，癸庚爲十二分，庚用能力宜幾何？法曰：先求重物與槓體之重心，用比例法。

| 一 | 二千四百斤 | 爲重與槓兩重之数 |
|---|---|---|
| 二 | 四百斤 | 爲槓重之数 |
| 三 | 六分 | 爲從壬重心到辛重心之数 |
| 四 | 一分 | 爲從壬到戊之分数所以戊爲五分再用比例法 |
| 一 | 十二分 | 爲力房到支磯癸之分数 |
| 二 | 一分 | 爲戊癸之分数 |
| 三 | 二千四百斤 | 爲兩重之全数 |
| 四 | 二百斤 | 爲能力之数 |

# 滑車解

## 第四十九欵

滑車體全是輪，輪周之側面兩旁高，中則凹，無輻，無齒，無軸，而有軸之眼空。輪小而厚亦不多，兩旁高而中凹，以容繩轉其中者也。自身無軸，止有容軸之空眼，另有架安軸，而此輪貫於軸上其滑最利繩轉，故名爲滑車。南中呼爲羊頭搰轆者，此也。如一百七十五圖甲爲小輪，其中有空眼，乙爲轉繩，從凹槽中上下者也。丁乃其架，丙則其所貫之軸耳。

## 第五十欵

滑車亦是天平之顛，所以能力與重相等。天平兩重相等則平，一重一輕，則必偏而下矣。此滑車之力，所以常常與重相等。或云：乙丙一轉，則不平矣。何以云是天平？曰：乙丙徑線周圍悉是，則轉轉都是天平，無天平之名，而有天平之實。故謂與天平同類。見一百七十六圖

## 第五十一欵

滑車，大與小能力皆同。槓杆等，器皿愈大，其能力亦愈大。滑車不然，或大或小，其力皆一。爲何？兩徑相等故耳。

## 第五十二欵

滑車不甚省人力，但最便人用。如人從井提水，則臂力易疲，有此滑車在上而人從下挽之，雖不甚省人力，而手挽視手提則必有分矣。

## 第五十三欵

滑車之繩，一端向上，一端向下，其向下之力與向上之重，相距常等。其爲時刻亦等。

## 第五十四欵

滑車之繩，兩端在上，一端係重，一端用力，力半可起重全。假如一百七十七圖繩定於甲，從丙丁至乙用力架之下端係重，一百斤如庚。從乙用力起之，五十斤力可起百斤之重，爲何？甲丙繩子不動，所以丁丙似挑槓，丙似支磯，因係重在中戊之下，用挑槓比例，丙戊與丙丁比例常爲半徑與全徑之比例，故半力足起全重也。

## 第五十五欵

滑車之繩，兩端在上，一端係重，一端用力，用力雖則一半，爲時則須二倍。且繩之向上相距之所，必倍於係重相距之所。覽□□□自明。

# 輪盤解

## 第五十六欵

圓體有三種：一球，二尖圓，三長圓。輪之物三：其全體一，其在中曰軸一，其在外曰輞一。見一百七十八圖

## 第五十七欵

有輪，其軸兩旁長出與輪相粘，軸有係重，人在輞邊平處用力，其重與能力，有輪半徑與軸半徑之比例。如一百七十九圖輪之半徑爲甲丙，軸之半徑爲甲乙，甲丙要平行，丙下有力或重如丁，軸上纏索係重爲戊。因甲丙而四分，甲乙一分兩半徑，有四倍之比例，所以戊重爲八百斤，能力止用二百斤。即相準也。再加少力，則重起矣。

## 第五十八欵

輪，即等子類。如滑車，即天平之類。看□□□丙庚平線，爲等子之梁，甲即等不動所，力與重準等，即第十九欵比例。故輪即等子類也。

## 第五十九欵

用輪常常省力。因輪半徑常大於軸半徑，故係重之起常常省力。其軸倘更細，則用力愈更省也。

## 第六十欵

輪半徑，線不平，係重於線，其比例亦不同。如一百八十圖有甲丁不平半徑線，其柄在丁上，下係重爲庚，其畨線從丁到戊，在甲丙平線上，軸之係重三百斤。如巳與力庚比例是甲戊與甲乙比例，因甲戊爲三，甲乙爲一，所以三百斤用力一百斤也。若不用重而用手，則在丁與在丙，省力常等。蓋因攀而斜下，其畨線常在輪之周也。倘必欲用重，則於輪周加一滑車，

其重之係索，從滑車而轉，則亦力省矣。

## 第六十一欵

輪周攀索之下，與軸係重之上，比例爲兩半徑之比例。假如一百八十一圖甲乙爲四丈與丙丁等，人在乙所攀甲而下到乙，即有四丈，而丁重之起但能到戊，止得一丈。葢因甲庚爲四分，庚甲爲一分，故比例爲四倍也。

## 第六十二欵

輪之用，省力，而費時，比例。假如不用輪法，欲起千斤之重，其費時止一刻耳。若用此輪法，則費時當須四刻。葢用力則省，而爲時則多也。

## 第六十三欵

有重，有力，欲用輪起，求輪法。有重爲六十斤，能力十斤，用甲乙直線爲軸與輪，兩半徑，用比例法。見一百八十二圖

一　七十斤　爲重與力之總數
二　十斤　爲力之数
三　十四分　爲甲乙直線之分数
四　二分　爲乙庚之分数即得軸之半徑所以庚甲十二爲輪之半徑也依賴前五十八欵甲力準等子乙係重故得此法

# 藤線解

## 第六十四欵

有線稜，從圓體周圍迤邐而上，曰藤線器。如藤蔓依樹周圍而上，或瓜蔓與葡萄枝攀纏他木，皆是其類。其象。見一百八十三圖

## 第六十五欵

藤線之物,有三:一圓體,二圓體之軸,三藤線。如□□□丁爲圓體,其内有乙丙直線爲其軸,外線稜周圍迤邐而上,乃依賴於圓體并其軸者也。

## 第六十六欵

藤線器,有三顛:一柱螺絲轉,二球螺絲轉,三尖螺絲鑽。蓋因圓體有三:一柱圓,二球圓,三尖圓。故藤線依賴而上,遂成三顛:柱圓,用以起重;球圓,天文家所必須;至尖圓,乃開堅深入之器,工匠頗多用。而此重學所常用者,柱圓而已。

見一百八十四圖

## 第六十七欵

前諸器皆有妙用,而此器之用更大、更妙。何以見此器更妙於前諸器也?爲其用最廣,其能力又最大耳。假如水閘,木重且長人力不能起者,用螺絲轉則不難起。又如長大木,其尖爲鐵入地甚深,人力不能起者,用螺絲轉則能起之。又或欲壓有水有汁之物,他重物不能壓,即壓不能盡其汁與水者,惟此螺絲轉爲能壓之盡,且令物之糟粕渣滓浮石不能比其乾也。西庠印書,亦用螺絲轉,故其書,濃淡淺深,曲盡欵盡之致。至於定置諸物,不拘銅鐵金木之器,其釘一入,便自安穩堅定,又不費力,抑且可開卸也。況别器有大能力者,須用長用大,此器即最短、最小,無不可作器,愈小而愈有能力,可怪也。試觀天象如日,一年一周,從冬至到夏至,也只是一個球螺絲轉。又如雨風陡遇盤旋擊搏,即大木大石可挾而上。又如波中洄漩之水,能吸人物下墜。草木如藤如瓜、如豆、如葡萄之顛,百種不一皆具此象。海中水族,如螺絲之顛者,不可勝數。故此物最貴重,南人以之作貝,代金銀也。此葢天地顯以大用、妙用,托示物象以詔人用者。不獨運重之學不可離此,即如人間日用繩索微物及弓弩琴瑟等弦諸用,匪此旋轉交結之法便不得成。故其德,方之前六器中,此器爲更妙也。又况其製簡便長大者之堅固不待言,即甚小者亦甚堅固而絶無危險。所以亞希默得常常多用此器,葢取其奇耳。能通其所以然之妙,凡天下之器都無難作者矣。細心之人不難曉解。

## 第六十八欵

有立三角形，其底與地平，每交上各有一球平繫於鈎。兩球相等，右交與左交之比例爲右球與左球之比例。假如右交一半與左交，所以右球與左球，其位亦是一半。其三角形兩旁，爲斜立面，如三稜柱狀。見一百八十五圖

## 第六十九欵

有立三角形，其底與地平，右交爲半於左交，每交上亦各有一球平係於鈎。但右球爲半於左球，必定兩球爲準等。若三角形，下是直角形，其右交左交，就是股弦之比例等於右左兩球之比例。直立曰股，斜行曰弦，下底曰勾，直立與下底相交，即名勾股。見一百八十六圖。

## 第七十欵

有三角形同前，但不繫於鈎，依賴滑車而過，菑重向下菑重與斜重比例，亦是股弦之比例。鈎與滑車，似不同類，然重從鈎内過與從滑車之外過，則同一行也。故其比例亦同。見一百八十七圖

## 第七十一欵

滑車一邊係重，一邊有懸空係重，在支磯尖上，名斜立重。假如見一百八十八圖甲重板有重徑斜行線，一點不動者，定於乙支磯上，一點如丙係於繩。斜行而上過滑車，有菑重爲丁，所懸重板不上不下。因丙戊直線是斜行者，所以丁重，名爲斜立重也。

## 第七十二欵

三角形，兩旁兩重，皆係於角上，亦如天平等子之用。但其梁不是横平，而是有角。如一百八十九圖

## 第七十三欵

或從斜面上運重，或用斜面起重，理皆同。有斜面，欲於其面運重，或從面下邊薦重使之上，或從面上邊提重使之上，

此兩者斜面不動。或有重球在地,將斜面尖斜入球下,移進,使重自上,此又動斜面以起重法也。其義與前二者同理。假如一百九十圖重球在地如甲,前有所阻如乙,用斜面尖入球下如丙,用力推進,其球自起至丁矣。

## 第七十四欵

斜面,轉行圓柱上,即藤線形。用斜面形起重,有不便者,其體必長故也。故即以斜面之長,轉纏圓柱之上,作藤線之器,以約其長。如一百九十一圖斜面,甲丁丙弦,其體甚長,與柱之藤線等。股甲戊,與柱之高等。勾戊丙,與柱之圓界等。則知斜面必用長體,而圓線迤邐而上,不必長也。

## 第七十五欵

重與能力比例,就是藤長與高之比例等。如一百九十二圖弦爲二倍於股,重依賴七十欵,亦是二倍於力。今弦爲藤線之長,股即藤線之高,所以與重之比例等。

## 第七十六欵

藤線愈密,其能力愈大。假如一百九十三圖三角形藤線之長,與前三角形等,而股止一半之高,則弦上之重四斤。能力,前用二斤者,此只用一斤足矣。

## 第七十七欵

兩柱不等,藤線高等,柱大則能力亦大。假如一百九十四圖甲柱小,乙柱大,藤線高相等,而大柱之弦四倍於股,小柱之弦二倍於股。所以大柱四斤之重止用一斤之力,視小柱四斤之重須用二斤之力者,不同也。與藤線密,義同。

## 第七十八欵

藤線用力最省,其費時必相反。藤線之弦二倍於股,用力一半足矣,但費時必二倍於𠀆線。如一百九十五圖用力在丁,一𠀆重至戊,一重斜至甲,一時用力,戊重到丁,甲重止可到乙,再費一時,方得到丁。然甲重用力止可二斤,戊重則須用力四斤，所以用力一半者，路必二倍，故費時與省力相反也。

## 第七十九欵

藤線器之料，有三：鋼一，木一，銅一。以不致彎曲，用鋼。須要平滑一律，無滯爲妙，欲其行之利，宜用油。油又可令其不縮也。小藤線器，壯者用鋼，牝者可用紅銅。葢銅與鋼相合，不致縮澁故耳。然大器，則必用鋼而後可。木須用堅，已見前解。見一百九十六圖

## 第八十欵

有柱徑，亦有藤線之斜，作藤線器。假如一百九十七圖甲丙是甲乙丙柱之徑，亦有角定藤線斜上之形，要作藤線之器。法曰：先打直線，甲至庚。用規矩取甲丙柱徑之長，按直線甲丙等於徑，要三個，再加七分之一，爲戊丁就有甲乙丙柱之圓界。又用規矩，從甲丙處作一角形，等於斜角形。丁上打垂線，遇角上斜線至乙，就有三角形。甲丁爲柱底圓界，一周，則甲乙爲藤線之一周矣。移甲角之尖到乙，接轉而上，可至無窮。

## 第八十一欵

有藤線高線之比例，求其角。假如一百九十八圖藤線之長八分，其高線一分，要求其角。有数法，有線法，数法用比例。

一　八分　藤線之長
二　一分　藤線之高
三　十萬　圓徑半界
四　一萬二千五百爲半弦其角爲七度十一分如所求

線法，有甲乙直線分兩分於丙，以丙爲心，以甲爲界，作半圓形如甲戊乙。因甲乙爲八分，取一分，從甲到丁，在圓界線上，爲甲丁直線。丁與乙作直線，則甲乙丁角，如所求。

## 第八十二欵

有藤線之器，求其角。有柱徑三分，其高八分周，要知藤線斜行之角。法曰：以柱徑求其圓界。爲乙丙，上打垂線等

於柱高,分八分。乙丁爲一分,從丁到打直線,就得乙丙丁角,如所求。更有約法,若從乙丙線上打𠛬線,其高等於藤線一周之高爲乙丁,相連於丙,亦得所求。見一百九十九圖

## 第八十三欵

有藤線器,求其力。如用上法,得其角矣。用七十六欵比例,則得所求。如二百圖甲乙一分,甲至丙爲八分,則八分止用一分之能力矣。

## 第八十四欵

有重有力,求藤線器運。假如有重一千斤,人力一百斤,用何等藤線之器可運。法曰:用十分比例。如二百零一圖甲乙𠛬線十分内取一分,爲甲丙。用規矩取十分,按直線上從丙到戊,則得甲丙戊三角形。用此三角形,作藤線器,則人力百斤,可起重千斤也。

# 形性之理推八卷

治理曆法加工部右侍郎又加二級臣南懷仁著述

## 重物經線並分帶省力及其所行之道

夫重物所以免致於傾仆者，即由其重徑之垂線而定。重徑者，經過重心之線也。重心者，即重徑內一點其周圍銖兩輕重相均也。舉二題以明之。

### 第一題

凡物之重徑，在其直座基内，則其物必托載平穩，而無傾仆也。假如重物甲乙見二百零二圖托于直座基丙丁，而重徑爲戊己，故重物甲乙，自不傾仆矣。蓋甲戊戊乙，輕重均平，因而甲壬小半，比壬乙大半必輕矣。凡重徑在座之外，則重物未有不傾仆者。

### 第二題

於重體或左右加減，或那移銖兩，則其重心必那而改移。重心一移，則重徑必隨之而移，猶人體及禽獸行動之勢，可明而推之于他類也。人體當竚立之時，全托于兩足，其兩足所立之地愈大而寬，則其身體愈穩矣。人體與獸體之所爲托載者，與器之基座，正同一理。故基座愈寬，則其所托之重物愈穩也。蓋物重徑如丙丁在基座之中，四方離座邊愈遠，則重物愈難仆矣見二百零四圖。夫人以至於獸，行動之時，其身體之重心、左右那離不斷，則其重徑亦因之那移而不斷。假如提起右足之時，其身體必偏于左，而獨托于左足，故其重徑丙丁徑過左足。提起左足之時，其身體偏右，而獨托於右足。設使人竚立時，而提起右足，若不偏身于左，必不能立而仆矣見二百零六圖。又如人坐之時，□□其胸與股，其股與足皆爲直角。又若人欲起而立，必身體之直角形，變爲鋭角之形。即胸并手那移向前，而足向後。

自令本體之輕重均分於重徑丙丁之週圍，若不變通其力，使之輕重適均，則如二百零五圖之形，而人之身必不能立矣。又如人從地掀翻不拘何物，其兩足必分開，一前一後，自令重徑線丙丁，徑過本體之中。如飛禽之上躍斜坡，張翼而前；下躍斜坡，斂翼而後。而重徑線丙丁，前後均平，分本體之輕重，乃不致于身仆爾見二百零圖。飛禽之頸長者，足必長也。當禽于空中飛翔之時，引頸而前若干，必伸足于後若干。而重徑丙丁，正在本體之中見二百零八圖。又如山坡所栽之樹，未嘗隨斜坡之形而斜長。蓋必依中徑垂線丙丁，豎立而長見二百零九圖。令其根及幹其枝全依之而立，以免夫傾仆焉。故山坡之斜線甲乙，比山底之平線丙乙雖長，其所容之樹木麥穗等必相等矣。夫物之生成者，依重徑線之理如此，故能保其本體以免於偏仆也。則凡造成之物必法之，而以重心重徑爲基座也固宜。

## 凡齊帶齊托重體者各帶托若干之理推

從前後重心之諸論可推凡人及獸物等，或齊托、或齊帶重體者，各托帶若干之斤兩。今設十四題之總略，並各題之本圖以解之。緣多言之辯論，不如一寸圖形之明顯也。

### 第一題

設有一柱，平分如二百一十圖，而軸内甲乙者於丙處，以辛尖之體安托本柱。又以壬丁之繩，懸掛與丁處而平準。則推知尖體辛者，與壬丁之繩，各當受若干斤兩。假如甲乙全之重六斤，則尖體辛者托受二斤，而壬丁之繩懸受四斤。緣丙丁之線三分，與丁巳之線二分，如全柱之六斤，與壬丁之繩四斤也。

### 第二題

設有一柱如二百一十一圖安托於軸内丙丁兩處。題理曰：尖體辛者，所托受之斤兩，與尖體壬者托受斤兩，如己丙線與己丁線之比例。

## 第三題

設令有一柱如二百一十二圖以兩根垂線，懸在于乙丙兩處，其柱之中心在甲。題理曰：丙處所帶全柱之斤兩，與乙處所帶之斤兩，如軸中甲壬線與甲辛線，長短之比例矣。

## 第四題

設有三角形甲乙丙如二百一十三圖，於地平直立者，其甲乙之邊，與甲丙之邊，如二與一。其底乙丙者，與地平線平行。題理曰：甲乙邊上之分兩，與甲丙邊上之分兩，如甲乙邊與甲丙邊長短之比例矣。欲証此理，則設令有十四圓球，其分兩每各均平，同串貫懸在甲乙丙三角形之周圍。如掛珠于頸然，各有本軸能轉動，如小輪然。其甲乙邊上有四球，甲丙邊有二球。理推曰：設甲乙邊上之四球，與甲丙邊上之二球，輕重不準平，則左邊之八球，與右邊之六球既爲更重，則必輪轉下行。而右邊之六球必輪轉往上，而歸于前設之左邊有八球，右邊有六球相連之勢。因此則左邊球仍往下，右邊球仍往上，如此上下不間斷也。然既無如此之理，則前題之理必不差矣。

由此而推知，凡從重心乙者出線，而交庚癸線，與子午線平行者如二百一十四圖，則甲乙丙三角形，與卯酉亥三角形相似。故甲乙線與乙丙線，如壬之垂權與辛之垂權，斤兩之比例。然甲乙丙三角形，與丙丁戊三角形既爲相似，則丁戊線與丁丙線，如壬之垂權與辛之垂權也。凡依丙丁戊三角形之理推，則其丁戊線與地平必須爲垂線，而其丙戊線與子午線，即與重徑爲地平矣。

## 第五題

設有一柱如二百一十五圖其軸内有丙壬兩處，其一壬者不動，其二丙者可動。從丙可動之處，懸丁戊兩垂權，其一權之繩丙乙者直起向上，其三權之繩甲丙者斜起向上。兩權之繩，懸掛本柱之一端，于不動之定所壬者。題理曰：直起之權戊者，與斜起之權丁者斤兩之比例，如直起之線丙乙，與斜起之線甲丙矣。其直落、斜落之權線，同是一理。見又二百一十五圖

## 第六題

設有柱如二百一十六圖其軸内，有兩處甲乙，其一甲者不動，其二乙者可動。從可動之處乙者，懸兩垂權，其一權之繩乙

辛直落下，其二權之繩乙己斜落下。兩權之繩，懸本柱之一端于定所乙者不動。題理曰：直落之權辛，與斜落之權壬，分兩之比例，如直落之線乙辛，與斜落之線乙己者也。

## 第七題

設有柱如二百一十七圖其軸内，從一處甲者，有兩𠄂權線甲乙甲丙者懸之。一線甲丙者向左而起，一線甲乙者向右而起。其兩線柱軸之上，作兩角相等者。題理曰：兩線彼此平分本柱重之斤兩。

## 第八題

凡有多𠄂權線如二百一十七圖，同起一柱者，諸權線中，其於柱軸上作直角如甲丁線者，則其能力，比别作斜角者更大。

## 第九題

有兩端繩如二百一十八圖，各從各端懸起甲丙柱。題理曰：若繩之各端或向上，或引長向下，則彼此相交于本柱重心之𠄂徑線戊己。

## 第十題

設有兩𠄂權繩斜起一柱如二百一十九圖。題理曰：斜起各繩權丙戊權之斤兩，與直起各繩權之斤兩子午者，如各斜起之各繩甲己丁乙，與直起之繩己辛丁壬。

## 第十一題

已上諸題俱借柱之名，以便解各重物之比例，并其起本物之能力。令設一總之題理曰：凡上所推柱重之比例，與别各重物之比例，同是一理如二百二十圖。有無定法之木一根，作丁己線，若與其重軸甲乙線平行者。則丙丁線與丙己線，如丙丁線之𠄂權辛者，與丙己線之𠄂權壬者也。

## 第十二題

有兩人或同帶，或同扛一重物，其每各所帶之各繩，或托其各肩，與本物之重心，相離近遠不等如二百二十一圖。題理曰：其近者所帶、所扛之分兩，與遠者所帶、所扛之分兩，如遠者之長線，與近者之短線矣。

## 第十三題

設兩繩甲乙甲己者，與重物垂徑線之丁甲丙者相交于甲，所謂交重物之垂徑線者，猶如謂交物之重心，同是一理如。而齊起重物之體丙者，今欲推知各繩帶斤兩若干。題理曰：從各繩不拘何處戊者，作戊丁線，與甲己線平行者。則推知，甲丁繩所帶全重之斤兩，與甲戊繩所分帶之斤兩，如甲丁線與甲戊線之比例矣。又甲丁繩所帶全重之斤兩，與甲己繩所分帶之斤兩，如甲丁線與丁戊線之比例。則甲戊繩分帶之斤兩，與甲己繩分帶之斤兩，如甲戊線與戊丁線之比例也。

## 第十四題

因前之理推，則亦可推三四五等，多繩相連齊起重物者，各繩分起本物之斤兩若干。如二百二十三圖可推甲乙、甲丙兩繩，照前第十三題之理，各起重物辛壬之斤兩若干。又可推丙丁、丙戊兩繩，各分起甲丙繩，若干之斤兩。又第可推乙庚、乙巳兩繩，各分起甲乙繩，所分起全重物，辛壬者之斤兩若干。照此之理，各繩所起之斤兩，若又分于别多繩，則可推知别各繩，能起斤兩若干矣。

## 異色輕重比例之法

夫物之重輕與其大小，必有一定之比例，因其輕重，可推而知其大小，又因其大小，可推而知其輕重。凡爲輕重者，必以其體形相等爲主。兩物體形相等者，彼此有輕重多寡之比。不相等者，其輕重無相比之定理。如有銅球於此，其徑一尺，不可以爲一定之輕重。若相等形之他球，如同徑之鐵球木球，斯可以比之，而定其輕重。葢鐵球比銅球爲輕，比木球爲重也。輕重學有云：凡銅色之球，如皆爲銅或鉄等，其輕重之比例，爲其全徑三加之比例。如有兩銅球甲與乙見二百五十六圖，五甲之徑爲二尺，乙之徑爲一尺，若甲球重三千零四十斤，則乙球之重必三百八十斤。因此比例法，從輕推重，從小推大，又從同色之顆，推大小之同顆。譬如將黃蠟作球，從此蠟圓蠟球之輕重，可推金銀銅等項之同徑球之輕重。凡鑄器球先用黃蠟作各器之式樣。其法曰：造諸色同徑之體，如球體、或立方體，權之得其輕重之差，以爲比例之根率。如下表縱橫兩行、列諸色之體名，上邊之橫行，從最重起至最輕止。傍邊之縱行，從最輕起至最重止。縱橫兩行相遇之方位，所得之数，即兩同顆異色之體輕重之比例也。

## 異色之體輕重比例表

| | 金 | 水銀 | 鉛 | 銀 | 銅 | 鐵 | 錫 | 蜂蜜 | 水 | 蠟 |
|---|---|---|---|---|---|---|---|---|---|---|
| 蠟 | 十九又二十九分之九分 | 十四又一百四十七分之三十五分 | 十二又二十一分之一分 | 十又六十五分之五十二分 | 九又二十一分之九分 | 八又二十一分之八分 | 七又一百〇五分之八十九分 | 一又二百十分之一百〇九分 | 一又二十一分之一分 | 一 |
| 水 | 十九 | 十三又七分之四分 | 十一又二分之一分 | 十又三分之一分 | 九 | 八 | 七又五分之二分 | 一又二十分之九分 | 一 | |
| 蜂蜜 | 十三又二十九分之三分 | 九又二百〇三分之七十三分 | 七又二十九分之二十七分 | 七又八十七分之十一分 | 六又二十九分之六分 | 五又二十九分之十五分 | 五又二十九分之五分 | 一 | | |
| 錫蠟 | 二又三十七分之二十一分 | 一又二百五十九分之二百十一 | 一又七十四分之四十一分 | 一又一百十一分之四十四分 | 一又三十七分之八分 | 一又三十七分之三分 | 一 | | | |
| 鐵 | 二又八分之三分 | 一又五十六分之三十九分 | 一又十六分之七分 | 一又二十四分之七分 | 一又八分之一分 | 一 | | | | |
| 銅 | 二又九分之一分 | 一又六十三分之三十五分 | 一又十八分之五分 | 一又二十七分之四分 | 一 | | | | | |
| 銀 | 一又三十一分之二十六分 | 一又二百一十七分之六十八分 | 一又六十二分之七分 | 一 | | | | | | |
| 鉛 | 一又二十三分之十五分 | 一又一百六十一分之二十九分 | 一 | | | | | | | |
| 水銀 | 一又九十五分之三十八分 | 一 | | | | | | | | |
| 金 | 一 | | | | | | | | | |

此表之用法有二：其一求兩等大異色體之輕重差，其一求兩異色等重體之大小差。兩法從先所引輕重學之一題而生。若求兩體輕重之差，則以其輕體者當一，或斤兩等分。若球本體大小之差，則以其重者當一。假如球蠟與銅輕重之差，蠟比銅輕，則蠟當一。而蠟銅縱横，兩行相遇方内，書在九倍又二十一分之九分。解曰：若蠟球有一斤重，則同徑之銅球有九斤重又一斤二十一分之九分。欲觀水與水銀之輕重差，則在卷内之十三分又七分之四分，可考也。又如水之重約一斤，則水銀相等有十三斤又一斤七分之四。若各器銅圈，應厚一寸，寬二寸，其徑該六尺長，求其銅之斤兩。法曰：先作有一尺徑蠟圈，寬厚與銅大圈相等。因而照前表法，求等大之銅圈。次從一尺之徑圈，因而推六尺之徑圈。看新法測量全儀第五卷，然後看前表。凡銅鑄器其座架并方圓各形之柱表梁等，先無不用蠟而作大小各式樣，因可推應作銅鐵元柱表梁等各輕重之斤兩矣。凡此係前表第一用法。今照第二用法，有銅有蠟兩球，輕重相等，求其大小之差。銅球必小當一，而銅蠟縱横兩行相遇之方内，書在九又二十一分之九分。解曰：銅球之大與蠟球之大，如一與九又二十一分之九分，則蠟球包含銅球之大，約九倍半。其餘比例皆倣此。

## 滑車省力之理

夫滑車省力之理，由杆槓省力之所以然，而推凡運動重器者，其所用之器，愈加其易動，則愈省動者之力明矣。今動者凡用省力器之時，其本身之動，比重物之動，愈加輕快。其輕快愈加倍，則其省力愈加倍，亦明矣。

用滑車之法而運動重器，其便有二：省人力一也，重器不致于損傷二也。其省人力者何？蓋凡人之起重，必力與其重相等。如一百斤之重，必須一百斤之力始足以當之。今法止用一輪之滑車，而力之半能起重之全，則五十斤之力能當一百斤之重。若用二輪之滑車，則是以力之四分之一而能當全重，即二十五斤之力，能起百斤之重也。三四等輪之比例，皆倣此。假如用一對滑車，又須用兩絞架，而一近一遠置之。其近者傍于所動之重物，而遠者離于重物也。今論一對滑車，以定其加力之比例，則以近架爲主。蓋近架内小輪若干，則力必加倍若干也。但比例有二：其一平分者，以平分之数解之，如四六八等；其一不平分者，以不平分之数解之，如三五七等。依二法安定滑車，則各有不同矣。如依平分之比例，安定倍力之滑車，見二百二十五圖其所倍力之数若干平分，而以其数之半若干，於近架内安定小輪若干，而其繩之一端，則必繫于遠架。若依不平分之比例，安定倍力之滑車，于倍之数減一，而餘数之半，即爲近架小輪之数，而其繩之一端，則必繫于近架也。見二百二十五圖如上滑車遠近兩架，通用一繩，而其一端止繫于一處，其倍力之比例皆如此。若其小輪，則每一輪各用別繩，而各繩之一端，又各有安定之處，則其倍力之比例爲更大焉。見二百二十六圖假如重物在庚，滑車各繩，定于甲乙丙丁，人力在戊，則加十六倍。蓋依滑車之力也。若人力在巳，則與重物相等。在辛則加二倍，在壬則加辛之力二倍，巳之力四倍。在癸則又加壬之力二倍，即巳之力八倍。蓋遞加新輪，則遞加倍力有如此，此滑車之輪法。假若倒用，而以重物之所在，爲人力之所在，則重物之斤兩加倍若干，而起之速亦加倍若干。見二百二十七圖假如用爲水筩，乙爲人力，按此輪法人手拉繩至五尺以下，則盈水之筩，即起有四十尺之高。而手動五尺之時，水桶已去四丈之遠，可知其速矣。

其重器不致于傷損者何？夫重器愈廣大，若無法以運動之，則愈易崩墜，故用滑車最爲穩便。蓋滑車輪多，近遠置以兩架，用一繩以多繞而相連之，雖其重大而有亟壓之勢，然因其繩繞之糾纏，而勢不能驟開，必有先後漸次焉。故重器用滑車以絞動，設縱偶有脱手，其繩必不能驟開而致有崩墜觸損之患矣。蓋滑車之理，小輪兩架繩，繩若干，則其用力加倍亦若干。又拉重者比其所拉之重行動之捷若干，則其力亦必加倍若干。故滑車之繩一端，若繫于近架拉重，則更加其力矣。

又用多輪之滑車一對，不如用單輪之滑車兩對，其所倍之力更大。假如一對滑車，其近遠兩架各四輪，則共八輪，其力之加大爲十倍。今有兩對相連之滑車，其近遠兩架各有二輪，則共八輪與前同，而其力之加倍爲二十五倍，與前大不同也。凡用滑車運最重之物，必須絞架，所以倍加其力也。假有相連兩對之滑車于此，各有四輪，而有人在丙，用四十斤之力，則能動一千斤之重。若又添絞架，其絞柄于其絞柱之徑，如十與一，則以四十斤之力，能動二萬五千斤之重。故絞架與滑車，互相爲用也。若獨用絞架，則其所繞絞柱之一單繩，不足以當二萬五千斤之重。若獨用滑車，則其諸繩雖足當乎重物，而其倍力之比例，實不及矣。若用絞架連用滑車，則合力當之而有餘焉。又其所繞絞柱，雖仍有一單繩，而此一繩則能當雙繩相連八繩之力也。

## 連輪省力之理

夫連輪之省力，由其各輪有一定大小之比例。蓋大輪之徑，比小輪之徑加倍尺寸若干，則其運動之省力加倍若干。如有輪架五對，每一對有大小兩輪，同在一軸，每大輪與其小輪之比例，如五與一。五對輪相連大撥小，而同爲五倍相連之比例。今推筭其力，如有一孺子于此，止能用一斤之力，若用此輪法，則能起二百九十八萬五千九百八十四斤之重。曾照此法，造小輪架，以爲引重，其長不及二尺，其闊深不及一尺，內有三等輪與三軸，彼此相通相撥，獨用一絲繩以轉動之，而拉重物勝于数十人之力焉。其所以然之故，則詳見所論重學諸題。

## 螺蛳轉省力之理

諸運重之中最有力者，螺蛳轉也。其作法之巧妙，與用法之廣大，及其運動省力之理甚微。夫螺蛳轉上端，用絞柄開之、旋之、緊松之。其絞柄之尺寸，比螺蛳轉之半徑若干，則其省力亦若干。如其所運動之物，有四五千斤之重，今用一寸徑之螺蛳轉，又加一尺之絞柄，則雖一孺子用数斤之力，而即能起動之。若照比例相連之法，用螺蛳轉彼此相撥之法，則用一斤之力者，可以起数萬斤之重也。蓋此相撥之器具一動，而有無所不動之勢，故其力爲甚大也。

## 重物空中行道之勢理

總論重物之動，有依兩道而行。一曰：因性之道，即上往下之行。二曰：强性之道，即或横或上而行。其因性之道者，即從上往下，作正𠌯線而行，緣下爲其本所也。天下之物，各有本所。物之性，亦各喜得本所。每物不在其所，則必與性相反，且別物得以攻之。故各就本所，乃各物之所喜向也。假如火本炎上，使之入水，則非本所，便就滅息。重之性下，水土其本所也。且物性直捷，重之𠌯下，不作迂曲。況天下之物性最巧，直線之途必短，迂曲之線，其途甚長。物喜短捷之便。故不肯拂性而迂曲也。

重物强性而行，由兩彼此相反之力而動。一曰：本性之内力向下行。二曰：逆本性之外力向上行。蓋凡重物逆其本性而强受動，則施動者，必通施猛㦝之力于重物之體，以强帶而動。若無如此之力隨重物之體而帶動之，則重物既已離動者之手，即因本性𠌯線之直道而下行。然既不能全順本性之動而直下行，又猛㦝之力，既不能全勝重性之逆行而擊之直上行，則重物空中之道，非依直線往上往下，惟依曲線，而仿佛圭竇形之線，一半往上，一半往下行矣。

## 重物如砲彈等自下往上比自上往下更中鵠之所以然

凡重物如砲彈等，自下往上比自上往下，更能中鵠者，屢次已經試驗也。其所以之理爲何？蓋重物與砲彈等，則其本性亟下，並不向放砲者，所向之鵠也。今放砲自下往上者，愈往上愈逆，而勝其亟下之情，與自上向下放砲者相反。愈往下，愈順其亟下之情，故愈反其中鵠之原向也。見二百二十八圖丙爲山下之砲，自下所向在上之鵠者；戊爲山上之砲，自上所向在下之鵠者。砲彈在甲丙道如乙者，則順亟線乙丁者，其本情往下行，而甲丙線逆其情向上行，愈上愈離其亟線也。今砲彈在巳戊線，如丁者，其情仍欲下行，而巳戊線亦從上往下行，因而隨其情，愈下愈近其亟線也。然其向下放砲者，原照窺目之横線對鵠而放。今亟線既相離于對鵠之横線，則順其亟線往下，放砲者愈順愈離原對鵠之横線，此其難中鵠之故也。

## 求改正砲之偏向

凡砲向之緣由有多，惟第一難正者，即從鑄砲勢所由生也。蓋砲膛雖直而平，但其周牆，或厚薄輕重不一。假如鑄砲時，其左邊略爲重厚，其右邊略爲輕薄，則放砲時，其彈必斜而偏向厚重之左邊矣。若砲長而輕薄者，此弊即顯。凡捶造鳥鎗，多有此病。因其周墻之皮，捶煉時，多有輕重鬆緊不齊之故也。今砲彈所以偏向周牆之厚重者，其所以然，由性學之本論，可推知也。

夫正對星斗之法，雖能改正砲偏向之大槩。然因火之勢力無一定之法，其星斗對法亦難得向定。夫性學所用窮理之法，先驗各性之效，而以其已然推知其所以然，然後務立定法。今屢次已經試放各砲，而驗其偏向之勢。但雖用度数之學以改正其法，然因火之勢力多有不同之故，其法以試驗，更爲有定此立法，并試驗之自然，彼此相助。蓋法能輔助以改正試驗之用，又能輔助以改正其法，愈爲準定也。

夫砲之偏向有二：一左右之偏向，一上下之偏向。今先改左右之偏向。法曰：其偏向之砲上，先安定蠟成之星斗，令其窺目之視線，照蠟成之星斗。與砲膛中心線平行如正向之砲上，定星斗之法無異。次對本砲與鵠而放之。放畢，即記識其砲所放之彈，偏向鵠之，或左或右，若干尺寸。如二百二十九圖甲爲斗，丁爲星，丙爲鵠。壬爲砲彈偏鵠之右，離中三尺。辛爲砲彈偏鵠之左，離中四尺。其砲尾相距鵠，一百步。今務令砲彈正打于經鵠之亟線，子午者，且勿論其打鵠之上下，惟使其勿偏于鵠之左右而已。

法曰：若砲彈偏于鵠之左，假如打辛者，偏四尺，則從砲口箍上之中丁者，移挪蠟造之星，往鵠之左至巳者，約五分，然後移動砲，自丁往鵠之右，使斗星之線甲巳者，正對于於經鵠之畨線。而試放之，務令中鵠之中心也。若砲彈偏于鵠之右，假如打壬者偏三尺，則從砲口箍上之中丁者，移挪蠟造之星，往鵠之右至乙者約三分，然後移動砲口，從丁往鵠之左，使斗星之線甲乙者，正對于經鵠之畨線。而試放之，俾中鵠之中心也。若依前法，而又不中鵠之畨線，則又移挪蠟星，或左或右，若干分厘。照其砲彈偏鵠之畨線，或左或右，尺寸若干矣。其用法之理，載《幾何原本》第六卷第二題並第四題。蓋甲丙線之一百步即五百尺與甲丁線，即斗距星六尺之比例，如丙辛之四尺與丁巳線五分之比例。故用三率法而推之，甲丙線之百尺爲一率，丙辛線之四尺爲二率，斗距星甲丁線之六尺爲三率。其二率與三率相乘，以一率除之，即得丁己線，約爲五分也。照砲相距鵠近遠若干者，則以此之比例，可推其星之移挪分厘若干矣。如或以三率比例爲難，則照砲所放之彈，偏鵠之左右若干尺寸，而酌量揣度移挪其星，或左或右分厘若干矣。

## 論砲上下之偏向

法曰：本砲之上，仍安置蠟成之星斗，與正向之砲上無異。次若砲彈偏于鵠之下，則照其偏之尺寸若干，須短其星分厘若干矣。若砲彈偏于鵠之上者，則照其偏之尺寸若干，必須長星分厘若干矣。此上下偏正之改正法，並其理推與左右偏向改正之法，並與其理推無異。

## 推重物道遠近高低之儀

勾股形内造象限儀，則推重道之儀，全備矣。以砲彈之道，爲譬如之驗，其股入砲口内，而其中心之畨線，指砲彈所行高低遠近之度也。蓋畨線若對砲象限儀初度所起之線，則砲彈所行之道者，謂之地平即水平之直道也。其彈所到之地者，距砲最近之地也。若將砲口從地平高起往上，則畨線所對一十二十三十等度，至四十五度者，指砲彈所行之道，漸次加高並加遠大之度也。其砲彈，凡地平以上空中所行之道者，皆曲線之道也。從本道之最高，至地平以測度，畨線之尺丈爲其高度。其遠之尺丈，以曲線道所至而止之地，爲度也。如二百三十圖甲乙丙爲勾股線之象限儀也，丙爲其初度之線所起，故甲丙丁線爲砲彈所行地平直線之道也。第二百三十一圖内象限儀之畨線，對于三十度，故甲乙丙線爲砲彈所行曲線之道也。其高以乙丁垂線爲度，其遠以戊丙地平線爲度。第二百三十圖内象限儀之垂線，對于四十五度，故甲乙丙謂砲彈空中行四十五度之道也。其高度乙丁線，其遠度戊丙線，是也。

此象限之小儀，正如從天頂至地平，象限之大儀也。若將向下之象限，轉而爲向上之象限，則以其股爲地平線，以其勾爲天頂垂線，以其中心之垂線變爲界方之表。向上之象限儀用界方表者，與向下之象限儀用垂線者，其理及用法相同。用此則明顯砲彈高低近遠之各度，照象限儀高低之各度，各有不同也。如二百三十二圖向上之象限儀，即勾股之交角。甲者，爲砲口之心，其甲辛乙者，爲砲彈照砲口對象限儀第十度之高，空中所行曲線之道也。甲乙線之尺丈者，爲本道遠度之尺丈也。其壬辛線之尺丈者，爲本道高度之尺丈也。又甲申丙線者，爲砲彈，照二十度之高度，空中所行之道也，其遠爲甲丙線，其高爲申酉線。又甲未丁者爲砲彈，照三十度之高度，所行之道也，其遠者甲丁線，其高者未戊線是也。又甲亥戊者爲砲彈，照四十五度之高，所行之道也，其遠度爲甲戊線，其高度爲亥丑線。夫象限之四十五度，在其儀之當中。見二百三十二圖凡對四十五度之高，其四十五度者，即天頂地平兩者之當中。而或放砲、或射箭、或手拋擲石塊等物，則其砲之彈、弓之箭、手拋之石塊等物，空中所行之道者，比象限儀諸度之道，爲第一遠者也。見二百三十二圖其四十五度上下各道，離四十五度愈遠者，則其遠度愈減也。其上下每兩道相離四十五度，如一遠者，則其遠度相等也。見二百三十二圖如三十度之道，與六十度之道，其遠度者同，爲甲丁一線也。又二十度與七十度之道同，以甲丙一線爲其遠度。其十度與八十度同，以甲乙線爲其遠度。其餘倣此。

自四十五度徃下，諸道漸次減其高度。自四十五度徃上，諸道漸次加其高度。其九十度之道，無遠度。原在天頂垂線之中，而爲諸道之中，最高者，如甲頂線者是也。

## 遠度表之解説並其用法

夫後章所列遠度表者，爲砲之彈、弓之箭等，對象限儀各度之高者，所行之遠步也。假如有大砲于此，若對于象限儀各度之高，則屢次已經驗其彈所至遠度者，皆照後章所立表之数也。今以本表之数，爲他砲之彈所能到遠度之比例也。其表之右第一行與第二行，開列所刻象限儀之高度，以四十五度爲首，緣四十五度爲諸度之中，遠度之極故也。其餘每兩度離四十五度，上下同一遠。表内各照次第，列在四十五度之下，其第三行與第四行之度者，即與第一行與第二行内之度数相對，大小比例之数也。假如某一砲，對于或三十度、或六十度之高，求其遠步遠丈幾何？

法曰：或第一行第二行内，若查第三十度或第六十度，則第三行内正對比例之大数，八六六〇，即八千六百六十步。其比例之小数爲五一九丈零三尺，即五百一十九丈零三尺。其餘倣此。

# 砲彈遠度比例表

| 儀限度數 | | 比例大數 | | 比例小數 | | |
|---|---|---|---|---|---|---|
| 高 | 度 | 步 | 數 | 丈 | 數 | 尺 |
| 四十五 | 四十五 | 一○ | ○○○ | 六○ | ○ | |
| 四十四 | 四十六 | 九九 | 九三 | 五九 | 九 | 三 |
| 四十三 | 四十七 | 九九 | 七三 | 五九 | 八 | 二 |
| 四十二 | 四十八 | 九九 | 四三 | 五九 | 六 | 三 |
| 四十一 | 四十九 | 九九 | 二○ | 五九 | 五 | 一 |
| 四十 | 五十 | 九八 | 四六 | 五九 | ○ | 四 |
| 三十九 | 五十一 | 九七 | 八○ | 五八 | 六 | 四 |
| 三十八 | 五十二 | 九七 | ○○ | 五八 | 二 | ○ |
| 三十七 | 五十三 | 九六 | 一○ | 五七 | ○ | 三 |
| 三十六 | 五十四 | 九五 | 一○ | 五七 | ○ | 三 |
| 三十五 | 五十五 | 九三 | 九六 | 五六 | 三 | 四 |
| 三十四 | 五十六 | 九二 | 七○ | 五五 | 六 | 一 |
| 三十三 | 五十七 | 九一 | 三三 | 五四 | 八 | ○ |
| 三十二 | 五十八 | 八九 | 八○ | 五三 | 九 | 一 |
| 三十一 | 五十九 | 八八 | 二六 | 五二 | 九 | 三 |
| 三十 | 六十 | 八六 | 六○ | 五一 | 九 | 三 |
| 二十九 | 六十一 | 八四 | 八○ | 五○ | 八 | 四 |
| 二十八 | 六十二 | 八二 | 九○ | 四九 | 七 | 五 |
| 二十七 | 六十三 | 八○ | 九○ | 四八 | 六 | 二 |
| 二十六 | 六十四 | 七八 | 八○ | 四七 | 二 | 四 |
| 二十五 | 六十五 | 七六 | 六○ | 四五 | 九 | 三 |
| 二十四 | 六十六 | 七四 | 三○ | 四四 | 五 | 四 |
| 二十三 | 六十七 | 七一 | 九三 | 四三 | 一 | 一 |

# 砲彈遠度比例表

| 象限儀 | | 比例大數 | | 比例小數 | | |
|---|---|---|---|---|---|---|
| 高 | 度 | 步 | 數 | 丈 | 數 | 尺 |
| 二十二 | 六十八 | 六九 | 四三 | 四一 | 六 | 三 |
| 二十一 | 六十九 | 六六 | 九〇 | 四〇 | 一 | 二 |
| 二十 | 七十 | 六四 | 二六 | 三八 | 五 | 三 |
| 十九 | 七十一 | 六一 | 五三 | 三六 | 九 | 一 |
| 十八 | 七十二 | 五八 | 七六 | 三五 | 二 | 三 |
| 十七 | 七十三 | 五五 | 九〇 | 三三 | 五 | 二 |
| 十六 | 七十四 | 五二 | 九六 | 三一 | 七 | 四 |
| 十五 | 七十五 | 五〇 | 〇〇 | 三〇 | 〇 | 〇 |
| 十四 | 七十六 | 四六 | 〇三 | 二八 | 一 | 三 |
| 十三 | 七十七 | 四三 | 八三 | 二六 | 三 | 〇 |
| 十二 | 七十八 | 四〇 | 六六 | 二四 | 四 | 〇 |
| 十一 | 七十九 | 三七 | 四三 | 二二 | 四 | 三 |
| 一十 | 八十 | 三四 | 三〇 | 二〇 | 五 | 一 |
| 九 | 八十一 | 三〇 | 九〇 | 一八 | 五 | 二 |
| 八 | 八十二 | 二七 | 五三 | 一六 | 五 | 一 |
| 七 | 八十三 | 二四 | 一三 | 一四 | 四 | 四 |
| 六 | 八十四 | 二〇 | 七六 | 一二 | 四 | 三 |
| 五 | 八十五 | 一七 | 三三 | 一〇 | 四 | 〇 |
| 四 | 八十六 | 一三 | 九〇 | 八 | 三 | 二 |
| 三 | 八十七 | 一〇 | 四三 | 六 | 二 | 一 |
| 二 | 八十八 | 六 | 九六 | 四 | 一 | 四 |
| 一 | 八十九 | 三 | 四九 | 二 | 一 | |

# 求不拘何砲之彈、弓之箭等至遠步幾何

法曰：凡用某砲某弓等，以驗此題之法，則本砲本弓等所用之力，必恒爲一。如火藥之分兩，砲彈之大小輕重，拉弓之弦尺寸若干，其箭之長短大小輕重，皆爲一定不易。次須知某砲放彈，某弓射箭，照勿論何一高度，其彈其箭至幾何遠？蓋以此一度之遠步，恒爲推他遠步之宗根故耳。假如某砲已經試驗，凡對于四十五度之高，則其所放之彈，至八十步始落于地。今若將本砲對五十四度，欲知其彈至丈数幾何？

法曰：以四十五度之高，查表，則見第三行内相對之数，爲一〇〇〇〇，即一萬。故以一〇〇〇〇爲一率，其本表本行内，以五十四度相對之数爲二率，以八千步爲三率。第二率與第三率相乘，以第一率除之，即得七千六百步，爲其所求。又假如某弩弓，用弩弓者，緣弩弓比他弓並比各砲等，更有一定一不易之力，其弩弓之安法並對法。若對于十二度之高，則已經驗其所射之箭，至四十步而止。今求本弩，若對于三十度之高，其所射之箭，至步数幾何？

法曰：表内第四行十二度之数，即二百四十四之数者，爲一率。其已經驗之四十步，爲二率。表内第四行三十三数之比例，即五百八十数者，爲三率。第二率與第三率相乘，以第一率除之，則得約九十步，爲其所求。其餘倣此。

# 高度表之解説

高度表者，爲砲之彈、弓之箭等，對象限儀各度之高者，空中所行曲線道内，最高之度也，如二百三十一圖内乙丁線是也。此表以砲彈向天頂之高爲定，則設今有大砲于此，其口對象限儀第九十度線，九十度線者，天頂之垂線也。而放其彈往上去之高度者，係一萬尺之全数，即諸比例之根也。所謂一萬全数者，即分寸尺步等度之總数也。其用如八線等表全数之用法無異。表内各度之高，各有其相對之尺数，如二十度相對者，五三四六，即五千三百四十六尺也。其三十度之高，相對者，二四九九，即二千四百九十九尺也。其餘放此。表内所謂尺数者，不過比例之数耳。亦可以爲分寸步丈等度之数也。本表内自一度，至九十度所列之数者，即象限儀諸高度之数也。其餘他行内相對之数者，即砲彈空中所行曲線之本道，最高之尺数也。

## 求勿論何砲之彈弓之箭各本道内空中所行最高係步数幾何

法曰：凡用某砲某弓以驗此法，則本砲本弓等，所用之力照前章遠度表之用法，必須恒爲一定不易者。次須知本砲本弓，對于象限儀，不拘何一度者，其彈其箭等空中所行本道最高之尺步也。緣以此一度之高步，恒爲推他度之高步，比例之宗根也。假如有弩弓于此，向天頂而射其箭，所至之高度者，已經驗爲一百步也。今本弩若對象限儀四十五度，求其箭所至本道内，最高之處，係步数若干。

法曰：表内以九十度所對之全数，表内全数者爲一〇〇〇〇，即一萬之全数也。爲一率。已經驗一百步者，爲二率。表内四十五度相對之尺数，五〇〇〇，即五千尺之数者，爲三率。今第二率與第三率相乘，以第一率除之，即得所求之高爲五十步也，其餘倣此。

## 砲彈行空中頃刻秒微表説

格物性學家，已經驗砲彈之神速者。有言用一砲彈重三十三斤零八兩，若將本砲對于象限儀各度之高而放，則已經驗其彈從砲口出起，至于所落之處，空中所行本道内費頃刻之秒微幾何。今照其試開列其秒微之表于左，爲便于推算他砲之彈並弓之箭等，各經本道所費秒微若干，因而復推知其彈所行之高步，及遠步若干矣。本表内，與象限儀各度之高相對之数者，即砲彈經行各道所費頃刻微秒之数也。

# 砲彈高度表

| 砲<br>高 | 尺<br>度 | 彈<br>高 | 道<br>尺 |
|---|---|---|---|
|  | 一 |  | 三 |
|  | 二 |  | 一三 |
|  | 三 |  | 二八 |
|  | 四 |  | 五〇 |
|  | 五 |  | 七六 |
|  | 六 | 一 | 〇八 |
|  | 七 | 一 | 五〇 |
|  | 八 | 一 | 九四 |
|  | 九 | 二 | 四五 |
| 一 | 〇 | 三 | 〇二 |
| 一 | 一 | 三 | 六五 |
| 一 | 二 | 四 | 三二 |
| 一 | 三 | 五 | 〇六 |
| 一 | 四 | 五 | 八五 |
| 一 | 五 | 六 | 七〇 |
| 一 | 六 | 七 | 六〇 |
| 一 | 七 | 八 | 五五 |
| 一 | 八 | 九 | 五五 |
| 一 | 九 | 一〇 | 六〇 |
| 二 | 〇 | 一一 | 七〇 |
| 二 | 一 | 一二 | 八五 |
| 二 | 二 | 一四 | 〇二 |
| 二 | 三 | 一五 | 二七 |

| 砲<br>高 | 尺<br>度 | 彈<br>高 | 道<br>尺 |
|---|---|---|---|
| 二 | 四 | 一六 | 八五 |
| 二 | 五 | 一七 | 八六 |
| 二 | 六 | 一九 | 二二 |
| 二 | 七 | 二〇 | 六一 |
| 二 | 八 | 二二 | 〇四 |
| 二 | 九 | 二三 | 五一 |
| 三 | 〇 | 二四 | 九九 |
| 三 | 一 | 二六 | 五三 |
| 三 | 二 | 二八 | 一〇 |
| 三 | 三 | 二九 | 六七 |
| 三 | 四 | 三一 | 二八 |
| 三 | 五 | 三二 | 八九 |
| 三 | 六 | 三四 | 五六 |
| 三 | 七 | 三六 | 二一 |
| 三 | 八 | 三七 | 九三 |
| 三 | 九 | 三九 | 六二 |
| 四 | 〇 | 四一 | 三二 |
| 四 | 一 | 四三 | 〇二 |
| 四 | 二 | 四四 | 七七 |
| 四 | 三 | 四六 | 五四 |
| 四 | 四 | 四八 | 二七 |
| 四 | 五 | 五〇 | 〇〇 |
| 四 | 六 | 五一 | 七三 |

# 砲彈高度表

| 砲高 | 尺度 | 彈高 | 道尺 |
|---|---|---|---|
| 四 | 七 | 三五 | 六四 |
| 四 | 八 | 五五 | 三二 |
| 四 | 九 | 六五 | 八九 |
| 五 | ○ | 八五 | 八六 |
| 五 | 一 | ○六 | 八三 |
| 五 | 二 | 二六 | 三○ |
| 五 | 三 | 三六 | 九七 |
| 五 | 四 | 五六 | 六四 |
| 五 | 五 | 七六 | ○一 |
| 五 | 六 | 八六 | 三七 |
| 五 | 七 | ○七 | 三三 |
| 五 | 八 | 一七 | ○九 |
| 五 | 九 | 三七 | 八四 |
| 六 | ○ | 五七 | 二○ |
| 六 | 一 | 六七 | 九四 |
| 六 | 二 | 七七 | 六九 |
| 六 | 三 | 九七 | 九三 |
| 六 | 四 | ○八 | 八七 |
| 六 | 五 | 二八 | 四一 |
| 六 | 六 | 三八 | 六四 |
| 六 | 七 | 四八 | 四七 |
| 六 | 八 | 五八 | 七九 |
| 六 | 九 | 七八 | 五一 |
| 七 | ○ | 八八 | ○三 |
| 七 | 一 | 九八 | ○四 |
| 七 | 二 | ○九 | 五四 |
| 七 | 三 | 一九 | 四四 |
| 七 | 四 | 二九 | ○四 |
| 七 | 五 | 三九 | ○三 |
| 七 | 六 | 四九 | 五一 |
| 七 | 七 | 四九 | 三九 |
| 七 | 八 | 五九 | 七六 |
| 七 | 九 | 六九 | 九三 |
| 八 | ○ | 六九 | 八九 |
| 八 | 一 | 七九 | 五五 |
| 八 | 二 | 八九 | 六○ |
| 八 | 三 | 八九 | 一五 |
| 八 | 四 | 八九 | ○九 |
| 八 | 五 | 九九 | 四二 |
| 八 | 六 | 九九 | 一五 |
| 八 | 七 | 九九 | 二七 |
| 八 | 八 | 九九 | 七八 |
| 八 | 九 | 九九 | 八九 |
| 九 | ○ | ○一 | ○○○ |

# 砲彈起止所行頃刻秒微之表

| 象限高度 | 砲彈秒 | 所行微 | 象限高度 | 砲彈秒 | 所行微 |
|---|---|---|---|---|---|
| 一 | 一 | ○ | 二四 | 二三 | 五三 |
| 二 | 二 | 一 | 二五 | 二四 | 一五 |
| 三 | 三 | 四 | 二六 | 二五 | 四四 |
| 四 | 四 | 六 | 二七 | 二六 | 四○ |
| 五 | 五 | 七 | 二八 | 二七 | 三五 |
| 六 | 六 | 八 | 二九 | 二七 | 四九 |
| 七 | 七 | 九 | 三○ | 二九 | 二一 |
| 八 | 八 | 一○ | 三一 | 三○ | 一五 |
| 九 | 九 | 一一 | 三二 | 三一 | 七 |
| 一○ | 一○ | 一二 | 三三 | 三一 | 五九 |
| 一一 | 一一 | 一二 | 三四 | 三二 | 五○ |
| 一二 | 一二 | 一二 | 三五 | 三三 | 四一 |
| 一三 | 一三 | 一三 | 三六 | 三四 | 三一 |
| 一四 | 一四 | 一二 | 三七 | 三五 | 二○ |
| 一五 | 一五 | 一二 | 三八 | 三六 | 九 |
| 一六 | 一六 | 一一 | 三九 | 三六 | 五七 |
| 一七 | 一七 | 一○ | 四○ | 三七 | 四二 |
| 一八 | 一八 | 八 | 四一 | 三八 | 三二 |
| 一九 | 一九 | 七 | 四二 | 四九 | 一八 |
| 二○ | 二○ | 六 | 四三 | 四○ | 三 |
| 二一 | 二一 | 二 | 四四 | 四○ | 四七 |
| 二二 | 二二 | ○ | 四五 | 四一 | 三一 |
| 二三 | 二二 | 五六 | 四六 | 四二 | 一五 |

# 砲彈起止所行頃刻秒微之表

| 象限 | 砲彈 | 所行 |
| --- | --- | --- |
| 高度 | 秒 | 微 |
| 四七 | 四二 | 五七 |
| 四八 | 四三 | 三九 |
| 四九 | 四四 | 一九 |
| 五〇 | 四四 | 五九 |
| 五一 | 四五 | 三九 |
| 五二 | 四六 | 一七 |
| 五三 | 四六 | 五四 |
| 五四 | 四七 | 二三 |
| 五五 | 四八 | 六 |
| 五六 | 四八 | 四一 |
| 五七 | 四九 | 一五 |
| 五八 | 四九 | 四八 |
| 五九 | 五〇 | 二〇 |
| 六〇 | 五〇 | 五二 |
| 六一 | 五一 | 二二 |
| 六二 | 五一 | 五一 |
| 六三 | 五二 | 二七 |
| 六四 | 五二 | 四七 |
| 六五 | 五三 | 一三 |
| 六六 | 五三 | 二三 |
| 六七 | 五四 | 四 |
| 六八 | 五四 | 二七 |
| 六九 | 五四 | 五〇 |
| 七〇 | 五五 | 一一 |
| 七一 | 五五 | 三一 |
| 七二 | 五五 | 五一 |
| 七三 | 五六 | 九 |
| 七四 | 五六 | 二七 |
| 七五 | 五六 | 四四 |
| 七六 | 五六 | 五九 |
| 七七 | 五七 | 一三 |
| 七八 | 五七 | 二七 |
| 七九 | 五七 | 三九 |
| 八〇 | 五七 | 五〇 |
| 八一 | 五八 | 〇 |
| 八二 | 五八 | 九 |
| 八三 | 五八 | 一七 |
| 八四 | 五八 | 二五 |
| 八五 | 五八 | 三〇 |
| 八六 | 五八 | 三五 |
| 八七 | 五八 | 三九 |
| 八八 | 五八 | 四二 |
| 八九 | 五八 | 四三 |
| 九〇 | 五八 | 四三 |

# 砲彈頃刻秒微表之用法

凡照前表，用砲並弓等器，則依前所解，必須本砲本弓等器之力，恒爲一定不易者。又須先知本砲之彈、本弓之箭等，不拘行何一道之時，所費頃刻之秒微幾何。緣用此一道之秒微，以推他道之秒微故耳。假如有弓弩于此，若對象限儀三十度之高，則已經驗其箭空中所行曲線之道，必費頃刻之十秒。因此而求本弩若對象限儀九十度，向天頂放之，其箭在天頂之道內，往上並迴下，費頃刻秒微幾何。

法曰：用曆法八線表而推之，以三十度之弦爲一率，以全数之正弦爲二率，以十秒爲三率。今第二率與第三率相乘，以第一率除之，即得所求秒微之数也。如不便用八線表者，則用垂線球以得其所求之秒微，更爲易便矣。

## 垂線球之理

近今数十年以來，遠西之理學名家，特創新儀，而曲盡其測驗之法者也。故凡時刻之分秒纖微，天行毫末之差数，靡不於是而可悉焉。不寧惟是舉天下運動之疾，如空際之雷响諸類也，弓所發之矢也，銃所激之彈也，皆可以測而推之也。其器較諸儀爲最簡，而其爲用則甚便云。

凡重物隕墜所行之尺丈，并求其所須時刻之分秒有再加之比例，其比例以不平分之数而明之，如一三五七九十一等。假如有重物於此，自高墜下，若第一秒內下行一丈，則第二秒內行三丈，第三秒內行五丈，第五秒內行七丈。後行前行相并，如第一秒之行一丈，第二秒之行三丈，則并之爲四丈，又第三秒之行五丈，并於第二秒之行四丈，則共得九丈。又有八分之垂線球於此，其一往一來，而相應則十微也。設有物之重八兩者，自高墜下，則五十微內，下行一丈，其遞加倣此。今依此比例之数，列表如左。

| | | | | | |
|---|---|---|---|---|---|
| 八分䨇線球 | 一 | 一 | 二 | 二 | |
| 䨇球往来单行 | 五 | 〇 | 五 | 〇 | 五 |
| 相秋 | 〇 | 一 | 二 | 三 | 四 |
| 應微 | 五〇 | 四〇 | 三〇 | 二〇 | 一〇 |
| 重物分行丈數 | 一 | 三 | 五 | 七 | 九 |
| 重物總行丈數 | 一 | 四 | 九 | 一六 | 二五 |
| 不平分數 | 一 | 三 | 五 | 七 | 九 |

## 用法

手握磊球，不急不緩，任意離之於頂線。見二百三十三圖假如甲，自甲至乙乃釋手放之，則球之中心，恒當天頂一圈線之中。自上下徃來而離頂線，其左右則作圈線弧，如甲乙丙，而其圈之中心在於軸之中心如戊。此圈弧短小，如將盡時，即照前法提球而放之，令徃來一日相繼，以定時刻分秒之準則焉。但初放時，其圈弧不可太過，大略在四十五度之内，又從而提之，不可等球徃來全盡。如將盡，則又提球而放之，各有定規，學者習而熟之，無所施而不可也。今約舉数題以解之。

第一題凡磊球一來一徃之單行，其相應之時刻分秒皆相等。又凡磊球徃來之雙行，其相應之時刻分秒亦相等。所謂單行者，即磊球之一徃，或一來也。假若從甲至乙，爲一徃之單行；從乙至甲，爲一來之單行；從甲至乙，并從乙回至甲，即徃來之雙行也。解曰：若用測分秒之赤道大儀，或細微沙漏、水漏，或本人脉息之数，而對比之。夫磊球徃來之数，必觀其大弧之徃來，與小弧之徃來。論時刻之分秒，皆相等也。又大弧之徃來疾，小弧之徃來遲，遲疾不同，而其所歷時刻之秒，大弧小弧皆相同也。又試依正南北，安定三角形線，而晴夜測候不拘爲何星而交切之。一交切，則放磊球，而数其徃來至他星正交之時，則記其数若干。兩星相距愈遠，其測法愈準。次夜又測候前兩星，交三角形線之時，又放球如前，而記其徃來之数。此兩夜中，就其徃來之弧大小各有不同。究之次夜所記之数，必與前一夜所記之数相同也。如法三夜連測之，其從角宿交切本三角形線，至大角星交切之，則兩間球之徃來，皆至三千二百十二之数，葢莫准於此也。

第二題有兩磊線球，除磊線長短不等，其餘相等。其短者之尺寸與長者之尺寸，如長者徃來之方数，比短者於相等時刻徃來之方数。假如兩磊線球甲乙，甲球之磊線長一尺，乙球之磊線長二尺，試觀甲球徃來八十五次之時，則乙球必徃來六十次耳。然六十之方数即三千六百，與八十五之方数即七千三百，如一與二。夫八十五之方数雖本爲七千二百二十五，而其與前方数有微差。原從磊線徃來之總数而生，若論其細分，即無差矣。葢磊線一徃一來，各有細分，但難以分别之。又設若乙球之磊線長三尺，甲球之磊線仍一尺，則甲球六十次徃來之時，乙球之徃來必一百零四次。而其方数即一萬〇千八百十六，與三千六百，約如三與一也。

第三題有兩磊線球甲乙，除磊線長短不等，其餘相等。以甲球徃來之数，求乙球徃來之数，法曰：甲球徃來之方数，與其磊線長之尺寸分厘相乘，而所得之商数，與乙球磊線長之尺寸分厘歸之。又歸除之商数，依開方法，取其根。葢根多寡若干，則乙球之往來多寡若干。

第四題以垂線球之往來，求相應之時刻分秒，法曰：以其準定分秒之日晷法如赤道大儀，或以兩星相距定分秒之度数，照前一題交切南北線，求某垂線球往來之總数，相應天上分秒之總数幾何。然後以三率法推定本球每一往來相應之分秒幾何。依此法曾製垂線球推定其一往一來，相應天上一秒，六十次往來，正對一分。所以一刻内，有九百往來，四刻内，共三千六百往來之数。

第五題以某垂線球相應之分秒，求他不拘大小垂球相應之分秒纖微等，法曰：照第三題，用比例法，其一往一來，相應三十微。其往來之雙行，相應一秒。因而上第四題所定之垂球，六十次往來之時，此垂球往來一百二十次。又更加細微亦曾另製小垂線球推定其一往一來相應天上十微，所以六次往來對一秒，六十往來對十秒，三百六十往來對一分。若以之定自鳴鐘，雖歷二、三月之久，不調其輪牌，而分秒無差。待此器至中夏之時，自詳言其用法。

第六題凡求時刻分之分秒，如無諸儀參測其細微，則隨時隨處，而以本身之脉息可推而知也。蓋人當氣血平和之時，其一息，大率應時刻分之一秒。如當測時，切脉而自数其息，則以其定秒推之，而以球之往來較之。假如球每一往一來，爲一秒，而其六十次之往來爲一分。當彼六十次往來之時，若己之脉息，亦至六十次，則每一息代秒用之。若有過不及之差，則用此比例法。假如球六十次往來之時，数己之脉息至六十八次。則一次爲比例之共率，因得三十四脉息，相應三十秒，十七脈息，相應十五秒。餘倣此。蓋六十八與三十四，如六十與三十。又六十八與十七，如六十與十五，同一比例之理也。

第七題擬天以下之疾行，比而推天以上之疾行。近今以測量名家，依前定秒微諸法，曾驗放小銃時，於三秒内，其彈行一百八十二丈之遠。設使此彈常飛行空中而不斷，則必閲十一年零一百一十八日，而其所行不能盡太陽一日所行之度也。照此推算，則六十秒，即一分内行三千六百四十丈之遠，而六十分，即四刻内行二十一萬八千四百丈之遠。若九十六刻，即一日内行五百二十四萬一千六百丈之遠。今以丈数歸之里数，凡一里既爲二百一十六丈，則前所計丈数，共爲二萬四千二百六十六里一百四十丈也。然地球每一度爲二百五十里算之，則天下週圍共九萬里。而銃之彈，一日止行二萬四千二百六十七里矣。若行至九萬里之遠，則必須三日零六十八刻有餘。性理舊論曰：地球之全徑，其在於太陽天之全徑者，如一與一千一百四十二之比例。依新論其比例更小。今週與週，如徑與徑之比例，則太陽天週圍之里数，包地週圍之里数，一千一百四十二倍也。若照前所擬銃彈行空三日而不斷，則必須四千二百三十三日，即十一年零一百一十八日，始行盡於太陽天一日内所行一週之里数矣。又恒星天全徑與太陽天全徑，如十二與一，則恒星天一週，包日天一週，十二倍也。故夫銃彈以行盡太陽天之数推之，則必須一百三十九年零八十四日始行盡於恒星一日所行之里数矣。然凡此天行之疾，則又有何所比擬哉？

# 形性之理推九卷

治理曆法加工部右侍郎又加二級臣南懷仁著述

## 驗氣並空際異色雲高及水平江河泛濫之理

### 驗氣之説

夫氣者，四元行之一。天之於地，有上、中、下三域：上域近火，近火常熱；下域近水土，水土常爲太陽所射，故氣暖；中域上遠天，下遠地，故寒。然各域之界，由何而分？姑以極峻之山，晝三界喻之。山巔爲上域，風雨所不至，其氣極清，人與物不可居。其中爲中域，霜雪凝結。其下爲下域，而寒暖之分，又有輕重厚薄不同。若南北二極之下，因遠太陽，上下之煖處薄，中之寒處厚。若赤道之下，因近太陽，上下之煖處厚，中之寒處薄，以是知氣域不齊也。

四元行中，惟氣行最易變。以氣在天地間，上依星辰異照，下依水土異情。星辰各有德性，資育萬物。然各曜又因相會相對之勢，變異其情，其效亦異。且氣甚微甚順，易受諸天之變諸效之染，但其爲易變者難以分別，大概自冷熱乾濕而來。然能驗其爲然者，全賴人觸覺之官。葢人五官所司，惟觸司頑鈍，不能顯証其氣細微之變。其觸司能覺者賴一身脉絡所通之肌膚。何以言之？如有外熱攻伐吾身，而身内之本熱與之相等，則觸司必不之覺也。惟外來之熱有過不及於吾身之熱，而人之觸司方能辯其熱之强弱也。故仁特造一噐，而藉視司，即五司之最靈者，以補足觸司之所不及焉。其噐之屬有三：一作法，一用法，一效驗之所以然。所謂作法者，用琉璃噐。如甲、乙、丙、丁置木板架，如二百三十四圖上球甲與下管乙、丙、丁相通，大小、長短有一定之則，木架隨管長短分三層，以象天地間元氣之三域。下管之小半以地水平爲準，其上大半兩邊各分十度，其所晝之度分，俱不均分，必須與天氣寒熱加減之勢相應。故其度分離地平線上下近遠若干，則其大小應加減亦若干。假如冬月在本球内之天氣加厚，而其從前所占八寸之地，自收斂而歸於二寸之地。若五日内，如皆八分之冷，則球内之氣，第一日加厚一寸，第二日不及一寸，第三日不過五分，第四五日加至三分而不動矣。若六日内八分之冷氣與此相同，而其加厚之寸分，每日不同。蓋冷熱之驗，有所必然者。故候氣之具，自與之相應，而以冷熱之度，大小不平分相對之。至於用之法頗多，總歸于一，即所謂辯冷熱之分是也。冷熱者，天地萬變之所起，造化之功所由成也。今姑舉其用之有四以驗之：一測天氣，一測地氣，一測人物氣，一測月星等之氣。先以測天氣言之，天之氣晝夜無間，而無不變易。在卯酉子午時，其氣之升降不同，器内之水亦應之。如遇卯時太陽上地平，天氣加熱而升，午時氣更熱，而更升，氣升降之理有本論。在乙庚管之水亦然。酉時太陽下地平，而天氣降，子時更降，在管之水隨之而歸於地平。如明日較今日天氣熱冷若干，而在管之水因而升降亦若干。蓋晝夜如此，而周年每節氣日亦如此。是以冬氣與春氣，又春氣與夏秋等氣，彼此相比，因管之水升降度分若干，可以推其冷熱若干。又今年之節氣於次年之節氣，彼此相比亦然。欲辯東西南北等風之氣何如，則以此管對之。風熱則水必升，風冷則水必降，捷如影響，毫不爽焉。又以測地氣者言之，凡山谷、房屋、上下、左右之地氣，其清濁、輕重、乾濕諸理，即以冷熱之分，而大略可推焉。蓋凡此諸氣之理，或從冷熱而生，或因他有而起，則冷熱隨之，元行之輕而且微，以其所染外氣易入人物而薰染之。由是推之，人物之智愚、强弱、病否諸理，皆感受於其各地之氣，而有所異焉。今欲辨其各地之氣何如，則置此器於地内，少頃視水之升降，可以别其地氣之冷熱矣。又以測人物之氣者言之，譬有兩人于此，其齒同，欲分别其氣質何如，則使之各摩上球甲，至刻之一二分，一分即六十秒定分秒之法，本論大約以脉一至可當一秒。視水升降若干，則兩人之氣質分矣。醫家用是法可定病之輕重、進退，亦可以别藥材花、草等香味力氣，以定其性之温熱平冷，其用無窮也。又以測太陰、金、木等星之情氣者言之，或曰：天星之光下照，必同帶熱氣。今欲辨之，則用此器而對太陰之光，則乙庚之水必退分数而向地平。若有他物遮隔其光，則水必上地平而歸原数。故知太陰之光全屬冷氣。測金、木等星之情氣皆倣此。但星光愈微，則所用測器必愈大矣。又以升降之所以然者言之，夫水之升降爲熱冷之效固矣。然其何故也？蓋如上球甲，一觸外來熱氣，則内所含之氣稀微舒放，奮力充塞，則球隘既無所容，又無隙漏可出，勢必逼左管之水從地平而下至丁，右管之水從地平而上至戊矣。此熱之理所必然也。若冷之理，則反是。蓋冷氣於凡所透之物，收斂凝固，如本球甲，一觸外來之冷氣，則内所含之氣必收斂，左管之水欲實其虚，故不得不强之而上升矣。總之天下之物，皆貫通聯屬，必相濟而後能相保，此空虚之所以必欲其實也。今甲丁之氣既被外冷而收斂，則原占之所較前必小。假如前占甲丁之所而自收斂之後，不過甲巳耳。設丁丙水不上以至巳，則巳丁之管，盡無氣而空矣。然物性既不容空，則丁内之水勢，不得不强升以補之。假使塞管之口，而不使通外氣，則甲丁丙氣爲外冷所逼，勢必收斂凝固。雖甲丁之器爲銅鐵所成，必自破裂，而受外氣以補盈其空闕矣。又自外來之氣甚熱，而内氣必欲舒放，無隙可出，則甲丁既無所容，亦必自破裂而奮出矣。

## 測氣燥濕之理

夫燥氣之性，於凡物之所入，即收斂而固結之。濕氣之性反是。欲察天氣燥濕之變，而萬物中，惟鳥獸之筋皮，顯而易見，故借其筋弦以爲測器。見二百三十五圖法曰：用新造鹿筋弦，長約二尺，厚一分，以相稱之斤兩墜之，以通氣之明架空中横收之，上截架内緊夾之，下截以長表穿之。表之下安地平盤，令表中心，即筋弦垂線，正對地平中心，本表以龍魚之形爲飾。驗法曰：天氣燥，則龍表左轉；氣濕，則龍表右轉。氣之燥濕加減若干，則表左右轉亦加減若干。其加減之度数，則於地平盤上之左右邊明畫之，而其器備矣。其地平盤上面，界分左右，各畫十度，而闊狹不等，爲燥濕之数，左爲燥氣之界，右爲濕氣之界。其度各有闊狹者，蓋天氣收斂其筋弦，有鬆緊之分，故其度有大小以應之。譬如人用力緊紉一物，初用八分之力，其物可旋繞一周，再用八分之力，物繞不及一周，復再用八分之力，而物繞則僅半周矣。其用力同，而旋繞不同，夫天氣加減燥濕之氣，收斂筋弦之理，亦有然者。凡欲分别東西、南北各方之風氣，或上下、左右各房屋之氣，燥濕何如，以此器驗之，無不可也。夫氣之有厚薄也，踈密也，輕重也，加減而遞相爲焉。何以明其然邪？今以氣自然所在之地，爲七十分之一分。而設言之，假如有氣於此，其自然所在之地，止能盈寸；若用法以强之，則此一寸之氣，能放而盈七十寸之地。又有氣於此，其自然所在之地，則盈七十寸；若用法以强之，而即揫斂於一寸之地。此諸氣厚薄輕重之力與諸測法也。其强之之法與器，詳見水法之本論。

測天諸氣之法，於蒙氣之差，所係爲最大。其差加減之於高度，則其所測之合天與否，可定也。其測法並其差表，具載《日躔曆指》諸書中。但蒙氣差細微之處，極繁不過数分秒耳。今姑舉他體，通廣之差，並其測法差表，以明其理，而推廣夫儀器之用法。夫通光之體有二：一光明易爲透徹，一難透徹。皆由本體各有厚薄之分。厚薄有加減，則其所通光之差，亦因之而有加減。又凡其所差，以天頂線爲主，其頂線則立於光所初入之地。夫日月諸星之光，若從易通光之體而入難通光之體，則其所透之光，必向頂線而凝聚矣。若從難通光之體而入易通光之體，則其所透之光，必離天頂線而渙散矣。見二百三十六圖假如丙丁爲水盈之盤，於其底而置一錢，而錢所升之象，與太陽之升光，同一理也。其象交水盤之邊，而初入空明之氣。若立頂線如壬丙巳，則明見其象，不依直線而射於乙，必更離於壬丙巳頂線而偏射於辛。因從難透之水體入易透之氣體故也。又試觀空明之地，如辛有光，而以頂線壬丙巳，從本盤之底巳至立水面丙立有直表。而辛光之一道，照至於丙點，其光道與表影，不依直線而射戊地，必依曲線向壬丙巳頂線而偏於甲。因從易透空明之氣體入難透之水體故也。其測法，用兩象限儀，一在水面上，一正對於水面下，見二百三十七圖而以水中表影所射之度数對比於水外日高之度数。假如東西壬辛爲半球空影，其東西全徑於地平線平行。其壬東辛西兩象限儀各平分九十度，兩象限儀相對，同穿於壬辛頂線軸上，而任意左右轉移，以對於太陽之高度。次半球形，用水盈之地平東西之線令齊，而甲乙窺衡表，對於太陽之高度，則半徑辛乙表端之影，水中所對射之度数爲氣水高下差之度数矣。若不用日光，則目依窺衡表甲乙線，水中所窺對之度数爲氣水差之度数也。今照比例法，列爲六等之表，以明三等體所通光之差。各體立氣水等差二表，見於後篇。今約舉数端以解之。水差者，光既從空明之氣而入透於水，則其水中所射之高度，比在空明氣之高度所差若干度分也。見二百三十七圖假如太陽空明處距天頂線八十度，而其射光一道，徑過半徑表端甲，若圓球形之器内無水，測其光道與表影在圓器内，依徑線正射八十度矣；若充其水齊邊，測其光道，止射五十度矣。因而通氣、通水之光道，差三十度爲其玻璃差者，則光或是物象同一理從空明之器透玻璃，離於徑線近遠之差也。見上氣水差之圖。而以丁線爲直徑線，以水盈之圓球形，爲玻璃球形也。凡玻璃望遠顯微等鏡，其所以發現物象近遠、大小、暗明、正斜之衆端，皆可從此差之理而明之。詳見本論。

水氣差者，則光或物象從水中升出，而射空明之氣，其所以射光之線，水内、氣内各離頂線近遠不同之差也。假如射光之道其在水内，離頂線五十度，其在空明氣内離本頂線六十五度，兩差十五度，則此推表之度数，準合於儀器之所測矣。試於大盂内照氣、水差表，製界節氣線日晷。盂中注水，與表端齊，則太陽之光照表，其表影盂底，正對於本日節氣線，及時刻纖毫不爽也。若盂内無水，則表影與本節氣線不對，而大謬矣。其照界節氣線日晷，依常法空明氣中製之，則表端與本節氣線，難免有過不及之差。今依氣、水差表製之，豈有表影與其所測之高度不相合者哉？

## 氣水等差表

氣水差者，即光及物象從氣入水，而斜透水内高度之差也。所謂水氣差者，即光從水入氣而斜透，則氣内高度之差也。氣玻璃差及水玻璃差等俱仿此，皆以光離天頂之遠近爲主。假如太陽離天頂線四十度，氣水差表内相對爲三十度，其相差者乃十度也。水氣差表内相對之度爲五十一度，其差則十一度也。氣玻璃差表内相對之度爲二十五度，則所差爲十五度也。其餘倣此。

# 氣水差全表

| 距天頂度 | 度 | 分 |
|---|---|---|
| 一 | 〇 | 四六 |
| 二 | 一 | 三三 |
| 三 | 二 | 二〇 |
| 四 | 三 | 七 |
| 五 | 三 | 五四 |
| 六 | 四 | 四〇 |
| 七 | 五 | 二七 |
| 八 | 六 | 一三 |
| 九 | 七 | 〇 |
| 一〇 | 七 | 四六 |
| 一一 | 八 | 三二 |
| 一二 | 九 | 一八 |
| 一三 | 一〇 | 四 |
| 一四 | 一〇 | 五〇 |
| 一五 | 一一 | 三六 |
| 一六 | 一二 | 二二 |
| 一七 | 一三 | 九 |
| 一八 | 一三 | 五五 |
| 一九 | 一四 | 四〇 |
| 二〇 | 一五 | 二五 |
| 二一 | 一六 | 一一 |
| 二二 | 一六 | 五七 |
| 二三 | 一七 | 四二 |
| 二四 | 一八 | 二七 |
| 二五 | 一九 | 一二 |
| 二六 | 一九 | 五六 |
| 二七 | 二〇 | 四〇 |
| 二八 | 二一 | 二五 |
| 二九 | 二二 | 一〇 |
| 三〇 | 二二 | 五〇 |
| 三一 | 二三 | 三八 |
| 三二 | 二四 | 二一 |
| 三三 | 二五 | 四 |
| 三四 | 二五 | 四七 |
| 三五 | 二六 | 三〇 |
| 三六 | 二七 | 一三 |
| 三七 | 二七 | 五五 |
| 三八 | 二八 | 三七 |
| 三九 | 二九 | 一九 |
| 四〇 | 三〇 | 〇 |
| 四一 | 三〇 | 四一 |
| 四二 | 三一 | 二二 |
| 四三 | 三二 | 二 |
| 四四 | 三二 | 四二 |
| 四五 | 三三 | 二二 |
| 四六 | 三四 | 二 |
| 四七 | 三四 | 四一 |
| 四八 | 三五 | 一九 |
| 四九 | 三五 | 五七 |
| 五〇 | 三六 | 三五 |
| 五一 | 三七 | 一二 |
| 五二 | 三七 | 四七 |
| 五三 | 三八 | 二四 |
| 五四 | 三九 | 〇 |
| 五五 | 三九 | 三五 |
| 五六 | 四〇 | 九 |
| 五七 | 四〇 | 四三 |
| 五八 | 四一 | 一七 |
| 五九 | 四一 | 四九 |
| 六〇 | 四二 | 二一 |

| 距天項度 | 度 | 分 |
| --- | --- | --- |
| 六一 | 四二 | 五一 |
| 六二 | 四三 | 二三 |
| 六三 | 四三 | 五三 |
| 六四 | 四四 | 二一 |
| 六五 | 四四 | 五〇 |
| 六六 | 四五 | 一七 |
| 六七 | 四五 | 四四 |
| 六八 | 四六 | 一〇 |
| 六九 | 四六 | 三四 |
| 七〇 | 四六 | 五八 |
| 七一 | 四七 | 二一 |
| 七二 | 四七 | 四三 |
| 七三 | 四八 | 三 |
| 七四 | 四八 | 二三 |
| 七五 | 四八 | 四三 |
| 七六 | 四九 | 一 |
| 七七 | 四九 | 一七 |
| 七八 | 四九 | 三三 |
| 七九 | 四九 | 四七 |
| 八〇 | 五〇 | 〇 |

| 距天項度 | 度 | 分 |
| --- | --- | --- |
| 八一 | 五〇 | 一二 |
| 八二 | 五〇 | 二三 |
| 八三 | 五〇 | 三二 |
| 八四 | 五〇 | 四一 |
| 八五 | 五〇 | 四八 |
| 八六 | 五〇 | 五四 |
| 八七 | 五〇 | 五八 |
| 八八 | 五一 | 一 |
| 八九 | 五一 | 三 |
| 九〇 | 〇 | 〇 |

| 距天頂度 | 氣水差 度 | 分 |
|---|---|---|
| 一○ | 七 | 四六 |
| 二○ | 一五 | 二五 |
| 三○ | 二二 | 五○ |
| 四○ | 三○ | ○ |
| 五○ | 三六 | 三五 |
| 六○ | 四二 | 二一 |
| 七○ | 四六 | 五八 |
| 八○ | 五○ | ○ |

| 氣玻璃差 度 | 分 |
|---|---|
| 七 | ○○ |
| 一三 | 三○ |
| 一九 | 三○ |
| 二五 | ○ |
| 三○ | ○ |
| 三四 | 三○ |
| 三八 | 三○ |
| 四二 | ○ |

| 水玻璃差 度 | 分 |
|---|---|
| 九 | 三○ |
| 一八 | 三○ |
| 二七 | ○ |
| 三五 | ○ |
| 四二 | 三○ |
| 四九 | 三○ |
| 五六 | ○ |
| 六二 | ○ |

| 距天頂度 | 水氣差 度 | 分 |
|---|---|---|
| 一○ | 一二 | 五 |
| 二○ | 二四 | 三○ |
| 三○ | 三七 | 三○ |
| 四○ | 五一 | ○ |
| 五○ | 六五 | ○ |
| 六○ | 七九 | 三○ |
| 七○ | 九四 | 三○ |
| 八○ | 一一○ | ○ |

| 玻璃氣差 度 | 分 |
|---|---|
| 一三 | ○ |
| 二六 | 三○ |
| 四○ | 三○ |
| 五五 | ○ |
| 七○ | ○ |
| 八五 | 三○ |
| 一○一 | 三○ |
| 一一八 | ○ |

| 玻璃水差 度 | 分 |
|---|---|
| 一○ | 三○ |
| 二一 | 三○ |
| 三三 | ○ |
| 四五 | ○ |
| 五七 | 三○ |
| 七○ | 三○ |
| 八四 | ○ |
| 九八 | ○ |

## 推中域雲高度之理

假如空際有雲象見二百三十八圖，其一端爲甲，兩人各用象限儀，一從乙處，一從丁處從丙處更便測其高度，因于甲乙丁三角形內，得其三角，并乙丁線之步数。故照法推知甲乙線。今以甲戊線爲從雲而下之垂線，甲乙戊三角形內既得甲乙線，而甲戊乙爲直角，則依勾股法之理推知甲戊線之步数，而可得雲之高度矣。虹霓諸類之高度與雲象諸測法皆倣此。其測彗孛新星等，另有本論。若測雷起處，距地近遠等，則以測時刻分秒之垂球儀，可推而知也。詳見別集。

## 空際異色并虹霓珥暈諸象之理

格物家論色之異有二：一真實，一幻妄。何謂真實？蓋從寒熱燥濕四元之情相交而生，然必雜體可見，而純體不可見也。何謂幻妄？蓋從光照物體退返之勢而生，雖易顯著，亦易渙散。夫二者，亦各分五等。正相反者有二，純白、純黑是也。又中等者有三，黃、紅、青是也。由是五等，彼此相交相變，而各色生矣。見二百三十九圖姑以各色玻璃相交映之勢言之。于一密室中，户牖皆開，務令幽暗，或户或牖，微開一隙，其大小與玻璃相稱，而以通日光隙內，置各色玻璃，用潔白紙對之，其日光透射玻璃，玻璃所映之色，必映于紙上。如隙內並置玻璃兩片，一黃色、一紅色者，則紙上必現黃金之色矣。如並置兩片一黃一青者，則紙上必現绿色矣。如並置兩片一紅一青者，則紙上必現紫色矣。餘倣此。若以銅圓柱鏡，對于通日光之隙，則周圍返照之光，而五彩虹霓之象，俱顯矣。至於各色明麗、深淺、濃淡之加減，則隨其圓柱鏡之光，有斜正返照之勢而生焉。蓋圓柱鏡返照之日光愈斜，則其所映之光愈昏，而其色之變異，遂去日之原光愈遠矣。若夫真實之色，別有闡發。今止就幻妄之色而論之。大凡有形象者，皆由質、模作爲四者而成諸異色也。其質者，即空際之氣也。氣必稍厚而密，方可成色。其模者，即光也。光道愈密，則各色必愈明麗矣。其作者，即太陽與射光之星月也。其爲者，即六合品彙之全，而萬有之美也。其色之異者，或由夫氣質之厚薄，或由夫光輝之進退，或由夫空際之異勢。蓋凡光照空際之體厚，則其所生之色必深而黑。若體稍薄而濕，則其色必青。若又稍薄，則其色必紅。若體薄甚，則其色青绿。若體精而稍厚，色則爲黃矣。即日月星辰之異色，多爲空際之所映射而致。正如火焰之異色由烟氣熏灼而成耳。

夫空際彩色之異，從雲氣之厚薄而生，前論已悉之矣。今更借玻璃之五彩以明之。如三棱角玻璃，從每角起，至對角面止，則玻璃之體，漸次加厚。見二百四十圖甲乙戊巳，爲三棱角玻璃，分三等厚薄之界線，因而所見彩色約分三等焉。如香圓色、紅花色、天青色是也。其餘諸色，從此三色交映而生。蓋太陽之光，斜透玻璃，必多混雜，其玻璃厚薄若干，則日光混雜亦若干，而其所現彩色濃淡，即若干矣。如玻璃上層甲乙，較他層更薄，日光易透，故其所映之光稍混，而彩色與原光相近，其所現之色淺淡，如香原色是也。玻璃下層戊巳，較他層厚甚，日光難透，故其所映之光朦混，而彩色與原光相遠，其所現之色深濃，如天青色是也。玻璃中層在厚薄之間，故人目透視之，日光其彩色乃在青黄之中，如紅花色是也。然則日光之濃淡昏明，無不從玻璃之厚薄而生也。審此，則玻璃所現之彩色，與虹霓之彩色，其理固無異矣。又虹霓本然之妙，及其所以然之奇，爲衆象首。原夫虹霓，乃潤雲被日對照而成多色之弧也。蓋雲者，虹之質；而雲之潤，乃所以必成其虹質之勢也。一被日對照，而虹乃由之以成矣。夫雲非當其化雨，則不能生虹；而雲非承日光，則虹無由而成。又日光非正對，則虹又無由而成。故虹之見也，必朝西而暮東，亦或東北也。曰弧者，虹形之曲也。曰多色者，别虹于諸色他弧他象也。次曰同時多虹可成。假如日當于午，東西方各有雲氣，日光照之，遂成虹矣。但因人目限于一方，止見其一，而不能并見其他耳。假使一方而有二雲，日光照之，其一正對者變虹矣，而其迴光照及相近之雲，又二變而爲虹矣。又由此雲所照之日光，退傳至于他雲，又三變而爲虹矣。若論其色之奇，三變不如其二變，二變不如其初變。蓋初所變之虹，則受日光之正照，而二變與三所變之虹，不過受斜退之光已耳。虹色雖多，約分爲三：上如香圓色也，中如青草色也，下如紅花色也。然其所以不同之故，由于雲之厚薄異勢。故雲之上白而且薄，接日之照，則現黄色；中之體厚，則現緑色；其下尤厚，則現紅色矣。至若雲之厚薄之異，由于氣之勢異也。氣之輕且薄者，騰愈高，接日光愈深，其迴光愈弱，所生之色愈輕淡矣。氣之濁且厚者，騰愈下，日光愈淺，其迴光愈强，所生之色愈濃深矣。至言二變之虹，較之初變之虹色雖同，而序相反。上反爲紅，中緑。自若而下者，反黄矣。次曰日月暈虹霓等象，皆爲圓形。其所以然者，乃由日光斜透之勢耳。凡現虹霓之時，皆太陽所映彩色，故碧落之雲無不變現。但人目止見一圓弧之異色，因其斜透圓弧之光道，皆離太陽及離人目有一定之遠近故耳。如鵓鴿之頸、孔雀之翎向日，空中雖發多色，人目旁見之，必有一定之近遠。若或過或不及，則異色俱不見矣。天文家常測得虹霓之半徑爲四十五度，日暈半徑爲二十二度，如甲爲日，乙爲人目，丙丁爲日暈，中心爲庚，過中心之光道甲庚乙爲日暈之軸也。太陽所透周圍之光道，各離日暈之中軸二十二度半。而此度数，以内以外之光道，乙目皆不得見其所映之彩色矣。月暈日珥及日月旁氣之象，其彩其形皆倣此。凡此顯通光並生雜色之雲氣，比之取火之玻璃鏡，如太陽之透玻璃鏡，近遠無不射其光。但其聚光聚火之處，在圓光之中，離玻璃後面有一定之近遠，人目所見雲内彩色之處，亦在過不及之中耳。

凡從原光所生之彩色，皆爲次光之顯，比之原光，猶燈光之比日光焉。然燈光白日淡而不顯，夜則大顯五彩之光亦然。暗地則大顯者，是各發其所以映之異色也。夫太陽在地平之上，終日照耀四方，無不斜透空際之雲氣而映成多色矣。凡異色于白日不顯，至晨昏倍覺分明，職此故耳。

## 測水平之理

水之周遶於地，同爲圓形，已詳於别集矣。見二百四十一圖今略舉測水平之器與其法而言之。夫水平人人之所知也，然水平之理及測法之極致，則取水平者皆有所不知焉。如五六丈之遠以取平，難見其謬。若至数十丈，或数里之遠，并其測法俱窮矣。且測法之準與不準，所係爲甚鉅。蓋國家之大工，如挑濬河渠，爲興利防患計者，不越乎此。夫水之通塞，分於毫末之高庳，其説别詳於引水法論。蓋水平之與地平有異。所謂地平者，乃地上一線，與過地中心之垂線爲直角也。其線兩端，距地中心近遠不同，而與地平無礙。見二百四十二圖甲丙戊丁爲地水球，甲乙線之兩端，甲與乙，去地中心戊近遠不同，但其本線與垂線甲戊作直角，實爲地平線也。所謂誤平線者，必其兩端去地中心近遠無二。如上圖，内辛壬線是也。今姑舉数題以明其測法。

### 第一題

測定兩地同在水平線上下若干，法曰：取其平器安于兩地，互相距度数之中。見二百四十三圖假如測戊巳兩處，同在戊巳水平線中，否則取平儀安於丁，而從本儀左右之兩端表窺測兩處，從右表窺向左處，從左表窺向右處。若測戊丁兩處，而儀器止安于一端，如丁，則以丁戊線爲水平線，而大悞矣。若照此線引水從丁至戊，則其水必從戊向丁倒流矣。蓋測定高法，以垂線爲主，而垂線以地平中心爲定向，不拘何物之垂線，在地面上若干，則其本物之爲高低亦若干。今戊癸線爲戊高之垂線，丁戊兩處所差之高度，則戊癸線也。戊丁兩處，互相距愈遠，其差愈多。古有測山之高，而每有所悞者，多在于此。見二百四十四圖乙丙爲高山，在地面上，古用象限儀從遠處戊測其高以目所窺壬處爲山頂，而以其在地平線戊巳線上之垂線壬巳爲山之高。但山之高，則以其向地中心之垂線乙丙丁爲主，而以其在地面上乙丙垂線爲本山之高。其測法在測量山岳之論内詳之。今姑以測地近遠法内所列測高遠表可推而定焉。夫定水平法，原係細微之法，若儀之安法，或窺法有分秒之差，而以測高低則大謬矣。假如一處相距百步，而安取平儀，或窺法之誤不過一分之数厘，而其水平線遂差至四五尺有餘也。若測兩處高低之差，其兩處相距，倘不甚遠，則於其適中處安儀，而依法以測之，即可以取定其平矣。若相距甚遠，須于相距處均晝数方，而於每方之居中安儀，測定左右各至之高低，然後將所測定各方左右兩處之高低，總歸於一而相比之，則可以定其相距之高低矣。測大海、江、河、泉、井等水之深淺、輕重、鹹淡若干，各有本法本器，另有本論詳之。

## 第二題

凡水等稀流之顛，不動之時，則其上面之形自歸於圓球面之屬分，而其球之中心合於大地之中心如一。解曰：水面不動之各分，相距於地中心，遠近如一。理推曰：設令水面不爲圓球之屬分，則其水面之各分，於地中心有遠近不等者，既有遠近，則亦有高低之分别。今平日常試驗水之本性，從高往低流，務令其諸分歸於均平相等高之一面。然所謂相等高者，則其諸分相距地中心如一。因而其水面爲圓球面之分明矣。故所謂其不動之水面非爲圓形者，則自相矛盾之謂也。緣從其所謂非圓者，明推其爲圓也。

前題之意，不但論大海大湖及江河之水面爲仿佛圓球之形，亦通論不拘在何窪器之水其上面必爲圓球面之分，而距地中心遠近如一也。

## 第三題

不拘何一分水，若置在全水之中，于一定之所，必留存本所而不動。理推曰：設令自動或上或下，或左或右，則全水之各分亦自動，不斷流轉於上下左右等向，同是一理故也。

## 第四題

水等稀流之顛，不壓其底。解曰：所謂底者，則水不能通破，并不能動之使之離所。理推曰：設令水壓其底，所以壓之故無地，不過務令其本性之重體於地中心更近。然依此之論，則其在全水之上不拘何分，亦該壓其下分。因而上下各分，照前題之理，恒動不息矣。此皆平日常試驗，并理之所不然也。

由前数題可推知水平之緣由。假如山根丙者，有泉口發水，因知推究泉源藏在本山内，高低何處。法曰：山根發水之口，以周牆圍之，不使其水旁洩。題理曰：其水在周牆内，必自發高起。至于初發之泉源等高，故其周牆加高若干，則其泉源藏在山内，亦高若干矣。今借單筩雙筩等連設前題之数，以解此等水平之理。

凡筩正立而其口向上者，名爲上口龍。如二百四十五圖凡筩倒𠏉而其口向下者，名爲下口龍。如二百五十圖凡筩一半向上，一半向下者，名爲上下口龍。如三百五十圖凡筩之一股在水内，一股在水外者，名爲龍之内股、龍之外股。

## 第五題

凡兩水在上口龍大、小兩股内，如二百四十五圖甲乙丙及甲丁戊者，則其兩水面乙丙及丁戊距地中心高低如一。若大股内，或加或減，其水高低若干，則小股内之水，亦加減高低若干矣。其理由前第一、第二題可推。夫大海水各處之深淺高低、多寡不等，其各處之水面俱均平如一者，亦此之理也。

## 第六題

凡兩水在下口龍大、小兩股内，如二百四十九圖甲乙戊及丙丁戊，則其兩水之底面甲乙及丙丁相距地中心近遠不等者，則其大股之水，從其小股盡傾流。理推曰：照時常試驗，水重，并其壓下之力多寡若干，隨其𠏉線長短若干。今其戊丙丁小股之𠏉線，比戊甲乙大股之𠏉線加長，則小股内之水更加重壓之力。因而大股之水必隨小股之水而傾流故也。葢設令惟小股之水動下流，而大股之水不動，則大、小兩股水之中，必有空處。然物性斷不容空，此其傾流之故也。

若大、小兩股之水底相距地中心一半遠，如辛壬及甲乙者，則其水止息不動。其理亦與前相同。緣兩股之𠏉線長短相故也。

## 第七題

凡上、下龍，第一股之上口與第三股之下口，距地中心近遠如一。見二百五十圖甲與丙者，而甲庚乙丙丁三股，皆爲滿水，則其水從甲口及丙口，不能流動而出。葢丙丁及丁乙兩𠏉線之長短既爲相等，若其水由丙口而出，亦應于同一時由甲口而齊出。甲庚乙之水在乙口下者，既爲水平一派，則不能逆當丁乙水流下之力。然丙丁及丁乙兩股之水，設令一齊流出，則於丁處必有空缺。然空缺物性，既不容，則兩股之水，不能齊動出明矣。若第三股之口在辛，則其滿各股之水，流動從辛而出。其甲庚股之水，下至癸時，而三股水，皆仍止，而不流動矣。

若第三股加筩引長至戊之口，與庚處相平，則其滿各股之水動流，從戊口而出，但甲庚股之水，下流至庚時，則仍止而不動。此等之所以然，由前論可推而知也。

以前諸題，可共推別顛多題理之總根。蓋凡所謂盞燈不滅，自添補其油，并銅壺滴漏之奇法。又各種泉水冒高之奇器，及或五金、或玉石、或木等料，雕造飛禽等獸，使之照法自鳴并自食、自飲等項，皆由前諸題之論可推，而照法製之。

# 泉源在河海江湖諸水平上永流之所以然

夫江、河、湖等，大概從高山之根而發。又其山之高處多有泉源，永遠不竭。今推其緣由之前，須備設数端之論以明之。

一曰：夫地深處各方多有藏永水之穴，并多有水遍流通貫之溝，如人渾身之血遍流于脉絡然，亦有多水從大海通至地内極遠處，而海潮永補永存其徃來之流也。

二曰：如此之水脉，多通高山之根。

三曰：高山從下根最深之地至山頂之處，多有空缺。如石洞窪穴，及灣曲之鑛等項。

四曰：前所説地深處多有水流，其水常有經過地脉内生熱、生火之土料，如硫磺、石灰等顛之鑛脉，因而經過之水亦帶其熱氣，而其地面各方多見湯泉永流者，皆由之故耳。

五曰：地内極深之處多有空缺，其内之氣甚熱。凡開五金及諸石之鑛者，常經試驗，不能當受其熱。此等熱氣諸山根下空缺深處，極多存留。又地内深處，遍流之水脉，既經過生熱、生火之諸料，而通達山根下空缺之熱處，則其熱必加倍。而其在深窪之水，如地面上在鍋内之水由下爐火之滚沸然，自水面徃上，恒有稀開水氣；如烟徃上升，凡過山之空缺，如石洞、窪穴及灣曲之鑛等項，無所不通入之。從大地中極深之處，至地面相近，各國土内，多有養火之空缺道路，通達遍流者，另有本論詳載。

六曰：大山之頂，并與相連之脊嶺，其高常有相近雲彩之中域。即最冷之所，恒爲或冷雲所圍，或霧雪等所遮蓋。故其頂高嶺，恒屬大冷。山處加冷之緣由另有他所以然以證之，見《光響異驗之理推》第三篇。今查《光响異驗之理推》第五篇内，其地面上所驗下雨之緣由，而以爲山空内不斷下水如雨之比論。蓋山根下深處之熱，恒吸起水氣而升至山頂，正如太陽之熱從地面上吸起大海江河之水氣，升至雲彩中域然。又山頂相近之處，既屬多冷，則將其水氣凝結，而變之如雨點然。猶如雲彩之中域既屬冷，將太陽吸起之水氣凝結，而變爲雨水無異也。其山頂亦可比蒸露水之甑蓋。山頂空窪，既已凝結其水氣，則水氣脱所帶之熱歸于元冷加重，因而隨山内空窪之各處遍流往下，尋其洩出之門，或山外面之高地，或山根下，順其所得之路而洩出。正如其蒸露之水氣既已凝結而粘在于甑蓋，因隨甑内窪面形從上往下流，于管筒而出，同是一理也。今山根下既恒有如此之多水，又山頂相近之處既永存加冷之緣由，故其水氣永遠輪轉，從下往上，從上往下流。因而或山外面之高地，或山根下，其泉源永遠不竭，而爲紅河永流之緣由矣。

## 江河泛濫之緣由

所謂江河泛濫者，即其左右兩涯不能容流水如此之廣大也。其緣由甚多，今惟舉其数端言之耳。

一曰：凡河道上流之水多，入海之水少，此其泛濫之總根也。

二曰：河道入海之口，遇有多阻障，其上流之水如或有際遇異常高長之海潮，衝入河道，則河水入海最少，而其近海流下又甚遲，以致阻障，從上流水速，故自高長，而河之厚道不能容收，必出而泛濫也。夫海潮比其常時異常之加高，或有至一丈至二丈不等，因而推知河口入海之處有何等多大之阻當也。

三曰：凡或有異常大風於河口入海之處，連日逆其流水之力，將海之波濤并每日兩次之海潮以衝河水之流，當住其入海，則離海之河道，遠處之水，因而高長，亦從兹泛濫也。

四曰：入河水湧流，隨帶多沙石黄土等，以致或河底高起，或於近海之處，存留不動，因而堵河入海之口，以致從上流之水，愈長愈高，此亦爲泛濫之緣由也。

五曰：凡連日下大雨，則江湖之水愈加高長，而入河道之口，其河道愈狹窄并高淺，則不能容受如此之多流也。

六曰：凡一河之道中，多有或閘板窄小，或有多橋之鑛，其鑛柱愈寬大者，則能阻當河道之急流，故河水高長，而破堤壩矣。蓋閘口　礦如此之窄小，則河之全道亦歸於如是之窄小，因而阻當全水之急流也。假如有兩水箭於此，其寬窄不等，見二百四十六圖如甲乙丙丁是也。其甲乙箭流水之口，甲者與丙丁箭口爲相等。題理曰：其兩箭口既相等，其箭寬窄雖不等，則其出流之水，必爲相等明矣。

七曰：河道之窄小，凡遇非常之雨，雖河道內不減其流之速，但從外來入河道之水既甚多，則河道不能容之。假如有河道于此，其寬不過三丈，其深不過六尺，設令其流之水時刻之二秒內，惟經過一尺長之地，則每二秒內必經過一百八十流水之立方體。然照從外來，入河道水之多，每二秒內該下流三百流水之立方體，纔可免泛濫之災。今因本河道之窄小，既不能下流如此之多，則河原道之水平，必加四尺之高，此其泛濫之緣由也。若本河之道，原已經挑挖至十二丈之寬，則照前所設，從外來非常加倍之水，但其河道內之水平加高，不過一尺，因而可免泛濫也。

## 江河消長多寡并水流遲速之比例

江河泛濫之總由，在其水高長，并徃下流遲緩。今設数題以推之，其消長多寡，并水流遲速之比例，因而照各地各河之勢，能變通而用之。

### 第一題

凡海水及逆風等，愈阻衝河口之水流，則河道內之水愈加其高。又其流之遲、多寡若干，則其高之長、多寡若干，同是一比例。假如有河水于此一時之四刻內徃下流，至十五里後，因海水及逆風阻當之，其下流不過三里，則其水平比前加五倍之高矣。但如此之加倍，河道之各處多有不等。緣其加倍之由，各處多有不同。

### 第二題

有兩河于此，如甲乙丙，其各河道水流遲速不等，題理曰：其甲河道內水流多寡若干，與丙河道內水流多寡若干者，其比例由甲河道之水門口大小與丙河水門高大小，並由甲河水流之急與丙河水之遲爲相結之比例。所謂水門口者，蓋講治河之理，以明悟之功，將各河道內之水從其水面至河基橫切之。又各河之寬並其各河深之尺寸，彼此相稱，而以其放水爲立門方口形名爲河道門口，以便推各河于本道定處水流經過之勢理耳。假如甲河之門口乙者有一百尺之平方数，其丙河之門口丁者有八十尺之平方数，又甲河之水時刻之一分内徃下流，至四十尺之遠，其丙河之水同一分内徃下流，至三十尺之遠。法曰：一百尺與四十尺相乘，即得四千；又八十與三十相乘，即得二千四百。理推曰：甲河門口經過之流水與丙河門口經過之流水，其比例如四千與二千四百之比例。

## 第三題

設令連日下大雨，多加河内之水，題理曰：下雨之後，河道之水多寡與未下雨之前本道之水多寡之比例，由其下雨前後水高，并由其水流之急相結之比例。假如河水高四尺，其徃下流時刻之分内至四十尺之遠，後雨水長加其高至二尺，因而亦加其急，即時刻之一分徃下流五十尺之速。法曰：將四尺與四十相乘[一]；又將六尺前高四尺，後加二尺共爲六尺。與五尺相乘，即得三百。題理曰：未下雨之前河道内與下雨之後河道水同一時徃下流，多寡若干之比例，如一百六十與三百之比例。

## 第四題

凡河水加高，其加高之前流水之遲與加高之後流水之急，爲前後之高與加之比例中第一率、第二率之比例。假如有河於此，其水未加高之前深八尺，既加高之後深十八尺，今欲推其先後急流之分别。法曰：八尺及十八尺中，另推一数，如十二，以爲連比例之中率。題理曰：加高前流水之遲與加高後流水之急，如八與十八之比例焉。

## 第五題

江河之一道，不拘寬窄之各處。其同一時候，經過之流水多寡，皆如一。假如甲乙丙丁爲河道，見二百五十三圖甲乙爲其寬處，丙丁爲其窄處，題理曰：甲乙四丈寬處徃下流之水，與丙丁四丈窄徃下流之水，多寡皆如一。蓋若以爲不然，而設若丙丁窄處經過流水少，其甲乙寬處經過流水多，則甲乙河道之處必加高，而丙丁河道之處必爲低。然如此之説，不合於人

---

[一] 此處疑缺「即得一百六十」六字。

日常試驗之據。今謂河道内各處水流多寡相等者,緣窄處交寬處水流之迅急,因而同一時所流之水多寡,與寬處同一時所流之水相等。

## 第六題

設令有甲河入丙河,而前後所進入之水多寡如一,題解曰:丙河水本道内前後加高之尺寸,與後前之水流加急多寡若干矣。假如甲河於前時八刻内既已受丙河之水,則甲河水面加高十二寸,而其刻之一分内下流至三丈;後時八刻内甲河既受丙河之水,則其水面加高六寸,而本刻之一分内下流至六丈。題理曰:前一時甲河水加高至十二寸與後一時加高至六寸之比例,此爲前後率相與之比例。葢甲河水於前一時,既爲淺而底窄,其水流之勢甚遲,因而下流之水少,故丙河進入其水時,則甲河水面忽然加高。今既加高,則亦加水之急,因而甲河水下流之則多,故於後一時加高之遂少,爲此之故耳。由此而推諸河,凡受從外來之水,前一二日之内,忽然水多加高;至後一二日之内,水少加高。况河道於水淺及底之處大概窄小,於水深及高之處反寬大。

## 第七題

設令甲河入丙河,題解曰:甲河在本道内之水高,與其所加丙河道内於乙處水高之比例,由甲、丙兩河之寬,并由甲河水流之急與丙河水流之急相結之比例。假如乙處水寬一百尺,甲巳處寬六十尺,又其乙處於時刻之一分内,徃下流五十尺之遠。其甲己處之水,於同時刻一分内,徃下流三十尺之遠。法曰:一百與五十相乘,即得五千。又六十與三十相乘,即得一千八百。今設甲己之水高五尺,題理曰:甲己處水高與其乙處水高,上所加之分,如四千與一千八百。即其乙處於本水之高五尺者,另加高一尺零五分之四。

## 第八題

若欲河道内水面長高至一定尺寸,則推知應加水多寡若干,解此題,惟設河水加減之表,以便其用。但其用法必須河道之水門,就其有法之形,由其有法者可推知無法者。法曰:於表第一行内查其一行之水原高之尺寸,次查本行其欲加高之尺寸,則第三行内於正對数目之位得其各方数,其兩方数之交数,即爲應加於原河水之高之尺寸也。假如原高爲五尺,其欲加高爲八尺。法曰：五與八兩数之方数，爲二十五與六十四其交数爲三十九，纔得河道内八尺高之水門，所容水立方尺之数。

## 第九題

有法之河道，於此欲知其水高，須減若干，以得本道内一定所求之水高。假如原高爲三十尺，今欲減而歸於二十四尺。法曰：三十與四十相減，其較数爲六。理推曰：其較数與雨水高之大者如一，與他数即六于與三十如一，于五，因此而推知原舊之高。三十尺者，須減其五分，以得其所求也。

# 江河泛濫之防備

從前所設泛濫之緣由若干，可推知其相應之防備若干。今略舉数端，以預備其便用。

一曰：凡開新河，以減其或大江，或他河之水漲，而引通入海，其新河道愈寬愈深，則其效驗愈速。故凡於江及河等所開之河門，其門口與江之水面，又於河道之長短，必須相稱之寬大。理推曰：不拘或江或河，其各水面之寬大與各水門之寬大若干，則各水門内，流水之急與各水面減其高若干。雖然，如此凡開新河之道，以免泛濫之災，或有時得其用，亦或有時無大用也。蓋江河等，其水之漲高，若留存不過数刻之久，則用之有其利。若留存之二十、三十日之久，其用無大效也。緣屢次已經試驗，凡連日或照常下雨，或從旁邊小河之水，入大江大河，則易補其新開之河所能減去之水漲。故或開新河，或加工以堅固舊河之堤壩，兩者何一更有利用，何一更費錢糧，宜細心酌量而定焉。看後篇之假如以証此一端之理。

二曰：凡江河之泛濫，或從海潮加倍異常之水高，或從連日之逆風並海水之常潮而生。則開新河不如加工，起高堅固其河道之舊堤。但若高其堤，則於海相近處，不如離海之遠處。蓋泛濫之災，大概在於離海之遠處。如遠西巴多河，從海密近之處，至二十三十里内，其堤常常不過五六尺之高。至一百二十里，或一百五十里遠，則其堤加高至二十尺有餘，而彼處尚難免泛濫之災。審此，各地照從古至今，歷年已經驗，大河水最高處，多寡不等，相應其堤高加倍若干。

三曰：凡開新河以放舊河之水，引導入海，其新河道愈直，其水下流愈速；其河道灣曲愈多，則其水下流愈遲，並急壞河道兩邊堤岸。又凡河邊多空缺不平，或多生草木等根，則在河邊水内者，多能阻當水流之速。因而漸次高起泛濫，其河邊宜偏下來如斜坡然。不然，水流亦浸其土，而窪内多空以致邊岸灘塌。總而論之，此一端河道流水愈沖磨，或河邊，或河底，愈減其下行之順速。故開河道之時，其寬與深，必須有相稱之理，以免水之沖磨灘塌。定例曰：河道之深，不宜勝過河道之寬。又其寬之半，不宜勝過河道之深也。不然，流水多沖磨河邊河底，因而多減其流水之速。另有圖説以證此論。由此而推知，凡河道中多有閘口，其口愈寬大，其水往下流愈速。夫閘口左右兩邊必須預備放水之門，又於其閘口宜然。法立門兩扇，並合於三角形之棱，以敵水沖之力。其門兩扇之造法，用水沖河沙之法及河船安寧易過閘之法，俾閘之前後之水皆歸於一平面。因而甚易甚速，諸船一齊可以徑過，並無上水下水之危險者。另有本論詳之。

若或近河之田地，比河道之水面更低，因而從各處高地有雨水下來淹浸之。則田地之中，宜縱横挑挖受水之数溝，引到其水至河旁相近之處，總歸一所。然後照法以風輪等器，將其水提起過岸入於河内。所謂風輪者，即借風力而晝夜不斷，提起此水，使之過岸。別有水法之論載之也。

## 以假如明証首端之論

設令有湖於此，其寬長各一百里，欲洩本湖之水入海，以免泛濫，故開新河，長四百里，寬八丈，深一丈二尺，以爲洩湖之河道。然新河之寬大如此，相較湖水之寬大如彼，則其免泛濫之效，似不相當焉。蓋新河滿道之水，比全湖水面一尺之深，不過三十二分之一分耳。河道水寬長深如此，若以算歸於尺立方之水，其滿道水之立方数相比於全湖水面一尺深之立方数，則僅爲三十二分之一分耳。審此，則三十二條河道滿水既已入海，其全湖之水面減其高，不過一尺而已。

今設令新河滿道之水，兩日内從湖口起，一次全下流四百里入海，則三十二次全下流，必須六十四日，方可入海也。其六十四日，河水不斷下流，既已經入海，則全湖之水面減其高，僅一尺耳。今照常下雨之時，若或將方器，或高圓之器，内收雨水，其器内之雨水每一刻約加一分之高者，係已經試驗也。則一百刻，即一晝夜。平常下雨不斷之時，其器内之水加一百分，即一尺之高者明矣。然大湖水面加其高，與器内水面加其高無異，同是一理。揆此，則照常連日不斷下雨，其雨水一晝夜内，即還補其新河六十四日内所減全湖水面一尺之高矣。況從周圍下流山水，並小河之澗水入湖，愈增湖水之高者，甚明矣。故若不加工高起堅固湖堤並河邊，則連日下雨，其湖與河既已滿水，恐仍有泛濫之災矣。

今四百里之新河，寬深如此，共計有六億零一千一百二十萬立方土之尺。若湖堤四面高起五尺者，則共計不過七千二百萬立方土之尺耳。故挑新河之費用，較湖堤高起五尺之費用，加九倍，而湖堤之高起如此，新河之挑挖如彼，則其加五倍之利益明矣。

## 坤輿之論

夫坤輿論者〔一〕，乃論全地相聯貫合之大端也。如地形、地震、山岳、海潮、海動、江河、人物與夫各方生産，皆同學西士利瑪竇、艾儒略、高一志、熊三拔諸子，通曉天地經緯理者昔經詳論。其書如《空際格致》、《職方外紀》、《表度説》等，已行世久矣。今撮其簡略，多加後賢之新論，以發明先賢所未發大地之真理。夫地與海，本是圓形，而合爲一球，居天球之中，誠如雞子黄在青内。有謂地爲方者，乃語其定而不移之性，非語其形體也。天既包地，則彼此相應，故天有南北二極，地亦有之。天分三百六十度，地亦同之。天中有赤道，自赤道而南，二十三度半，爲南道；赤道而北，二十三度半，爲北道。按中國在赤道之北，日行赤道，則晝夜平。行南道則晝短，行北道則晝長。故天球有晝夜平圈列於中晝短晝二圈列於南北，以著日行之界。地球亦設三圈對於下焉。但天包地外爲甚大，其度廣；地處天中爲甚小，其度狹。此其差異者耳。查得直行北方者，每路二百五十里，覺北極出高一度，南極入低一度。直行南方者，每路二百五十里，覺北極入低一度，南極出高一度。則不特審地形果圓，而並徵地之每一度，廣二百五十里。則地之東西南北各一週，有九萬里實数也。是南北與東西数相等，而不容異也。夫地厚二萬八千六百三十六里，零百分里之三十六分，上下四旁，皆生齒所居，渾淪一球，原無上下。蓋在天之内，何瞻非天。總六合内，凡足所佇即爲下，凡首所向即爲上，其專以身之所居分上下者未然也。且予自大西浮海入中國，至晝夜平線，已見南北二極，皆在地平，略無高低。道轉而南過大浪山，已見南極，出地三十五度。則大浪山與中國，上下相爲對待矣。而吾彼時只仰天在上，未視之在下也。故謂地形圓而週圍皆生齒者，信然矣。

以天勢分山海，自北而南爲五帶。一在晝長晝短二圈之間，其地甚熱，帶近日輪故也。二在北極圈之内。三在南極圈之内。此二處地居甚冷，帶遠日輪故也。四在北極晝長二圈之間。五在南極晝短二圈之間。此二地皆謂之正帶，不甚冷熱。日輪不遠不近故也。又以地勢分輿地爲五大州：曰歐邏巴，曰利未亞，曰亞細亞，曰南北亞墨利加，曰墨瓦蠟泥加。

---

〔一〕「夫坤輿論者」，《坤輿圖説》作「《坤輿圖説》者」。

若歐邏巴者，南至地中海，北至青地及冰海，東至大乃河、墨阿的湖大海，西至大西洋。若利未者，南至大浪山，北至地中海，東至西紅海、聖老楞佐島，西至阿則亞諸海，即此州。只以聖土之下，微路與亞細亞相聯，其餘全爲四海所圍。若亞細亞者，南至蘇門答喇、吕宋等島，北至新增白臘及北海，東至日本島、大清海，西至大乃河、墨阿的湖大海、西紅海、小西洋。若亞墨利加者，全爲四海所圍，南北以微地相聯。若瑪熱辣泥加者，盡在南方，惟見南極出地，而北極恒藏焉，其界未審何如，故未敢訂之。惟其北邊與爪哇，及瑪熱辣泥峽爲境也。其各州之界當以五色別之，令其便覽。各國繁夥難悉，原宜作圓球，以其入圖不便，不得不易圓爲平，反圈爲線耳。欲知其形，必須相合連東西二海，爲一片可也。其經緯線，本宜每度畫之，今且惟每十度爲一方，以免雜亂。依是可分置各國于其所。天下之緯，自晝夜平線爲中而起，上数北極，下数至南極。天下之經，自順天府起爲初度，至三百六十度復相接焉。試如察得福島，離中線以上二十八度，離順天府以東二百十五度，則安之于所也。凡地在中線以上者至北極，則實爲北方。凡在中線以下，則實爲南方焉。又用緯線，以著各極出地幾何。蓋地離晝夜平線度数與極出地度数相等，但在南方則著南極出地之数，在北方則著北極出地之数也。假如視京師隔中線以北四十度，則知京師北極高四十度也。視大浪山隔中線以南三十五度，則知大浪山南極高三十五度也。凡同緯之地，其極出地数同，則四季寒暑同態焉。若兩處離中線度数相同，但一離于南，一離于北，其四季並晝夜刻数均同。惟時相反，此之夏爲彼之冬耳。其長晝長夜，離中線愈遠，則其長愈多。余爲式以記于圖邊，每五度其晝夜長何如，則東西、上下隔中線，数一則可通用焉。

用經線以定兩處相離幾何辰也。蓋日輪一日作一週，則每辰行三十度，兩處相離三十度，並謂差一辰。假如山西太原府列在于三百五十五經度，而則意蘭島列于三百二十五經度，彼此相去三十度，則相差一辰。故凡太原爲午，則意蘭爲巳。其餘倣此焉。設差六辰，則兩處晝夜相反焉。如所離中線度数又同，而差南北，則兩地人對足底反行。假如河南開封府，離中線以北三十四度，而列在于三百五十七經度。又南亞墨利加之内，近銀河之地，如趙路亞斯等離中線以南三十四度，而列于一百七十七經度，彼此相去一百八十度，即六辰，則彼此相對反足底行矣。從此可曉同經線處並同辰，而同時見日月食焉。夫地圖所定各方之經緯度，多歷年世，愈久而愈準。蓋其定法以測騐爲主，當知其始，天下大半諸國地及海島，不可更僕，前無記録之書，不知海外之復有此大地否也。近今二百年來，大西洋諸國名士，航海通遊天下，週圍無所不到。凡各地，依窮理諸法測天，以定本地經緯度，是以萬國地名輿圖，大備如此。其六合之地及山川江湖河海島嶼，原無名稱，凡初歷其地者，多以前古聖人之名名之，以爲別識，而定其道里云。

# 天下名河

## 亞細亞洲

黄河，元朝圖史載黄河本東北流歷西蕃至蘭州，凡四千五百餘里，始入中國。又東北流過夷境，凡二千五百餘里，始轉河東。又南流至蒲州，凡一千八百餘里。通計屈曲九千餘里。

歐拂辣得河，長六千里，其流入海口處闊四十八里。

安日得河，長四千八百里，闊約五里，深十丈餘，分七岔入海，及水産金沙。

阿彼河，長七千二百里，此河開凍時，有大冰如山嶽衝擊樹木，排至兩岸，旁溢一千二百里，土人遷移入山避之。

印度河，長四千里，入海口處闊一百六十里。

## 歐邏巴洲

大乃河，長二千四百八十里，分三岔，入墨阿的湖。

窩耳加河，長一千六百里，分七十二流入海。

達乃河，長四千八百里，入大海。

多惱河，長三千六百里，分七岔入海。其河有橋，長一十一里，高十五丈。

## 利未亞州

泥琭河，長八千八百里，分七流入海，産葛爾各、第羅蛇及海馬。

黑河，地内藏其水道，至二百四十里遠有餘。

## 北亞墨利加

加納大河，海潮入此河，至一千六百里，流入海口處，闊二百四十里。

## 南亞墨利加

聖瑪得勒納河，長三千六百里。

巴里亞河，深十五丈，入海口處，濶四百四十餘里。

雅瑪瑣農江，長一萬餘里，闊八十四里，深不可測。入海口處，闊三百三十六里，其水勢悍急，直射海水，至三百二十餘里，皆甜水。其兩岸綿亘，有一百三十余國，語言風俗俱不同。

## 名山已經測在水平上之丈里高数

阨勒齊亞國，阨莫山，高十三里一百九十二丈。

西齊理亞國，晝夜噴火之山，名阨得納，高十三里一百五十六丈。

西洋德納里法島，必个山，高二十一里二百一十四丈。

阨勒齊亞國，亞多山，高二十四里，一百零四丈。

意大里亞國，呀爾伯山，高二十七里，一百六十八丈。

諾爾物西亞國山，高三十里，零二十丈。

亞墨尼加洲，伯納黑山，高五十五里，一百二十丈。

莫斯哥未亞國，里拂依山，高八十三里，零七十二丈。

亞細亞洲，高架所山，高一百三十一里，二百零四丈。

天之中心，不動如天平然。地面上山谷等，如天平法馬然。務令地中心，周圍輕重，均平如一，以大地不偏不摇，並不離本所也。其山嶽令有多益見《元行變化》一卷。況地不第無上下離所之動，且於其不動之中心，並略無轉動。緣地南北兩極，恒對天上南北兩極故也。

## 地南北兩極在水平亘古如一必對銕天兩極之所以然

夫地中心爲諸天中心，從月食之理而明之。新法曆書有本論，其地球南北兩極正對天上南北兩極，而永遠不離者。從本極之高度，明見之。蓋天下萬國，從古各有所測本地南北極之高下度，于今之所測者不異。其不離天極之所以然，在萬物變化之功。蓋天下各地，萬物生長變化之功，皆原太陽及諸星循四時之序，照臨而成也。在各國之地平，上下、高卑若干，因而剛柔、燥濕隨之，而萬物各得其宜耳。今使地之兩極不必其爲向天上之兩極，而離之或于上下，或于左右，則是天下萬國必隨之而紛擾動摇。將原在乎赤道之北者，忽易而爲赤道之南；赤道之南者，忽易而爲赤道之北。近者變遠，遠者變近。夏之熱忽變乎冬之寒，則四序顛倒，生長變化之功。因之大亂，而萬物滅絶矣。審乎此，則地之南北兩極，恒向乎天之兩極，亘萬古而不移也，夫何惑焉，即使地有偶然之變，因動而離于極，則地亦必即自具轉動之能，以復歸于本極與元所向天上南北之兩極焉。夫地球自具轉動之力，與吸銕石之力無二。吸銕石之力無他，即向南北兩極之力也。蓋吸銕石原爲地純土之顆，故其本性之氣與大地本性之氣無異。所謂純土者，即四元行之一行，並無他行以雜之也。夫地上之淺土、雜土，爲日月諸星所照臨，以爲五穀百菓，草木萬彙化育之功。純土則在地之至深，如山之中央，如石鐵等礦是也。審此，則夫地球之全體相爲葆合，蓋有脉絡以聯貫于其間焉。嘗考天下萬國名山及地内五金礦、大石深礦，其南北陡袤面上，明視每層之脉絡，未有不從下至上，而向南北之兩極者也。臣等從遠西至中夏，歷九萬里而遥，縱心流覽，凡于瀕海陡袤之高山，察其南北面之脉絡，大概皆向南北兩極。其中則另有脉絡，與本地所交地平綫之斜角，正合本地北極在地平上之斜角。五金石礦等地内深洞之脉絡亦然。凡此脉絡内多有吸鐵石之氣。又嘗考天下萬國堪輿諸書圖，五大洲凡名山大川，皆互相綿亘，至幾千萬里之遥。自南而北，逶迤繡錯，其列于地者，顯而可見也。其内之脉絡，蟬聯貫通，即何殊乎人身之脉絡骨節，縱横通貫，而成其爲全體也哉。

普天之下，人所公同者，即靈性也。其五倫規矩之繁簡，法度之踈密，禮貌之華朴，雖有不同，終無以出于理外者。蓋所同者其性，而其所不同者，則面貌及聲音也。蓋凡物傳顆者，如禽獸等容貌多相同。獨人不然。人各一貌，皆可識別，不但天下之廣如此，即一國一方一家，皆如此。容貌聲音，無二人全同者。蓋憑面貌以判彼此，彝倫所係，齊治攸關，原非細故。假使人面相同，必至夫婦各不相識，父子皆不能辨，人各肆志任情，姦宄叢生，無所不至，雖欲治，得乎？彼禽獸大率同類相似者，豈非以其無彝倫、齊治關係故哉！面貌異矣，又復別以聲音。蓋以人目異等，又或夜遇無從識認，更有此以證佐之也云爾。

吾中國廣大如此，在《坤輿圖》内所列之地狹小如彼，其義何居？答曰：坤輿圖内各國所列之地，皆以合天地之理而定焉。各國在輿圖内，以其本國之天頂爲主。天頂者，即天上南北之中與本國正對之度也。其天頂之度，離天之赤道南北若干，則本國列置輿圖内，亦應之而離大地之赤道南北若干也。地之赤道者，即南北兩極之當中，與天之赤道從東徃西正對之處也。又此一國之天頂，離彼一國之天頂，或東或西度数若干者，則輿圖内此一國離彼一國，或東或西度数亦若干也。故輿圖有縱横相交之線，多作方形者。每方之縱線者，即南北之十度也。横線者，東西之十度也。照各方之四線，則各國布列輿圖内，而以爲彼此相距東西南北之度数也。然各國之天頂，東西南北彼此相距度数若干者，以測天爲定法。蓋其南北之相距，以太陽之高度，各方每日可驗焉。至其東西之相距，以每年於各方所驗月食不同之時刻者，明推而知之矣。假如此方交彼方，驗月食或蚤或遲，至四刻者，則此方相距彼方，爲地面上十五度也。其餘天之刻数，與地之度数，相應若干者，皆如此推算而定焉。今惟以中國所驗而論之，如春秋二分，日躔赤道時，於極北順天府午正所測之，即驗日離天頂，約四十度矣。于極南廣州府午正所測之，即驗曰離天頂約二十三度矣。其二十三與四十，兩数相減，則餘十七度也。因此而知，順天府于廣州府相距約十七度。以此之度数，則輿圖内所定兩府南北之相距，亦約十七度耳。設令中國之極北與其極南相距二十度，則照天地之正理，輿圖内中國南北所布列者，不過本圖内兩方形之處耳。今以合天交食之理，定中國東西之廣大。假如每年所頒行月食，于杭州極東之省城所驗者交于雲南極西之省城所驗者，則差五刻五分；如杭州之初虧係亥正，而雲南之初虧係戌正二刻十分矣。若刻分變度数，則兩府東西相距二十度矣。以此之度数，則輿圖内所定兩府東西之相距，亦約二十度耳。今設令中國之極東與其極西，各省相距皆爲二十度，則照理之必然。輿圖内，中國東西所布列者，亦不過兩方形之處耳。然大地周圍，東西南北，共計有三百六十度。若以中國東西南北各二十度相減之，則尚存三百四十度，以爲大地各國之土，及海島海水所布列者也。依測量方面之正理而論，縱令中國爲正方之平形，而東西南北本方之四邊，各爲二十度，則其方地所包涵之廣大者，約爲天下百分之一也。其餘外國，從古迄今，已經測驗，太陽之高度，并交食之時刻，因而照上法，輿圖内所定各方東西南北之度数者，無不合于天地之正理也。

或言果大地如圜球，則四旁在下國土窪處之海水，不知何故，得以不傾云云。曰：物重者，各有體之重心。此重心者，在重體之中，地中之心，爲諸重物各重之本所。物之重心悉欲就之。凡謂下者，必遠于天，而就地心；凡謂上者，必就天而遠于地心。而地之圜球，懸于空際，居中無著，常得安然。而四方土物，皆願降就于地心之本所。東降欲就其心，而遇西就者，不得不止。南降欲就其心，而欲北就者，亦不得不止。凡物之欲就者，皆然。故凡相遇之際，皆能相衡相逆，而凝結于地之中心。即不相及者，以欲就故，亦附離不脱，致令大地懸居空際也。見二百五十七圖丙爲地中心，甲乙兩分各爲之半球，甲東降就其心，乙西亦降就其心。兩半球又各有本體之重心，如丁如戊。甲東降，必欲其本體之重心丁至丙中心，然後止。乙西降，必欲其本體之重心戊至丙中心然後止。故兩半球相遇于丙中心，甲不令乙得東，乙不令甲得西，一衡一逆，力勢均平，遂兩不進，亦兩不退，而懸居空際，安然永奠矣。譬一門焉，二人出入，在外者衝欲開之，在内者逆欲閉之，一衝一逆，爲力均平，門必不動。甲乙半球，其理同也。至四方八面，一塵一土，莫不皆然。地道隤然而下凝，職是故耳。

## 氣行與水行輕重相同之理推 見三百五十一圖

夫氣元行，亦依水平之理。其全體并其各分，於地中心有一定遠近，如大海水面然。蓋氣之本體，亦有其相稱之輕重，亦有其升降高低。有一定稀開凝結厚薄，并有壓水氣等物之力，而能衝開離散別氣。試觀玻璃灣筒，甲乙丙滿水，若堵塞其口甲者，而豎立其筒，則其水從甲下來至丁而止，比丙筒口之水在地平上更高矣。其所以然無他，乃空際之氣行現壓丙口之水因而丁乙筒之水高起。若或空際之氣行加重厚，如天陰下雨之時等，則丁乙筒之水更加高起也。窮理之名士，默色諸者，已經驗過其輕重之比例。立法曰：將銅球上面鑽一細微之孔，如針眼然，以火燒紅，次將絲毫不差最準之天平，置燒紅銅球，查兑其分兩，記識其重若干，後俟銅球已歸元冷，再置兑之，復記識其若干之重。前後兩重相比，則明見其冷球比熱球加重之分厘絲毫矣。蓋燒紅球内，其氣之大半因烈熱從小孔散出，其球已歸元冷時候，則内之熱氣收縮，復吸外面之氣，以補其收縮所留之空。故其後之冷氣比前之熱氣更多，因而更加重，約至七厘矣。若燒紅本球，置在冷水内，則其滿球熱氣頃刻收縮，即歸於本性自然之所。冷水從氣小孔入去甚急，即照小孔細微，急徃内射一股水，强然衝球内而响，以補前燒紅銅球之烈熱，出去元氣之空缺矣。

由此又推知氣行與水行，彼此有何等輕重之比例。蓋因其前之烈熱，强元氣出去多寡若干，則因後之水冷，强進去之水，亦有多寡若干，以滿補前熱氣之空耳。照此法，可推定滿球之氣重，與滿球之水重，其比例如一，與一千三百焉。因而推知氣行之一斤,若隨其本性之舒暢,則能滿十八尺立方之空所。近世另有窮理名公,特著一書,以正氣行之重,周圍能壓海之水面,以爲海潮之緣由。其論之理推略長,兹不詳載。

由前法又推知氣行,雖輕薄易讓如此,若强逼其性所致,或稀開或收縮,愈爲太過。則其能力奮發,欲歸於本性之自然,更加强猛。知此理者,多用强其性之法,以造奇器。如或造鳥槍,並不用火藥,惟用强氣之力衝放之。或治各種泉法,用强氣之力以射其水,噴高至一丈有餘。或用火之熱,强銅器内之氣,當風吹之力,以連輪運動之總根。並鳥獸之器、船車自行之法,各顛冒水之泉等,兹不暇詳其作法,惟略題其效之所以然。知者能變通之,得其非常之驗耳。論氣行之厚薄輕重升降等情,則大開理推之門路。蓋空際各時有萬變之風氣,東西南北,各方之向,有定與不定。其冬月夏月,某地方多,某地少等,皆由氣變之已然耳。今推其變動之初原,大概從冷熱而起。蓋天下各方,凡有天變熱之處,則本處空際氣行,即稀開加輕薄,四面皆易動。又凡有天變冷之處,則空際之氣,即收縮加重厚,自動往下。然重厚之氣既已下,則必衝推本地輕薄之氣,使之退讓而向易通之處流行,並凡本氣中,雜有能起風之熱氣,一通帶之。因而加其流行之速焉。猶如從山高處有大石大土塊,墜落滿水坑内,則其水四面擊起,衝其邊界,易通破之處,速往下流,同帶水面浮載草木,同是一理。此即本地風起之由,並其方向之所以然。

今天下各方之冷熱,大概由太陽於本方近遠而定。然太陽一年四季之中,於本地方有近遠不同之行動,則其加減熱,並加減氣行之輕重升降等項,多有不同。故風變而隨之,則四季之中,各處多有不同之緣由明矣。如冬月太陽行南道,則南方之熱加倍,其氣行稀開輕薄,而北方加冷。其氣行收縮加重厚,因而多有北風向南行。夏月太陽行北道,則北方之氣行加熱,並加輕薄稀開,而南方之氣收縮加重厚。故夏月多有南風往北來。蓋重厚屬冷之氣速下來時,則必定衝退其下輕薄屬熱之氣,而何一方易通開路,則向本方而速流同帶之。又天下南北當中,赤道上下相近地方,爲太陽一年從東往西行之大道,其太陽時時離東遠,而於西近,故一年之風,大概隨之,從東往西行,而大海水流之動,亦多隨之。從二百年,東西大海通道之以來,已經試驗,凡遠西大船,從西至東來,其路程所經之月日数加多。又從東方至遠西,迴去所之月日数反減,皆此之故耳。

天下各方,凡有一定隨本地之風,與他方不同者,則本風必由其地勢與他方不同之故。如多山多旱地之方,并離海與江湖之遠近等。各地多有不同之風,如京都多有西北之風,緣京都相近東南之海甚廣大,恒爲太陽之光熱自朝至暮所照臨,因而從其水面廣大如此,恒吸起滿空之水氣,稀開輕薄升上。然京都之西北,多有山谷,多有屬冷之旱地,因而氣行加重厚，故易下來，衝退東南稀開輕薄之氣。由此等可推京都之風，多有從西北之緣起，又京都凡有東風，多帶雲雨之氣，緣東海與京都最近之故也。

## 俗云龍掛之解説

空際有屬肥油之雲氣，圍別乾熱之雲氣者，若忽然遇其周圍從外來加熱之緣由，則其内之熱氣，更加其力稀開舒長；而其屬肥油雲氣，亦隨之而舒長。譬如吹氣入水泡時，其泡皮亦隨之而漸次舒伸者然。今其屬肥油之雲氣既已加長，若遇或地面或水面，衝破其下皮之底。因其周圍有重厚之氣或加冷，則其内稀開之熱氣即時收縮而開空缺。故凡遇或水或沙土等物，吸起往上，以補其空。今設長筒之玻璃球，以爲比象而證此理。假如有玻璃，或琉璃瓶，於此甲乙。見二百五十二圖將其上球近挨於火，使久周圍加熱，則其球内之氣吸開。後以玻璃長筒入冷水内，至二三寸深，而以不斷之水澆玻璃球周圍，則其下面之水，從長筒往上升至本球之中，其球愈寬大，則水往上升，愈速愈多。此爲平日已經試驗。今照此比象，明解俗云龍掛之説，吸起水氣沙土等項之緣由。夫龍掛之首，在別雲之中，而其體開長垂至地者，可比前玻璃瓶，其瓶球在上，其長筒垂下至水者也。其龍首内即其肥油雲内熱氣，可比玻璃球内熱氣之稀開。其下面之水等從龍掛而昇者，即如下面水等從玻璃長筒而升者，同是冷熱所致之效驗耳。況其肥濃之雲，照螺螄多繞之形，緊急轉動，如旋風然。則其所吸下面之水等物，更易往上，猶如水法螺螄轉器，亦名龍尾器。從下提起其水甚易。見二百零二圖此即俗所謂龍掛旋轉緊急之故，由其四方重厚，氣行圍逼之。夫雲氣旋動，如江河流水之旋動然。假如流水面，忽然遇空穴去處，内多有氣行滿之。然氣行甚輕薄，水行甚重厚，既已遇此空虛輕薄，則從四面急流撞入，彼此不讓不退，故周圍緊流而旋螺螄轉之窩形矣。氣行急流之勢亦然。蓋雲内之熱，忽然遇上雲之加冷，即收縮而開空缺。故其在周圍重厚之氣行，從東西南北四方，一齊緊急衝入，以補其缺。因東氣衝推西氣，南氣衝推北氣，左右衝撞，彼此不退不讓，則變旋動，而其空虛肥濃之雲，以多繞緊結旋轉，至其猛力之繞，漸開而散焉。

# 理辯之五公稱一卷

治理曆法加工部右侍郎又加二級臣南懷仁集述

## 愛知學原始

愛知學者，西云斐録鎖費亞，乃窮理諸學之總名，譯名則知之嗜，譯義則言知也。古有國王問於大賢人曰：汝深於知，吾夙聞之，不知何種之學爲深？對曰：余非能知，唯愛知耳。後賢學務辟傲，故不敢用知者之名，而第取愛知爲名也。古稱大知者三人：一索加德，一霸辣篤，一亞利斯多特勒。亞利學問尤深，後學宗焉。亞利者，馬測獨尼亞國人，於周安王二十年己亥，距孔子殁後九十六年，距今二千有六十五年。康熙癸亥初受學於索加德，索加德殁，又學於霸辣篤，在門二十年，聰穎無儔，霸辣篤獨贊爲明悟者，謂他弟子不乏明悟，然唯亞利則可謂全明悟者也。講堂中諸弟子在，亞利不在，視若空庭；諸弟子不在，亞利獨在，若高朋滿座焉。亞利名聲四訖，斐理薄王延爲曆山太子之師。王常謂昊天上帝以太子賜我，其恩大，又以亞利賜我爲太子師，其恩尤大云。歷山深感亞利之教，常曰我愛亞利如我父焉。蓋父與我以生，亞利與我以義理而生也。大日理達者，亞利誕生之鄉也。其城遇災而壞，曆山既立爲王，爲亞利故，新其城，比前更壯。曆山王已得修身理國之教，欲窮萬物之性，遣数人徧遊天下，諮訪草木禽獸奇恠物顛，所費金四十八萬有奇，亞利緣此益以盡知生者覺者之性，而發明之。亞利常在王所不離，後王更欲大惠其教於四方，乃聽亞利闡教於外。亞利乃往亞德納大城而立學焉。居十三年，一國高士皆受其訓。後欲更窮宇内名理，遠詣耦百亞島及嘉爾際德城，復居数年，耦利波海潮，晝夜進退七次。亞利欲窺其故，殫力窮思，經年不勸。老而有疾，且亟，猶懇切祈求曰：萬所以然之最初所以然，幸憐而啟我，乃卒。亞利門徒甚多，所著書四百巻。今所存者，一百二十卷而已。物物之性，性性之理，無不備解。其設教，必務透明義理。有不明難解者，待高才好學之士與習焉。其鈍且惰者，令專他業，不欲其枉消時日也。亞利因人識力有限，首作此書，引人開通明悟，辨是與非，辟諸迷謬，以歸一真之路，名曰絡日伽。此云推論辯理，大旨在於推通，而先之十倫，以咨其門。博斐略又爲五公稱之論，以爲十倫先資矣。

# 知學之總義

古云性者，物性初所以然，所定生化諸物司所以然之公理也。禽類生母也，人類則否。禽類初生，皆其避害就利之資。皮毛當衣，角爪禦敵，性生有之，故謂生母。若人之生也，既無避冷就温之具，又無一物可以禦害，諸所藉賴，皆非性生。較諸鳥獸，所虧甚多也。亞利非此說，以爲人性既各具有推理之明，則凡有生所須，種種自備，足以補其所無。物性公所以然，非惟不薄於人。所賜靈才，更望我以通達萬理，以擬内元靈焉。惟是人之明悟，必須有所依傍，積而習之，使至於熟。若非積熟，便無序，便無味，便不能久。既積既熟，括而成藝，乃可蓄聚所知，若寶藏然。夫蓺所以備靈性之作用，不但明悟，亦兼愛德。使其五司百爲，合於節度，非藝，則諸凡作爲皆妄。故步路大云，無藝之作而能合其節度者，惟逆亞爾之一擲而已矣。逆亞爾者，古之畫工也。曾畫一馬，身態如活，欲加之以流沫，搦筆反復，終不如意。因而發怒，以筆投板。遂爾成沫焉。夫藝從何而肇？亞利云：藝繇經試而生，如曾試用其藥，治某病得效，因推其理，凡有此病，皆當用此藥物。即此推論之用，留於明悟，漸積而熟。既已習熟，復加明悟推尋，積新習以滋厚其舊習，而藝乃漸備焉以成。夫粉藝而集其大成，亦非一人之年之所及矣。

藝也者，括有多許習熟。其所向必真，必一，必益於人者也。習熟者，依賴者也。作用所留之跡，是謂習熟。凡明悟愛欲内司諸德，皆有習熟。西云亞備度。而習熟有三類焉：一明，一用，一外功。亞利但取外功之熟爲藝，顧所云真者。一者致益乎人者，則兼明用外功三習之熟也。

何謂括多許之習熟？以明畸零之習熟，不可謂藝，多括始可成藝。

何謂向真明乎不屬明悟，而第屬愛欲？或他諸德之習熟者，不涉於藝。凡德各有本向，明悟所向，屬真者。愛欲所向，屬善者。又以明夫凡屬兩可之義，與僞誕諸說，不可爲藝也。何謂向一？釋云向於一界，以別於他學之不相關者，如凡論動皆形性學所向，其中許多發明，次序相關，習而熟之，可以自成一藝。其他不相關涉之論，不能牽合爲一藝也。

何謂致益於人，以明一切衺術，不可謂藝？緣其皆魔所創，眩惑人心故。

或曰：謂兩可之説不可爲埶者，以其或有叛真向僞者耳。則凡藝皆不可以謂藝，何也？藝之爲用，皆屬商度。凡屬商度，即可向僞。則凡藝必宜無事商度，抑或商度於兩可，皆可謂之藝也。次凡衺術皆可謂藝。亞利分明悟因性之習熟爲四種：其一曰悟，乃物性初所以然，因吾性所宜有，而賦以此習熟也。顯分二者，一明悟之所直通，爲諸學最初之論，一明悟提我使知爲善避惡者。其二曰識，乃明悟由推論以得確然知識之習熟。其三曰知慮，乃明悟隨時隨處制人作用，使各中節之習熟。其四曰藝，乃明悟所以制爲藝功之習熟也。今夫衺術，既屬明悟之熟，又非落於前四種者，則藝之習熟耳。若謂凡衺術之用害人不益人，非可謂藝，則用藝之人，非能損其藝之所以爲藝也。蓋其術術之用，雖向害人，其所究此衺術之識，本謂求知，不謂邪術也。何則？凡藝屬明德，不屬愛德，故其所向但在設爲可循之節以就功能，而不在其有意爲善與否也。假如有二藝人，各違藝事之規，其一明知節度，作意而違，其一自因才拙，不得已而有違，夫作意而違，可謂爲不善者，然而但以藝較，則其視才拙而違者，豈不勝之？可見其作意者，自關愛德所出，而不關藝之所以爲藝也。則彼邪術雖用之，或爲人害，而原其本向，不可謂之非藝矣。

右数論皆有辨焉。所謂兩　可說，亦可謂藝者，曰：藝所向雖　或兼憑兩可之法，然藝與兩可之義有不同者。何也？藝所設定之法確不可疑，故藝之爲真，不係外功；或兼兩可，然外功之成悉系於藝，其理皆一定也。若夫兩可之義，其真與否，初無可據，須從其向界而決之。界既兩可，則向界之識，亦豈得不向於僞乎？所謂藝在商度，非論衆藝，惟論本藝之內，根由節目相關者。如醫家一藝，倘於病源治法，尚有未諳，寧免商度之有，故亞利云藝成弗矣。

所謂衺術本向皆可謂藝云者，曰：衺術雖眩人心，但亦括有多許知識，亦自成其爲藝，衺術有二顯，一依確實之理，其本論非可謂衺，但魔鬼借用眩人。一無定知識，惟出自魔設僞誕也。謂自成其爲藝者，但指前顯。然非前解所論其故。有二古者所論：其一以爲皆屬有益人心，有益人身之顯，一謂人所習學而得，及物性初所以然，所原賦於人固有之藝。二者皆能益人也。

## 諸藝之析

藝之别有三：一依所論而别，二依所向而别，三依所居而别。凡藝所論或是言語，或是事物。言語之倫有三：一曰談藝，西云額勒瑪第加。二曰文藝，西云勒讀理加。三曰辨藝，西云絡日伽。而又有史，西云伊斯多利亞。又有詩，西云博厄第加。詩、史屬文藝中之一顯。緣此三者，皆有所文焉，以歆動人心，故其他諸藝，皆事物之屬也。所向分爲兩端：一謂用藝，一謂明藝。用藝復分有二，一起所作用，留於其所從發之德。如明悟之諸作用，留於明悟者謂之韞藝。二其作用爲物之所以受成者，如造室畫像之顃，謂之業藝。

韞藝復分爲二：一屬辨學，其本分在制明悟之作用。一屬修學，其本分在制愛德之作用。修學又分有三：一在克己，西云額第加。一在治家，西云額諸靡加。一在治世，西云薄利第加也。

業藝有二：一制言語，一制雜用。制言語者有二：一設話言，一設文法。制雜用者，其数廣愽，如畫，如樂舞，如使用兵器之顃，皆是也。

明藝有三：一謂形性學，西言斐西加，專論諸質模合成之物之性情。二謂審形學，西言瑪得第加，專在測量幾何之性情。三謂超學，西言陡禄日亞，專究最初所以然之妙有與諸不落行質之物之性也。

形性學惟明之一端而已，醫學屬焉。西云默第際納，然其所兼者亦有二端：一謂爲明學，一謂用藝之倫也。緣其測量人病是否可醫，與夫百草百藥之性味，故屬明學。若其調劑補泄方術，施之救療，則亦爲用藝耳。

審形學分爲純、雜兩端，凡測量幾何性情而不及於其所依賴者，是之謂純。顃屬有二：一測量併和之幾何，是爲量法，西云日阿默第亞。一測量数目之幾何，是爲演算法，西云亞利默第加也。其測量幾何而有所依賴於物者，是之謂雜。其顃有三：一謂視藝，西云百斯伯第襪。一謂樂藝，西云慕細加。一謂星藝，西云亞斯多落日亞也。凡量法，但論其線若干，不涉於質，是之謂純。若視法所論之線，有關於見用之物，是之謂雜也。演算法論数，不關於物，是亦謂純。若造樂噐，測度数，以審聲音，是之謂雜也。又量法只論圜形，不涉某物，是之謂純。若測星者，專步在天圓體之躔度，是之謂雜也。畫地圖者亦歸此法。其顃有三：一主畫天地之全圖，西云閣斯睦加費亞。一主畫全體之圖，西云入沃加費亞。一主畫各圖之圖，西云獨薄加費亞。

視法之分有二：其一，物所射像於人目，當與其實體不同，或視直如曲，或視小如大，悉爲論其所以然者。其二，以鏡照物之像，復以鏡照鏡中之像，幻爲倒影，爲論其所以然者。

星學之分有三：一分别時候以晝萬國各種日晷，二測量各處星度高低與其相距遠近之不同，三測量日月、五星諸辰與地相距者。

超形性學者，是因性之陡禄日亞，即默達費西加。其論在於循人明悟所及以測超形之性也。

論諸藝之所居，可分上下兩倫，上倫者總之有三：形性學一，克己治世家之學二，超性、超形二家之學三。下倫者亦分兩端：其一總該修飾靈分之藝，其要有七：譚一，文二，辨三，算四，樂五，量六，星七。其二總該事力之藝，古紀其要亦七：

農一，畋二，兵三，匠四，醫形殘五，織六，浮海七也。前七者皆屬自主之靈，故謂自主之藝；後七者皆屬身力所運，故謂事力之藝，而兵與畋二者之用爲貴。

## 諸藝之序

凡物所以全其美者，在乎有序。試觀含生體質，以至六合形像，與夫軍政部署，各有序焉。若令軀體徒具，置頓失序，致用必拂矣。六合之美雖全，若無次序，必害且悖矣。行軍動衆，若無部署，不相爲用矣。是故藝有藝序，苟無其序，厥美不彰，師無以教，學無以通。

凡藝，有肇序，有學序，有貴序。何爲肇序？初人之藝，非由漸得，物性初所以然生而畀之，備美無缺，後裔相傳，未免或有不盡，致有斷缺，於是乃有多許能士，創新藝以補之。自以爲新，而不知其皆原初之所有也。亞悟斯丁紀云：譚藝最先，史藝次之。人心之靈，既覺藝爲妙用，又覺非由明辨之法，難免差謬，乃始創定辨是非之道。因務修其詞章，遂成文藝詩藝，進而漸通天文諸學焉。人靈略熟以上諸藝，始窮物理，審其如何修身，如何治世，乃創通達形性之學，以成修身治世之用。又加尋思，必更有超於形性者，遂及超形性之學也。由此觀之，可知靈才所以貫通諸學，蓋有定序，先知屬形之性學，次明修治之學，終通超形之理。古人創藝，次第如此。總之，先用藝，次明藝，而用藝中又先外功之藝，然後轉內，以定諸韞藝之規焉。蓋古人習藝，先務生命所須，後乃徧及他藝，適其性情。祭則落曰：古之聖賢，暇必專精修藝，或務文事，或務星曆，或專醫藥，或又別創新藝，以賁飾其靈分焉。小民胼胝之餘，亦有自樂之藝，或務田獵，或務投壺，或務他藝，各取一時之適也。

或曰：霸辣篤云：世間諸藝皆由審形學而出，此學似在他藝之先。曰：一切技藝咸由数度比例而成。三家本論，比例也，数也，度也。皆肇自審形學，是故建學定規，以此爲首，而形性學繼之，次則克己學，終則超形性學也。蓋人性靈明。用以通達審形諸論，比於通他諸學，覺悟較近，通習較易。亞利云：兒童可通天文諸藝，若欲通於超形性之學，非所及也。霸辣篤指審形之學爲諸學之引，蓋人之明悟，自非首習測量，無以進乎難通之學，故宜用此以開其門。至於修身治世，其所需於已視之跡，剖斷之熟，視諸形性之屬之所求者，關係頗大。而超形性之學，所求靈用之熟，比於修治作用與夫形性諸學，其道更邃，故設學者宜先講明形性，俟其明熟後可誨以克治功夫，又俟明熟方可講明超越形性之義也。

問超性學當以何時習之？曰：此學須在諸學既熟之後，則宜先習因性之學。緣凡因性之識，皆以引人靈性，漸升超義故。

若論各學差等，莫貴於超形性學，因形性之學次之，審形性學又次之，而克己，而齊家，而治世諸學又次焉。原夫屬明諸藝貴於屬用諸藝，原凡爲己之藝貴於爲他事之藝。夫明藝爲己，而用藝非爲自己，乃爲引制其作用而有者，故明學必貴於用學也。今凡修齊治世之學，皆用之屬，用在明後，而明學中超形性者，因形性者，多論自立之體，審形所論，皆屬依賴，則其等級次序，亦自犁然可知。

然則名理之學居何等乎？曰：論設學之序，譚藝已定，當務之急，莫先明理，而文藝次之，然後循前定序，以進於超性學也。蓋名理乃人所賴以通貫衆學之具，故此先熟此學。如習文藝，不能先知解釋，先知剖析，先知推辨，雖欲精熟，其道無由，則通達明理，宜在文藝之先也。夫人所以習文藝者，欲以賁飾言譚，次則宣暢内意，感動人情。其務本先諸學，誠不可置於他諸事物之後。至論諸學孰貴，則名理一學以制明悟之用，固當貴於言語之藝。若以他諸明學相較，則因形性、超形性二學貴也。緣其所論，皆自立體，而明悟之用則其屬依賴者云爾。如此審形學，則名理尤貴。緣明悟之用，貴於幾何之屬故。如此克己齊治之功，則名理爲更貴。其故有二：一從各所向之界而論，修身治世所向在制諸德之作用，屬於愛欲。而名理推之所向，在制諸學之作用，屬於明悟。而明悟之德，其純且神，過於愛欲，則名理豈不貴於以上三學乎？二從所循之規而論，名理推之本務，在辨明悟所推或有之謬，故其辯論皆明顯而確定者。若修身治世之學，其務惟在習俗、風化，一切當然所以然，固貴於徒循事迹，而不究其義理之原者。則名理推，必貴於修身治世之學矣。

或問文藝所居何等，曰：有置之於名理、克己、治世三學之間者，以爲文藝一途亦係明悟之用，超乎修己制俗之學。第其務專在文飾，故當次於名理之學云。此説未盡。蓋論明悟之作用，則文藝一途，宜制名理及克己、治世之間。然而文藝要務，第在修詞，修詞之工，賤於修治，則當置諸修治之下矣。

## 理推學兼有明用二義

諸學有屬用，有屬知。務窮物理，不必致用，是爲知學。如因形性學與超形性學是已。窮物理以致諸用，是爲用學。如克己治世之學是已。

一説謂理辨乃明學，非用學也。所據有二：其一曰：明與用，循其所向定之。理辨學所向不在撰成種種推論，而在講究其性其情，故屬明學。其二曰：致用之本在求會成，會成者有二：一出於外，一留于内。外者，如凡形藝所行之事。内者，如明悟所推之論。二者各有會萃，以成其一，故謂會成。致明之本在求析暢。分析明悟已推之括義，宣暢初義，是謂析暢。理辨學本用不在會成，惟在析暢，則爲明學而已。

二説謂屬致用之學。所據亦二：其一，凡導制作用者爲用學。理辨學導制明悟之用，正所以致於用也。導制云者，亞利謂人之明悟任所作用，初無定節。理辨學之本分，立定規則，導而制之，使不徑於義理之節云。其二，謂明悟之用義有二端，一論其用之實有者，一論其致諸推論之規則也。凡論實有，皆屬超形性學。理辨學但具推論規則，固屬致用。譬之工藝，用石與木，推論石木之性，屬形性學；用石木以造成宫室，屬在匠藝；一爲知識之論，一爲藝事之論也。則理辨學裁制明悟，用以推論，固屬致用之學矣。

三説謂理辨學兼有致明、致用二義，顧二者各自有一習熟。如醫學須習二者，一測論可醫之病症與諸藥性，而謂知醫。二裁制所用應病之藥，而謂用醫。非能得之於一習熟也。

正論云：理辨學總一習熟，而兼明用二義。蓋凡謂致用之學，必當有三：所論、所循、所向，俱屬致用。理辨學皆備焉。所論引制明悟，所循法求會成，所向本屬推論也，故爲致用之學。

凡謂致知之學，亦當有三：所論、所循、所向，皆屬致知。理辨學亦備焉。蓋其宗界之本性本情，咸屬可明。所用之法，本在析暢，循之，可以得明，所向之爲，本在通曉推論，故爲致知之學。

前一説、二説所證，謂理辨爲致用，爲致明耳，非證但是用，但是明，爲一偏之説也。三説謂兼明用兩義則是，謂有兩習熟則非，總以一純習熟貫之。或謂明與用，分兩類，因亦分爲兩學，則安得以一學兼明、用兩義乎？如稱生覺而靈者，生覺而不靈者，靈不靈，人禽之類殊焉，不得合爲一物，故理辨學不能總攝明、用二殊也。

解此有二：其一曰：所謂一學而函明、用兩殊者，端有二焉。一，其學之内義兼有明、用兩殊。二，内義專屬求明而學之者，其外義在致用也。今論理辨學者，若循前義，本不兼明與用；若循後義，則雖函兩殊，然致用在人自主。究其内義，第在求致其知耳。舉證二端：一，所謂用者，本在向於作用，然謂向用由學者用意所主，其意所主，或但窮其理焉而止，抑或既明其理，又欲以其所明措之於用。比如人，明曉構室之法，未必欲構，但循所明内識，是謂明識。若欲用以構室，是循外義謂爲用識。故凡學之所致於用，亦由外向，非其内義之有兩殊也。二，德能所分用處，即學業所分向處。夫明悟之德，本不可分明、分用，但循自主之意，明、用乃岐。其所以岐，非由内義，但由外向，則理辨學雖函二者，不可謂函不顓之内殊矣。

辨此解之不當者，曰：謂致用悉由自主，故止於求明爲明識，致之于用爲用識。此論非也。人有用識本向施用，若止不用，特其偶然，豈用識之本然哉？譬彼構室之識，雖止不構，顧其爲識，豈可謂之不用之識也？理辨學導制明悟二用，以成推論之識，原其内義，具有導制之始，雖學之者，任其或止求明，或併致用，然其知而未用，固皆偶然，其於用識本義寧有損耶？

所謂德能分用，即學業分向云者，曰：德能與學，皆循所向之界而別，然德能之義視學之義更廣，緣德所向界廣於學所向界故。如一明悟之德，一愛欲之德，各函多許分顓之習熟，其理極廣，然以視靈性之所能函，尚多缺陷而未全者。若但就學而論，則苟就其學所向界，一一勤習熟焉，即謂成全無缺之學矣。推知明、用兩義，以論明悟之德，固各屬於不全。緣明悟之一宗界總兼二義，不得分明與用爲兩明悟，但其習熟已成，各自可謂全學，各不謂缺，故可分其學而爲兩也。

正解云：理辨學内該明、用二義，然不可謂函殊顓之學。若其明與用者屬殊顓乎，則豈得會爲一學？可言分學，不可以言總學也。理辨學之界甚廣，既是總學，固自能函二者。總兼他學之界者謂之總學。如審形一學函星學、量學之兩界，其受函者則謂之分學也。絡日伽藉諸學之界爲推辨之資，亦謂總學。如因性公作之所以然能統諸司作所以然者之德，而以一純德能施諸司作者各所施之效；如太陽用一純德能施多許不顓之效，而其效原從不顓之作者而出，緣此太陽之模總兼下域因性所以然之諸德也。此上倫之模能統下倫諸模，因而能施下者所施之諸效。如人之靈性惟一，而此一者函生覺靈三者之德也。三超性之學亦爲明，亦爲用。原本以造物者爲宗界，而論其屬可知之真理，是爲明學之界；論其爲萬善作用所向之爲者，是爲用學之界。則論造物主之一學，爲超性之界之超理，亦統有致明、致用之二義也。

## 理辨學向界

凡藝雖皆相屬相資，然各分界分質，因而各自爲顓。今問理辨學之全界如何，宜先論夫所謂界者。凡諸學所講事物，即其界也。界有全有分，其分界中又有要有次。總該全學諸義，是謂全界。其全中之各分，謂爲分界。如有也者爲超形性學之全界，而其論各受造之物之總理，是其分界也。全界之要分謂之要分界，全界所函以次之各分謂之次分界。如論造物主爲超形性學之要分界，其中所論幾何則爲次分界也。

凡全界宜有者三：其一，當是一者。一之義有四：謂同義之一。如可動者，皆謂形性學界，緣凡形物皆屬可動，是一義故。一謂同名岐義之一。如有也者，爲超形性學之界。凡物之有，皆屬爲有，然不一義故。一謂序一。如治世之學，以國政爲其屬界，君臣貴賤，各有相屬之序，如一體然。一謂會一。如視法，以直線爲界，視之用與直線二者會而成一也。其二，凡在此學所論，皆當論其有關於此界者，或其界之分，或其界之始，或其界之情也。其三，爲此學所以別於他學者，如算之爲藝以測數目，量之爲藝以測大小，各循所向之界以爲別也。總而論之，凡學，必括多許知識。此多識，必須多次有序，乃可謂之一學。若所論非關一界，則既無次序，亦不聯屬，豈成其爲一學？又凡各學之別，就其所用爲本解者，即其各學之所以別者。今各學皆就所向之界而受解，則其區別，豈不以其界乎？

窮理者論理辨學之向界，最要有三：一云思成之有乃理辨學之向界也。凡有實可論，總謂實有，如自立者與依賴者皆是也。其無實可論，但由明悟之功而有者，乃謂思成之有。總二者而言，通謂之有。後具詳論。此義分二：一云凡思成之有之廣義悉屬理辨學之界。何以證之？亞利云：有也者，乃超形性學與理辨學之均論也。今論實有之廣義，皆屬超形性學之界，則思有之廣義悉屬理辨學之界矣。二云思成之有，論其廣義，固非理辨學界之可盡，但其所具推論規式，則皆屬於思成之有。證有三焉：其一，藝有實藝，有詞藝。理辨學列在詞藝，故其界非實有者。其二，凡屬於明悟界者，須專設一學講明之。夫思有屬明悟之界，固須專屬一學。今凡諸學，無不屬於實有，則思有而非實有者，宜專屬於理辨學之界也。其三，推辨規式，以開明悟之知識。夫知識既不論其實有，則其爲界，惟屬明悟所界之模也。蓋凡藝成之功，兼質模以成者，不以質爲藝之界，而模以爲界。試觀畫藝，不以玄黄五色爲界，而以所成之像爲界。又如樂藝，不以金石八音爲界，而以所奏樂章爲界。則由推辨規式所成之知識，非其知識實有之質，而惟其知識之模有，乃所以爲理辨學之界也。

此説非也。論理辨學本務，非釋思有之始之情，依前第二端而論，凡藝之先務，在釋其界之始與情也。次依前所設，凡學各統於界。夫理辨學亦論多許實有，如明確之推論，固能生明確之識；兩可之推論，亦能生疑似之識，皆謂實有，則思有非理辨學之界也。何故？實有貴於思有，則思有固統於實有，豈可謂實有爲思有之所統哉？

亞利謂有也者，乃超形性學與理辨之均論，非謂二家之學，各自分一有以爲其界也。惟云皆屬實有，而各循厥規以成二學之論也。亞利又云：超形性之學，用明確之義，推覓真實，而理辨學者則循兩可之義，以設諸推論者也。可見兩學之別，不在各所推之有，第在各所循之規。此所謂理辨學者，但指兩可之論。

所謂實藝、詞藝云者，曰：理辨學不列於實學，而列于詞學，非其全不可論實有也。凡靈性之内語，意念自語。亦實有之顛，然而物也者與號物也者有别焉。內語是號物者，外語又是表内語之號者，總謂語號。論物則稱實學，論號物者則稱詞學，然而詞學亦實學也。

所謂思有非屬他學云者，曰：論此物與論似此物者，兼屬一學，乃立論之法。思有實有，是有之相似者，故論此二者之義，兼在超形性之一學。

所謂推辨規式，惟屬明悟所界之模者，曰：謂理辨學非測知識之實有，而但測推論之模是也。然推論之模有二，一是布置規局之序，一是由次序而發之互視也。規局、次序乃實有之屬，其所發之互視，則明悟造成之有耳。理辨學未論其互視者，但論爲次序者耳。

所謂畫藝不以色爲界云者，是也，但指模爲工藝之界，義尚未確。亞利云：工藝用質以成其功，其于本藝之界，非其全界，乃其分界。則惟質、模合成之功乃其全者，如質、模合成之像爲畫之全界，聲音合成之樂爲樂之全界也。

二說云：明悟三用爲理辨學全界也。亞利云：理辨學三門，一論明悟照物之純識，是謂直通。二論明悟斷物之合識，是謂斷通。三論明悟因此及彼之推識，是謂推通。故三者爲其全界云。

三說云：直通非涉理辨學之界者也，斷通但一釋解，設爲一論以釋物之性情，是謂釋解。釋解有二：曰正解，曰曲解。正者包宗與殊，如解人性，解作覺而靈者。覺是宗，靈是殊也。曲者如言人是能笑者，但以情解而已，未包宗與殊也。推通但一明確之推論，二者相合以成理辨學之全界也。所據云教人確知物理，乃理辨學之專務釋解與明確之推通。亞利以爲惟此二者能生精當之識，故二者足爲理辨學之全界也。

正論云：明辨之規式是理辨學所向之全界也。所謂明辨，由吾所已明推通吾所未明，曰解釋，曰剖析，曰推論三者是也。原夫凡物皆有可知者三：一其内之義理，二其全中之各分，三其所函諸有之情。解釋者宣暢其義理，剖析者開剖其各分，推論者推辨其情與其諸依賴者也，是理辨學之全界也。

證之曰：各學之全界，前所言三要者，理辨學皆有之：一就其相關之序以成一學。二所論或是明辨之視，如解釋、剖析、推論者；或是所以成其明辨之規，如題論與合限者；合限者，如云人爲有覺而能推理者，是所括一題之論；云人者，云有覺者，是題論之兩限。云人爲者，是合而言之者。合兩限成一題，故云合限。或有關於明辨之規，如五稱十倫之顛者。三循此界以别於他學之界。蓋其所設題論雖是譚藝、文藝共向之界，然其别有二焉：一，在譚藝則爲叙次駁正，在文藝則爲修潤文飾；理辨學則條分縷析，以明我之所未明者。二，譚藝、文藝，其本務但在詞華；理辨學則務明內語，故明辨之規模爲理辨學之全界也。

或曰：理辨學引制明悟之用，俾免舛謬。夫明悟之謬，不但推通，即斷通、直通，間亦有之，則直通、斷通，皆其界之所該也。況直、斷二通又非他學所及，當屬理辨學之界，曰理辨學本務不在祛人明悟種種之謬，而在用明悟於推通以祛或有之謬也。古初窮理之儒，欲取天神所有超我人類者，補我不足，因而立爲明辨之法。夫天神者，不假推通，不必察末而後知本，不必視固然而後知其所以然，用一純通，無所不明。人則不然，必須由所已明以推所未明，故天神無謬，而吾人推測之知時時有謬也。凡明悟之謬，莫多於推論之際，其所推者既非直通、斷通兩者之用，豈應指爲理辨學之界乎？總之人之明悟，其與直通、斷通間或有謬，然而治其謬者，自有本論，而不在於理辨學。如所通者屬於超形性者，則制其謬誤自有超形性之學爲之辨正耳。惟是直、斷二通，或與推通之用相關，則亦併爲理辨學之所該者，而其或有之謬，亦取正焉。

所謂明悟之三用者，曰：直、斷二通之用凡有三：其一解釋，其一剖析，其一無事於解析者。直通、斷通之用因其有解有析，固屬理辨學之界。若其無事於解析者，自非其界之所括也。緣其既無解析，不能使我由所已明推所未明故。

第三説所論斷通、推通者，曰：凡由所已明推所未明，論辨之法固皆理辨學之界所該，然解釋也，剖析也，推論也，各自由所明以推所未明，則各自爲理辨學之分界也。蓋三者各法，各不相關，則各自有分界之義焉。所云知識，或由明確之推論，或由正解專舉此二端者。明辨之法，二者更爲切要故也。

或云：凡學所論，必是固然，非屬兩可，則兩可之推論，奚關理辨學之界乎？曰：兩可之推論，函質函模，而所以謂兩可者，謂其質也。若論其模，或模固然之質，或模兩可之質，所循規式，莫不各自固然者在。今論兩可之推論，所以屬於理辨學之分界者，論其模耳。又其非尋兩可之論所生之識，雖皆疑識，然我固知其爲疑識，亦豈不爲固然之識乎？至論要界，則云細録世斯模。推論一規式也，詳在後。緣推論極切之規式，在於細録世斯模故也。如超形性學所論，其界甚廣，無所不該，然因全界之要有專在造物者，故直謂造物者爲超形性學之要界云。

破前論者有三：其一曰，凡學之界，必先於其學。夫明辨之法在後，奚可以爲理辨學之界乎？謂界先於學者，凡爲所以然，必先於其效，則凡能有界於其物，俾爲某一類之物者，必先於其物者也。夫界也者，畀其有於某學，而使爲某類之學以別於他學，則先於其學者也。何謂明辨之法在後？凡用藝所成之功，必後於其藝。夫明辨之法爲理辨學之所設，則固在於理辨學之後矣。其二曰：藝所造成之功是藝之界。如畫藝成造之像是爲畫界也。今明辨之要法非理辨學所成，蓋用他學固然之質以成所推之論，所設之解、所條之析，俱非理辨學所自成者，則皆他學之功也，故明辨之法，總不可謂理辨學之界。其三曰：凡明辨之法，所函者三：明悟之想一，所想之義二，位置之序三，三者咸非理辨之所論，則理辨之法，非其界矣。何以謂非其所論？凡明悟之在意念，本屬無形之依賴者，而凡無形者，皆爲超形性學之論。若夫意想中之義與序皆屬思成之有，而凡屬思成俱不係於理辨學之界，前証已明。則理辨學之界，其不在於明辨規式可知。

今舉正論，所謂界先於學者，曰：謂所以然先於其效是也，但界爲學之所以然，而界又爲其學之所以然，其義互見。凡用學，乃其界之作所以然，而界又是其外模之所以然。界也者，其爲學之外模所以然乎則先，其爲用學之所成乎則後，而循其各所先後，義又不同。比于諸凡德能，咸由所發作用，以顯其爲某類之德。夫其德能所顯，既由作用，則其作用乃德能外模之所以然，因而在先。然而各從德能以發作用，則作用更爲德能之效，因而在後也。況理辨學自該明、用兩義，論其用界，固可爲作所以然。若論明之界，不得謂函作者之義矣。

所謂藝所造成是藝之界云者，曰：用他學之質以成明辨，因而謂屬他學之習熟。此説非也。設吾用形性固然之質所解、所析、所推，次第而設之，豈其但熟於形性學而可能乎？夫亦資於理辨學之所設者，故謂其爲理辨學之界也。所謂用他學之質成明辨之規，即爲他學，非謂其規式所成，悉無涉於理辨學。但謂固然之質貴于推論之模，故以模屬於質，併其所論之學而屬焉。

所謂明辨之法所函有三者，曰：理辨學非論意想之性，亦非論意想之義，而惟論推用意想之序也。但所謂序者，有質序焉，有模序焉。意想所布置之序謂質序，由質序而發之互視謂模序。質序者，實有者也，足爲實學之界。若模序，則思成之有矣，不足以爲實學之界也。前所論意想之序爲理辨學之界者，非言模序，但論質序耳。試觀醫學，其本論在人身之四液與其四液當有之調，而其論亦有質、模兩端。四液之調和屬質，由質而發爲互視屬模。質爲實有，而模爲思有。醫學之所能論者非其模，第其質而已矣。

## 理辨屬分有幾

全學之析有三：一分公與司之二義。公者，全脱於其所論之質，總設推論之規。司者，詳設各規，拘定於某質者也。此説未確。何者？各學之分與其本界之分，彼此宜稱。凡學，諸分雖共一界，然而其分各殊，依此之殊，乃可別於其他諸分。如形性之學，以諸屬可變化者爲其界，而其分學曰初形學；天與四元行，曰次形學；四元之變化，曰生覺靈三模學；皆以闡其本界各分之理,因而各有所以殊者。至論理辨學公者、司者之别,其理不然。蓋明確之推論也,兩可之推論也,非理巧證之推論也,三者之模略同,第各就其所用之質以爲分别。此其爲質,悉無關於理辨學之界,故分公、分司,皆不就質而論也。

二説謂引制明悟之用是理辨學之本務,故循其各用而受分焉。緣明悟之作用有直通,有斷通,有推通,故理辨學之分亦三也。此説亦非。夫直、斷二通但屬理辨學之遠界,惟推通乃其近界,則論各通雖皆有别,然不共其近界之總義,不可據此爲差别也。

三説謂理辨學就其界之屬分而受分焉。夫明辨之規是其切界、全界,而其爲界也,總兼殊類諸分。故舉其全而言,則所論總函各規之義;舉其分而言,則各規之論,各有犁然别於他規者。此説是也。其明辨之規屬分總有三者:一曰解釋,所以暢明物之本元。二曰剖析,所以分别物之屬分。三曰推辨,有所已明,推而知所不明。其詳具後。

# 理辯之五公稱二卷上

治理曆法加工部右侍郎又加二級臣南懷仁集述

## 五公稱之解

亞利欲辯名理，先釋十倫，俾學者略尋物理，以具三通之先資也。緣其理奧難明，薄斐略在亞利之後一千年爲著五倫，引闢其門。其立名，曰五公，曰五稱。五公者，就共義言；五稱者，就共稱言。後凡出薄斐略者，標古字。出後人者，標解字。

## 五公之一

古欲徹十倫府，解釋凡物性，剖之爲名分，推厥情所有，列爲五公稱：宗、類、殊、獨、依，約括先正旨。後學辟差謬，詳究總類物，中亦寓奥理，或實在於物，或從臆所想，或滯形體中，或超形妙理，或别倫屬立，或依可覺者。此義良難徹，姑置待後悟。

解：薄斐略弟子曰：計洒者，專精窮理。思亞利所剖十論，義理深奥，請師作解，乃爲作五公稱論，而以此章弁之。其義有三：一，欲知十倫及解釋，及分剖，及推索者，必先徹五公稱之論。二，總揭後論之資，曰宗，曰類，曰殊，曰獨，曰依。三，姑置難義，緣設教之初，不當以艱深難徹之義壓淺學者，使其阻志也。

問五公稱之序謂何？曰此本物理，亦教規也。物理者，物有性情先後，宗也，殊也，類也，所以成其性者，故在先。獨也，依也，所以具其情者，故在後。物生之序亦然。先有質能受緣引，次模入而結之，次合質、模二分以成其物，次内情由是而發，次乃有依賴者。夫宗應質，殊應模，類應質、模合成之全，獨應内發之情，依應外來之依附者。教者由所以然，推極其效。宗者，殊者，是顯之所以然。顯者，諸内情與外依賴者之所以然。各有所先，其序不可紊也。所舉奥理諸端，尚未闡明，後另有辯。

## 立公稱者何義 辯一

公也者之釋，舉其泛義，乃多之共系於一者也。總義有二焉：一會於一之公，一純於一之公。會公者，如就此一論、推演多端論，其所肇推之初論，是曰會公。如分者之統於全也。純公者，又分四義：曰公作，曰公表，曰公在，曰公稱。能造萬效者，是爲公作。如造物者爲萬品之作者，天爲下域諸形效之作者也。能顯指其多物之義者，是謂公表。如口所言人、言馬，又如臆所懷人、懷馬。其所謂人、謂馬者，不但能指此人、此馬，亦能顯指衆人、衆馬，所共之性也。公在者，在各特之一之公性。如生覺者，爲在人在馬之公性。人者，爲在此人在彼人之公性也。公稱者，可舉以稱倫屬之賾。如舉人以稱衆人，舉馬以稱衆馬也。公作，不關次論，緣造物者與天施之效，雖涉庶賾，然造物者與天皆特一者，不必復求所爲公者耳。公表者，據理學亦不係于五公之論，然或有謂公也者，惟其名相，不惟其物之實有。今辯其非。

## 公者非虚名相 一支

古論云：人莫有能具確知者也。葢識之確，由所識之界而發；物爲識界，物自無確，皆屬變幻，則吾所以知其物之識，固亦幻而不知確者。此説非也。故後人更云：人可以有確識，但其識非吾知物之識，乃知其物之名相之識也。説據有三：

一曰：公者無受限，一切受造之物皆限於所，限於時，則不得稱公者。今凡所有之確識，論其所向，非不咸屬公理，但物，既不可謂公，第是名相。則學者所謂確論，亦第其物之名相而已也。

二曰：凡舉一物，不得兼公特之兩義。今萬物固各自爲特一者，何以故？凡物皆歸二倫，一無始而有者，一有始而受造者。無始而有者，獨一造物元尊，其爲一，不容疑也。有始而受造者，乃六合之内諸有，其各爲特一明甚。緣凡造物之用，其所向，無非特一者。則物皆特一，不得謂有公者。

三曰：設有公性之散於倫賾者乎？其賾之特一皆有所相同，皆有所相别，又有所相悖也。相同者，如人之公性，其在某甲，既與某乙、某丙相同，則其乙與丙亦自相同。緣凡此二物，皆與彼一物相同者，則其二物必自相同故。相别者，凡謂之特一，雖非能自爲別，顧必有所以別於他物者，是乃特一之所以爲特一者也。相悖者，此一公性，論所，則可以分，而並屬於上下、前後之異處；又論時，則在此爲有之始，在彼爲無之始。而況此一性，既散在某某特一，則就此一性，亦自有別，義必皆悖也。

正之曰：此説非也。舉四義可折焉。其一，凡謂公者，因其可在倫屬之賾，故可即以公者所有稱其賾者。又，公者非自有生滅，惟因倫屬之賾而成生滅。若但論物之名相，則殊不然。試舉名相而言人，或就外名，或就內名，外名者，口出之稱。內名者，明悟所蓄之意。不可謂此名相爲能統攝乎衆人之內有者，則亦非可概用以稱衆人者。夫口之所出，明悟之所蓄，既皆不關於衆人之內有，豈可就本然而稱衆人乎？又如舉生覺而言人言馬，或就外名，或就內名，既不可謂此名相爲能統攝乎在人在馬之內有者，則亦非可用以稱人稱馬者。緣其口之所出，明悟之所蓄，皆不關於衆人衆馬之內有。義同前論。而又顯其人之名與臆，顯其生覺者之名與臆，皆本屬可生滅，則豈可謂爲公者？如謂之爲公者，是公者自有生滅，豈復可謂因倫屬爲生滅者哉？

其二，如某甲與某乙，吾泛揣之，則見其同。有特揣之，則覺其殊。可見某與某，有公性在。應吾所揣之泛，而以爲其同者。又特有性在，應吾所揣此人彼人之特臆，而以爲其殊者。

其三，如解人者云：人也者，是生覺而能推理者。此所謂人，不指我口所出之聲，不指我明悟所懷之臆。緣此二者，非生覺而能推理者故。又不指特一之人。緣凡特一者，非有公理可解，而必就其所共者以爲解故。又不主其統括衆人者。緣各人各可謂生覺而能推理者，不能統衆人以作其解故。則其所指，但是人人所共之公性也。

其四，亞利剖物之倫曰：性也者，或公或特。又云：凡公者之性，乃其顯著於特一者。又云：公性屬明悟所知，特一屬外司所覺。又解公者云：爲能在倫賾者，則所謂公者，正爲實性，非虛名矣。諳瑟爾磨折名相之説有云：執虛名而不明人類之賾所共於一者，豈能通曉三位共一性之妙耶？

欲正前説，宜知所謂特一者。義蓋有二：一內，一外。內者，謂本特一。外者，謂偶特一。如論人性者，舉其性之所以以合於一特殊，以成其爲某人者，是內成之特一也。緣其特殊，爲全者之一內分故。但論其受限於某一特殊者，而不復指爲此一全者之內分，是爲外成之特一。緣夫性之爲義，本屬公者，偶從外來，屬此一殊，則爲偶然之特一也。

所謂受造之物，皆爲所限、時限者良然。然所以受限於所、於時者，非公性之所自有。因落於倫屬之賾而後有，故悉歸於偶然者。

或又云：凡爲一物者，不能並在彼此兩處。人之公性，亦屬一物，何能並現於兩處乎？曰：公性雖一，然舉其倫屬之賾，則乘出甚多，故能並在多處。

所謂凡造物所向無非特一云者，曰：凡受造之物，謂皆本特一者，非也。謂其成或爲本特一，或爲偶特一，二者皆可受造，則可耳。

又，論物之實在，以爲本皆特一之屬，亦是。顧公性之爲實有也，本非自有別於倫屬，但因明悟以爲之別，固不可謂實在之有。

所謂某乙、某丙同於某甲，則乙、丙自相同者，曰：若某甲之人性爲自傳而不可乘出之有，則謂同者是。若自傳而可以乘出者，則謂同者非。公性者，皆自傳可以乘出之有也。其倫屬之特一，雖同一性，然而無不各別。

所謂並屬相悖者，曰：在上、在下諸稱，若並係於一殊之特一者，固屬相悖。若係於區分之特一者，則無所於悖也。

所謂此一性，因其散於某某，自亦有別云者，曰：公性屬於某某，既實不一，但因明悟所攝而謂之一，則因此特一之別於彼特一而謂公性之一，亦自有別也，無害於理。

## 公性不別於賾而自立　二支

性實爲有公者，乃理學正論，然其説有異焉。古謂凡自立之公性，乃本自在之有，故實別於倫賾而自立。因而爲衆賾實有之原始，稱爲元則。西言意得亞。此霸辣篤所主之説。今折其非。有三：一曰，設公性者，實有別於倫屬之賾而自立乎，則其爲性也，可謂公性，亦可謂非公性。謂公性者，以其有別於賾之性，執爲公性。其謂非公性者，謂凡自立而本自在者，皆其屬於限定者也。何故？凡實在之物，皆爲特有。而凡特有者，本皆屬限定故。又，凡自立而自在者，必由限定之作用而受造。凡由限定之作用而造者，固亦屬限定者，豈得謂公乎？。

其二，若人性，實別於同倫之賾而立。則其爲性，或兼在某某乎，或不兼在某某乎。若謂不兼在，則此之人性別於某某，亦如某與某之相別者然。則固各爲特一，而豈可謂之公者？况亦不得全成某某之内有也。何故？凡全成某物之内有者，皆爲其物之内有分故，又不可以稱某某爲人也。何故？緣吾所以稱某物爲某物者，當是其物之内稱故耳。謂並在乎，即問或渾一而在，或分乘而在乎。謂渾一而在也，則某某共一人耳，不得有二。緣凡同者與渾而不可分乘者，自亦相同故。謂分乘而在也，則夫一性爲一，並亦不爲一。爲一者依霸辣篤之義，凡人之性，因其別於倫屬之賾而立實自一性。爲不一者，蓋既分而在於賾，則賾有若干，而其在賾之人性，亦當有若干矣。此説悖理。

其三，稱某爲人，固爲實稱。稱某爲別於賾而自立之人性，固爲誕稱。則人性者，非爲別於賾而自立之性，可知也。或曰：所謂某爲別於賾而自立之性，固非也。然其所以非之故，不在所稱之内義，而在名相之不切。曰：否。併其稱某爲人者，而亦非也。何故？所謂某爲人，初非指其別於某而自立之人性也。既曰別於某而自立，又何可以稱某乎？則所謂別於賾而自立者，其爲誕稱不在名相之不切，更在内義之不確。

## 公性正解 三支

亞利與諸精理者皆非前説，其義云：凡物不但有公名，固公性，而其爲性，非實別於倫賾而自立者也，實在於倫賾而但因明悟所推以爲之別也。此解有二：一云公也者，是能於賾之一者。二云公也者，是可用以稱賾之一者。謂能在於賾者，論其公性與倫屬之合結，而其詳在於超形性學。謂可用以稱賾之一者，則就其公性合於倫屬所發之名稱而言之。蓋物有是有非，其稱謂亦或是或非。故此其辯，則屬於名理推也。就此推究，在公稱公之別始顯，顧在與稱。乃就一性中分作二義解之。如云人也者，凡云人也者，皆指人性。就在於倫屬之賾則謂在公，就其可以統稱倫賾則爲稱公也。此二解義本相通，然謂用以稱者，尤關辯藝，後特詳之。

此解所函有三焉：云爲一者，一也。云可以用以稱者，二也。云可以稱賾者，三也。所謂一者，其解中之宗也。所謂可用以稱賾者，其解中之殊也。一者釋言一有，即一名一性之有也。一名者，就吾所作一臆，所用一言，可以想其物之全，可以顯其物之内義者也。

所謂可以用以稱者，當知所謂公者非必其現稱者，而但爲可稱者。試如生者，乃公性也，而雖或但有生者之特一，或併無生者之特一，其生者皆屬可稱，因而見以爲公者焉。又，稱者有二：一，於物之自然有恰當者，爲因性之稱。一，無當於物之自然者，爲不因性之稱。因性之稱有二：一是以此物而稱此物，如謂堯爲堯，是名體稱。光爲光是名依稱是也。若此者，謂本稱。蓋所以用以稱者與其受稱者，外此別無可稱故。二是我所用以稱者如模，其受稱者如質。如謂人生覺者，以生覺者視人，如其模然；以人視生覺者，如其質然也。又如謂雪爲白者，白之視雪，如其模然；而雪之視白，亦如其質然也。此之爲稱謂之正稱。緣以模稱質，正愜物理故。

不因性之稱亦二：一謂暌性之稱，一謂外性之稱。暌性者，如謂生覺者爲人，白者爲雪是也。緣以生者視人，以白色視雪，皆如其模。而人之視生覺，雪之視白，則如其質。以質稱模，固睽物性。此謂非正之稱耳。外性者，如乳有白有甜，謂白爲甜，謂甜爲白，皆性外之稱。緣白視甜，甜視白，無相模相質之義，各爲乳之依模，因亦謂之偶稱者。蓋白之爲甜，甜之爲白，俱非其物所本有，但攄乳中偶合而命名焉故也。前解所謂公者爲可用以稱賾者，此稱乃是固性正當之稱。蓋以公者而視倫賾，如以全者而視其分；以全者而視其分，如以模而視其質。故其稱本是因性，且正當之稱也。

所謂可用以稱賾者，其義有三：一，倫屬之賾之名，當循公性之名以爲其名。又公性當因倫之賾而受乘焉。試觀人性之賾，咸就人也者之一名相以爲賾。又人之公性，循倫屬之賾，其乘出者無窮也。兩者缺一，不得爲公者，就此義而推焉。二，公者所屬之賾，皆各爲一性之有。義釋後。三，賾之所以屬於公性者，必其倫義皆一，且如以色也者爲宗，以視之特一之色，而其一爲白焉，其一爲鶴焉。此不可指色也者之宗爲公者，緣白之屬於宗，内義固然，而鶴之屬其宗，則因鶴所外依之模故。則白宜稱白，第其依稱之白云爾也。

問：此解爲就公者之容德而解乎？爲就公者之互視而解乎？曰：公者之屬義有三焉：其性一，其容德二，其性與賾之互視三也。今夫人有其性，即有所以能在於倫賾之容德，有其性與賾所相因而視之理。凡爲所以然之物者，皆以一物而備此諸義。蓋有其所以然之性，有其所以然之施效，有其所以然與其效相因而視之理也。窮理者之解所以然，論其質有之性也。其所論者，或其致效之施，或其視相之理。則兹所解之公者，亦非論其質内所有之性，但非論或容德，或互視耳。

一説，謂就互視而解。蓋公者，舉其模義而論，本是明悟所成之互視。前解但就模義，是就互視之義而解也。

二説，謂就容德而解。證之有三：一欲解所以然之何性，非論互視，而但舉所以然施效之德。則解公者何性，豈必舉互理？惟舉其容德足矣。次，公者之模義，本在其公性之廣，能兼容倫賾也。則前解所舉，本是容德，非由容德所發之互視矣。三，在賾也稱賾也，是公者之本用，然其用本屬一容德之用，則公者之切義，本在其容矣。

此二説各有所攄。蓋公者本有兼統倫賾之容德，又有從容德而發見之互視。二者皆如公性之模然，而容德在先，爲互視之基。如凡謂之所有然者，其施效之德能與其所發之互視，皆是其模。然而施效之德能，固在互視之先，則後説尤確云。

問：前解爲限解乎？曲解乎？曰：循前説，兩義皆可。謂所解是互視之理，則其解但爲曲解。緣但就互視之基與其情而解也。欲作限解，則宜謂公者，是相因而有也者，是本向特一也者。夫相因而有者，是其解之本宗也。相因而有不止公者，而公者固相因而有。向特一者，是其解之本殊也，凡相因而有雖非他無所向，然而向在特一，則公者之内殊也。若謂其所解者在於公者之容德，則所設兩解皆爲限解矣。緣各自有本宗、本殊故。

# 公者爲一之義 辯二

## 一也者有幾

前論公性三義：爲一者，可在賾者，可稱賾者。加以精詳，各又有辯。所謂一者，非指其受分也者之謂一也。物固有不可分者，舉其不可分者，是之謂一如言人言馬。舉靈與不靈則分，但舉其生與覺則一而不可分也。一之屬有二端：有本然之一，有依然之一。依然者復有二焉：一其物之合各分以成一也，非緣性之結而結。一其各分之爲一，雖緣其性之結而結，然各自爲一類之全有者也。非緣性結者有四：緣所而結，緣時而結，緣外繫而結，緣次序而結也。緣性而結者有二：一，自立之體與依其體之依賴者相結。二，兩依賴者並依一物而相結也。本然之一者，乃物所以自爲一物，而居於有也者之某一倫者。即其所以具諸獨情之根原者也，西云額生細亞。如生覺之中又有靈者，乃人之所以爲人，就其本然而所別於他諸獨情，悉由以發者也。分之有二：一合，一純。純者也，至總之宗也。至總者，物所以受成最總之理也。如曰有，曰生，曰覺，曰靈是也。合也者，質與模相結而成之物，及諸宗與殊合成之有也。本然之一又分有二：曰模一，曰数一。公性之所以不別於己，而別於他性之一者，不別於己者，己性之所以爲己性者也，別則二矣。但於他性，則有所別耳。下言諸屬之賾亦同。是模一也。模一分宗，分類。如人與馬同一生覺者，是謂宗模之一。如堯與舜同一人性者，是謂類模之一。若夫公性諸屬之賾，所以不別於己而別於他性諸屬之一者，則謂之数一也。其模一之義，又有泛有切。切者，是凡同名同義之性，所以合於或類或宗之一者，西云悟尼伏加之一。如人與馬之生，同名同義，而皆合於生者之宗。又此人彼人，同名同義，而皆合於人之類是也。泛者，是凡同名岐義之性，所以合於或宗或類之一，西云亞納落日加之一。如自立與依賴，合於有者之總宗是也。今理學所謂模一，則論同名同義之一云。

模一、数一之外，別有一焉：乃公性就吾明之功脱於倫屬之際，所以爲一性之一者也。蓋公性當其未受倫賾所拘，渾一未分，於時必有所以別於倫屬之賾者在，謂曰脱一。

或問前所總剖一之兩端，惟是本然之一，依然之一而已。兹云脱一，非所云本然之一者也。何故？本然之一乃性所固有之一，故性或在倫屬，或脱倫屬，而其一隨處皆在焉，脱一者不然，性脱於倫屬，則一在合於倫屬，則一離也，又非依然之一。何故？蓋公性能脱其賾，固自成一本性之有也，則夫本然、依然二端，分剖未盡。

辯此有二：其一，有謂前論所析，但指實之一者。其由明悟所成之一，不關此義。脱一自因明悟所造而現，非實一者，在前所別二端之外也。此説尚有辯。一則有謂脱一非由明悟所造，而爲公性本所自有之一。一則雖亦明悟所成之一，然與實一者皆屬一論，有相通之義焉。

其二，謂脱一兼函本然、依然兩義，顧惟本然之一，是其要義也。所以謂函本然者，蓋此公性，脱於倫屬之賾，故自成其一本性之有。謂其函依然者，蓋脱一，則可離，其性可離，則依合而然者耳。所以謂本然之一爲其要義者，蓋本然之一義，要在有此一焉者，以自成其爲一性之有。若云不可離者，但其次義，而非固然之内義。試觀渾一幾何之分，所以合二爲一之一，又質與模所以相結成一之一，是皆本然之一。然而皆可離於所結之物，則知兼謂依然，固是次義。

問：本然之一既有一模一数，則脱一係模一乎？係数一乎？曰：主切義，則兩者皆非，然各有所似，而於数一尤切焉。謂切義皆非者，蓋模一乃有也者固然之情，永不可離，雖下而結于倫屬之賾，其模一與俱下焉。脱一則否。脱則有，拘則無矣。又脱一之本效，在能非其傳於倫屬者，而其傳也，乃是其性，實可有之傳。若模一之效，固亦非其公性之傳於他性者，乃其傳則自不屬可造之傳也。此脱一所以異於模一者也。論数一、脱一之異，亦有二端：一曰数一者，本其所以自爲特有一之一，而脱一者，公性所以脱於賾而爲公性之一。二曰数一者，所非在特性之分別，而其別也不屬可造之別。若脱一者所非在公性之分別，而其別也屬可造之材，此脱一所以異於数一者也。謂各有所似者，蓋模一、脱一皆公性所有之一，而数一、脱一皆非其所性之別。謂数一尤切者，緣数一之本分在俾其物不得分傳，而脱一所施之效亦然，故於数一尤切也。

## 公者之本一

前所剖列諸一詳矣。究論公性所求之一，其指之謂公者，將奚是乎？其説有三：

一説以同名岐義之一可謂公者。取證有二：一，亞利穪有也者爲有屬類者。又云凡有屬類，皆爲公者。今論有也者之所以爲一，乃合歧義同名以爲一者。則此之一足謂公者矣。

二，凡因同名歧義之一爲一者，就此名義，可以兼穪倫屬之賾。如就有也者之一名一義，可以穪自立者，亦可以穪依賴者。緣自立與依賴者，其所謂有之總義惟一，而第循各所自有之性以爲區別。則此有之一性，可謂公者。

二説謂者所求之一是乃模一。證之曰：亞利設公者之二解，云可在，云可穪者，惟舉模一而解，不舉脱一。次，公性雖一，本可自傳，模一也者，遂其性而乘焉。其傳無阻，是公性之本一也。若夫数一之一，則不自傳，乃特性之本一耳。三，凡有模一之性者，固在其倫屬之容德。何也？凡不自傳者，與有模一之性者相悖。則自傳於模一，固無所悖。自傳之所以無悖者，以有在倫屬之容德。則有模一之性者，固有其容德者也。既有容德，則此模一乃其性之所以爲公者耳。何故？容德者，乃公性之所以爲公者之要模也。未有容德，先有所以具容德之基，其基在公性之一。公性既有容德，亦基容德之一。而此一，即模一也。則模一固其所以爲公者。

三説謂脱之一乃所求公者之一。其解曰：脱一之本義，謂公性所分傳於同名同義諸賾之非耳。古者雖不顯論，然其義有可推者。古者但云物之公性本有模一，然而未用明悟之先，無從而得顯指其爲公者。則知欲求所謂之一公者，非獨模一，更求脱一矣。今括数義明之。

一曰：同名歧義之一與数一，此二者不但不謂公者所求之一也，且似此之一悉無公義。何也？凡謂公者固可自傳，而数一之一，絶無自傳之容德故。亞利云公者乃数者之悖是也。若夫同名歧義之一，舉義既異，於二尤遠，安得據以爲公？

又，公者爲特殊所拘，乃成特有。其爲殊也，本不爲公者之所函。亞利云：殊者在宗者之外，宗者，公稱之一也。舉此一端，其餘四者同論。不得相函。今凡同名歧義之一與其特殊，義固相函，則其殊之接於宗者，不可謂之真殊。故其同名歧義之性，非可謂之公者。

二曰：公者固亦求之模一，然不足以謂公者也。所謂亦求之模一者，蓋公性若無模一，不可謂其性有之一。今論公者，固性有之一也，自當循模一而爲一矣。又，一也者，乃有者所現之情也。公性未受特殊所拘之前，正爲真有。則固有所以爲一者，然而未有数一。何也？数一與自傳有悖，而公性皆可以自傳，則是其所有者，惟模一而已。緣模一者，循性而自傳者故也，所謂不足謂公者緣公者之一，不得爲倫屬共有之一。何故？公者與数者，切義有別，況正屬悖，則各自有本一。而其一者，亦正屬悖也。又公者之本一所非之分傳，自屬可造之傳，而数一者所非之分傳不屬可造之傳。則公者與数者之本一，並不相容矣。若夫公性之模一與数一，則皆可以相容。緣公性之屬爲某性，固有模一，故公性在，模一亦在，非可相離。則模一，不得爲公性所以爲公之一可知。又公性之模一，循其受拘於賾者而乘焉。若謂足爲公者，則各宗之屬類，皆可謂宗。各類之屬賾皆可謂類，以其皆函模一故也。而皆不然。

三，公性所以爲公者之一，是乃脱一。取證有三：一曰模一者，憑其公性之分傳於賾，而無所拂焉者也。故不足爲公者之本一。則脱一者，絶不容其分傳者也，乃公性之本一矣。

二曰，脱一者，乃分傳於同名同義之賾之非也，而其分傳本屬可造之分傳，緣脱一之所非，但是各性所有之模而已。模者賾之特殊。既曰分傳之非，則能使公性悉合爲一，此其效。豈模一之所能造哉！緣夫模一也者，能使公者爲性有之一，而不能使其不分傳於賾故也。既云脱一所非，在各性可有之模，則脱一者與特一者有悖。蓋雖特一之一，亦非分傳，有似脱一。顧分傳之義，若主脱一而言，則屬可造。若主特一而言，則不屬可造。故此兩一，雖均之非分傳，而義則不侔。夫惟脱一，乃公性之所以爲公者耳。

三曰，公性所求以爲公者之一，與分傳於賾之容德，二者不相離。則是一也，固非其現在之分傳者。夫惟脱一者爲然，故脱一即是公者之本一也，謂非現在之分傳者。蓋凡物既已受分，不能更有受分之容德。如兩尺之度，其所以渾一之幾何，可受分而爲兩渾一之幾何，是謂容德。及其説分爲兩，則其先之所以一函兩之容德，固不復現在矣。

謂惟脱一能者，蓋模一或主泛義，或主切義，皆不能非其現在之分傳。而惟夫脱一，乃能有此非也。所謂有也者有屬類者，曰：同名歧義之物與同名同義者相似，皆有倫屬。故亞利總稱爲公者。然詳其本義，正謂同名歧義之性，不足以爲公者耳。

所謂循同名歧義可以稱賾者，曰：凡同名歧義之公性，其論事既無所共，而各有自義自性，故上焉者不得循一名一義以稱其下焉者。

所謂自立依賴，就有之總義惟一者，亦非也。有也者之總義，其在自立，與在依賴有别。何故？自立者與依賴者所接乎上有之宗，以分爲下有之殊也，既爲有之所包，固不可謂之真殊，緣凡真殊，固在其所接之性之外。則夫自立依賴，各所接義迥有不同，何得爲公性之一者！

所謂公者之二解，惟舉模一而解者，曰：公者之基有二，一謂遠基，一謂近基。凡公性所以别於倫屬之一者，是其近基。脱一。所以别於他性之一者，是其遠基。模一。亞利但舉遠基爲解，若其近基，於其在賾之容德，固恒並立。緣凡有可在賾之容德者，固由於脱一，而凡謂脱一者，固有可以在賾之容德也。則亞利雖不言脱一，而既言容德，則脱一在其中矣。或曰：凡有容德者，固爲公性。凡公性者，固有模一。若謂公者有容德，即有脱一者，則亦可謂有容德必有模一者。若是，則其解中，豈從謂公者爲模一之一乎今既不舉脱一，專舉模一，是公者之專屬於模一也？曰：否。凡同名歧義者，皆有在賾之容德，而皆不屬於模一之有也。此模一指其切義。若夫凡有模一與在賾之容德者，故不能不有脱一。故謂容德在，則脱一亦在是也。謂容德在，則模一亦在，非也。又亞利第取模一、脱一之共義，而謂公者之爲一。次乃舉容德以限指公者之司一爲脱一也。

所謂公性雖一，本可自傳云者，曰：公者之一，求其性之可自傳者是也。然謂惟模一可以自傳，則非也。蓋脱一雖不容其現傳，然而必容可傳。其可傳者，即是公者所求之傳也。

所謂凡有模一，固有容德云者，曰：模一與在賾之容德，未必並立而在一物也。何故？凡爲特一者，亦有模一，而豈其有在賾之容德乎？況其容德與特一者固相悖也。

所謂不自傳者與有模一之性者，正屬有悖，亦非也。蓋不自傳與特一者不相悖，而特一者皆有模一，故謂自傳之能與模一並在一物，而不相悖，則是也。緣公性之脱於倫屬者，固有模一與自傳之能故。謂其二者之不相別，則非也。緣特一者雖有模一，却無自傳之能故。

# 公者之容德 辯三

## 容德何謂 一支〔一〕

欲測諸凡德能所有之性，必就其爲而測之。爲者，各德所發之用。則欲測容德之性，物之所以發其實用者，是謂德能。如太陽發照之能是也。物之所以可容不逆者，是謂容德。如空中容受光照之容是也。亦當就其爲而測之。故欲論公者之容德奚性奚情，先當論其爲之何屬也。公者之爲有二，一在賾之爲，一稱賾之爲。稱賾之爲由在賾之爲而發，故先闡在之爲，後闡稱之爲，而二爲之容德始明。

論在賾之爲，其説有二：一謂公性之現在倫屬者，爲公者爲也，何故？天論公者之爲，若舍現在倫屬者，西云因額西鄧際亞。是公者之爲也。其證云：亞利所解公者不就所爲，但就所容。而獨瑪釋其故曰：公者本自不向現在，但向能在也。據此可見獨瑪以現在倫屬者，而或舉其爲倫屬固然之宜，西言觀勿尼恩西亞。如云人雖不現在，然而生、覺、靈三者皆爲人所固宜有之稱也。

〔一〕「一支」底本無，此處據文意補。

或舉其與倫屬之同一。西言依鄧第大得。譯云合也，同也。上爾下爾固然相合，以成一者也。如生覺爲上爾，能推理爲下爾，兩者相合爲一也。蓋人雖不現在，而其生也、覺也、靈也，無不本自相合，以成其爲人之有也。指一焉而謂公者之爲乎？其所釋不就爲，但就容之旨，不必言公者之不向於現在也。蓋固然之宜與性之同一，雖其倫屬之不向於現在乎，然此二者必常在。比如論太陽之公性者，今所現在特一之太陽，與諸不現在而可在之太陽，皆有固相宜之義與夫同於一者之義焉。則二者皆不屬爲。既皆不屬於爲，則可見公者之本爲，惟是現在於倫屬者。

又亞利所解公者，惟舉在賾之容德，亦可以見現在倫屬者乃公者之爲也。何者？宗也，類也，殊也，獨也，此四者，雖不現在，非不常有固相宜與夫同於一者。若二者可謂其爲，何必解容德而解乎？當自就其爲而解矣。

二說，謂公性就其與同一者以在倫屬之賾，如全者之在於諸分，因而確可爾此爲此者，是公者之爲也。何謂其在賾也如全在分？蓋以公性視倫屬爲全，以倫屬視公性爲分。茲不可偏爾人爲靈性，亦可偏爾人爲質。蓋不可用其分以爾其全，而惟以全者爾分者，是乃其正爾耳。何謂可爾此爲此者？蓋以公性爾倫屬，乃是公者之本分。若使公性而非有同一於倫屬者乎，則亦奚可舉公性以爾倫屬？其可舉公性以爾倫屬，則公性之與倫屬，彼此同爲一物故。

惟是總舉五公者之各有，與其倫屬之同一，則有不侔者焉。宗、類、殊、獨四者，其性與屬，但求固然之相結，不求現在。緣其爾皆屬固然故也。若夫依者。則另求依賴與底質之結。依賴不能自立賴底質以爲承載。故曰底質。蓋依賴者之本義。設使不求底賴。即非現結。豈能有同一於其底者耶。第依賴者之性。自各不同故所以結於底者。亦各不同。或循係着而結。如底與白。或循外函而結。如所與在所者。時與現時者。或循外界而結。如知與所知者。愛與所愛者。故依也者雖須現結。然非其依之内義。但據同一於底。即謂之依。則依非其固然。乃其可不然者耳。若論其爲。則與他公者亦無以異。

此説取證云：凡可舉公性以確爾倫屬之賾者，其公者之本爲必在焉。如某未現在之前可爾謂人，人未現在之前可爾謂生覺者，則公者之本爲，是上下爾之同一，而非必現在於倫屬者可知也。又宗、類、殊、獨四者之爲，皆固然之爲也，今云現在，即非固然之爲矣。緣受造之物，不可謂固然現在者。則公者之爲，非其觀在固然之結也。

欲正前説，當知二端：一，所謂公者之視倫屬則爲全者，非謂倫屬之所分函悉爲公性之所統函也。緣公者未必全函倫屬之性。則所謂公者之全，惟舉其指義而言耳。一名每有二義：其要者謂模義，其次者謂指義。如謂白者，有白有物。白也者，論白不論底，是爲模義。物也者，兼言白與底，是爲指義。五公所舉模義，雖或不函屬性之全，宗、類、殊三者。抑或不函其分，獨、依二者。然而但舉指意，則全者悉可函焉。如舉生覺者以稱人、馬之性，若但舉生覺之模義，第爲人性、馬性之一分，不能盡函其性而舉其指意，則雖未言模義，然而人、馬之性已悉該焉。獨者，依者，其理亦然。蓋循其脱義，則不可謂全；而循其託義，則可以謂全也。取熱者而不取所依之底，是謂脱義。取熱者與所依之底，是謂託義。舉託義者，如稱某物爲熱者，不但表其依賴之熱，而併亦表其所依賴之底。故舉依賴，雖第是一分，而並舉其所依之底，則其義固已全矣。或曰：物有白者，因而以白稱之。此就脱義稱，非就託而稱。若就託義，則其稱也，豈可謂依稱乎？凡所用以稱他者，二端：所稱爲自立體，則謂體稱。所稱爲依賴者，則謂依稱。則夫白者之爲公稱，非必謂函其底者也。曰：所舉之論，此無暇察其是否，然所括者則非也。試取一端謂白者是有色者，此端有二限焉：一是白者，一是其白者所依之底。而其謂有色者，亦有二限：一是色者，一是其色者所依之底也。今舉有色者以稱白者，是乃指其色之底以稱其物之白者。緣色係脱義，非可舉以稱白。則姑舉其白之所托者，以爲稱焉。顧其白色與所托之底，雖合一而非純一，則豈得指色者爲白者之宗乎？須知所舉以稱者，異於其所就以稱者。所舉以稱者則色，而其所就以稱者，則其色所托之底耳。

二，其公與屬之同一者固是本焉，然而依賴之現在於倫屬者，亦公者更顯之爲也，大都乃其遠爲耳。何也？人性與某既共爲一，某若現在，人性豈能不現在？則人性之現在於某，亦公者在賾之容德所發之效也，故亦其爲也。所謂更顯之爲者，蓋其爲或屬可覺，或不屬可覺，以吾明悟求之，皆屬易見。故所謂遠爲者，蓋舉宗、類、殊、獨而言，則同於一者在先，爲現在者之所以然。舉依也者而言，則依現在者又在先，而爲同一者之所以然也。

今釋駁論，所謂亞利之解公者不就爲但就容也，曰：容德有兩爲，就其一端可以解之。現在倫賾爲公者之遠爲，其義既更顯矣。則用以釋公者，義更易也。亞利所以但舉容德者，蓋曰公性之當其爲也。其所結於屬，或循同一，或循現在，莫非屬特一者，固不可謂之公者。緣公者之義，在其脱賾而立。則舉爲而解，未若舉容德而解云。

## 公者之容德爲實否 二支〔一〕

論公者之容德，或爲實德，或僅爲非拒德。凡德不能發實用，但容受不逆者謂之非拒德。亞利云：德與爲共居一倫。今公者之爲既實，則爲之之德亦實也。次，公者之本義惟是可以在賾之容德。若其容德僅曰非拒而已，則是公者亦非有實理之可論

〔一〕「二支」底本無，此劇文意補。

也。況容德若使但爲在賾之非拒，則其容德第爲非之非何故。特一者，所有在賾之拒，本謂之非。而容德文但爲非拒，豈不更有所云非之非者乎？三，亞利云：凡非也者，託於是者爲基。則此拒之非，自須有是者在。夫公性非具是者也。何故？若謂公性即其是者，即可以基其拒之非者。則隨其公性所在，其非亦在。而在特一者，亦當有在賾之非拒焉。然而不然。則其公性與非拒之間，更自有一所謂是者在。而此乃可爲公者之容德焉耳。其是者何？曰：此非有因性之何似，可加之於其性者也。蓋自立者，幾何者，互視者，各自一倫，與何似之倫不同。又，三者各自有宗，有類，公性之容德，非以其何似者加於其性也。則其是者，但屬能不屬爲，未現在則屬能，現在則屬爲。屬可以離性之即也。即，就也，就物所本有之性而加焉者也。要義有四：結一，係一，互一，界一。結者，如幾何所以合於自立體，及何似合底，體模合質之結也。係者，如光係乎日，熱係乎火也。互者，如父與子之互視也。界者，如幾何所以受限界之某相。自立體，所以全自在之在也。即之爲義，非物性所以全其本有，乃是有所加於本有者，故謂之即。解之云不足謂物有，而須現托乎物有，別於物而不可以存者也。其別於物之別，謂之即別。詳具超形性學。屬能而不屬爲者，蓋其即未屬現在。若謂性現在賾時，其即亦在，是謂性在於賾而可謂公者矣。其曰屬可離者，蓋公性已得其特殊，便失其即，無自傳之容德也。凡即之類，其所有之實甚微，而此公性之即更微。即也者之在性，視夫效之在所以然也，頗有似焉。凡效未出其所以然之前，各有所以可現在之即。出其所以然，而得其現在，則不可以言即矣。正論云：公性之容德，但是可以在賾，則可以穪賾之非拒也。證此有三：其一，公性於倫屬之特殊，論其實之現在，無實分別，則所有在賾之容德，非實德也。緣凡實之容德，其所施於爲者，必有實分別故。公特二性之現在，無實分別，則公者所有在賾之容德，悉係於明悟。即系明悟，固非實際之有矣。二，幾何之析若干，循其受分之非拒，屬可分析，含生覺者之軀體。循其可死滅之非拒，屬可死滅，可明可見之事理。因其非拒屬可明可見，皆非實之德也，則公性但循容德，可以分傳之非拒，固可以自傳於倫賾也。

三，凡爲實有，皆可現在。茲論實有之即，不屬現在，則其非實有明矣。或曰：凡有也者之即，非自爲有，亦非自有所在。惟據所即之有而在，如質模所以相合之結，非自有自在，而但因所合之物，得有得在，則其即雖非自在，而但其所即之有既在，因亦可謂現在也。曰：所謂非有非在云者，非謂悉不屬在，而但謂不能離所即之有而自在。若公性所以可在於賾之即，則絕不可謂現在者。蓋性當其現在，其即必亡，豈復可指爲實有乎？所舉效之在，其所以然者，亦非也。其所擬之即，在效乎？在其所以然乎？不可謂在其效者，緣其效既未在，其即將安在？不可謂在其所以然者，緣所以然者，但蓄有施效之德，因而謂之能施其效耳，未可云即也。

所謂德，與爲其倫一云者，非謂是二者之並居一倫也。德能居何似之倫，所發之爲居作爲之倫，茲但謂德與爲所向之一。如見德與見用，其界爲一耳。亦云此一物，或論屬可有可在，或論屬現有現在。其所居之倫則一也。如人或論其可在，或論其現在，皆屬生覺者之倫也。

所謂公者之本義惟是容德云者，曰：所謂公性，惟循明悟之用。有脱於倫屬者在，而謂爲公者，則舉其模義而論全係明悟，故不得爲實之有也。所謂容德乃非之非云者，亦非也。蓋公者所有在賾之非拒，其所非者，正是其数一者之現在，而豈非其所非之謂乎？所謂凡非必託基於是者，曰：非也者所求之基，非謂有一實即，在於非與性之間者也，就其性即是其基。試驗造物者固有多非拒，如稱其屬可明、屬可愛之類，皆非所拒。其爲非拒，處於造物者之純性，豈可謂有即以爲之基者哉？所謂公性若可以基其拒之非，則隨處有其非云者，亦非也。凡物所能有之外模，其非在，則模亡；其模在，則非亡。夫公性之非拒，其所非之外模，乃数一之特殊也。特殊既在，豈復有非之可論乎？

## 在賾稱賾之容德各自一德否 三支〔一〕

公者之容德有二，一是可在賾之德，一是可稱賾之德。兹察二者之辯確乎否。有謂公者之容德惟一，而論其爲則有二：一近，一遠。近者，性之在倫屬者也。遠者，性之稱倫屬者也。舉證云：凡相屬之爲，其類雖賾，然其第二爲，必循第一爲而出，則其所由之德惟一也。試觀實之作德及實之容德，兩者所由出之爲，可以驗之。作者如太陽然，循一作德以發光，又就其光以作熱。而二者各一其效，又如人之明悟，能施直通斷通推通之用。三者各自一用，而總出於一德也。容者如元質，由其純一之德，先受體模，次受依模，其所自之德惟一耳。凡在賾之爲與稱賾之爲，固然相屬，稱之爲，必從在之爲而出。公性惟先在於賾，故可稱之謂在賾者。則奚必二德乎？一德既具，足發兩用也。

正論云：公者之容德實有二也。凡非拒之德能，其有多有少者，與凡不論德能之諸非，其爲或多或少者無異。今論各物所有之非與其所非之模，其同多同少，亦無異也。則夫在賾之拒與稱賾之拒，既是二模，其所非此二模之容德，亦必爲二也。

或曰：此二拒者，雖有相關，然而除初拒，即無次拒。蓋不可以在賾者，亦無可以稱賾之容德也。則是舉一非而足以非其二模也。曰：除初拒，即無次拒，論曲除則是，論直除則非矣。蓋模先在物，然後可用以稱其物，故稱之爲，悉係於在

〔一〕「三支」底本無，此據文意補。

之爲。而在之爲既除，穪之爲亦除也。顧其除惟曲除耳。如馬爲不靈者，爲不能笑者，笑由靈出，則除其靈之非，亦除其能笑者之非，是爲曲除。若夫靈者、笑者之二模，欲直除之，則兩者各自一非，亦必須各自一除，乃所謂直除耳。

或曰：若是，則其在賾穪賾之容德，各所以爲德者，無所分別。蓋不就其爲而別，但就其所非之模而別故也。曰：否。諸非德之爲，其所求之別，徵於實德之爲之所求者也。故間有一純德之實，而函多非德者。試驗明悟，雖其三通之用，惟一實且純之德。而其所函之容德，三通各自有一焉。則在賾、穪賾之爲，雖必相視以爲有無，然其爲之容德，不因此而可謂之一也。所謂作德與容德之爲云者，蓋其德既皆實德。則所施之作用雖多，而其所由之德不可謂之多。緣實德雖一，其所函者却有多許之拒。如元質之受萬模，實德惟一，而其可容多許之模之非拒者則賾也。

## 公者之容德分近分遠否　四支

有謂公者之各德兼論在穪兩德復分有二，一近一遠。蓋公性不但脱於賾時，有在賾之容德，即爲特殊所拘之時，其容德亦在。如元質未受一模，固有受模之容德。説現有模，亦有受他模之容德也。但元質未受模先，容德無拘。若既有模，其容德爲模所拘，説欲受所未有之模，先須去所現有之模也。公者之容德，其理亦爾。其性之脱於特殊者，固必有在賾而不受賾拘之容德。即當在賾之時，亦有容德。第爲特殊之所拘耳。蓋總之一容德也。而不受拘時，則謂近之容德也。

證此有三：一曰，如元質拘模之時雖屬限定，然所拘之模不能妨其所有受他模之容德，則公性拘殊之時雖亦限定，然其現有之殊，亦不礙其所有合於他殊之容德也。

二曰，公性循其在之爲，實在倫屬。則在賾之時，實有容德可以在於賾者。蓋凡物既有其爲，無不有其爲所由發之德故。

三曰，公性現在賾之時，實有模一。既有模一，則實有自傳之容德。何以故？模一、数一，正屬相悖。而其相悖，從其各所發效而驗之。数一之效在使其性不屬可自傳，模一之效在使其性屬可自傳。則公性在賾，實有可以自傳之容德矣。

正論云：公性之爲特殊所拘也。悉無可以在賾之遠德。證有三：其一，公性既爲特殊所拘，即不能別於特一之賾。凡特一者，悉無自傳之容德，況本有自傳之悖，則公性受特殊之拘，亦無自傳之容德矣。

其二，公性者，論其在各特一，本屬限定，則絶無在他特一之遠德也。本屬限定者，一則在此一人之公性。既已與其特殊相合爲一，謂或分其殊以結他殊，謂或合其殊以結他殊，皆屬悖義。一則各人之性自屬特一，而凡特一之有，本屬於定者也。或謂特一之性就其現拘，在此者誠不得在賾，顧不就其現拘。而惟舉夫在特之一純性，固必有在賾之遠德焉。則雖特殊限定，而論其性之本有，原無特殊。則亦初無限定矣。曰：否。執前説者，直謂公性拘特殊之特時，實有在賾之遠德，則何必就其純性所有以爲爲之解乎？若但舉其拘於特殊之純有，而不復就其所函特殊者而論，此正公性脱殊之境。其所有在賾之容德，乃近德也，豈可謂遠德哉？或又曰：舉其人之性，因其函某人之特殊，謂爲特性，固不得有在賾之遠德。若但舉某人之性，而不舉其所函之特殊，則性雖特性，而其所以謂特者，不由其内，但由其外所接之殊也。固自能有在賾之遠德矣。曰：亦非也。凡特一之物，或由外，或由内，既爲特一，勢不自傳。則謂之特性，固不能有在賾之遠德也。至謂特性非由其内，則特者既屬限定，豈必論其由内由外？必欲論其限定之所由。此與今論無關。若必其性自有特殊，而後稱爲特性，則必物之自有其模，而後稱之爲有其模。則是重而上升者，不可謂升上，以其由外而上，非自上故。輕而下降者，不可謂下降，以其由外而下，非自下故。水之熱也，亦不可謂之熱，以其由外而熱，非自熱故。而豈其然也？

其三，公性之爲特殊所拘也，若有可以在賾之遠德，則或但是一遠德，散而爲萬殊之特性乎？或各特性各自有一遠德乎？夫不可謂統一遠德也。何故？凡依模者，循其所依之底爲幾，其依模亦幾。若謂此一物能並在不同之所，並施殊模之效，於理有悖矣，亦不可謂各特性、各一遠德也。謂各一遠德，則公性不可謂一性，而但因各特性之多寡以爲多寡，皆非正論。

所謂元質拘模之時云者，曰：元質爲一模所模，公性爲一殊所拘，二者相比，其義不類。蓋此一質，可以别於此一模，而受他模。其質之所特有者，已然無變，故謂有模之時實有可以受他模之遠德耳。性則不然。既已結於特殊，即不可更有岐别，豈可以爲有遠德乎？

所謂物既有其爲，即有所由發之德云者，曰：公性在特一時，實有在其特一之容德。然非更有在他特一之容德。則此容德，非公者所求之德也。緣公者之德，本是可以在賾之容德，而特性之德，惟是可以在一之德故。

或謂各特性所有之容德總括於一，是公者之容德也。曰：夫可以在賾之容德，是公者之基也。公者既一，則基公者之容德亦一，豈可取諸特性之容德而以爲公者之德乎？或又謂公者之容德惟一，然而分在各特性，則各特性所有之容德皆一容德之所分耳。曰：凡所以然之同類者，其效亦同類。又其所以然之各分，若皆同類者，各所施之效亦同類。今夫容德之各分皆同類之分，則各分所施之效皆同類之效也。若謂容德之全之效，能使公性散於衆賾，則其容德各分，亦當各施其效轉傳衆賾矣。然而各特性之分德，但能在各特一，不能使其轉有所傳，則知各特性之容德非其公者之分德也。

所謂凡有模一之性實有可自傳之容德者，曰：若其性未爲特殊所拘則是，若爲特殊所拘者則不是。緣特殊既結，其性即屬限定，不能有自傳之容德也。

或曰：特一者所共有之模一乃特性所以脱其特殊之基，因而得其在賾之近德。則其基之在模一者，可謂遠德乎？曰：特性因其模一誠可循明悟以脱其特殊，而其基亦可謂容德。顧此容德，非可以在賾之容德也。第循明悟之用，爲脱賾之容德而已。夫賾之爲與在賾之爲，既各不顫，則可知其所由之德亦可不顫矣。

# 理辯之五公稱二卷下

治理曆法加工部右侍郎又加二級臣南懷仁集述

## 物自爲公抑循明悟爲公　辯四

### 闡性境與諸分别　一支

卻闡題義，宜明公性與倫屬之特一有相别否。答此，先設三端：

其一曰：公者所函，總有四者：一，公者之性。二，其性之一。三，其性之容德。四，其所發之互視。今問物自爲公否，非論物性也。葢實有公性而非虛名，前論已明。則惟問一與容，與互視也，又非問未用明悟之先三者現在否。葢互視本思成之有，則未有明悟，何能現在？若一與容之非現在，前論已頗及之，兹但問公性自有三者以爲明悟之基否也。

夫一與容乃互視之基，則論其一者、容者，而互視自明。乃一之義，又函容德，則約之。惟論公性自有可爲一者乎，抑待明悟之功而始謂一者乎。夫公性之境，凡有三者：一謂獨境，二謂拘境，三謂思境。就公性固有之稱謂，而不兼其實在與思在者，實在者，公性之現在於特一者。思在者，固明悟思慴而謂之在也。是乃獨境。就其爲特殊所拘者，是乃拘境。就其循本有之象，屬明悟所慴者，是乃思境也。思境之分有二：一其性之實有、實在皆由思慴。二其有與在之不由思攝者。釋前義，今且不詳。釋後義，言明悟思慴此物，原來此物實有，非明悟之所虛造者，正今所推論也。論此三境，皆有原來、先後，獨先於拘，拘先於思。

其二曰：别也者，總之有二：一，不待明悟之功，物自有别。如其與某之别爲二人是也。名曰率物之别一，爲明悟造成之别。如慈與義之在初所以然者，所爲相别之别是也，名曰明悟之别。率物者又分有二：如物與依物之幾何，所以相别，名曰實別。如幾何與依幾何之形相，所以相別，名曰模別。實別之別皆可相離，模別之別不可相離者也。明悟造成之別亦分有二：一物自無受別之基而悉由明悟爲分別，如就某一物分稱謂、分底顯之義，名曰率意之別。二，物自有受別之基，如慈，如義，在初所以然，雖實非二，然就其所施之異效，明悟因而分作慈、義二者之基，名曰率基之別也。

其三曰：凡屬於一宗之特一，所函有三：一是宗性，一是顯殊，一是特殊。假如就其一人而論，有生覺者焉，有能推理者焉，有某之所以別於某者焉。生覺者，宗性也。能推理者，顯殊也。某某之所以別者，特殊也。於是三者，循上四別之一，固有所屬之別。而其別，即是公性、特性所由相別之別也。假如生覺者與能推理者循模別而別，則生覺者與人亦循模別而別。緣人函推理者，而其能推理之於生覺者，固循模別。則生覺之於人，亦循模別矣。又如人性與某人之特殊，循模別而別，則人性與某人，亦循模別而別。緣某自函別於某之特殊，而其特殊之與人性，本循模別。則人性與某人，亦循模別矣。但此三者相較，惟舉其在一物者。若其在殊物，則皆循實別而別。何也？緣其殊物，亦循實別而別故。如某與某既有實別，則某與某之能推理者亦有實別也。若謂能推理者獨無實別，則此一能推理之實有與某某兩實相別之實有，皆混爲一。緣凡此一物與彼兩物皆相同者。彼兩物亦必相同故，是以不無實別。

## 公性所別於倫屬者兩説　二支

釋前説有二論：一謂斯三者皆循模別而別。證舉二端：其一，某與某，舉人性而言則同，舉特殊而言則別。今不得混舉一物，爲某某所以同之始，又爲所以異之始也，則在某之人性與拘人性之某殊，固有模別矣。其二，舉人以稱某，曰其爲人也，此稱非爲本稱，本稱之義現前。又非可以稱衆人之總括。則知所以爲人也者，自爲一性，與某及他諸特一之人之總括不同也。此義之証多端，大都皆爲超形性學之論。今姑置之。

二謂宗者之與顯也，顯者之與特一也。顯與特一之與其殊也，皆非循模別而別，而但循率基之別而別也。謂非循模別者，設謂兩某之人性與其兩某之特殊，循模別而別乎？則試以吾之明悟，能置其殊。取其性者以第作各性之想，間此兩某之特性，有相別否？不可謂其不相別也。緣某與某既相別，則其在某某之性不得不別。既謂相別，則某與某，固各函所以相別。惟其所以別者，非徒在其性，乃在其特性所有之殊。則知其性與殊，不得由率物之模別而別矣。謂由率基之別而別者，蓋凡物可界明悟爲不同。及界爲偏而不全之想，皆屬率基之別。今宗也，顯也，殊也之在特一者，皆可以界明悟不同、不全之想。則皆由率基之別而別也。所謂界明悟不同之想者，明悟之攝想某物者。如舉某特一所函之全，則曰詳臆。如舉某與他人所同而不舉其所別，則曰偏臆。又如舉某與凡生覺諸物所同，而不舉其所別，則曰略臆。而其就此一物，界爲不同之臆，固皆由於率基之別而別者也。以上兩説，後説尤確，屬超形性學所論，兹姑拈其概云。

## 依率基之説已達獨境之問 三支

依此兩説以釋元問，既謂上性即公性與下性即特性不由模一而別，但由率基之別而別，則公性之在獨境，不可謂爲公者矣。其證云：凡非由脱一而爲一之性，不可謂爲公者也。設使公性非循其率物之別以別於特性，豈得有脱一而爲一者乎？則亦無可謂爲公者矣。所謂非由脱一不謂爲公者，詳在第二篇中，今不再悉。所謂設使公性非循率物之別，豈有脱一者？蓋脱一與特一相悖，既謂上性與下性不循率物之別而別，則未經明悟所別皆非脱一。第爲特一者，豈可爲公性乎？次，未用明悟之先，物之實有皆爲特一。凡特一者，不得有在賾之容德，則公性未涉明悟之先，悉無可以在賾之容德矣。夫公者之要義在有容德，居獨境時，既無容德，豈可爲公者乎？或云上性與下性固有原先後，則上性爲下性之原先，可謂有下性之容德矣？曰：否。上性與下性，舉其實有者既一不二，則所稱上下、公特、先後，皆由明悟而分。夫既未涉明悟，其謂原先所基之容德，何自而有哉？

駁此論者有三：其一，率基之別在於一物者，能使其物顯不同之義，故主此一義能受他義所不能受之稱矣，則特一者與類，類者與宗，雖同爲一物，然而既有率基之別，必能就此一義以受他義所不能受之稱矣。則特一者，舉其所函之特殊，雖不可謂有脱一，而舉其所函之或宗、或類者，豈不可謂有脱一者哉？則宗也，類也，特殊也，三者雖無模別，而其公性之居獨境者，固可以爲公者矣。所謂率基之別，能使其物受不同之義之稱者，如有形之物，生乾生熱之德，皆出於一純依賴之光。惟率其基以別之，則知施熱施乾，就其一光所函，各有所爲不同施之始，以爲用所從別之基也。

其二，若因上性與下性實同一物，但由率基而別，便謂上性所函之一即下性之所函者，則亦可謂悉無模一之實在，而但有数一之實在耳。若是，則公者之遠基亡焉，不將謂公者惟虚名相乎？

其三，若謂上性與下性爲實同一無二，故上性未由明悟脱一之前，不可謂爲公者乎？此以論宗者、類者、殊者或可耳。緣此三者與倫屬同一實有故也。若論獨者、依者則不可。緣二者與其底賴，或實相別，奚待明悟之功，始可謂爲公者哉。

解上一駁，所云就率基之別而別者，其可受之稱謂，非必以其一者，距其二者也。設吾動二端之偏臆，以思攝其實有之時，其所專屬一臆之義所受之稱，雖未必爲他專義所能受者，然而用我明悟，可以任舉一專義，以稱兼統二義之實有也。如能舉施乾施熱之用，以稱其函二始之光，然而不能舉脱一，以稱特一所函宗顆之全。何者？施乾施熱之視光也，皆不相悖，而脱一與特一屬相悖故。

解上二駁，先當辨明悟未施以前物自有模一否，此屬超形性之論，今略拈其義焉。謂物自有模一，乃窮理者之通義。證取二端：一，物所以自爲一物之不分也者，是爲模一。今凡公性，各自有所爲本性之不分者，則各自有模一也。何謂公性有不分者？設使人性本無所以自爲一性之不分也者，則我之明悟亦不能思攝其性而以爲不分者。今明悟能思攝其性而以爲不分者，則是其性自不屬可分，自有模一矣。或云：人性之在賾，至不一也，而就明悟攝之，可以脱其賾而歸一。則就其模義，性雖屬分，而就其明悟之功，固可脱其分以謂之一矣。則謂明悟思攝，必由先有不分而自爲一性者，殆不其然。曰：人性之在賾，雖實爲多，然就其模義言之，其性本一，是以明悟乃得憑以爲基，因而攝取以謂爲一耳。若使人性本無模一以爲其基者，明悟亦何據而指以爲一性乎？

二，夫人性本實有也，而一也者，乃實有者常有之情。則人之性，固有一者。但其一不屬数一。緣性爲数一所拘，不可分傳故。就其明悟所攝，亦不得謂之公者，則其一本模一也。顧此模一、数一，非就率物之别，惟就率基之别而别。何故？此兩一者之别，非大於上、下性之别。今公性、特性之别，惟就率基而别，則其性之模一、数一，亦就率基之别而别也。由此可解第二駁論。蓋惟證特性所有之模一、数一，非就率物之别而别，而不證其非率基之别也。至論公性何以不能自有脱一，乃有模一者，曰：脱一與拘殊正相悖。夫公性之於下性，既有爲同一者，則固爲殊所拘，豈能有脱一乎？若模一，則無悖於殊之拘，其於性之三境，固無所不容者也。解上三駁，獨也，依也與宗、顆、殊之理皆一，雖獨者、依者實與其底有别，不藉明悟而脱，顧二者之公性與其倫屬，實有同一者在。明悟未攝之先，不得謂爲公者也。

## 據模别之説以釋題問　四支

公性與特性，就模别之説，則其公性之獨境可謂公者乎？曰：此論有二，今折其衷。一説謂上性與下性有模别乎，則公性居獨境時，實可以爲公者也。證有五：一，公性不受特殊之拘，實有脱一與在賾之容德。今論獨境，非有特殊之拘，則固有脱一與容德者也。謂獨境非有特殊之拘者，公性乃倫屬者之模所以然。凡所以然者，或時或原，故在效先。公性或無時先，必有原先。則舉其原之先，非爲特殊所拘者也。

二，公性既與特殊有别，則自有聲音别與特殊之一者。何也？凡兩物相别，各有所以爲此物之本一。蓋既有分别者在，必有数在，而数必一一而成，故公性特殊，既各有别，則各自有一矣。但公性之一非数一，緣数一乃特性之一；亦非模一，緑模一亦在特性，不得爲公性與特殊所以别之一。則公者之本一，乃是脱一也。

三，明悟所造之脱一，非能顯於公性獨性所自有之模一也。今明悟所造之一，是謂公者之一，則公性自有之一，亦足謂公者之一矣。所謂非能顯於獨境之一者，明悟但使其性脱於特殊。夫性未受殊拘之先，其獨境不與特殊相結，固自有公者之一在焉，不待明悟而始顯也。

四，凡有可以在賾之容德，皆可謂公者。今公性居獨境之際，自有在賾之容德。何以證之？公性所可在賾之容德，固先於其爲。爲也者，由容德而出者也。顧在賾之爲，非關明悟，固在明悟之先，則容德更先。可見居獨境之公性，自爲公者。

五，性之在賾不一，則在賾之容德亦不一。如馬之公性，自有在衆馬之容德，而非有在衆人之容德。人之公性，自有在衆人之容德，而非有在衆馬之容德也。凡兩物所以判爲兩物者，即其某物之所以爲某物者。人性、馬性，其在衆之容德自各不同，非藉明悟之功而謂謂不同，則亦各自有容德焉。今論容德乃公者之要模，則性既自有其要模，亦自有公者。

二説，謂上性與下性雖有模别，然居獨境之時，非有公者之脱一與容德也，故不可爲公者。證有四：其一，性居獨境其所受之稱皆固然之稱。若夫脱一，則不可然之稱也。緣其可離於性。凡可離者，非固然之稱故。則就其内有之純，非自有脱一者矣。何謂性居獨境所受皆固然之稱？蓋人性者，就其固然而論，所函有二：一人性之自成一有者，一性之不涉于倫屬者。性所可受之稱，惟此二端。夫從自成一有之稱，乃其固然之稱。若從其不涉倫屬之稱，則公性降在倫屬，亦可受之。蓋雖降在倫屬，顧其所不係於倫屬者則一。緣人性者，乃其倫屬之賾之所以然也。凡效必係於所以然，而所以然則不係於其效，故或在或脱，皆無所係於其倫屬者。今公性降在倫屬，既無脱一，則脱一非能從其不係者而出，而又更無他可由出之始。則性居獨境，不得有脱一者，亦不得爲公者。

或曰：不生也，不滅也，皆公性所可受之稱，亦其可不然之稱。公性豈待特一之拘，而後乃謂不生不滅乎？正維結於特一，所以可生可滅耳。則謂不生不滅，亦其可不然之稱也。今謂脱一也者，乃是謂其不分也，不傳也，則亦公性可不然之稱也。夫公性自有之稱，豈必有其爲固然者？

曰：稱有二義，或指此模之非，或指此非之模。若指模之非者，則斯非也，皆可有可不有之非，不可以稱結於特一者，正公性獨境時可受之稱也。若指非之模乎，則公性本無其模，謂之非模，自是固然之稱，故雖受拘於特一，已有生滅之模，而猶可以稱非生非滅。此亦本其固然者而稱之也。脱一之義亦爾。若其脱者，指在此性所本無之特殊模乎，乃此性固然之稱但性既受拘，雖有特殊之模，却非公性自有之模則。其非此特殊之一，豈能俾其性爲公者？緣公者所求之一與數一相悖，不得合於一故。非此特殊之一，正指脱一。然居獨境未涉明悟之功，則此亦不離數一。固非脱一之義，不爲公者。

其二，公性獨境，不能脱特殊，則不可謂一。何也？特殊之拘者與不分者正屬相悖。性在獨境，既不能脱特殊，豈可謂一，且不分者乎？謂不能脱特殊不可謂一者。公性獨境之際，視諸特殊，惟有原來之先。而其先也，但能俾其性不係於特殊，不能俾其性以時先於特殊。夫公性既無時之先，不得脱其殊以謂爲一，則亦不得謂之公者矣。謂不能爲時先者，蓋從無使而有之兩有彼此皆無時先。若有時先，豈可謂從無始而有？今公性與特殊，論其依現在，並受生造，悉無先後；論其本自成之有，則皆爲無始者，豈能有時之先哉？何謂既無時先，不得脱其殊？蓋模也者與其模之非也者，不得並在於一物。殊者爲模，一者爲模之非。若公性不脱其模，豈可謂有其模之非也？

或曰：先後之頃，其義有二：一爲時頃，一爲性頃。一時頃可包二性頃。試觀太陽，其受造，其始照，論時，並止一頃；論性，則受造在先，始照在後，有二頃焉。夫模與非，雖不並現於性之一頃，然可並現於時之一頃。而此模之非，可現於性之初頃，此非之模可現於性之次頃也。夫公性之視特殊，必有原先，其在初頃可脱特殊，其在次頃可受特殊之拘，則論公性於性初頃可謂者也。曰：否。所謂頃者，乃並時不可分之一瞬。則不可指有兩分，而謂性之初頃應一分，性之次頃應二分也。現時頃者，全現全頃，無先後之可論也。其所謂性先後者，乃論此物所以得有，必從彼物造之，使有耳。論其時頃，固並時而在者也。如以太陽視其光，有性先義，緣太陽乃光之作所以然。則作業固先於其效，然太陽從受造後，不可謂有時而未發其光也。又以天之質視其模，亦有性先之義，緣質爲模之質所以然。則凡爲質所以然者，固先於所質之模。然而斯質受造以後，亦不可謂有時而未質其模也。則夫公性雖爲其有性之先，可以不遞脱一之稱。然而其性先者，不能使其公性直受脱一之稱，緣其爲稱可受阻於性後之稱故也。獨瑪云：性者可謂不爲白，而不可謂爲不白也。言性雖自非爲白，然而不可謂爲不白，緣亦有時可由外而爲白故。

或曰：謂時頃之稱，全現全頃，不可分先後者，論實之稱則是，論非之稱則非。稱物爲白者，此謂實稱。稱物非爲白者，此謂非稱。今稱性爲一者，乃非之稱也。則性可於其原先受其非稱，又可於其原後受其非稱也者，所非之模也？曰：否。實稱之與時頃也，較之非稱之與時頃也，兩者無異。蓋時之頃不屬可分，故或舉實稱，或舉非稱，其蓋頃則一也。

其三，公性受拘之際無脱一者，則獨境之際亦無脱一也。何以故？謂獨境有脱一，其所攄之理亦當見於受拘之際，則是公性之拘，亦可謂有脱一者。緣凡具其所以然者，無弗具其效者故。今公性受拘之際無脱一，則獨境亦無脱一矣。所謂所攄之理云者，公性所攄謂有脱一之理者，是獨境所有之原先。然而公性受拘之際亦有原先，性無所係於倫屬，而其倫屬之賾，則有所係於性，又豈可謂受拘之際，必有脱一，必爲公者哉？

或曰：公性之原先與其不係於屬賾者，若不受阻於特殊，則其性必有脱一。惟是特殊有阻，則其原先不能爲脱一之因緣，故獨境可以謂公者，而受拘之際則否也。曰公者之一，自宜能絶特殊之阻，然惟脱境，明悟先絶特殊，性乃得顯脱一，謂之公者耳。若夫獨境之性，雖有原先，因而必有不係於倫屬者，但自不能免於特拘，必待明悟之功乃可以脱特殊之拘也。

其四，設謂性在獨境，可謂公者乎，則未有下者之先，乃謂有上者在。何故？下者接其上方可成其有。性居獨時，未受特殊之接，則豈可謂有下者？既無下者，則亦豈可以爲公性？緣公性與下性相因而有故，則獨境就其原先，或可謂一者，而未必可謂公者也。次，公者爲全，則宜統其倫屬之諸分。當其諸分未有，則全者安從統之？是無所謂全也。又，公者或執其容德，或執其互視，必有倫屬之下者在。何以故？執容德者，凡爲德能，固向其界。若無其界，亦無德能。夫下焉者，乃其容德之界，則若無其界，亦無容德也。執互視者，夫互視之物，相因而有，設無下者，豈可謂有上者？豈可謂之互視？則性在獨境，雖或可無殊之拘，然既無倫屬之下者，即不可謂爲公者。

或曰：公者之切義不求現在於賾，本屬可在於賾，則雖無其賾，亦可謂有公者在。曰：否。公者之謂非浮而無向之謂。既有所向，則有受其向之下者在。如凡所以然者所求得之互視，惟其施之德與其施之用也。若但舉其物之原先，而不論其受爲之效，則亦何攄而受其所以然之稱乎？惟有受其爲之效者應之於後，乃可以稱之爲所以然。不然，是無效之互視無是理也，公者視賾，其理亦爾。

或曰：公者所攄互視之稱謂固必有界，然不必求現在之界。界也者，或現在，或不現在，並可受公者之向也。緣夫互視自不論現在之界。試取数十年後將生之某人，以今現在之某質視之，其現在必可分者之互視。若以將生未現在之人，視其現在之某質，其將生者必可爲全者之互視。則其互視，固屬可現在也。曰：否。就其依現在者而言，某人未生之前，謂其不在是也。若就其本元者而言，則未生之前未嘗不在。何也？依現在者乃凡物可不然之稱，若夫本元，乃其物固然之稱。蓋人雖未生，惟其先有固然之本元者在，故以此未生之本元視其現在之分質，自可以立全者之互理也。若論特一者之視獨境，則不然矣。下性未接上性之前，不可謂已具本元者。則夫一特一，或攄依現在，或攄本元，皆其所無，係能具互視之理乎。

或又謂，凡特一者，皆可有其本元者也。則以公者視之，亦可以立互理。曰：不然也。論物於未者之時，非可以函本元者。何故？其謂可也者，或有在乎？或無在乎？謂有在也，其在者即其物之本元也。若無在也，既無其有者，豈可謂有其可者？

權前兩説，其謂公性獨境，不可謂公者，於義爲確。今辨其可謂公者所謂公性不受特殊之拘，實有脱一與容德云者。曰：雖公性獨境誠有原之先，因而不逆其爲不拘者，然而不可謂脱拘者也。證見前二説第三論中。

所謂公性倫屬之模所以然云者，曰：公性之視倫屬，雖爲模所以然，不因此而可謂有脱賾之一也。蓋公性受拘之後，亦爲倫屬之模所以然，是乃就其原先者而論，然於脱一固屬相悖。

所謂公性與特殊有别云者，曰：公性固有所以别於特殊之一者，顧其一非爲脱一，但爲模一。即公性所以不分於自己，而分於他諸有之一者也。蓋人性，循其模一而論，不但别於馬性，亦别於接馬性之特殊，暨馬性與特殊所有諸依賴者。

所謂明悟所作脱一云者，曰：公性獨境之原先，雖自不求特殊之接，然亦不遞其接，故獨境所有之一，不能使其性全脱於特殊也。

所謂容德在明悟之先云者，曰：公者之容德與其爲，皆不可謂先於明悟者也。蓋公者之本爲，不但是在於賾者。若指在於賾者謂之公者之爲，則凡同名歧義之性，循其同一之義，亦在於賾，豈皆可以爲公者乎？蓋公者之爲，本在其性之一者，因而謂可在於賾者。今獨境之性，不可謂一，前論已晰，則亦不可謂在則之一者矣。或曰：公者之爲若非公性之所自有，則全係於明悟之功，顧明悟不能俾公性自結于特一。則公性設非自有其爲，明悟豈能俾其有乎？曰：公者之爲，亦不悉由明悟之功，亦不全爲公性所自有者。兼而有之，公者之爲始立焉。夫公性自有固然結合於倫賾者，而又執明悟之功以脱於賾，乃得謂一。因而指其結合于賾者，謂之公者之本爲。如人心忽起一作用，當其未覺之前，則爲不自主之作用；及其已覺，則爲自主之作用。作用一也，然而覺與不覺之間，其所受稱再有異也。或問：公性所有在各特一之爲，是何容德之爲乎？曰：公性既自無脱一，則亦無在賾之容德矣。所以施其爲之德者，原本公性，有在各特一之分德耳。詳見二章。

所謂性之在賾不一，則容德亦不一云者，曰：公者之本爲，既不全係於明悟，亦不全由性所自有，惟兼二者以成其爲。則其爲之容德，全從明悟之功，與其性之固有而發也。由性之固有者，如人性與人之特一者，固有自相宜。若以視馬性與馬之特一者，絶不相宜也，亦由明悟之功者。蓋明悟之用，就其性與特一者之相宜，乃能攝取人性，俾在此人彼人之容德，而不能攝取其不相宜者。俾在此馬彼馬之容德，設使性與論屬本無相宜者，明悟奚能異以可在特一之容德乎？則是其宜也者，乃其容德所由立之基，故謂兼由固有，亦由明悟，以共成其爲之全也。至於究其宜者之何由，則緣人之公性與其倫屬之特一皆爲同類之模一，而與馬性之模一，絶不相同。故以視此人彼人，必有相稱。而其視馬性之特一，絶無相稱耳。可見公性之容德，凡爲不類，皆由其模一之不類。故此模一乃公性在賾容德之遠基，而明悟所據焉以謂爲容德者。

## 舉拘境以答題問　五支

論拘境其義有二：一是本有者之拘，如某人雖未實在，然吾所懷臆，固指其人之公性與特殊之相結，則其所表者如實在之某然也。一是依現在之拘，如性與殊，現結以成實在之某是也。今論公性受拘之時可以爲公者否，並舉二義。

有謂公性拘境正爲公者，證之曰：公者所須，其要有二：一是爲一者，一是可以在賾之一者。性於受拘之際，二者皆備，故可謂公者也。所以謂爲一者，公性在賾，雖可謂多，然舉模一，則亦一性焉耳。次，性之拘境，義又有三：一，因其在於各特一者。二，雖因其在賾，然不並舉其賾。三，因其並在於賾也。論第一義，則数一者不可謂公。論第二義，公性分在特一，則各自爲一，全不能復相合以成本然之一者，故亦不可謂公。論第三義，則性所以在各特一之爲，雖不可謂之全爲，然各也者，乃公性在賾全爲之一分。舉此義，則性爲可以在賾之一者，因而可謂公者也。若論可以在賾之容德，則公性既在賾，豈無有在賾之容德哉？緣凡爲也者，雖由德能而出，然德能初不受損，試驗見德與動德既施用後，其德之全與前未施用者無異。則性雖現在於賾，其所以可在賾之容德，豈可謂有滅哉？

此説未確。一則，背於古窮理者之論，一則所據之二論皆非也。所謂公者之所以須云者，曰：前論所指兩一者，皆有辨焉。論模一，則多許模一之總括，雖可謂一括，然不可直謂一者。在賾之性，既實多性，豈可謂公者乎？若論公性所以在賾者之一，則此一也者，或在於諸特一者乎，或但在於一特一者，不可謂在於一特一者。蓋既無所以在此一不在彼一之故，未若謂不在於一特一者。若謂並在於諸特一者，或獨爲一，而並在於各特一者乎？或各特一者自一其一者乎？。謂各特一自一其一者，則其一也既實爲多，公性豈可由多性而爲一性？謂獨爲一者，則凡依模，因其所依之底有幾，其模亦有幾，固不能並依兩底。夫一也者，依模之屬也，則設其獨一，豈可謂並在於各特一者哉？或謂公性在賾之際，視夫特一者固有原先，則據是可謂公者，曰公性受拘之際，因所有之原先可謂不係於特一者。然而特一者，皆係於公性，故爲特一者之模所以然，但不因其原先，遂可謂不拘者。則實爲多性，不可謂一性也。又，舉是原先，亦或可謂不受拘者。顧非公性自有之能，乃是明悟所使之稱，正可謂脱於賾之公者耳。

或又謂公性之在賾，實不可謂一者。然循明悟之功，總舉其在賾之性，豈不可以爲一性者乎？曰明悟雖總舉其性，然非置之於脱境，固不能指爲一性也。蓋雖用我一純之臆，總舉其性，而特殊未脱，而明悟尚覺其多，與特一之拘無異，豈能爲一乎？若循前論，由多分之爲合而成全一爲，此非公性在賾時自有之爲也。蓋各特一者，所以自接於全性，與他特一各所接者實有不同。則雖明悟總舉其性，以稱諸特一，豈能俾爲一性乎？

若謂容德全在全性，但公性循其一分可以在此之特一，循其他分可以在彼之特一，故性之各分自有可以在各特一之分德者，不知公性之本然，但有不可分之本元，故全然在各特一。則其可在特一之容德，亦全然一容德。但因各所結之特殊，始見其有所分耳。

所謂爲有德能出，德能不受損云者，曰：德之總有三端：一是物之所以可施其用，如主見主動之德能是也。一是物之所以可受其模，如氣受照，水受熱之容德是也。一是物之所以可受分，如此一幾何所以受分爲若干是也。一義、二義所指之德從其所施之爲，不緣受損，況屬全成。若第三義所指之容德，既得其爲，即無容德緣公性所可在賾之容德本即所可受分以自傳之容德，故既有其爲，即無其德也。又，公性既爲一特殊所拘，即不復可以受分，因而失其自傳之容德。若所謂特性各有在此特一之分德，良然。但其分德，不爲公性所以可在賾，而但爲公性所以在於一者之容德耳。就此推之，則知此之分德與其爲，並在不相滅之故也。緣其德既非公性所可受分受傳者，而但是分性所以結此一模者。此模指特殊。故如第二端所言，氣受照，水受熱，其德能與之並在，不受損也。

## 脱境之性正謂公者　六支

公性循其明悟脱其特殊之際，乃切謂爲公者，是亞利與諸窮理者之通論也。蓋亦有謂公性，獨境與拘境可爲公者，然未有謂脱特殊之際不可爲公者。證此説云：凡可謂公者之性，所須有三：一是模一，二是脱一，三是可以在賾之容德也。今居脱境之性，兼有三者，則爲公者可知。

或曰：物之爲界，不因我所懷之臆之一而爲一界，乃是及我所懷之臆以就其物界之一而於是乎有爲一者。則公性不能就明悟之臆以取其一之義可知也。況使就明悟所造之臆，可謂公者？則各人明悟所表人性之臆與数，其爲人類之公性亦無数而甚不然。

曰：物與表物之臆各有兩一，一謂模一，一謂数一。模一者，以吾表此物之臆，就此物以爲界而取之。緣物乃吾臆外模之準所以然，故雖有多物，而但屬模一之一者。明悟皆能就其所共之一，造成一臆，表其所共之性，其臆必統括其各有之模一。此屬於有界之臆也。若其數一之臆，則不着於界，自起一臆，或由初所以然之指焉，或由次所以然之施焉，或感時觸事，有他端以動發其臆焉，爲界之公性。所有模一之一，乃其公性之固然者耳。而其公性所以自爲一界之一者，則由明悟所使脱於賾者之臆也。葢明悟既能取物之同以爲別，亦能取物之分以爲同也。

所謂臆無数，其爲人類之公性，亦無数云者，曰：雖其明悟之臆與其臆造之脱一者無数，然人類之公性不因此亦無数也。何也？模雖多，而模所依之底不多，則其多模之合成於底者，亦不多。如多人共見一墻，墻界之見用雖多，不因此可謂多受見者，而但可謂一受見者。又如一人挾有多技，不可攄其技謂多人，而但可謂一人也。明悟之臆與脱一之視公性，其理亦然。故明悟之臆與脱一，雖可以爲多，而公性不多。

或問：公性之脱一既由明悟之功，則明悟所攝公性之臆爲幾，其脱一亦幾乎？或所攝之臆雖多，其脱一不因而亦多乎？曰：此有二解。一然一否。然者之證有二：一，凡實有者之現在有幾，其實有者亦幾。則思有者之現在有幾，其思有者亦幾。今脱一爲思成之一，循明悟之臆而成其現在，則所以爲幾，其脱一亦幾矣。二，設謂公性之脱一，不由明悟之殊臆而有所殊者。則從古至今，其脱一恒不能異。即今之人與天神皆不能別作脱一。是皆不然。否者之證亦三：一，明悟所以成其思攝之臆不關其所思攝者之内，惟關其外。則不因臆之爲幾而可謂思攝之有亦幾也。二，設思成之有循明悟之臆而多，則明悟屢次所發之臆，不得共指一思有。而一憶爲一思有，思有亦不勝其多矣。而今不然。三，凡非也者，循各所非之模，與所依之底有別。今人性之脱一其所非之模與其模所依之底底指人性。恒一。則其脱一亦恒一，而非因明悟所造之不同以爲不同也。欲明此難，當知理學之所謂臆，其義有二：一是明悟所造成之臆，由明悟以生，又依明悟以存，謂曰模臆。一是明悟所懷想之物，其生其存皆不係於明悟，謂曰對臆。假如見人見馬，明悟所成見人見馬之臆，是乃明悟之模之臆也。其模臆所懷之人馬，是乃對其臆者也。又見某某皆共人性，明悟攝取所共，脱於某某，是乃模臆。而其脱於某某之人性，是乃對其臆者也。今問脱一者一否，非論明悟所懷脱一之模臆，而爲論模臆所表之對臆焉耳。

權兩論，各有可取，次説尤確。若第一説所舉實有、思有兩者之現在，殊不相稱。何也？凡實有者之現在與其實有者之内義，必有所關，故其現在爲幾，其有者亦幾也。若思有者之現在，則不關於内，惟關於外，豈可因其或一或多，以推定夫思有者之一與多乎？所謂從古至今，脱一□不能異云者，無害於理。葢脱一之基與所非之模，既恒一不異，則其脱一從何而可以爲不同者乎？

或曰：凡謂爲界者，固先於其向界之德與其德所施之用。何故？界也者，本爲向界之德之準所以然。而凡爲所以然者，故先於其效也。今公者乃明悟所向之界，則豈由明悟而成者哉？曰：公者爲界之義有二：一謂質義，一謂模義。假如舉生覺者而論，據其爲某性，是乃質義。據其爲一而可以在賾者，是乃生覺者之模義也。循質義而言，則公者在明悟之先；循模義而言，則公者在明悟之後。謂界在於向界，德能之先，是但舉質義而言耳。

或曰：公性脱賾之際，但有脱一與容德，二者不足以稱性之爲公也。何也？謂爲公者爲其可舉之以稱賾也。若上性與下性不相結，固不可舉上性以稱下性。緣凡以模稱底者，必須據其模之在底。模之在與不在，即稱之當與不當。則夫性之脱於賾也，既不在於特一，固不可以稱其賾，亦奚可以謂爲公者？

曰：公性脱於賾，不可稱現在脱於賾，良然。然而可以稱之爲公者，何也？性居脱境，必有公者所自宜有之諸情，宜有諸情，即前所謂爲一者、容德者、互視者。而其現結於賾者，乃其向界之所自須者耳。公者所向之特一是其向界。蓋公者與特一者，互視互向，若特一不得公性，不成其爲特性，故公性可不須現在之特一，然特一自須公性也。況依前論，公性在賾之爲有遠有近：循固然之結而在賾，是乃近爲；依鄧第大得。循現然之結而在賾，是乃遠爲也。因額細鄧際亞。茲舉宗、類、殊、獨四者，其在現結前，皆有近爲。若依也者，雖其未現在賾之前，無固然結於底者，故其脱賾之際，未得其爲。宗、類、殊、獨皆有兩爲，其固然之結不係于見在，惟依者固然之結係于現在，故云未得其爲。然既見有可以在賾之德矣，豈不亦有可以稱賾之德？由此推之，可知公性之容德與其爲，不必其並立於一境也。

## 解愽斐略前設三難　七支

公者之性情既明，宜釋薄斐略前設之難。一曰：物之宗也、類也，或實在世物乎？或但在於明悟之臆乎？二曰：屬形體乎？或不屬形體乎？三曰：合于可覺之物，乃得見在乎？或離於諸可覺者，而自現在乎？

欲釋此難，尤當定其爲不循模義者。蓋其模義既但是或非也，或思成之互視也，奚必問其屬形否與其離於可覺者乎。則惟循其質義，即是所謂公者之實有者也，而又非論凡屬公者之實有，惟論凡屬於自立而可覺者之宗、之類耳。若爲純神之體，則亦奚必更問其爲形與否也。

今釋此疑，當知物之在於明悟，其義有二：一物之依在，一物之對在。依在者，明悟所發作用，所受物象，所蓄習熟，皆依明悟。如諸依賴者之依其底然。對在者，明悟之臆所顯對我而立之諸物也。所問在物與在臆者，惟舉後義，故曰在臆否，而不曰在明悟否也。對在者，其總有四：一，自有可謂在者。如此人、此靈魂與諸實之依賴者是也。二，自無可謂在，而循其底以爲在。如凡非也者之類是也。三，雖自不實在，又非循其底以爲在，然可用以稱實在之物。如凡思成之有是也。四，實爲明悟之所能攝，然不可指爲實在之有。如愚俗所臆載地之鰲是也。

今釋第一疑曰：凡自立之體，其宗其類，不可謂明悟之臆。一則可以稱實有，而因所稱之實有可謂現在。如生覺者可以稱此人此馬，而因此人此馬可謂現在。一則其宗也類也，雖不能實別於特一以謂爲本自在者，然可謂之實有實在者也。上論已具。

釋第二疑，所問有二：一，宗者、類者屬有幾何否。凡有幾何之物乃切謂之形體故。一，宗者、類者屬有質否。物有形體，非必切爲質之效，本爲幾何之效，然而質也者，乃幾何之所依以施其效之底賴者也。今攄題問，先釋後義。其説曰：宗也，類也，論其實有，皆由質而成。若論其超義，未必皆由質而成也。何謂由質而成？蓋宗與類非實異於倫屬之特一者也。特一者，既必由質模之相合而成，則其宗與類豈得不由二者而成乎？何謂超義之未必由質？試如有幾宗，有幾義類，或舉其實有，或舉其超理，固皆不能脱於質。如人爲生覺者，舉其實有，不得脱質，緣質乃人之一分故。然舉其超理，則明悟所懷，既能顯示夫生覺者與人性之臆，又豈不能顯示質模合成之臆乎？至若自立之爲至宗，所統有形之類，有形之殊，雖各有質模之合，但爲亦統自立純神之有。神則超質，故論其超義不可謂含質模之合也。

釋前義之論幾何者曰：屬形體之宗與類皆自有幾何，緣幾何乃質模合成所發之情故。然其宗、類所有之幾何，亦但就其倫屬所統之諸特一者而以爲有幾何者耳。特一所有之幾何，即其宗、其類所有之幾何也。

就上諸論，可以釋第三端所疑者。蓋既證上性與下性非實相別，又證其無模之別，明乎宗之與類不能別於特一者，而獨立也。蓋既無模別，而又謂可離而獨立，得無謂一物也。而可分於己，亦可離於己乎。

以上所解，皆就薄斐略所摘舉之奥義而論。若廣其義，直問各宗、各類爲屬思臆者否，爲形體者否，爲獨立者否。問屬思臆，則就前所答已備。若夫形體者與獨立者，則宇宙内外所函之宗之類，或是形體之有。如謂宗，則有生覺者。謂類，則人也者。或是無形體之有，如純神而自立者與凡依賴者。或不能脱於可覺，如諸有形之自立者與屬形之依賴者。或超於可覺而本自在，如諸純神自立之體。或超於可覺而非本自在，如諸依賴於神體者。若舉公者之模義而言，則所謂公者，不必實在於物，而惟就明悟之作用而立也。然而可用以稱其實在之物也。

# 理辯之五公稱三卷

治理曆法加工部右侍郎又加二級臣南懷仁集述

## 公性就何德之用以脱於賾　辯五

### 脱也者之義　一支

脱也者，乃此一物所别於彼一物者也。總義有二：一謂實之脱，一謂識之脱。實者，兩實有者之相别。如靈魂之别於肉軀。識者，非實有之别，而爲就明悟以爲之别者也。凡由此實之脱而别者，脱後兩物俱在。設其一者存，一者滅，不可謂之實脱。如光之别於空，又如諸依賴者之别於其底，皆不實之脱也。識之脱復有二，一謂非脱，如云水非冷，火非熱。又或云水非熱，火非冷。不論所非之是否，皆非之脱也。一謂取脱，明悟所見物情多有相關，而就中但取其一。如以目見菓，但取其色，不取香味。又如以明悟視人，置其特殊，取其公性是也。理學通論所云取脱無詭，正取此義。蓋見有多端，但取其一，不遂非其他者，豈有詭之可譏乎？

公者所之須脱，非實之脱也。何故？宗也、類也、殊也，其脱於特一者，不屬實别獨也，依也，問亦實脱於所依之底，顧所擬爲公者，不但宜脱其底，且宜脱其特一者。夫特一者之於其上性實合於一，豈可謂由實脱而别者乎？亦無非之脱也。何故？凡非之脱，容或有謬，而公者之脱無謬也。凡公者之脱，乃在取脱，但下焉者不能脱其上。緣下性由上性而成。設無上性，降在於下者，則亦安得謂有下者？故上者可以脱其下者，而下者不能脱其上者。

問凡希德之顛，亦似能爲取脱。如目見果，希德向味，不向於香與色。其取味者，可亦謂取脱否？曰：非也。凡愛德，固與知德不同，知德所用以明彼物者，必先取彼外物爲己内象。象入識受，靈知遂啟。希德不然。其發愛時，愛從自己躍出，投入所愛之物。故凡云愛者，在彼受愛之物而不在於愛其物者。今夫取脱，乃是就其締合於一之物，爲分別而攝取焉。惟主知之德能之，豈希德所有哉？

## 公者之脱何以成 二支

五司而外，別有在内二識。其一，在腦之前分，名總知識，外司諸界，皆獨所總。其二，在腦之後分，名形想識西云達凡細亞。亦繞外司諸界，與總知埒。但綜之所知，第在五司現知之物，而形想則現在不現在皆屬所知。此皆依獨肉體之司也。其靈性所有之知德，亦有二焉。一曰作明悟，一曰受明悟。作者，作萬象以啓受明悟之功；受者，加以光明，因象而悟其理。作者能爲可得，受者隨而得之也。此明悟知識之用，與内外諸司不同。内外諸司獨形，其所知惟特一者。如此人、此白之類。明悟則純神之德，不着於形。特者、公者，皆屬其界。如云人之公性，白之公性，皆獨明悟，非内外形司所能攝也。何也？公性之所以爲公，宜先脱其特殊，以但存諸固然之名義。夫脱特殊而存固然之名義，惟明悟能之。則取脱之功，固明悟之功矣。

問取脱從何而作？曰：外司之接於某特一也。試如見一白者，彼白射象以印吾目。吾目受之，作一見彼白者之用。彼此見用，旋即發一白象以通總之竅，俾受知焉。從此又轉一象，入形想識，以作明識其白之用也。而此識用，又宜遞生一象，以成明悟本用。但緣其識屬於有形，則其所出之象亦屬有形。明悟不能以其純神之德受彼有形之象，於是乃有作明悟之妙用，助其形想，以共作夫表彼白者之神象。而後受明悟者，乃得憑此神象以發明暢彼白之用也。

作明悟者，其形想識所作之象，其所表者有二説：一謂其象但表特一之形，二謂此象已脱特一諸情，惟表特一者之公性。其詳見於靈性之學。今循其説而論之。其一，設謂作明悟與形想識所生之象，但表特一之形乎？則彼象非可以基公者之取脱者也。緣其作時，公者未脱於特殊，故則必俟受明悟者。或就其象以明識其特一，而後脱公性於其特殊，以成一表公性之臆。或衷腸幾特一者，而從取脱其所共之性，以成一表公性之臆也。據是，則公者之取脱，非作明悟之功，乃受明悟之功矣。其二，若謂彼象自能表公性，則公者之初脱本作明悟之功也。初脱云者，蓋作明悟所生之神象，雖自能表公性，悉超特性，然而但呈其象，未有其臆。必待受明悟者，乃用其象以成公性之臆，此屬次脱。而其所表，乃更上更廣之公性也。論此受明悟者之所以成其爲臆，亦有二端：或明識幾顆而取脱其所共之性，或但明一顆而置其殊以成總性之臆。其爲次脱，亦與前論相同。

## 明悟所顯公性切爲公者 三支

作明悟，受明悟，各有所生之象。顯其公性，問誰切爲公者？釋此有三説：一謂未受以前未可謂公者，而加以受明悟之功，乃得謂公者。二謂就其作明悟之用，即爲公者。三謂作明悟之象所表者，舉其固然相宜之稱，西云觀物尼思西亞。誠可謂公者。舉其現在而論，西云因額西鄧際亞。則待受明悟而後可謂公者。

欲明此説，宜釋前論公者之二義：一曰非，一曰是。非者，乃公性之脱一與夫可以在賾之容德所論在虚之非也。是者，乃公性與特一者之互視，及脱一，及容德所論在明悟思成之模，爲實之是也。今就兩端論之。

一舉公者之非義而言，則受明悟之前，公者見於作明悟所生之象，如諸非也者之在物然也。何也？彼象所表之性既已全脱特殊，則脱一與容德已無不具。是公者之非義全備也。所謂如諸非也者之在物云者，蓋非也者之在物。其義有二：一，模既不在物，則非模之非也者固在於物。二，明悟攝想其非而以爲實模，因而能去他模。如瞽在於目，而明悟以其非見之非爲實模，以去其見用之模是也。兹謂公者，現在作明悟之象，如非之在物者，循前義而言，蓋彼象所表之公性，其於特殊之拘，既脱於無，則其於特殊之非，現在爲有矣。

二端，舉公者之是義，互視也，脱一也，容德也。據其爲思成之模，則受明悟以前，三者皆不現在。然而就其作明悟者，公性既已顯脱於特殊，則受明悟之前便可以有其三者也。就此二端論之，三説無弗合者。蓋第一説謂受明悟之前，象之所表，不可謂公者，則主公者之是義。第二説謂公性由作明悟之用，則主公者之非義也。兩説同歸一義。而其第三説所謂作明悟者，即第二端之説，其所論受明悟者，俟後辯詳證之。

# 公者之互視 辯六

## 釋思成之有 一支

凡欲辯顯，先宜究宗。公者之互視既爲思有之一顯，則釋公者之互視宜先釋思有之性情也。思成之有，其成，其在，皆明悟之爲耳。係於明悟，其義有三：一作然而係，二依然而係，三思然而係。凡一切藝成之功與夫明悟之臆，皆以明悟爲其作所以然，是謂作然而係。凡明悟所蓄物象與所懷諸臆，皆亦爲依然而係，緣其底賴皆在於明悟故也。論此二種之有，雖係明悟，然既自實在於物，直謂之實有者。惟夫明悟所想，原無實有實在，而但循攝想之所對立，謂有謂在者。此則所謂思然而係焉者耳。今謂思成之有係於明悟，指其思然而係焉者。如明悟所想上性與下性之互視及所想瞽在於目之類，皆是也。循此，可明實有思有之所以別者。蓋思有所以爲有，但係明悟。若明悟之想一止，則其有即隨而滅。實有者則不然。其有既爲實在，明悟雖止，其用其有者，不因而遂可滅也。

或謂凡有始有者，必有始有之作者，物不自成，有造其成者。故夫思有。既始爲有，則不但係於明悟，必更有作之所以然者。豈可謂虛想所造乎？釋此詰，其説有二：一謂思有，莫爲其作之所以然也。何者？凡作物之成，乃實之作用。凡實之作用，本向現在之實有。今思有者之在，非實在也。第因明悟而可謂在，則不能爲實作用之所向者，故不可謂有作之所以然也。二謂思有者，有現在之作所以然也。何也？明悟所想，必着其象，始成其想。今明悟既能作象以顯示其物，則亦可謂作成思有之現在者矣。此二説，亦不相悖，各有所取。首説謂無能界其實之作用，則亦不能有其造我之所以然者。但舉思有之對義而言，其理固確。二説謂有能界其實之作用者，則舉明悟想有之象而言。就其想有之象，既爲明悟所造，則明悟者固即思有之作所以然也。

或又謂，明悟固能造成其有，然愛德亦能造有，則不可謂夫有之第係於明悟也。何者？凡能用所作爲，使之向其性所不向者，必能界其所爲所向以互視之理者也。本性所向者，由發之互視，爲實之互視。本性所不向者，我使之向，乃思我之互視。今愛德圖獲所愛，勉徇所以得之之由，因或向於本性原所不向之事。如强爲善行以博聲譽之類。則是愛德，亦能成其界然之有矣。或謂强爲善者，雖邀聲譽，何可謂之性所不向乎？曰：善行之報在真福，不在世譽。凡性之有所求而欲得者，其所欲得，必當貴於所用以求得者。今論世譽，固甚賤於善行，以善求譽，是乃以貴博賤，豈本性所向者乎？夫明悟所成先無後有之互視，爲思成之有。則愛德所成先無後有之互視，不亦可謂愛成之有乎？額斯各多審辯前論，謂想有之成不但愛德所能，即外司亦或有之。然謂界有但屬明悟，於理尤審。何以故？亞利論有之種惟二，一乃實有，是宇内諸實在之有。一乃想有，是思想所呈，寓於靈性之有。今愛德發用之時，不能作物象，則不能俾其物爲寓於靈性之有。則想有之所以成，固不屬於愛德之用矣。次明悟所想，其知德所向，如向實有者然，故亦謂之有。若夫愛德之向界，惟向所善，不向於有也。又凡希德之用，如出己之有，以入於所希之物，而主明之德，則俾所受之物，入而寓我靈明之内。故凡希德，不能俾其所希之物，以先之無爲後之有。惟明德乃能之耳。

所謂凡能以其所作爲，使之向於性所不向云者，曰：循所由得而使之由此向彼，此其功非愛德之功，而明悟之功也。愛德爲彼而愛此，因而循所由得以圖之。此因明悟指引，先識其由，次乃得施其用。則夫作想成有其功，豈不係明悟乎？

又問：明悟所想之有，循何用而在乎？釋此義有二端：其一，明悟所懷，無實有如實有之臆，是即想有所由肇其在之始者。蓋明悟所以成其想有之用亦如實有者，所以肇始其有之用。今凡實有，必循所以受有之實用而始在，則想有所以受有之用，即其想有之所以受受其在焉者也。如明悟屬想某模之非也者，如實在其底之模者然。此其爲用，即爲非也者所以在其物之用。又如明悟之想，雖未有實可互視之兩物，却如實相因而有者然。此其爲用，即爲互視所以在於其物者之用也。

其二，思成之互視，現在於其相比之臆也。證之云：明悟所由攝其思互視之用，循夫所想，實互視之用。攝想實互視者必函彼此之兩比，乃能顯其兩實有者之互視也。則其所表思視之臆，亦必函夫彼此之兩比，此之謂比臆者也。但其比臆有二：一者舉其互者之兩基而較，二者舉其受較之兩基以攝較也者之模義。今論思成之互視，顯現於比臆，於二者何居焉？曰：不在於表兩基相較之臆，而在於兩基之模之臆。何也？凡思成之有，惟現在於表有之臆。夫思之互視，既爲思有，亦但循其表有之臆，謂之現在耳。今第一臆，但表兩基之質之較，而第二臆能表其較也者之模義，則互視之切理，特顯於表較之臆可知。

## 思有之類有幾　二支

思有之類有三：曰互也，非也，缺也。互也者，相因而有之物，所兩相視之理也。非也者，其物不可以有斯模。因而非斯模之非也，缺也者，物本可以有斯模者而缺此一有者也。三者皆思有也。何以言之？明悟能想兩相向之物，而其兩物相向之互，或非實有之視也。因而就其兩物所有之基，以作其視。如用我之明悟以想人之公性，與夫公性之某某而以爲相因而視者。又如明悟彼受見之物，爲見用之所向。乃想此二端，以爲相向而序者，此公性與特性相似之序，非實之序。乃明悟所成之序，緣其上性、下性非有實在之别故。此受見與見用所有之序，亦出明悟所序，非實之序。緣彼受見之物，受見以後與受見以前，其勢常一故也。此互之説也。非也，缺也，其證亦然。如舉瞽以稱人，凡人既有生覺，必有見用，今以不能見者稱人，是乃以缺也者稱人明悟想此虚而無見用之缺，似能去其見用之實。模者然，去實模，有虚模，是其虚模之有乃由明悟造成之有也。

或疑所别思有之論有贅，有漏。蓋凡實在之物，不可謂思有。明悟所想，其外更有實在者故。如論非也、缺也，雖當明悟未施之前，自在於物，如虛中之暗，不待明悟思索。光之不存，便可謂暗。又瞽者實自爲瞽，豈待明悟施功，乃始謂瞽？則非光之非，缺見之缺，皆非待思而有者也。況謂之思有，雖亦近似，然不足以分爲二端。蓋此非者、缺者，原本模義皆屬於無。第因明悟所測，乃成一顭之有。其所相別，亦就其底而論。而謂可有缺之模者，不可有非之模云耳。則其別乃由外之別，而非關思有之內義者也。則二端之論贅矣，漏者，蓋明悟假合之有非必據其物所自有之基，惟任吾意所想，可以倏成其有。如想各獸不同之體合成一獸，似茲幻想。世無真有，蓋所想各分，雖俱實有，至於諸分假合之全，非屬可有，然而明悟能幻作焉。就此假合之有，前設三端，俱未及論。則其有漏可知。

辯曰：思有之别而爲悟，爲非，爲缺，不可以贅、漏、疑也。謂非與缺爲一乎？此論有二：若論非與缺共有之義，則其模但謂絶無，不可謂有。就此義，而謂非也、缺也之實在於物，乃是謂其所非、所缺之模，實不在於其物耳。若論非也、缺也爲明悟所有之想，如以此一實模去他實模者然，則非與缺之所以在於其物者，固由明悟各想之所作也。而二者得無別乎？夫所以别爲二端者，緣夫缺也者，缺其物所可有之模，故明悟知爲當在此物者也，非也者，非其物所不可有模，故明悟知爲不在此物者也。則雖所非所缺，總是一模，而在物不在物，其旨不同，須分兩端而論。

其謂有漏，亦非也。假合之有，論其切義，雖亦可謂思有，然既非世物所本有，則明悟之發，無可以造成此顭之基，乃理學所不論。茲所論者，第其實有及可以稱實有者耳。

## 互視顯在於何象 三支

論公者之互視，顯在何者，其説有三：一謂公性甫脱特殊，即已得互視也。蓋互視之近基一在，則互理隨即發露。今云脱於特殊，既爲互視之近基，則公性方脱倫賾，互理固即此而顯也。

二謂明悟未攝公性及互視之前，或論現在，或論現宜，皆無可與公性爲互視者也。論現在者，凡思有當受想際，乃謂之在。今公性雖脱特殊，而顯於作明悟之象，乃明悟未攝其互，豈可謂現在者乎？次凡互視現在，本須此臆。夫所顯之象，但顯公性，未有此臆，則亦無現在之互視也。又公者、特一者乃相因而有之視，今公性雖脱其殊而顯於其象，然其特一者之互視不可謂現在。則公者之互視，亦不現在也。謂特一之互視不現在者，蓋凡互視之現在，必須其基之現在。今夫顯公性之象，不能顯其爲基之特一者，則亦不能顯其特一者之互視也。

論現宜者，凡稱與底之相關也，或從稱與所有之模理而發。如稱人爲能笑者，人爲底，能笑者爲稱，二者雖不現在，固屬相宜，故能笑者，爲人所宜有之稱也。或從各所以然之作，令稱與底相結而發。如稱人爲白者，人爲底，白爲稱，二者既已結矣，亦屬相宜也。但前稱爲固然之稱，而後稱屬可不然之稱。今論思成之有，未曾現在之前，非能有固然之相宜者。何故？自無其有，必待明悟爲有，豈得謂有固然之宜乎？亦非有可不然之相宜者何故其互視之所自者既未曾有定界在明悟内，何謂能由明悟之用，與公性相宜乎？凡思成之稱，所係於明悟者，猶夫屬可不然之實稱，所係於實作用者，今凡可不然之實稱必待各所以然之用，方可謂宜。則思成之稱，亦待明悟之用方有所宜也。

三，謂作明悟之象，其所顯脱特殊之公性，雖比臆未作，不可謂現有互視者。然一顯脱，則特與公，即可謂有互視之宜，即可以稱其公性也。謂比臆未作無現互者，就前緒論可證。謂一顯脱即可有互視之宜者，蓋凡底也者，若其所須以得實模者既皆具備，則雖其模之未結，而其底必自求模，因而便可舉以稱其底。如有物體於此，既自有其白也者所須四情之和合，則雖初作者姑止其用，未以此化生施於彼白，而共體與情之和合，自求白也者之化生，則就其本性當然，即可指白以稱其體。緣其白之視體，如諸因性之情之視其底然。而凡因性之情，皆可指以稱其底也。兹論脱賾之性，顯示有象。其所須以爲互視者既備，而但無互視之現發，性於是時固必自求互視之發也。又如以初所以然視受造者之互視，誠爲吾人思成之互視，其互視雖待明悟而在，然其視之宜在，則無待於明悟。蓋初所以造物，不假思想，自宜有此相互之理。緣其所須造物之用以爲互基者，無不備故。則夫公者之互視，雖待明悟所成之比臆而後謂在，然而公性一脱於賾，便可謂宜有其互視也。

權前諸論，第三論爲當。今釋第一論。所駁有二：一曰論因性之常施，凡實模之近基既在，其模必在。緣其模之生，固由於基之設也。若論思成之互視則不然。何者？近基以外，又須明悟所成之比臆，然後始在耳。二曰思成之互視有兩基焉，一是其物所以可有互視之基，名曰可也者之基。一是互視所以在其物之基，名曰在也者之基。夫公性所以脱賾之用，是乃可也者之基。若互視所由在也者之基，必待明悟之攝念成共比臆，然後乃在也。

第二論之駁，有三端：所謂互視不現在者，與第三説合。所論不現宜者，則有辯。凡思成之有所以有關於其底者，或由固然，或由可不然，兩端皆可以相宜也。固然者，如屬一類之兩特一，其所以爲同之互視，據其兩限而論，或一現在，或一不現在；或俱在，俱不在。而其互視，莫不各有相宜者在焉。可不然者，如明用與受明之物，見用與受見之物，所可相視之互，皆是也。今論公性與互視所以相宜者，第就可不然者而論之，緣其既有明悟之用以爲之基，能俾其脱於倫獨，則豈必更借他用，乃爲宜有其互視者乎？所謂凡實之模，從其所由受化之作用，以有其所宜於底者，亦弗盡然。蓋其所以有宜於底者，不但其模所由受化之用，更有先於化用之諸用。而其受化之用，爲與其先諸用有關，故先用既備，而化用亦備焉。如白也者所由化之用，是模之所由受化者。而其四情和合，令具可以生，白之諸用，更其先用也。至論思成之互之所由生，則無關於立基之用。故立基之用雖在，而互視之用未必在耳。其論一也、容德也俱爲思成之有者，義亦如斯。蓋公性方顯脱與特殊，則一也者與容德雖無現在，而有現宜。況就此二者證之更明。緣二者乃虛之缺，原已在乎脱賾之公性，而一加受明悟者之臆，即以顯其思成之缺也。由此推知凡非也者之思有，當其未現在之先，就其現在之非，固必自有相宜者在其所稱之物也。

## 公性當稱賾時爲公者否 四支

公性在何境，循何德之用，謂爲公者，前辯已明。兹問稱賾之爲，或礙公者之理乎？是問公性稱賾之時，亦可謂公者乎？欲釋此詰，先釋公性現稱賾時其理如何。若謂公性必結於特殊乃可用稱特一者，則公性現稱之時不可以爲公者。若謂公者稱賾之時已存特殊之脱，則稱賾無所妨於公者也。

一説謂公性現稱賾之時，結於特殊者未脱，不可謂公者。證之曰：。公性若受限定，不得爲公者。今凡現稱，必其性結於特一。不然，則其所稱，乃不實之稱耳。蓋稱其底時，必其底合一者故。則現稱之時，公性不可謂公者。

二説謂明悟用公性以稱特一之時，公性之能脱者自在也。證之曰。明悟設任作一想，能表夫脱賾之公性者。又另作一想，能表某甲者。此時，明悟固能用第一想所表之公性以稱第二想所表之某甲，而其第一想所表之性雖着第二想，顧其脱拘之理與前無異焉。則明悟未曾稱賾前，公性既脱其賾，稱賾之際，其境豈獨不然？

次，設謂公性稱特一之時，不脱而結乎，則或結於所稱特一之殊，或結於他特一之殊也。循前所稱，則其稱爲本稱。若執後稱，則其稱爲謬稱。因其所稱乃是謬指某乙以爲某甲耳。就此而推，則稱之爲與公者之義無所相礙。此説是也。

或曰：此論舉稱之謂則是，舉斷之謂則否。如曰某爲人也者，明悟爲作二想，其一表人，其二表某。因而以人稱某，是稱之謂也。明悟既知人與某之相關，乃復作一純想，斷其爲然，是斷之謂也。蓋稱之謂既函二想，則其爲公性也，據其後想所表，雖受特殊之拘，而其所顯示於前想者，則已脱於結，而可以謂之公者也。若以斷之謂而論，惟一純想，豈有可分别者而謂脱謂拘乎哉？。則論公性於其稱，雖或可不妨其脱，若論其斷，公性非可脱於結者矣。

曰：公性之脱，就稱而論，更顯於斷。然而稱斷二謂，其爲脱則一也。何故？斷謂之想，雖本爲一純之何似，然其所表之稱與底，非能渾然爲一者也，必有爲稱爲底之别焉。如天神所有之象，並顯公性與特性，然而二者自必相脱，如各有一象者然。

所謂公性受限定，不得爲公云者，限定有二：一謂内，一謂外。由内限定者一：凡作一思臆，能顯公性與特殊之相結，以全成其特一者，是由内限定者也。由外限定者二：作兩思臆，一顯公性，二顯特性，而以其一臆所顯者稱其二臆所示者，是由外限定之一端也。作一思臆能並顯公性與特性，然公、特二性必有所别，因而可以相稱者，是由外限定之二端也。内之限定必有妨於公者，緣能使公性屬受拘故。外之限定無所害於公者，緣公性現脱特拘故也。夫明悟舉公性以稱某特一，其時之所爲限定者亦但由外而限者耳，故無損於所爲公者也。

# 公者之析　辯七

## 析爲五者盡否　一支

公稱惟五：曰宗，曰類，曰殊，曰獨，曰依。顧有謂不盡者，又有謂爲不及者。不盡之證有五：一，公者凡幾與稱初體之凡幾，初體者，凡特一之體也。詳有本論。其数互證。稱初體之種有十，則公稱者亦十也。稱初體有十云者，凡所稱必據所有，有之爲種凡十，故窮理者定爲有也者之十倫。則其公稱，豈五者可盡乎？

二，就固然與可不然之類，以稱初體之各種而定爲五公稱者，則如循内而稱，循外而稱，循可離而稱，循不可離而稱，皆爲不同稱之種。其與固然、可不然之别無異。今固然也，可不然也，既各立一公者，則内也、外也、可離也、不可離也，豈不亦各自一公者乎？

三，舉何立者以稱不同類之賾，亦以稱同類不同数之賾，立二公稱爲宗，爲類，或舉諸特一所共之全性，或但舉共性之分以稱特一者，是謂舉何立以稱也。假如問某因何而立。可以答云：某爲生覺者，某爲人也。謂生覺者，則舉性之一分而稱。謂爲人者，則舉某某所共之全性而稱。皆爲何立之義。則舉何傍者以稱不同類之賾，亦以稱同類不同数之賾，皆足以立二公稱也。舉物之本殊，或舉獨與依之諸模而稱，是謂舉何傍以稱也。如問人何所傍，可以答云：爲能推理者，爲能笑者，爲白者之類也。謂能推理，則指人之所以别於諸生覺者。謂能笑，則指人之切情。謂白，則指依模。皆爲何傍之義。況殊也，獨也，依也，亦可以稱不類之賾，亦可以稱同類而不同数之賾。不又當增公者之三類乎？

四，明悟用遊移之特一者，可以稱其同義之賾者，如指某甲爲一人，某乙爲一人。夫一人，乃遊移之特一者，而明悟可取用以稱某甲與某乙，則凡遊特一，自可立一公稱者也。

五，凡義有相對而立者，其名稱有若干，彼此自宜相稱。夫公者與特一者，相對立者也。特一者既無数，公者宜亦無数，豈可謂止於五哉？

謂五爲不及者，其説云：宗也，類也，不足以分兩端。何故？宗也者，以生覺者而稱人，乃生覺不指人之全性，故謂之不全之稱。類也者，指人以稱某甲，乃人亦不指一某甲之全性。緣其不函特殊，則亦可謂不全而稱者。夫宗與類既皆屬不全之稱，豈宜就全與不全作兩公稱乎？若謂人也者，指某甲所接公性之全，故謂全稱某甲者，則亦曰生覺者亦指人所接宗性之全。蓋謂之全稱人者乎？

雖然，公稱惟五，不容加損也。證之曰：欲知公者之惟幾，當究公性之所合於特性者。其端有幾，公性所由結於特性。其端惟五，則公稱亦五矣。何故？蓋凡此之有所結於彼者，或其本元者，或非其本元者。謂爲本元者乎，則或其本元之全，或但是其本元之一分。謂爲全者，是乃類也。謂爲分者，則其分或當質乎，或當模乎。謂當質者，則爲宗。謂當模者，則爲殊也。若謂非本元者，則或固然而結乎，或非固然而結乎。謂固然而結者，是之謂獨。謂固非然而結，是之謂依也。

又，凡可舉以稱特一者，或荅其問何立而稱者乎，或荅其問何傍而稱者乎。若荅問何立也者，則或指特一者所共之全性，或但指其全性之一分。謂指全性，則爲類。謂指一分，則爲宗也。若荅問何傍者也，則或爲特一者之内分，或但關乎其外。謂爲内分者，則爲殊。謂但關乎外者，則或屬可離者，或屬不可離者。謂屬不可離者，則爲獨。謂屬可離者，則爲依也。

所謂初體之種有十，公者亦十云者，曰：五公之義與十倫之義不同。蓋公者之切義，或在於容德，或在於互視。謂在容德，則凡論德能者，就其所施之爲不一知其德能之不一。夫公性之結乎特一者，是乃公者之爲也。而其爲惟五，則其德能亦五耳。謂在互視，則就其互視之基之不一，而其互視亦不一。夫容德乃公者互視之基，則互視與容德其数相符。今就容德之爲，一一别之。其爲既五，則其容德亦五，互視亦五，故公者之五不得而加損也。至於十倫之義，非論上性、下性之結，但舉其可稱初體者，以定其屬於某倫，與公稱之旨各别。

所謂内外、可離可不離者，其所稱者雖則不同，然而不能使其稱之結於其底者亦有不同也。夫留作者，循内之稱也。徃作者，循外之稱也。顧所以稱其底者，均之其爲可不然之屬者也。論可離、可不離者，義有二焉：一，不論可離、不可離，皆屬於可不然。二，其可離者，乃可不然之稱。而其不可離者，乃固然之稱也。執前義乎，則其理與内稱、外稱爲一，固皆第五公者之稱耳。執後義乎，則固然者爲獨，可不然者爲依，非即第四、第五公者之稱乎？

所謂何立、何傍云者，曰：不同数與不類之稱本不分二類，然舉何立以稱不同数、不同類者，則足以分公者之二類也。何故？因問立以稱不同類者謂非全稱，以其不挾受稱者所共之全性故。因問立以稱不同数者謂之全稱，以其挾受稱者所共之全性故。而其全稱不全稱，乃宗與類之所由分者。如用生覺者以稱某甲，是論其生覺者之模義，非指其能推理者，故謂之宗。舉人以稱某甲，是論其人也者之模義，正指其能推理者，故謂之類也。其三、四、五公之論，則又不同。或稱不同数者，或稱不同類者，其所稱常有不全。蓋其模義但指或殊、或獨、或依，而其三者之於特一，皆非其全稱故也。問曰：舉全與不全足以分公者，舉不同数與不同類則否，其故云何？曰：舉全以稱，乃指諸特一者所共之全性。舉不全以稱，但指諸特一者所共之分性。夫因全而合，其接結也，大於因其一分而合者，故舉全與不全足分宗、類也。若稱不同類與不同数者，則其所指之接結惟一焉耳。如以文藝稱人，又以白稱生覺者。夫文藝之稱可用於同類不同数者，白之稱可用於生覺而不同類者，然而其接結，則一皆爲依然而結者。則同類同数，何足以别公者之稱乎？

所謂遊移特一云者，曰：遊特一之不可謂公者，其故有二：一，凡謂爲公者，當必爲本然之一者。若遊之特一，兼包公性，與夫不可定指之特殊。夫不可定指之特殊，其與公性之相結也，不能成本然之一者。則遊之特一，豈可以爲公者哉？二，凡兼特殊者不可謂公者。令游特一所兼之殊，雖不可定指，然必爲特殊，則不爲公者明甚。

所謂凡相對者，其名稱之若干，彼此宜相稱者。舉模義而對則是，舉質義而對則非。如白者之與黑者相對也，非論其白物爲幾，其黑物亦幾也。是舉質義而對者。而但論某爲白之類，某爲黑之類者也。是舉模義而相對者。夫公者與特一者之相對，非必舉質義而但舉其模義。若舉質義，各類之特一者，夫豈可以数計？但舉模義，則公者之類若干，特一者之類若干，亦第論其大凡焉而已矣。

所謂宗也、類也，不足分兩端云者，曰：宗者本自不挾特一之全，故謂不全而稱。類者自挾公性之全，故謂舉全而稱也。特殊不全，雖非類也者之所挾，然其類之所挾，不因此而即有不全。蓋窮理者惟以諸特一者之所共爲其本元者，而不以其特殊者爲特一者之本元者故也。則雖不挾特殊，而既已挾夫公性之全，亦可謂之舉全而稱者矣。或曰：理學之論，雖自不論特殊，但論公性，故惟以公性爲特一者之本元。然而特殊乃諸特一者所以全其本元之一分，亦如類殊爲類也者所以全其本元之一分也。則舉公性不舉特殊，豈可謂舉全而稱者乎？曰：解有此二説，一謂特一者，其所函類性以外，更無特殊以爲其本元之内分，而但就所由受造之用，自有可以爲特一者。是其各本元之分别也。二謂類性因特殊而受接，以成特一者。如宗也者，因類殊而受接，以成類性之本元者也。則夫特殊必爲特一者本元之内分矣。就前説，足以定公者之析義。蓋其所謂類者，自挾特一者本元之全，故謂舉全而稱。而所謂宗者，但挾宗性，不挾類殊，故謂舉不全而稱耳。及後説更有進焉。依此作解，當曰：所謂舉全而稱者，第舉其特一者本元所兼之諸稱，而置其所爲特殊者。蓋特殊之義雖亦特一者之所函，然而既爲特性類性之所由别者，則類性豈能挾之以稱特一？如以稱特一，則其稱非有所别於其底，乃本稱豈類稱乎？所謂舉不全而稱者，非但不挾特性之所殊於公性者，仍不全挾特一者所共之公稱也。總而論之，凡函公性所函之諸稱者，謂爲全稱，如類也者之諸稱是。凡不函公性所函之諸稱者，謂爲不全之稱，如宗也者之諸稱是。

## 公者爲五者之宗否 二支

公者爲五，前辯已明。兹論五者之於公者可爲類否。又公者之於五者可爲宗否。謂不宗、不類者，證有三：一，凡屬公者之類，其所共之公性必均。今宗、類、殊、獨、依五者，雖共而不均，故不可謂之類也。何謂不均？蓋能在於賾，乃公者之所以爲公。今共宗之賾多於共類之賾，則豈可謂均而共者？二，凡真爲類者，其所共之理，名、義皆同。若宗、類等所共者其名其義固皆不同，何故？凡本然之稱與依然之稱，其所共者名、義皆異。宗也、類也、殊也皆爲本然之稱，獨也、依也皆爲依然之稱，則五者不可以爲類矣。三，謂公者爲宗乎，則其宗也顧居屬類之下，且居自己之下，皆甚悖理。謂居屬類之下者，宗也者，惟其爲公者之屬類，故明悟能舉宗以稱凡爲宗者之性。如謂公者爲宗，是乃舉宗稱公，而公者顧爲宗也者之一類也。緣凡所用以稱者，如全而其受稱者，如屬分然，則公者之爲宗，豈不在其類之下乎？又凡居在何類之下者，亦必居其倫之宗之下，則設謂公者爲宗之宗，公者豈不在自己之下哉？

欲知正義，須知凡爲公者所函有三：一是公性之質有，二是脱一與容德，三是思成之互視也。循此以設三論：一舉公者之質而有言，公者視宗、類諸稱不可謂其宗。一則其公者之爲物，或爲自立體，或爲依賴，二者名義不同，不得歸於一倫。一則任舉一物，可以當二公者之稱。如舉白也者，以視此白、彼白，其稱謂類之公；以視白玉、白乳，其稱謂依之公也。則論物之質有，公者豈足爲宗？而宗、類等稱，豈足以爲其類乎？。

二，公者或專舉容德，或專舉脱一，皆不可謂同名同義，故亦不可謂之爲宗也。謂專舉容德、專舉脱一者，蓋總舉二者，既爲依然之合，其非同名同義，不辯自明，故今但專論之。試舉容德，凡就德能之所爲可以推其德能之何如。今五公稱在賾之爲，其名其義皆異，推知容德亦異。何故？公性之結合於倫屬者，乃公性之爲也。而其結也，在宗、類、殊爲本然之結，在獨、依爲依然之結，豈可以爲同名同義者也？

次，獨也、依也之相似，視其與宗也、類也、殊也者之相似較爲更近。緣宗、類、殊之爲皆本然之爲，而獨與依乃依然之爲耳。則夫三者之與二者，其義甚遠，不得合而爲一宗。夫凡屬一宗之諸類，其所爲相別，寧有如此之遠甚者乎？

舉脱一者，凡缺也者之屬，就所缺之模而別。夫五公者之脱一，其所缺諸模，乃不同義之模也。則其諸脱一，亦皆不同義者矣。何謂不同義之模？蓋上性與下性之結乃脱一所缺之模，而其結也，在宗、類、殊爲本然之結，在獨、依爲依然之結。其模既非同義，則缺其模者之脱一，豈可謂同？

或爲宗、類、殊三者之爲。既皆本然同義之爲，則公者之視宗、類、殊，可爲真宗，而三者可爲真類乎？曰：或可。後有詳論者。

三，公者與倫屬有互視之理，則公者爲宗，而屬於公者之五，可以爲其類也。何故？五公稱所共之互視，據其本理，其名其義皆一，則五者皆公者之類矣。又公也者，舉其一名一義也，就其問何立也，其可以稱不類之五者也，亦正可以爲宗。

所謂共之公性必均云者，曰：舉爲公者之質有及其容德、其脱一，謂五類共而不均，則是。舉互視之理而論，而謂五者之不均，則非也。宗之視類、殊、獨、依，可謂之更總公者，而不可謂之更公者。如数有函三，有函四，均宗於数，然其函四之数可謂更多数，而不可謂之更数也。何以故？数之所以爲数惟在於合併諸一，既過於一，便可謂数。四之視三，雖函多一，非關数之本理。公者在賾，其理亦然。可以在賾，乃公者之所以爲公。賾之多寡，豈其公否之所係哉？

所謂五公者之名與義皆不同者，曰：舉公者之質有，及容德與脱一，而謂不同義者，則是。舉五者所共之互理，而以爲不同名不同義，則非也。或曰：凡所謂互視者，就其所由立之近基必有所別。今容德與脱一乃互視之近基，而五者不同義，則其互視，豈得爲同義乎？曰：互視之今基，論其所須彼此之一，不若論其倫所同宗之一。亞利分互視之總爲三類：其一者之基是作爲，其二者之基是一也者，如白與白爲同於一者，又如白與黑爲不同一者，是皆一者之爲基也。其三者之基是準則也。德能與向界之互，此可以度量揣測者，所謂準則。三者各一倫，非關同義。又四所以然之互視，皆共一義。而近基不同，或是自立，或是依賴，固不得共出於一義也。則知公者之互視，其近基雖不同義，非可因此而謂互視之亦不同義矣。若論凡互視所以分別取類者，是在十倫之四論。今姑置之。

所謂其爲宗也居類屬之下云者，曰：謂宗在類下者，若謂實之宗與類，彼此互相統乎則不可；若但謂明悟所成以屬宗之五顡，各爲其宗之模，因而用其顡以稱其宗乎，則謂其宗之居於顡下，又爲其宗之見統於顡。而謂居自己下者，亦無害於理也。今謂公者之爲宗也在其顡之下，但循明悟所成之義耳。

## 公者之五顡下視特一者爲最盡之顡否其上視夫公者爲無隔之顡　三支

所謂最盡之顡者，其下更無他顡，而惟有特一者也。所謂無隔之顡者，其顡與宗之間絶無他顡隔之者也。如人之爲顡，亦爲最盡，亦爲無隔之顡云。論爲最盡者否，有謂宗也、顡也，爲公者最盡之顡。而殊也、獨也、依也，各可分作二顡，不可以爲最盡者。其説曰：就凡問立而稱者，分作二最盡之顡，一用以稱不同顡者爲宗，一用以稱不同数者爲顡。則殊、獨、依之三者，就問傍而稱，其稱不同顡、不同数者，亦可分作二顡也。若是，則殊、獨、依三者非最盡之顡矣。又有謂宗也、顡也亦不可爲最盡者。其説曰：論宗也者之脱一與容德，其顡必二。以容德論之，生覺與倫屬之相結，幾何與倫屬之相結，是宗生覺，宗幾何，所可在賾之容德之爲也。而其爲乃不顡之爲，緣生覺之結是體結，幾何之結是依結，二者不一顡，則容德亦不一顡。凡爲德能者，固皆就其爲而別焉故也。以脱一論之，生覺與倫屬之相結，幾何與倫屬之相結，是乃脱一所非之模也。而其模亦分體分依，則非其模之非亦不得合於一顡。緣凡非也者，皆就其所非之模而別焉故也。則宗也者，當分二顡，豈可以爲最盡之顡？

雖然，謂五者爲最盡而不可更分多顡者，乃理學爲論也。何故？夫以数一之各宗性，乃是以数一之各公者。如以覺者爲一宗，生而不覺者爲一宗，此其爲数一也，不可謂爲不同顡之公者也。論顡與殊以下，各所分析皆然。則論五顡之互視，各所以不同於他顡之互視者，亦第就其数一之不一而別，而非就其顡之不一而別也。故五者，爲公者最盡之顡。

所謂就問立而稱云者，曰：宗也、顡也，不緣所稱之不同顡不同数者而別，惟就所稱之全與不全而別。若殊也、獨也、依也，結就問何傍舉不全而稱，亦不就其顡與数而取爲不顡之別也。

所謂宗也者之脱一與容德有二顡云者，曰：凡宗性，雖極不相似顧其脱一，其容德皆同顡者。玆謂體性依性各所結於倫屬之不顡，良然。況且不同顡之體性，不同顡之依性，其所合結於倫屬亦皆不相顡之結。然不因此而謂夫脱一與容德，亦不相顡也。何故？脱一與容德之顡雖就合結而別，然不別於合結之賃義，而惟別於合結之模義。其模義或挾全者而結，或挾不全者而結。今凡或體或依之宗性皆挾不全而結。知凡宗性之合結皆一最盡之合結，凡或體或依之顡性皆來全面結，知凡顡性之合結，亦皆一最盡之合結也。則其合結之容德與脱一，所以分其最盡之顡者，亦但論全不全而已矣。

或又謂，凡特一者，皆可有其本元者也。則以公者視之，亦可以立互理。曰：不然也。論物於未者之時，非可以函本元者。何故？其謂可也者，或有在乎？或無在乎？謂有在也，其在者即其物之本元也。若無在也，既無其有者，豈可謂有其可者？

權前兩説，其謂公性獨境，不可謂公者，於義爲確。今辨其可謂公者所謂公性不受特殊之拘，實有脱一與容德云者。曰：雖公性獨境誠有原之先，因而不逆其爲不拘者，然而不可謂脱拘者也。證見前二説第三論中。

所謂公性倫屬之模所以然云者，曰：公性之視倫屬，雖爲模所以然，不因此而可謂有脱賾之一也。蓋公性受拘之後，亦爲倫屬之模所以然，是乃就其原先者而論，然於脱一固屬相悖。

所謂公性與特殊有別云者，曰：公性固有所以別於特殊之一者，顧其一非爲脱一，但爲模一。即公性所以不分於自己，而分於他諸有之一者也。蓋人性，循其模一而論，不但別於馬性，亦別於接馬性之特殊，暨馬性與特殊所有諸依賴者。

所謂明悟所作脱一云者，曰：公性獨境之原先，雖自不求特殊之接，然亦不遮其接，故獨境所有之一，不能使其性全脱於特殊也。

所謂容德在明悟之先云者，曰：公者之容德與其爲，皆不可謂先於明悟者也。蓋公者之本爲，不但是在於賾者。若指在於賾者謂之公者之爲，則凡同名岐義之性，循其同一之義，亦在於賾，豈皆可以爲公者乎？蓋公者之爲，本在其性之一者，因而謂可在於賾者。今獨境之性，不可謂一，前論已晰，則亦不可謂在則之一者矣。或曰：公者之爲若非公性之所自有，則全係於明悟之功，顧明悟不能俾公性自結于特一。則公性設非自有其爲，明悟豈能俾其有乎？曰：公者之爲，亦不悉由明悟之功，亦不全爲公性所自有者。兼而有之，公者之爲始立焉。夫公性自有固然結合於倫賾者，而又執明悟之功以脱於賾，乃得謂一。因而指其結合于賾者，謂之公者之本爲。如人心忽起一作用，當其未覺之前，則爲不自主之作用；及其已覺，則爲自主之作用。作用一也，然而覺與不覺之間，其所受稱再有異也。或問：公性所有在各特一之爲，是何容德之爲乎？曰：公性既自無脱一，則亦無在賾之容德矣。所以施其爲之德者，原本公性，有在各特一之分德耳。詳見二章。

所謂性之在賾不一，則容德亦不一云者，曰：公者之本爲，既不全係於明悟，亦不全由性所自有，惟兼二者以成其爲。則其爲之容德，全從明悟之功，與其性之固有而發也。由性之固有者，如人性與人之特一者，固有自相宜。若以視馬性與馬之特一者，絶不相宜也，亦由明悟之功者。蓋明悟之用，就其性與特一者之相宜，乃能攝取人性，俾在此人彼人之容德，而不能攝取其不相宜者。俾在此馬彼馬之容德，設使性與論屬本無相宜者，明悟奚能異以可在特一之容德乎？則是其宜指，然就窮理者之常用，本指屬於公者之物，而不論其爲公性之一，與夫無分之一、專舉之一否也。就此義而論，如以某甲視人及以人視生覺者，皆可以特一稱之。而此義復分有三，與前公者之三義相配。其一指其受特一之稱者，如謂某甲爲人是也。其二指特一所以可屬公者之容德。其三指特一所向於公者之互視也。前釋公者三義，此釋特一，義皆相準，故就公者以解特一，當云是向於公者之互視者，是可屬於公者之一者也。

論公者所切向之特一者有五，故就五公者之名以別其特一之名。一謂舉何立及不全者，二爲舉何立及全者，三舉何傍及本然者，四舉何傍及固然者，五舉何傍及可不然者也。此特一者之析。若舉其質義，與其容德脱一之義，則五者不可以爲同義之析。故以特一視五者不可謂真宗，而五者視特一者不可謂真類。若舉互視之義，則特一之析正爲同義之析，固各具有宗、類之本理矣。特一可謂宗，五者可爲類。夫舉質義，容脱義，不可爲宗、類，而舉互義可爲宗、類，其故云何？前論公者之於五稱有不可爲宗、類，有可爲宗、類，正與此論互相證云。

## 屬公者之特一所須何一 二支

特一所宜有者三：曰一者，曰可屬者，曰宜爲賾者。次第釋之。

先論公者所須之一何如，定有二焉：曰本一，曰脱一。兹所論在特一，則脱一非其所須也。況特一與脱一相悖，緣特一者之本元須上性之結而成，固非可以相脱者耳。本一者，可分有二：其一爲模一，其一爲畸有之一。模一之義，前論已明，兹論畸有之一。有二者，一獨，一純。純者無所締合而成，如初所以然與天神是也。獨者雖有締合，然但函其必須之内有者，不兼多模。如言此一馬，言此一白者是也，是皆所謂畸有之一。其言一室、一軍、一堆石，皆不可謂畸一，緣皆合衆全有以成其有者故也。凡一質一模之物謂之畸一，其兼有多模相依者不謂畸一。夫論特一所須之一在本一者，爲模一乎？爲畸一乎？曰：特一者必須之一，非模一也。何故？不分之一正謂特一，而凡不分之一者，皆不屬模一。況二者故屬相悖。舉模一可自傳之義。

然則特一之一須畸一乎？有謂其不須畸一者。所據者，謂明悟能就人類公性之一名一義以稱白人與黑人。夫以人類視二者，正其公者，而白人黑人，乃皆結合而成之稱，非畸有之稱。則畸一無所須焉。合成之底，豈有礙於人性之純稱者乎？

有謂必須畸一者，證云：謂公性必屬畸一者，此指脱一之公性。蓋苟無其一，即不免爲多之屬。既已爲多，則可以傳此一分，亦可以不傳彼一分。如指白人，謂爲公者，其人雖自傳，而其白，可以不自傳。則其所謂公，非其倫屬之賾所得而共焉之公也。特一之理亦然。使特一者非畸一，能函諸殊有者乎？則循此一有，可屬公者。循彼一有，又可不屬公者。若是，則公者之所傳與其所屬之賾，彼此皆不相准，而上下之互視，亦何由發乎？

茲列正義，有三端焉。一凡其循本然而共夫公者之特一，皆畸一也。宗、類、殊皆本然而共者。何故？凡此特一，皆由公性與特殊合焉而成。夫由公性與特殊合焉而成，即不可謂非畸一。緣凡循本然以受其所共者，皆各就所相稱之特殊以自傳。而凡由相稱之殊受拘以稱特一者，莫非畸有。則知就本然之共而成者，故屬於畸一者矣。此論不但以證宗者、類者合於相稱之殊所成之畸一，亦證公殊、特殊相合所成皆爲畸一。蓋雖宗也、類也，本謂受拘。而公殊也者，但就已拘之性以受特殊之拘，然而論其所成之爲畸一，則與宗、類所成一而已矣。

次，類也者所居之倫，與其類屬之特一所居者必一，故不畸之一不可謂本然之特一者。設謂人性可爲白人、黑人所共之類，而白人、黑人可爲人性所析之特一，則其倫固有不同。緣人在自立之倫，而白者、黑者之於人，則皆依合而成者故也。又若使不畸之一可作人類之特一者乎，則既可用人以稱白人、黑人，即可舉類以稱不同類之賾乎？於理均悖。蓋白、黑之於人也，既謂爲二，必分二類。而凡類也者，惟可稱不同数之賾，不可稱不同類之賾。則苟非畸一，不可以爲特一者。

二端，凡依然而共公者之特一者，獨也、依也爲依然而共公者。不須畸一也。何故？其爲特一，非直接公依以成厥有，惟是其有既成，乃就公依賴者以受稱焉。今凡合成而不畸之底，皆可就公依賴者以兼受其稱。則合而成者，自足謂之特一，無須畸一矣。顧凡爲合成之特之公依也者，必宜直稱其合成者之全。若或其所依賴者，就其可不然可稱一分，而就其固然者又可以稱其他分，如木、石合成之物以冷稱之。冷之在石則爲固然，冷之在木則爲可不然。既合於固然以成特一，何可謂依也者之特一？緣依乃可不然者耳。則此兼有固然之特一，不可謂屬於公之依者也。又或公依賴者可以稱其諸分，而其諸分之在於合成内者可與其公依相宜，其在於合成外者亦可與公依相宜，則此兼有内外之相宜之特一，亦爲固然之依，不可謂屬於公之依者。緣其合成之全，就固然之依而屬於獨之公稱者，非就可固然之依，以屬於所依賴之公稱者，故不可謂依之特一者也。如木、石合成者，其石在合成之内可稱爲冷，在合成之外亦可稱爲冷，則其冷乃固然者，不可以爲公者之特一。蓋固然者乃獨之依，非依之依故。

三端，凡屬公依者之特一，雖不須其爲畸一，然大都皆自有畸一者也。試舉依賴之各倫證之。凡内且實有之依賴者，就性之結而依其底者，爲内且實之依賴者。如火熱、水冷之類。可以稱畸一之底，不可以稱合而成全之底。何也？公依賴者，就專依賴者而得在於其底。夫專依賴者，不得依多底，而但能依一底。緣夫各依賴所爲依其底之依，惟可有一，不容有多。而凡合成之底固爲多底，不爲一底。則知凡内且實之公依賴者，但可以稱畸有之特一者。

論外依賴者，則時也所也所依之底，皆本然之底，而爲畸一者也。一質一模之底，是爲本然畸一之底。蓋凡現時現所合成之底，其因時與所而受稱，不可謂其全者之受稱在先，而分者之受稱在後。況其全者，原本循其分者以在於現時現所，故亦循其分者而受稱焉。則先受時與所之稱者，本在於其諸分耳。其分者既皆本然之底，則其外依賴之特一皆畸有之一也。或曰：論時與所之稱固可謂屬畸一者矣，若夫作爲之稱也者，作爲之施與效皆爲外依賴者。不可謂畸一者。緣凡作爲必由初所以然，與司所以然之相合而成。既非出於一者之效，則但可稱爲兩同之效，不可就二者而先指其一，以稱之爲所以然。曰：作焉之稱其所以然也，與時所之稱其底也，其理正同。作者所施之效固與初與司兩所以然之合，然而舉效以稱作者，自不須兩者之合，而但稱其一者。如欲以施照稱太陽，以推理者稱人，豈必並舉初所以然與司所以然之合而稱之？亦舉其一焉而足矣。由此推知，凡公依賴者所稱之特一，大都皆畸一者。

辯第一説，執特一之不須畸一者，所謂明悟能舉人性以稱白人、黑人也。曰：人性既脱特殊，即可謂同義之公者。但以人性而論白、黑與人之合成，則不可以爲同義者也。何故？同義之稱與就同義之義以稱他有者，其指不同。謂生覺者爲人，謂有幾何者爲人，斯二者指其爲人性所自有，故爲同義，可謂公者。然而生覺者之稱人，有幾何者之稱人，乃是以其分而稱其全，不可謂同義之正稱。則白人、黑人，雖亦同義，而稱其人之白與黑者，豈其同義之稱乎？蓋白人、黑人不可謂人之兩特一者。緣人性不就白、黑之依賴而乘之以爲多。況白與黑，設就初所以然之能，或可使並在於一底，或就性力，亦可使其先後遍在於一底，則豈足以分不同之特一者？或曰：人爲白者，人爲黑者，或不能有公者所須之乘，然謂某甲爲白者，某乙爲黑者，二者合成，其爲特一則固有公性之乘矣。則人性可謂此二者之類，而二者可謂人性之特一也。曰：人性之乘而多也，非必由其依賴者而成也。雖無依賴之結，而其性之就特殊者未嘗不自乘。故不可以人性而稱某與黑，某與白所合之全，但可以人性而稱某甲之爲人，稱某乙之爲人耳。人性之稱，但當就其本然者而稱，無所係於依賴之黑白也。

或問：設以某甲特一之人性合於某一天神之性，以共爲一自在，而因可另立一名號，以表其二性之共一自在者，則其天神性可稱神類之特一，而其人性可稱屬人類之特一。自在者，自立之即，是自立之體所以全自在，使無所拘於他物者也。此自立者所以全其自在之體，即於依賴所以結底之依即，其效正反。二者俱非物之所以全其性，而但加乎其性者耳。若是，則前所謂凡特一必循其全有以屬於公者，似非確論。緣其合成者，舉某甲之特性，則不屬天神性；而舉天神之特性，則不屬人性。

曰：所舉之論皆是，而所推者則非也。蓋前之所謂，但指全特一者爲屬於公者，而非謂就其所有之諸模以屬於公者也。試如謂人爲有其模者，而舉其模以爲宗，爲類，即併其人之全者，皆舉之以爲有模者之屬。夫就模而屬者，豈其兼就質論而後可以爲屬者乎？

## 各公者所統之特一必宜多否 三支

論公者之性，不問其現統之多特一者，而惟問凡不能並有多特一者，或不能遞有多特一者，亦爲公者否乎？

有謂公者自不須特一之多，況如天神之類各類各一神，無同於一類者。何故？凡具有幾何之質者，是物之所由以分其類者。天神無質，則不得分乘。故各類自屬特一，無庸爲多。天神每類其神不一。辯在默達費西加。

或謂公性、特性之別，以其特性所函乃数一者，不得分傳，而公性則全脱特義，可以自傳於在下之諸特一者。則謂宗、類諸公性不可在於倫賾，於義爲悖也。加益大諾釋之云：凡謂公性，有兩義焉：一就其性之固有，與吾明悟之所攝。二性自不能公，由明悟而得謂之公。夫其自能在於多特一，又循明悟以脱，是就前義而謂之公性者也。必以明悟攝之，使脱特殊，而但可專在於一特一者也，是就後義而謂之公性者也。後義之謂公性者，其證云：凡性之結合，所不拘於或一或多者，正其所以謂爲公者。今用吾明悟攝取某一天神之性之公義，而置其所函諸特義，則就吾明悟之功，亦可謂不拘於結之一與多者也。其多者之不可現在，固無害於公性之超義者也。

正論云：凡類性皆可分傳於多特一者，況亦不得不傳於多。何故？公性所以爲公性者，本在其可分之爲多。則凡不可分乘者，固不可謂之公性矣。

論第二義，則其性或内涵特殊者乎？或其殊雖在性外，而固爲相宜而結者乎？謂内函殊性，則非公性也。緣凡特一之所以爲特一者，爲函特殊耳。謂固相宜，亦不可謂公性也。緣固然而結於特一之性，明悟不能攝想而以爲可以受賾之拘也。蓋謂固宜而結於一者，又謂可以受賾之拘者，二義相悖。

論第三義，則當其原先亦可謂不拘所結之多否者。然非公者所求不拘於結之義也。蓋彼性之不拘，但是所結或此或彼之不拘。若公者之不拘，乃是分傳於賾者之不拘也。何故？凡爲公者，就其本元之分乘，可在於倫屬。如謂不可在於多者，豈其可以受分乘者？則不拘或此或彼之結者，非公性之不拘者也。而況其性之原先，豈能自爲不拘彼此之結者乎？

辯加益大諾之論，凡公性之所以可謂公者，其義有二：一非，一是。明悟之攝想公性也，因其有在賾稱賾之不悖，此非之義。因其有在賾稱賾之容德，此是之義。今凡有分乘之拒者，不得取是非兩義之一端而謂爲公者也。不由非義者，凡明悟攝想公性之時，雖但舉其所有固然之義，顧其固然所發之諸義，亦顯然結象於明悟之中。今其分乘之拒，或因性之本有，原不可分；或因固結之特殊，不復可分；皆從彼天神顚性之所有，以呈其象於明悟。則明悟能脱其特殊，故不能使有分乘之不拒也。不由是義者，明悟雖能取脱其性而以爲公，若無自傳之能，亦非公性之謂也。所謂明悟攝想之性，惟其不拘於所結之或一或多，乃謂公性者，則是。其謂某天神之性，不拘所結，則非也。併所謂攝想某天神之性，而悉置其特義，亦非也。緣謂有自傳之拒，又謂悉置特義，二者有悖。況且設無特義，其性之結，但有不拘彼此者，而非有不拘於多者，終不可謂之公性也。

## 各特一之性必有別於他特一否 四支

謂爲非者，證曰：亞利之解公者云是可以在賾之一者。夫公性當其不受分乘，亦可謂能在於賾之一者，則是公性者無所須於分乘者也。何謂雖不分乘，亦可謂在賾之一者？假如初所以然之能，使一白也者依在於三石，又使初所以然與司所以然同施其用，以共爲一作者。夫三石可謂三白者，而初所以然與司所以然亦可謂二作者，則以一白色之公性而視三白者，又以一作者之公稱而視二作者，雖不分乘，亦可謂之公者也。況其特一之物，亦可謂公者。何故？凡可用以稱多者，皆可謂公者也。夫在三石之白，夫從初所以然與司所以然，同出之作用，皆特一之物，而皆可用以稱多者，則豈不可謂公者乎？

謂爲是者以爲在諸特一之性，非一特性，乃公性之分乘而在各特一者也。其證曰：公性以脱賾爲一，乃理學之通義。則當其在賾，其爲多也可知矣。若在賾之時而可謂一者，何必舉脱境而後稱之爲一哉？次，公者之一也者與特一者之一也者，正屬相悖。今特一者之一，悉非可以分乘，則公者之一，必有分乘之容德也。又宗也、顚也、殊也皆其倫屬之特一所用以全其有者，固爲特一之所函。然而其特一者皆相岐別，則宗、顚、殊三者，其在於此特一也，必其岐別於在彼之特一者矣。

欲正第一説，宜之名目，或爲自立之名，或爲依托之名。自立者復分有二：一謂脱自立者。如謂智德也者，但指智之爲德，不指智所依合之靈性。謂白色也者，但指白之爲色，不指白所依合之底也。一謂合自立者。如謂人、謂馬，各指其性與性所結之在，而其性雖與自在結，亦與本自在有相似者也。性之未結於自在，但謂人性，謂馬性，而不可謂人、謂馬。惟其結於人之自在，乃謂之人。結於馬之自在，乃謂之馬也。顧其性之相結，非有依賴之義，故仍與本自在有相似。依托者，亦指其模與所合之底。而其模，則全係於底，悉無本自在之義。如所謂爲義者，非指本自在之義，而指依人之義。所謂爲白者，非指本自在之白，而指依石之白。此名目之別也。凡名爲合自立者，若所指之模惟一，則所依之底雖多，而明悟不得用一模以稱多底。緣其模非就其底以命名，而惟自就其所有以立所命之名。故設如初所以然，使特一之人性結於人之三自在，西云素細等際亞。不可稱爲三人。緣所指爲模之人性者，不係於其所結，故在雖有三，而其爲人則一也。若夫依托之名，則不然矣。所指之模雖一，所依之底或多，明悟固可舉其模以稱多者。設如初所然，使特一之白色依托三石，則三石可以謂之三白者。緣凡依托之模，悉係其底，無本自在，故其底雖多，皆可就一模以受稱也。今論公者必須分乘，並舉自立與依托兩義而言，而其要義，則在自立者之分乘也。

第一説之論所云，亞利惟謂公者可在於賾，非謂必受分乘云者。窮理者釋亞利之義，皆云所謂可在賾、可稱賾者，舉一賾義包函公性之分乘，未及顯言，是其省文。

所謂有一白色之三石，作一施用之兩所以然皆可以謂之多者，此非就自立之義而爲多者也，是就依托之義而以爲多者耳。此義尚有詳論。

所謂特一之物亦可謂公者，曰：此義如謂凡物之皆一者，其謬正同。夫公者與特一者，義證相悖。若特一之模，爲其或能在於多底，而謂可爲公者乎？則公與特無所分別，豈不混凡物而爲一也？

# 理辯之五公稱四卷

治理曆法加工部右侍郎又加二級臣南懷仁集述

## 五公之二 論宗

此薄斐略次篇，大凡有三：一釋宗之二義，二詮其旨，三證其所詮之不謬也。

(古)宗義有二：誕生所肇，各顛所屬。

(解)名目不同，則疑似爲礙，故薄斐略之論首公稱也，先釋其名。云：宗字之指有二，一是生所自來之宗，一是顛所共屬之宗也。前者宗字原義，後者借用，以指其爲第二公稱之所屬。

(古)理辯云宗，惟取次義，以稱屬顛，據問何立。

(解)論宗也者之原義，乃文藝、诗藝、史藝之事也，今但辯論理學，乃其次義耳，故置原義釋其次。曰：宗也者，乃就問何立，可用以稱不同顛者也。如舉生覺者可以兼稱人、馬諸顛也。

(古)凡可舉稱，或但稱一，或可稱多。稱一者一，即特一者；稱多者五，即宗、顛、殊及獨、及依。生覺爲宗，人性爲顛，推理爲殊，能笑爲獨，黑白爲依。

(解)欲證宗解之確，而先就其可用以稱者析而舉之云：凡舉稱者有二端：一爲稱其一者，一爲稱其多者。稱一者，凡爲不分一者，如稱某甲、某乙是也。稱多者，如云生覺、云馬、云不靈、云能嘶、云白者，凡五。

(古)宗者稱多，特者稱一。稱多、稱一，乃其所别。宗所稱多，異於他多。顛之所稱，数異顛同。而宗所稱，数顛皆異。夫獨云者，但稱一顛及其倫賾，而宗所稱，顛固不一。殊也、依也，可稱異顛，非挾物性，只指何僞。宗就何立，指物内性。

（解）專證前解之確。其解者有三端：稱多者一，不同類者二，就問何立者三也。其一，別於凡特一之物，其二，別於類與獨，其三，別於殊與依也。即此可知其義之確矣。

## 宗解之當否　辯一

### 解義　一支

宗也者之首解云：是類之所屬者也，其義有二：一，據其向於類者，二，據其能界夫類之向者。就前義釋云：宗也者，是向類之公者。就次義釋云：是能界其類所向之公者。

第二解云：是可用以稱多不類，是就何何立者也。謂稱多者，乃解中之宗也。謂多不類，問何立者，乃解中之殊也。蓋五公者皆可用以稱多，而獨此稱不類者，與就何立者，是則宗之所以別於他公者耳。但此解中之殊二句，先後之序未協，所云問何立者當在稱不類者之先。蓋物別之解，當先乎其迴別者，而後乎其別之稍近者。宗之距殊、獨、依也，遠於其所距乎類，則宗之別於殊、獨、依，宜先於其別於類者。今何立之問，乃宗之所以別於殊、獨、依；不類之稱，乃宗之所以別於類，則稱何立者，固宜先於稱不類者矣。

所謂就何立而稱者？曰：凡物之稱，就其本元之一分，而不就其依附之義，是謂就何立而稱者。如以生覺者稱人，是就其本元之一分而稱者。若其不關於本元之一分，凡屬獨與依，如能笑，如白黑，皆不關於本元之一分者也。或雖爲本元之一分，而但就依附者以稱，如謂人爲能推理者。是謂就何傍而稱者。

問何立、何傍之別，曰：凡吾所用以稱他物者，有脱名，有合名，有指名。若以指名稱合名，則其稱爲何傍之稱。如稱某人爲白者，某人爲合名，而白者爲指名。又如稱人爲能推理者，人爲合名，而推理者是指名。皆專舉其所依傍者而稱也。凡兩合爲一之物，吾用一名以表之，是謂合名。如白色，合于底而謂之白者，人性，合于在而謂之人，皆合名也。合名所表，一當模，一當底。若所名者直指夫模，而傍指夫底，則爲有所指而名者。如名爲白者，白之爲模，非底不存，與底相附，指白色，亦兼指其爲底者，是兼指以顯其所合之名者，謂之指名也。當知指名之別有二：一泛一切。若其模全係于所依之底，則爲切指。如以白者之依摸稱某人，又如以能笑者之獨模稱某人，皆實指其附底而存者，爲切之指名。若其模不全係於所依之底，但不免附着于底，如稱人爲能推理者，論其推理之性，本非依賴，然不免附人而立，此泛之指名也。緣凡切指之模，論其本有，論其所托，二者皆屬依賴，而泛指之模，則其本有无非依賴，但論其所托于物，不無依傍之義，故亦謂之指名。若以合名稱合名，則其稱爲何立之稱，如稱人爲生覺者，其生覺之性，本合於生覺之自在，又如稱白者爲有色者，色是宗，白是類，是皆合名，專舉其本立者而稱也。舉合名者，舉其相合而不相依托者。如人性與自在相合，然性自爲性，自在自爲自在，無依附義，合稱相合者爲人，是專合名，而非指名也。凡以宗稱類，以類稱特一，此等本然之稱，皆是合稱。如以生覺之宗稱人之類，以有色之宗稱白者之類，及以白者之類稱此白、彼白之特一，皆爲何立之稱。緣生覺自生覺，白自爲白，而此白、彼白，亦各自爲此白、彼白，雖云相合，實非相托故也。若夫殊、獨、依之爲模，則皆與所結之底相合相托，固是指名，前例已悉。若依脱名稱脱名，如依生覺性稱人性，以色稱赤與白，人性脱於人，赤白色脱於赤物、白物，亦何立之稱也？

所謂稱不同類者，曰：不同類之義有二：一各自一類，如人性與馬性是也。二自不爲不同之類，然而屬於不同之類，如此一人、此一馬，不自爲類而各自屬於本類也。宗之可以稱其類者，兼舉二義。

若問何以知其物爲不同類者，曰：一宗所屬之庶性，各有限解。若限解各自不同，固爲不同類者。凡指其物之本性而解者，謂限解。若但就其情而解者，則爲曲解。若其宗所分之各類，又可分而爲他類，則其受分於類之類，謂就其所屬之隔類而異者。若不復可分爲他類，則謂就最盡之類而異者。

惟夫宗也者之爲公，其稱有二：一至，一屬。其上無他宗，如十倫之總宗，是謂至宗。若其至宗之屬類，又可以稱其倫屬之各類，則謂屬宗也。至宗之異於他宗者，就其各自爲宗者而別；其諸屬宗所異於共一倫之他宗者，則非就其爲宗者而別，但就其不類者而別也。緣凡至宗，皆不同義之有，故就其爲宗之全，以別於他宗。若夫屬宗，本皆同義之有，固不得就其全而別，但就各所之受拘之殊而有所別耳。凡公性之因殊受拘者，皆類也，則兩宗之屬於總宗者，非可謂就不同宗而異，惟可謂就不同類而異也。

駁前論者有四：其一曰：公者，不可就不全而稱倫屬。若宗就不全而稱，則宗固不可以謂公者矣。何謂公者不可就不全而稱？蓋不全之稱惟指其物之一分，而凡分者之稱，不可以爲公者之稱。緣公者之視倫賾謂全，而賾者之視公者爲分故也。則公者，非可就不全而稱者也。曰：就不全而稱與指一分而稱者，其義不侔。蓋所謂不全而稱者，雖其爲稱，不顯指其底之全性，然而顯指其分，隱括其全。若夫舉一分以稱者，則專指一分，而其餘絶無所涉。如專謂人爲靈魂，或專謂人爲質，是皆顯指人之一分，而不兼指他分者。夫宗雖舉不全而稱，然非舉其一分。如謂某一人爲生覺者，論生覺之模義，雖未顯及於其能推理者，然而隱義該焉。蓋云：夫某亦爲有生覺者，於義不謬。

其二曰：凡物之模，皆就何傍以稱其底。夫宗乃屬類之模，所以然也。則以稱屬類，就何傍，非就何立矣。曰：以模論宗又有二義：一舉其分結於殊以成屬類者，則宗可謂質，而不可謂模。緣宗爲殊底，因殊受限。如元質爲諸體模之底，因體模以受限也。二宗者爲全，包函屬類，故如屬類之模。然緣凡全者之視屬分，如其模故。然而此模之稱，非就何傍者。何故？凡模有加附之模，又有自在之模。加附者，就何傍而稱；而自在者，則就何立而稱者也。宗之視屬類也，乃自在之模，其爲就何立也，庸可疑乎？其三曰：宗也者，非盡可以稱不同類者，亦有但可以稱不同数之賾者。何故？明悟之攝多類之所共，則雖可謂之公性。而不可以爲取宗性也，若但就某一類而攝，不就多類而攝，則其宗性不可以稱不同類者，但可以稱不同数者，而其以宗性而稱不同数之賾也，非能異於以類性而稱不同数之賾也。又作明悟者，就某一生覺者之形像作成某神象，其神象所顯之生覺者，豈可謂之非宗乎？然其爲宗，不舉其爲不同類者之所共也，亦但顯其在於不同数者而已矣。則所稱不同類之於宗，豈可謂爲宗之本殊哉？

曰：凡爲宗者，不但須脱於類及諸特一者，以呈顯於公象也，更須明悟之用，知其性爲多類之所共，而不止爲一類所脱者。據彼所舉兩駁論，其公性既已脱於類及諸特一者矣，但其明悟既不以爲宗性可以稱不同数者，而不可以稱不同類者也。緣其非實有在多不類之容德，而但有相宜之容德，非實有視多不類之互。而但有相宜之互，不切謂宗性耳。其四曰：亞利云宗之所有，或時而函歧義之稱，則宗固不可謂公者。此難昔賢有解。篤瑪云：舉明悟所成之容德與互視，則宗之稱下類，其義俱同。若舉宗之實性，則有不能均者焉。豐塞加云：宗性甚廣，故明悟間或以歧義之性爲同義者，故曰有時而函歧義之稱也。

## 論二解爲限爲曲　二支

第一解爲曲解，乃理學之通義。緣凡作解，不函真宗、真殊者，皆爲曲解。宗也者之第一解，第就宗公者與情界類之所向者而解，故不謂之限解。

第二解有謂爲限解者，所據云：此解有真宗，即所稱多者是。又有真殊，即所稱不同類者是，故爲限解。有謂爲曲解者，所據云：可稱者之視公者與可稱各類者之視宗者，其理則一。夫可稱者但是公者之情，則可稱各類者，亦但是宗者之情而已。作宗解者，舉公者以爲宗，舉宗之情以爲殊，則非限解，惟曲解也。此説更允。

茲宜追舉前論公者可稱、可在之二解。就此二端，或舉其容德，或舉其互視。若舉容德，而就其所有相稱之爲，則其解爲限解。若偏就互視而解，則但爲曲解而已。此義凡論公者五稱之解，其證皆同也。謂就相稱之爲者，欲用限解以釋在賾之容德，當舉在賾之爲，不舉稱賾之爲，乃謂相稱。如解宗者之容德，則當解云：宗者是一，是可以在於多不顭者，是就何立者。此舉在義，乃限解也。若其作此解也，但就稱之爲，不就在之爲，而云可以稱多不顭者，此乃舉其稱義，止爲曲解，非限解矣。緣可以稱多不顭者，乃可以在賾之容德所發之情也。

或問：設其宗者之解，不解可在賾之容德，而但解可稱賾之容德，云是一者，是可以稱多不顭者，專舉稱義，可謂限解乎？曰：否。凡限解須有限解之本宗與夫拘其宗之本殊。今解所云一者，以一爲宗，此宗者即所謂公者也。然此所云公，非即所云可以稱者之本底，而但是其底之宗。稱多不顭之本底在宗也者，而不在於公之一者。公之一者，乃宗也者之宗，故云底之宗也。緣可以稱多不顭者，乃宗之獨情，而非公之獨情，故第以宗也者爲稱多之本底。故解可稱者，不可指謂解中之本宗也。此如欲解能笑者，不可謂能笑者是可以發笑之生覺者。緣其所指生覺者，是以生覺者爲其宗，顧生覺者非能笑之本底，其能笑之本底，自在於能笑之人性也。生覺爲人性之宗，人惟爲能笑之宗。多有生覺而不能笑者，故不可指生覺爲能笑之底也。今云限解，必其所解之宗不以公者爲宗，而以其可稱多者爲宗，可稱不相顭者爲殊，斯爲限解耳。爲其有稱者之本宗與其所以別於他四顭之本殊故也。稱者之本宗，即可以稱多者，別於他顭之本殊，即可以稱不相顭者。

或曰：舉模義而言，宗乃公者最盡之一顭，則豈可以稱不同顭者？惟可以稱不同数之特一耳。曰：前解初釋宗之爲模，即容德與互視，次釋其模之底，即宗者之性也。夫容德與互視，乃宗性所以可在可視之理，而在賾視賾之爲，從宗性之本有而呈焉。此如生者之宗性，據其容德與互，以在以視，或呈現於有生有覺之多顭與其不同数者，或呈見於有生無覺之多顭與其不同数者，皆各挾其本而有呈也。蓋約略言之，受解之理，固有二者：一謂由理，一謂訖理。容德與互視，是乃由理，而其爲宗之性，是乃訖理。有由理而宗乃以之在焉，以之視焉。至其在賾視賾，則宗之訖理云爾。故舉模義而言，則宗爲盡顭；舉其就本爲呈現於多顭者，則固可稱多不顭者。

## 凡謂有者皆可爲宗爲顭否 辯二

問可爲宗與顭否，其義有二：一非實之有。如諸非也、缺也及凡思成之有。一凡爲實有者。兹先論非實之有，後論實有。

## 非有不可爲宗顚 一支

有謂凡非之爲有，亦可爲宗顚。所攄云：非之有者，或就所非之模，或就所依之底，固有相別，而舉其總理，又必有所相同，豈不可以謂宗、顚者耶？而况非也者可以爲獨，爲依，則亦可以謂宗、顚也，何謂可以爲獨、爲依？窮理者，常指非實之情爲依於實底，如謂有也者之爲一者，如謂自立體有可受悖情之容德者，此皆非之依與獨也。又罪也者，乃正善之非耳，而有作孽之罪，有註誤之罪，亦可分作二顚。則非也者，亦有可取爲宗、顚者。

雖然，理學通論，其於非也、缺也，皆不謂可爲宗、顚。亞利云：非有者無宗、顚之義。又云：缺也者爲虛有，無殊之可論也。篤瑪云：罪之義，乃虛之作，不可分作宗、顚。攄理推證，凡爲宗、顚，必有某是者在，然後可以受殊拘，以成倫屬之下性。故凡超形性之合成者，或就殊與宗，或就殊與顚，相結而合；凡形性之合成者，亦就模與質，相結而合，乃以成其殊也。若謂宗與顚爲虛非無是之有，則豈能受殊之拘，以限定於某一倫乎。况殊也者，若使無是之可論，亦豈可謂能模其宗者，則非之與缺，其爲空虛無是之有也，不但不得謂宗、顚，亦不可謂殊者矣。

所謂非之有，有相別，有相同者，曰：其所同之總理，不爲宗理，亦不爲顚理。緣其總理，不得就正殊以受拘，則其所以相同之理，與明悟所取在乳在雪之白之理，略相似也。夫乳之白與雪之白，非正接於白，以成白顚之特一者，第各依其不同之底，而謂屬於公白之特一者。又如謂石之非人與木之非人，其理亦然，非能各有接乎總理之殊，以加乎非人之總非，而但就其所指之不同底者以謂不同之非耳。再取殊者觀之，其義更晰。夫明悟，能脱人與馬之生覺者，以立生覺者之總理，而其人之生覺與馬之生覺，不可謂接於總生覺者。蓋總生覺，不就人之生覺、馬之生覺以受拘，而各就其推理者之殊與能嘶者之殊以受拘，故總生覺者不可謂人、馬生覺之宗，而人與馬之生覺者，不可謂總生覺者之殊也。玆論特一之非也者，既非所以拘總非，而但就其所依之底以接之，則其總理，豈可謂爲宗、爲顚者哉？

所謂非也之可以爲獨云者，曰：凡爲宗、爲顚之性，必須就本倫之殊而受拘，以成其爲下性。若泛論公者之性，兼論五公者爲泛論。則但須同義之性，就一義一名，以爲倫屬之所共耳，不必就殊而受拘，以成其本然之有也。則其謂可爲獨，爲依，乃其可爲公者，豈遂因而可謂宗、顚乎？試觀公殊之視下性，凡其不由本殊而接於我者，則其上焉者之殊，但可爲公，不可爲宗。如以能推理者爲顚殊，視某甲、某乙之特殊，各受函其推理之公性，顧其所拘能推理者，非就本殊以拘，而但各自接於其生覺之宗性。其生覺之宗性既爲能推理者之所拘，則凡拘其生覺者，亦謂拘其能推理者也。夫下倫之非之拘上倫之非也，理亦同此，俱不就本殊而接，故雖可爲獨，爲依，而不得爲宗，爲顛。

或曰：公性各受殊拘，乃以分傳下性，特一者之受分而傳也。既自接或宗或顛之全性，則亦接其宗、顛所接之某殊。緣其殊乃宗、顛之一分故。則宗殊、顛殊，皆受統於特一，爲其本原者也。今謂兩非所指之底，不關於總非者之内理，但關其外，則石與木，既實各有一非人之非，必亦各有所以非者之殊也。

曰：非也者之得以分傳也，其所須者頗少於實有之所須者，故殊也者雖必須爲或宗或顛之一分，乃可就其宗、顛而受接。而非也者，則不係於底，亦可以就底而分傳也。又所謂石與木各自一非者，亦不盡然在石之非，可謂非其在木之非，而不可謂石、木各自有一非人之非。如指某甲與某乙俱爲能推理者，不可謂兩推理者，各因其数異而異，爲就其是者之異，而但可謂此之能推理者，非彼之能推理者，爲就其非者之異也。何故？所謂各自有一非與其数之有異者，皆是者之别之稱，而凡是之别，必由有其是者作其别，非也者，無是之可論矣。又其爲顛之推理者，既非就本殊以受拘於兩特一者矣，則亦安有所以基其是之别者耶？若所謂非其在木之非與非其彼之能推理者，皆其非也者之别，而不必有何是者以爲之基，故可謂此非也者，不爲彼非也者。而不可謂其此之非、彼之非，爲因数而有異者。

## 思成之有之宗顛 二支

謂思成之有，皆可謂宗與顛者，證云：思成之有雖非實有，而明悟之所攝想，則固以爲屬於有者。今明悟能成多許思有，而取脱其所共之總理，如取脱其實有所共者然，則其總理若可用以稱多顛者乎，則可謂宗；若惟可用以稱異数者，則可謂顛也。亞利與篤瑪所云，非之不可爲宗，爲顛者，只論虚非，不論其爲思有者。

問思成之有之屬顛其等序何如？或謂思有之總宗，分作二端，其一互視，其二泛非也。而二者又爲彼總宗之屬宗，以分屬顛，則互視之宗，分多許互視之顛，泛非之宗首分二顛，一爲缺者，一爲切非者。二者又分無窮之顛云。

正論云：思成之有，論其總理，雖可以爲互視、泛非兩顛之宗，然欲就實有之理以推之，則思有之論宜謂不可以爲宗也。緣夫以實有之總理而論，互視之有與夫不相互之有，不可指爲同義故。

論思成之互視可以爲宗者，蓋其互視亦有屬顛，不異於實互視之屬顛。如所以然與其効之互，合結者與分析者之互，度與受度之互，三者皆實互視之顛也。而思成之互視亦然。故思有亦可爲宗，其詳在第四倫。

論泛非也者之屬顛無當於理，蓋缺此模之缺與非，此模之非，二者之别不能有本然之别。何故？缺與非本然之别，固不就其底而別，但就所缺所非之模而別。設使其模惟一，則其缺與非何從得有本然之別而分二類乎？則其所指以爲別者，第各因其所依之底，如論見用之無者，在石則爲非，在人則爲缺。緣石乃不可有此模之底，而人乃可有此模之底故也。夫思成之缺與非，所爲不別以底而別以模者，蓋就模而論，亦自有宗有類。其所缺所非者，或在有所定模之指，如人之非、見之非者；或在無所定指之模，如第論非與缺之總理，而不及所非所缺之爲某模者；無定模之泛非，可以當宗；而有定模之非與缺，可以當其屬類焉。夫所以謂當宗，不直謂宗者，蓋非也者之總理與所非之總模，二者或有不同之義。若其模之總理包函依、體二論諸有，不得謂同義者，則非其模之非，亦似義，非同義者，故謂當宗，而不謂爲宗。

其有定模之非與缺者，則受非之模有幾類，而非其模之非亦有幾類，或屬非宗之非，或屬非類之非，或屬非特一之非，皆其類也。凡有模可論者，皆歸於十倫。而十倫之論，悉歸於宗、於類、於特一者。故論非義，亦不外於三者之非，所以謂之有定模者。而此非其定模之非，皆爲最盡之類，不相係屬。兹義所據，即前所舉非上模之非，不可謂爲非下模之非之宗，非下模之非，不可謂爲非上模之非之屬類者也。

或云：設非也者之指非人也，謂其非人之總理爲類，謂在天與在神之非人爲其屬之特一，則此兩特一之非人也，其所函者，必有所多於非人也者之總理所函者。緣凡特一固多一本殊，以接於公有之有故。今夫兩非人者之所函，若多於總理，則可謂爲非之特殊，然而神之非人與天之非人，兩者所非無異。又兩者所非與總理所非，亦無異。則其特一之非，絶無所增於總理，不可謂爲屬類之特一也。

曰：兩特一之所函，固必有所多於總理之所函者，然不可謂其所函者爲非之殊也。蓋非也者之謂類，非指其虚非，而指其明悟所成之有。有是之何論，而乃覺其爲非也，故其所加之殊，不得以爲非之殊，而由於明悟之所是。此其爲殊，猶夫加於某一白者之殊然。夫白之總理，就其全者而論，迥非黑之總理。而某一白者又加之以本殊，就其殊者論之，亦必非彼黑之總理，故某白可謂總白之類之特一也。天與神之非人也，其論亦然。所函總理而外，各函本殊，顧其爲殊，亦各就其分者，以爲現在有據之非。而此之爲非，即以非其非人之全理所超然而非者，故可以爲其類屬之特一者也。

或云：凡兩不相屬之類，不可以相稱。設非人者爲一類，非某甲者别爲一類，則兩不相屬，豈可相稱？今所稱爲非人者，即所稱爲非某甲者也，即可相稱，即是相屬，豈可分爲兩類？曰：謂兩不相屬之類，不可以相稱。若就何立之稱而稱者，則是也。若就何倚而謂不可以相稱，則不盡然矣。就何倚而稱者，如謂非人者爲非能笑者，本係兩類之稱，然而人也者，乃笑模所依之底。設去其底，則模不獨存。是人之與笑，乃相因而有者，故亦可用以相稱也。推此以論非人之非，人也者，乃某甲特殊所依之底，既非人，則亦非某甲，故謂其稱非人者，即其稱非某甲者。此非以某甲之非，稱人之非，而但以某甲之非，稱非人者所指之底，是故可以相稱，不礙於二類之義。

## 實有之宗類 三支

凡全成厥有，如生覺也、人也、有形之幾何也，何以之依賴也，皆可爲宗類，不待證而自明也。至論不全之有，如凡超形性之殊也，上性所受拘于下性之殊。自立者之舉其脱義也，全形之各分也，諸有之即也，則其説不一。論超形性之殊與自立體之脱義，本屬超形性之學，各有詳解。兹但講全形之分與夫諸有之即，或各自可立一倫，如作，如所，如時之類；或不足以立一倫，如本自在，西云素細等際亞，乃自立體所以各自圓成之即。如合結，全者之諸分所相結之即。如施用之所以施者四所以然，所施其用之即。之類，凡各自可立一倫者，皆可爲宗，爲類。乃理學之通説，兹論其不足以立倫者。

諸即之有，苟非他有所礙，皆可自爲宗、類。蓋凡思有，既皆可爲宗、類，即之比思有，更可謂有。夫思有之可以受拘而成其超形性之合者，既可爲宗、類，則即爲宗、類，亦何不可乎？

何謂非他有所礙者？有謂凡特一之物，所以圓成其本有，及所以自立而無所依托之即，不得爲宗、類。緣其即，本隨特一之殊而有，而其殊，皆非同義，乃似義，豈能俾其爲即者有其所無之同義乎？有謂物所現在之即，亦不得爲宗、類，緣其各隨倫異，絶不相屬，亦不能同一義也。此論非理辯學所詳，兹姑倫其二倫之即，可以各取一同義之倫者。蓋明悟之用，能脱自立圓成即之總理，于諸萬自立圓成之即，又能脱現在即之總理，于諸萬現在之即，皆如脱人性之總理於諸人之特性者然，則亦各爲同義之倫也。何也？論圓成之即，雖爲凡特一者所以各全其有，故謂隨特殊而有，然而公性就拘於特殊之時，亦自求其圓成之即。則雖隨其殊性，或不同義，而隨其公性之所求者。蓋亦有同義之理焉。論現在之即可爲宗、類者，非謂能紘絶不相屬之倫，而但謂各倫有宗有類，如明悟之用，以所攝取諸圓成體所現在之即，視夫下類各圓成體之即，爲宗；以所攝取人類諸現在之即，視其特一現在之即，爲類云。

形有者之分，其倫有二：一謂内有全成之分，一謂形體全成之分。形體之分，如首也、心也、肢也之類。内有之分二種：一爲形性之分，如質與模者是。又如線之諸分，所相結於無分之點者，時之諸分所相結之頃，動之諸分所相結之倪，皆亦略肖形性之分者。一爲超形性之分，如凡宗與類所受拘之殊者是。此理别有本論，兹舉形性之分。其論数端：

一端形性之分可爲宗、類，如以質之總理視上域與下域之質，可爲其宗；以模之總理視不同類之模，亦可爲其宗也。

蓋凡此之分，皆屬同義，如無他礙，則明悟能取其上下兩質之總理以爲兩質之宗，能取其不相顈之模之總理以爲諸屬模之宗也。

非此説者曰：宗也，顈也，謂其爲全者，若質與模，皆其分者耳，豈可爲宗、顈乎？又顈也者，乃指全而稱者，質、模皆不全之有，則雖或可以爲宗，然不能爲顈矣。曰：以質與模視其所合成之全，有謂其不可以爲宗、顈，良然。若視其倫屬，則固可以爲宗，爲顈矣。就此作解，其一曰：以質與模視夫其締合之全者，則爲分。若舉元質之總理以視所該上下之二質，則爲全，猶夫生覺者之視其倫屬也。論模亦然。其二曰：偏舉質與模以稱夫締合之全者，則爲舉不全而稱。若以稱其或質或模之倫屬，則皆就其全而稱者也。蓋舉物之全者與舉全而稱其物者，其義不同。直謂爲全者，必其不爲他有者之分；而舉全而稱者，第取挾有倫屬之渾性而已。固不論其性之或爲全，或爲不全也。

二端，肖形性學之分，亦可爲宗、顈也。此端從前所證，同爲一論。若更詳之，則云點也者，視諸線之几點爲最盡之顈；頃也、倪也，視諸神與形之頃之倪也，各自可爲一宗。

或問無分也者之總理視點也、頃也、倪也，可謂宗否？曰：有是有非，兩説皆可，然是説更確。何以故？常然之幾何形體之幾何也，恒一不變，故謂常然。與流行之幾何，時與動之幾何也，變移不恒，故謂流行。在幾何之總理，彼此同義，則其無分也者，亦未嘗不同義，故可爲宗也。或曰：點也者，非受統於常然幾何之宗者也，則常然與流行之幾何，雖或同義，無分也者，豈亦同義哉？曰：點也、頃也、倪也，之所以別者，就常然、流行二義更爲顯著，此義在兩幾何，不妨其同，則點、頃、倪三者，亦何礙其同義乎？

或曰：凡屬二形有之模，能作二顈之無隔以屬一宗者，則其模所成之二顈，亦必爲無隔以屬一宗者。比如人模與馬模，無隔而共宗於生覺之模，則人與馬亦無隔而共爲生覺者之屬顈也。今論無分者所成之三種，其爲常然、流行之幾何，雖同一幾何之宗，而其無分者之義，固不屬於幾何之宗。無分者不可分而爲幾何，故不屬於幾何之宗。則此三種，豈可謂同義之顈乎？曰：夫諸形有之模之中，固有總模可以作其宗者，故凡其模所作之顈，亦謂無隔以屬之宗者。若無分者，本即在於恒然流行之二顈，非可以爲先在宗而後在顈。緣此二顈，但以幾何爲其所共之宗，而幾何之本理自屬可分者，非所涉於無分者故也。則其三者所成之顈，雖無所云無隔之宗在乎其上，然必爲同義矣。

三端形全者之分，視無他形相肖之諸分，不可爲宗、顈也。蓋凡爲宗者，皆本然之有，而其分則非本然之有，但爲依然之有。如首如心、如肢之顈，其質、其模以外，又各有某形像。有某形像，然後顯其分者，固皆依然之有耳。依然者不謂宗也。如取此一形之首，視他各形之首，此等皆係依然。即或不論分者依賴之形，而第論其爲質、模之所成者，亦不可以謂宗。何故？宗者之稱，自受其殊者之拘，而其相尚之諸分，惟各自就其全而受拘，故不可以爲其宗。凡論諸物有生者之分與不生者之分，皆同一理。

## 舉宗稱顛之理如何 辯三

### 宗之稱顛可謂全否 一支

茲所論宗有三義焉：一指脱乎屬顛之總性，如生覺者指其脱乎人、馬之生覺性。主此義，則宗爲全，不爲分，言乎其爲兼有生覺性者故也。然其全非實而全，但爲超而全。蓋不指其依於特殊而已受其成者，指其可依乎特殊以受成者。緣凡可以受成之性，本有可以得其所無之能，故謂超全者也。二指屬顛之一分。就此義，則宗不得脱乎屬顛。三其爲分也有二：一現結於殊以成下顛之全，一不現結於殊而但其可結於殊者。循此三義，其説亦三：

一説，宗也者之稱其屬顛，舉其爲現分者也。所憑者二：一，亞利云：全解與全解之分，皆可用以稱受解者。今解也者之分宗、分殊也，就其現結之分者而稱，不就其可結之分而稱。則宗也者，舉其現分之義，以稱倫屬之顛也。次，宗也、顛也，就全與不全以別其稱。顛乃舉全而稱者，宗乃舉不全而稱者。夫宗既主不全以稱顛，則是指其現分者。凡不全者，是分者故。

二説，宗之稱顛，就其爲可結之分也。其證云：凡正當之稱，自全括其所稱之底所括者。今夫宗也者，謂其現爲分，固不能括夫他分。他分者，顛之殊也。若但謂爲可結之分，則渾然能括他分矣。蓋明悟攝想宗性，謂其可結殊以成顛者，不以爲現合於某殊，而但以爲可合於某殊。則宗之超義，乃全括乎可結之諸殊者矣。循是而論，可謂括其屬顛所括之全者。而其全者之分，一爲實然而括，宗性。一爲就其超義而括，顛殊。故曰宗之稱顛，據其爲可結之分，而非據其所現分者也。

三説，宗之稱顛，循其爲全者之義而稱也。篤瑪云：設使生覺者非括屬顛之全，則何可以生覺者而稱人乎？緣分者不得稱全故。此説是也。證此論，須知者二：一端，顛之全性所受於宗與殊者，義各不同。顛之受宗性也，原夫宗之理，非能自成者也，必依顛性以受成。若殊則顛性自所攝受以成其爲有，且以限定其顛者。如生覺者，人之宗也，人顛既受生覺之宗理，又就其推理之殊彌顯宗之美成，而且以其殊者限定其人類之全性也。由此推知，宗與殊皆指其類之全性，而宗則指其可受拘以顯其成者，殊則指其能接宗以成其類者。二端，宗也者，舉其超義而謂全，與其謂現分，謂可結之分者，義甚不同。舉義之全者不但指夫屬類之一分，又指其類全性之未曾得成，而可就特殊以受成者。若舉其分義，則但指其分之或現結，或可結，而不指其類之全性也。何也？超全者之就總理以脱屬類也。如生覺者之總理，脱人與馬，故能指人、馬之全性所總合於生覺者。若但爲屬類之分，則非就公者之脱以脱屬類，而其所脱，但如手足之或脱於身者然耳。

由此二端可推二論，以證宗之所以稱類者，就超全之義而稱也。其一，宗也者，攄其爲脱乎屬類之公者以稱屬類。蓋凡脱乎下性之公者，總括所脱下性之全。如類之爲義，乃指夫類所脱於諸特一者之總性，而非指其所從而脱之各特性也，則以宗稱類，攄其超全之理，而非攄其分以稱之也。緣凡爲分者，不得就公者之脱以脱夫特一者，而但能就分割之脱以脱其全者。如肢體或被分割，以脱於全身者然。

其二，凡正當之稱，其所稱者不但須爲其底之所括，如僅爲底之所括而已，則是可以分者稱其全者，而必不然。則又須全括其底之所括也。何故？舉此稱彼，便是謂此爲彼。若其底之所括未必全括於所稱，則其所指以爲彼者，豈不爲謬稱哉？由此而推，則知何以不可舉分以稱全。蓋此之分者，既不能括其全者所括之他分，即不可謬舉其者，而以爲分者故也。此全與分之辯，或論超形性學之分，宗與殊。或論其形性學之分。質與模。若歸一理，雖超形性學之分與全，無有實别，但有率基之别。然而明悟所攝，既已作其全與分之别矣，設舉一分以稱其全，豈不謬乎？

解第一説，亞利謂全解與全解之各分，皆可以稱受解者。其所謂分也者，非謂就其分之實在而可以爲宗，但因其有超全之義，有宗之理，故用以稱現前之類耳。

所謂宗與類就全不全而分者，曰：不全之義有二：一舉其物之本性，本屬不全。二舉此物以稱彼物，而其所舉爲不全者也。循前義，則宗也者，誠舉不全。緣其舉生覺以稱下類者，是偏舉其爲生覺者也。循後義，則所實有者雖不全，然而宗之所舉，自是其全者。蓋所舉生覺之性，非攄其爲分，而攄其超全，可由特殊以受限，而成其爲下倫之特有者也。

解第二説，宗之舉現結而爲分與可結而爲分，此二義之所以别，非爲其現分者，但結於一特殊而可結之分，則可結於諸特殊也。蓋皆就其結於某一特殊者而論之，所不同者謂其現分者，則現結於某特殊，而爲可結之分者，雖非現結，而可以結於某一特殊者也。由此推知，宗之爲義，若攄其爲可結之分者，固不能兼統特殊，不得就此義以稱屬類矣。

## 就何立而稱爲宗所異於殊者否 二支

謂非者，所據有二：一，亞利云解也者之兩分，宗與殊。皆就何立以稱其顛者。又云：凡解之所函者，一爲宗，一爲殊。然所由舉之以稱顛者，皆就問立而稱者耳。循此論，則問立、問傍，非宗與殊之所以別也。二，稱物理者，由物所固有之理而出。今殊之在於顛也，就其固然者，此宗更貴。緣宗當質，殊當模，模貴於質故。則就殊而稱所成之顛之理，貴於以宗而稱顛者。今就問立而稱者，貴於就問傍而稱者，則以殊稱顛，乃就問立，不就問傍矣。何謂問立之貴踰於問傍？問立乃自立之體所稱，若問何傍，則依賴者之所就以稱其底者耳。依賴者賤，自立者貴，所就而稱者，其貴賤準此。雖然，薄斐略以問立、問傍別宗與殊，其論是也。證有二：一，亞利云：殊依傍於宗，宗不依傍於殊。蓋能走者必爲生覺，而生覺者非必能走者也。則知宗與殊，據各所挾以立稱，固自相別也。二，宗也者，舉其爲本自在者以稱屬顛；問立者，本自在者之稱也，則宗固就問立而稱矣。又殊也者，舉其模而稱。凡模，非本自在者，乃依合於質以成其全者，故不依問立，但依問傍也。循是兩端，可知問立、問傍爲宗、顛之所以分矣。或疑獨也、依也亦舉問傍而稱，則殊與宗，何能就問傍而別哉？曰：獨與依雖亦主問傍，然於凡物之本元者，不爲其内分，而但或由其本元而發，獨者。或依附其本元而有。依者。若殊與宗，則俱其本元之内分，但有立與傍之別，故謂殊也者，就問傍而別於宗者也。兹當爲加一解云：就本然之問傍而別也，此乃殊與獨、依之所以異也。

欲解前引亞利之論，當知其義有二：一是用此物以稱彼物，一是所據以稱彼物之理。前義乃稱者之質義，故不可以取五稱之別。後義乃稱者之模，五稱循此別焉。謂非者所引亞利之論，蓋舉前義。緣宗與殊皆顛也者質有之内分，故謂就何立以稱其顛。若夫正論所引，則屬後義矣。故就其問立、問傍，以爲宗與殊之別也。

所謂稱謂之理，由物所固有之理者，曰：固有之理二：一物所實有，一明悟之所攝想也。用此稱彼者，惟舉後義。論所實有，則殊貴於宗。論明悟之攝想，則宗貴於殊也。

# 五公之三

此篇有三端，一釋顛義。二略論十倫，以解顛性。三詮不分一者之義也。第一端，顛有二義：一是屬於宗之性，是宗也，乃舉不全與問立所穪者也。一惟舉可用以穪者，是可以穪多不同数者，就其問何立者。第二端，凡物倫各有三者：一倫之至宗，二宗之最盡頪，三在至宗與最盡頪間，至宗者其上更無他宗，最盡頪者其下更無別頪。在宗、頪之中者，是上者之屬頪，而下者之上宗也。第三端解不分一者，云是但可穪一者，又云是不可分析者，又其所有之諸情，不能兼有所他屬者也。

（古）明悟所置，在宗下者，是之謂頪。生覺色形，皆各謂宗。若人若白，若三角形，是乃屬頪。前釋宗性，就頪作解；兹究頪義，舉宗設論，相因而有，故相爲解。

（解）博斐略設五公者之論，依物性爲序，故以殊先頪。緣凡論分者，固當先於其論全者。兹釋各公者之本義，則依教人譚理之法爲序，先解頪義。緣宗與頪，相因而解，則設頪解者，當在宗論已徹之後也。

釋頪之初義，云是乃明悟所置於宗之下者，如人也、白也、三角形也，皆各爲一頪，而生覺者、色者、有形者，則各爲其宗者也。或謂博斐略先釋宗性，就頪爲解。今欲解頪，又取宗義，如儱侗畫一圈然，宗、頪之性不得盡明。博斐略自爲之釋曰：凡相因而有者，亦相照而解。宗、頪相因，則二者之解，正當相引而解矣。

（古）又解頪義，是屬宗者，是宗所穪，是依問立。舉問立者以穪異数，是亦謂頪。末解数異，是最盡頪。謂屬謂置，包盡與隔。

（解）兹又設頪之二解也。前一解，加益大謂非一解，當分二解：屬宗者其一，宗所就問立而穪者其二也。然據亞味之論，則謂兩句共成一解，何故？博斐略前解頪義，謂是明悟所置於宗下者，今亦謂是屬宗者。若非又增一義，云是宗所可穪者，豈可謂又解乎？緣屬宗之義，非有增於置宗下者之義。次，若除所謂是宗所穪云者，安知其屬於宗者，爲何立？爲何傷？則其解未免有闕。

所謂舉問立以穪数異云者，是設第三解，以明頪之第一義也。此所異於前二解者有二：一，前解指頪爲屬於宗者之特一，兹解謂可以穪数異者，則指頪之得名，所以爲第二公穪者也。二，前二解包函最盡，及有屬頪之諸頪，兹第三解則但是最盡頪之解耳。

（古）十有之倫，各括有三，上至宗一，下盡頪二，中宗頪三。上更無宗，是謂至宗。下更無頪，是謂盡頪。在中之倫，兼宗頪義，視上則頪，視下則宗。如自立體，謂爲至宗，下有形體，形下有魂，次爲生覺，次列人靈。某甲某乙，又居人次，是諸第倫。夫惟自立，可謂至宗，不可謂頮。人謂盡頮，不可爲宗。若夫形體，爲自立頮，爲魂體宗。有魂體者，爲形體頮，爲生覺宗。夫生覺者，視有魂形，則爲厥頮。視生覺靈，又爲厥宗。惟生覺靈，居特一先，視厥上下，固爲盡頮。特一無隔，皆謂盡頮，絶無宗義。自立之體，緣其最先，故謂至宗，不可謂頮。生覺靈者，緣其最後，只爲盡頮，非能爲宗。在其中者，視上爲頮，視下爲宗，皆各二互，至上最下，各僅一互。

(解)此第二端，詳論物所相序之倫，謂凡物倫皆各有三：一者至宗，其上無他宗者。二者盡頮，其下無他頮者。三者在至宗與盡頮之問也。獨取自立一倫爲例者，一則其倫最貴，爲他諸倫之基。一則其義與名，比他倫更顯耳。

(古)至宗視下，必有互理。上則無互，盡頮視上，亦必有互；下則無互，視上視下，非有異互。上則受統，下則所統，皆以頮互。

(解)此再解至宗之與盡頮，各僅有一互視。蓋至宗無上，故但有視其以下之一互而已。或疑以此論盡頮，則尚有疵。緣盡頮不但有視上之互，亦有視其特一在下之互也。曰：博斐略此解，不論諸互，但論此一物所以爲宗、爲頮之互。盡頮雖實有二互，然而俱其所以爲頮之互，則一互而已矣。

(古)若解至宗者，是宗不爲頮，又上更無宗。若解盡頮者，是頮不爲宗，亦不更分頮，能稱多異數。其在中間者，於上則爲頮，於下則爲宗。若論由盡頮，上推至至宗，如從孫遡子，上逮于曾、高，是之爲至宗。

(解)依前所設物倫，作宗頮解，又取人生之系，以釋至宗、盡頮與在中之序也。由高視曾，由曾視祖，以至于之視孫，皆爲父而不爲子。由孫視子，歷父、祖而上，則爲子而不爲父。其在中間四葉，視上則爲子，視下則爲父矣。凡物之倫序盡然。

(古)若論世代，皆歸一原。如彼四世，歸於高祖。至論宗、頮，非歸一有。蓋論一有，非萬有宗。是故亞利爰立十宗，爲各初有，雖彼十宗，俱亦稱者，然第名通而義則岐。設若謂有，爲萬有宗，則萬有者當同一義。

(解)人代與物倫之喻，有不盡同者。世凡某姓之人，固皆歸於一宗。十倫不然，各自有一至宗，雖或亦謂十有，然非即以總有爲其所共之宗也。以總有而視十倫之有，但爲名同義似者而已。西文亞納落我。證舉二者：一，亞利定十倫之十至宗，緣總有也者不得爲總宗故。二，若總有之視十倫可以爲宗，則可就總有之同義，以稱十倫之諸有。然而總有但可就其同名爲有者以稱諸有，其義實各不同，故不可指以爲宗也。

(古)至宗惟十，至最盡類，必有定数，不得無窮。盡類所屬不分一者，則数無窮。故霸辣篤，命從至宗，別其類殊，推至盡類，而論即止。其不分一，不及置辯，非確知故。

(解)萬有之倫，總惟有十，謂之至宗。推至最盡之類，必亦俱有定数，但非人所盡知耳。至論盡類之下之爲不分一者，則無数可紀矣。故霸辣篤，謂欲究物理，宜推至宗而降，歷最盡之類而止，不及論至特一。緣特一無数，非確知所及故也。或疑博斐略所云，最盡類有数，而不分一之無数者，若但就現在言之，則最盡類與不分一固皆有数；若論可以現在，則盡類與其不分一均之可以分傳無窮，豈可謂盡類有数而不分一爲無数哉？有謂博斐略舉第二義可在者而言，但取自立體一倫爲例，緣此倫之或現在、或可在皆有定数故也。此説未盡。一則博斐略蓋舉通論，豈以一倫爲限？一則論司所以然之能，其所造雖有定数，然論造物者之全能，則其盡類，其不分一，皆可相傳而無窮者也。故又有謂博斐略舉第一義現在者而言，其謂不分一之無数者，義云，不分一自無本解，故不可爲限也。此解亦非繹博斐略本意。蓋因不分之一無数，故謂不屬確知。而謂不屬確知，便是謂其不可限解。緣限解者，正吾所由得以確知之具耳。有謂博斐略誠舉現在之不分一而言，但所謂無数者，但謂其非可限定。蓋既常生常死，数不可定與類之恒然而不易者，固不自同。

(古)從上推下，循厥衆有，就殊而析。從下推上，則取厥衆，合而爲一。宗之與類，合衆爲一。若夫特一，則取上一，散以爲衆。衆人在類，總惟一人。一人在衆，則謂多人。

(解)兹論從下而上，從上而下。以吾明悟推論者，推下則分一爲多，推上則會多爲一也。蓋由宗以降者，析宗之一，以成屬類。及諸不分之一而其推而上之，則其不分一皆合而歸歸之於類，諸屬類皆合而歸之乎宗，故云衆人在類，總惟一人。如人、馬、牛類，共屬生覺之宗，可謂皆會於一者。

(古)舉宗稱類，是謂正稱；舉類稱宗，謂不正稱。蓋凡上者，可以稱下，若其下者，不可稱上。凡稱他物，或彼此均，馬亦稱嘶，嘶亦稱馬。或所舉稱，廣於其底。如舉生覺而以稱人，謂生覺者廣於人底。若夫生覺，豈可稱人？凡類所稱，統類之宗、統宗之宗、升及至宗，皆可以稱，皆固然稱。如指某甲，某實爲人，人實生覺，又實自立，則謂某甲爲生覺者，爲自立體，其稱亦允。

(解)兹論各倫物之相稱也，云舉宗可以稱類，舉類可以稱其以下之諸物，然而不可舉類以稱其上焉者，何故？凡可舉以稱他者，或彼此所統維均，或稱者廣於其底，可舉統以稱偏，不可舉偏以稱統也。宗爲統者，類爲偏者，故可舉宗以稱類，不可舉類以稱宗。類爲統者，不分一爲偏者，故可舉類以稱不分一，而不可舉不分一以稱類也。第其偏之不可舉以稱全者，但論正稱、全稱，若就不正之稱，則亦可稱生覺者之爲人。又若就不全者之稱，則亦可以人爲知文藝者。斯皆舉類以稱宗，舉文藝之偏以稱其人之全者也。

（古）不分之一只稱一者，如瑣加得，如稱伊人、稱瑣復于，皆不分一。

（解）凡舉稱不分一者有三：一，舉其本名，如云瑣加得，云霸辣篤者。二，舉其名之公，以指其獨者，如指此人、彼人是也。三，但舉其特有之義，如謂瑣復尼之子，所指在瑣加得也。舉斯三例，皆所以稱不分之一者。

（古）不分之情，全而括之，則於他物，必不相宜。如瑣加得，所統諸情，特繫於己，非他可貸，論人類情，固可在賾。

（解）前所舉之三名，乃不分一者所有諸情，皆不得竝合于他，故依此以解不分之一，言其別所有之諸情，亦不能竝繫乎他也。

## 悉類之兩解 辯一

（古）不分一者，爲類所統，宗則統類，故宗爲全，而不分一。惟謂之分，類之爲義，兼全與分，視上謂分，視下謂全。

（解）前釋不分一者本有之義，蓋指係于所稱之底者。兹又舉其所屬之類，較而解之，曰不分一者，爲類之屬分。類也者，視宗則爲分，視不分之一，則爲全者也。此所謂分、謂全，但論分、全之超義，非論現爲分、現爲全之義。

### 類之先解

謂未確者，所舉有四：一，凡作解，當顯於其所解者。宗不顯於類，則欲解類者，不宜舉宗。何故？博斐略舉類解宗，以類爲更顯於宗，此復舉宗解類，則宗與類較，其義貞勝，宗固不顯於類。

二，欲舉宗以解類，是舉此物以解此物。何故？亞利云：立解者，或用其分而解，或更有他語，以爲其分之本解，乃可就其解而解。兹類解云，是屬於宗者。若解中所謂宗，即可以用其宗之本解。而曰，宗是類所屬者，則亦可云類是屬於類所屬者。以類解類，其類性終不得明。

三,此顭之解,亦可用以解不分之一者,緣其亦屬於宗故,則不可以爲顭之本解也。或云:所謂屬於宗者有二義:近屬一,遠屬二。不分一乃遠屬者,顭之屬宗則其近屬也。辯之曰:不然。一則就生覺之宗,專舉一生覺者,是爲生覺者之不分一,緣其統生覺之性與其特殊,故謂生覺者之不分一,此乃近屬而非遠屬。一則人也者,即自立體之一顭也,然而其視自立宗,不得謂近屬者,則豈可謂顭爲近屬也?

四,屬宗之顭,本爲公者,則不當舉其上而解,當舉其下而解,與他諸公者一例也。

欲明正論,當憶博斐略前謂最盡之顭必有二視:其一,上向于宗而爲其特一者。其二,下向不分一而爲其公者。就前義,辟啓上宗,使之顯明;就後義,限定不分一,使之現立;故此二視,名同義異。又屬顭之義有二:其一無屬顭之顭,其一有屬顭之顭也。

正論云博斐略所設屬顭之解皆是也。詳之,則曰:是有一名一義之一者,是依問立而近屬於宗者也。有一名一義之一者,則當宗也;其餘所詮,則當其殊也。謂屬於宗者,非言現屬,惟言可屬,以別於他諸公者。謂依問立者,以別於殊、獨、依之特一者。蓋彼三者,皆非就問立以屬於宗故。謂近屬者,以別於本倫之不分一者。蓋不分之一,皆遠屬於宗者故。循此義作解,不謂限解,但可謂曲解。緣其可屬於宗與其就問立而稱者,皆但舉其顭之情故也。欲作限解,則當立特一者而爲宗。以顭對宗而論,則顭爲特一者。又或立顭所向宗之互視而以爲殊,曰是特一者,是近向乎宗者也。或立顭所以能屬于宗之容德爲殊,曰是能屬於宗之特一者也。所謂作解者當顯於所解者,曰:凡作解者,若以闡發受解者之内蕴,則此説爲是。若無關内藴,則非也。宗與顭之相解也,非有關於内蓄之隱奥,惟其外有相系屬者。緣其爲相因而界,而凡相因而界者,第爲在外之系屬已耳。所以亞爾伯篤曰:凡相因而有之物,其彼此相解也,謂相向而解則可,謂相主而解則不可。向解指外,主解指内故。據此,則駁論所謂宜顯於其受解者,可以論主解,非所以論向解也。

所謂舉宗解顭,乃舉此物以解此物云者,曰:亞利所云惟論其内所藴之分,非論其外所界之分,故其爲顭解也,所舉宗者之解,但是爲界之解,不得用爲解其顭之宗也。

所謂亦可用以解不分之一者,亞爾伯篤釋之曰:其爲解也,蓋指顭之切擊於宗者。若不分之一,豈切繫乎宗者哉?緣夫顭之爲義,合宗與殊而全,宗統于顭,而殊亦宗之超義所統,故顭也者可謂之全擊於宗者。若夫不分之一,雖函宗性,然其特殊,但擊質與依賴者之合,固不全擊于宗也,則所云顭屬于宗,本指其全屬而非指分屬者也。此解不盡。一則所舉特殊之論有疵,一則解中未曾推明全屬之義,未若駁論所辯更明。緣直謂之近屬於宗,乃其相屬之要義耳。

若其所舉生覺之特一者，則有辯。生覺者有三義：一或指生覺者由所結之頮合於特殊，以成不分一者，此則直指某甲者也。二，或論生覺者無隔而結其特一之殊。三，或專舉一生覺者，而不定指爲某甲，乃游移之特一也。舉首義，則此生覺者本爲数一之有，不可謂之近屬於宗。舉二義、三義，則非一之有，而但是依然之合，不得屬於宗以受其稱也。所謂人之爲頮，非近屬自立之宗者，曰：謂爲頮之所近屬者，非謂近屬於其以上之諸宗，但近屬於無隔之宗，然而兼謂遠屬於以上諸宗，於理無礙。如人也者近屬於生覺者，以生覺爲無隔之宗，則人也者正可謂生覺之屬頮也。

所謂頮之屬宗本爲公者，不當舉上而解云者。曰：論屬頮，或論其物之質有，或論其所向乎宗之互即其模義也。舉前義，凡爲頮者，當是可傳於賾之公性，當基公者之互視，而不就其自己之有，以謂爲公者如宗。論其質有，亦非就其已有以爲公者，乃就人明悟以爲公者也。舉後義，則頮也者，不但非就其已有而可爲公者，亦非必其有公者之容德，惟用一互以向界其在上之宗而已。究論其爲公之義所視于賾者，則另有解，曰：是就問立以稱不同頮者也。

## 頮之後解

前所論就其屬于宗者，今論其可稱不公一者。解曰：是一者，是能稱数異者，是就何立者也。所謂一者，其解中之宗也，其餘所詮，則替殊而言。謂就問立，所以別於殊、獨、依三者；謂稱数異，所以別于宗也。然所謂数異者，或當謂但能稱数異者，或當謂能就近以稱数異者，或當謂挾全而稱数異者。不然，亦可用以解宗，而宗、頮無所別也。蓋生覺者之宗，亦可用之以稱某甲、某乙，然而爲其但稱乎頮異者，又有頮以隔之。則生覺之宗不可謂近稱，而亦不可謂之挾全而稱，如頮之于賾，能挾有其全性者。故茲云稱数異，必增或但或近、或全之文，乃見頮解、宗解所以相別之本殊也。顧此解本爲曲解，欲作限解，則或謂頮也者，是公者，是就本然與問立，但可在於数異者，或謂是特向乎数異之公者也。

駁此解有四：一，設我明知生覺者爲人頮之宗，不知其宗之下隔有屬頮，于是明悟用生覺以攝人頮之賾，則宗固可用以稱其以数而異者，是以数而異之稱，不得爲頮之本殊也。

二，設初所以然俾二靈魂，合于二不頮之質，夫質與下城之質。其二合成者，既各函不頮之分，固爲別頮，然而皆可稱爲人之頮，以皆生覺而能推理者故也。則頮也者不但可稱不同数者，亦可以稱不同頮者。

三，頮所以稱数異者之互視，由其上屬于宗者之互視，頮所以稱不同数者，必有以頮視特一之互；頮所以屬于宗，亦有以頮視宗之互。故頮之屬於宗也，乃其稱数者之互視之遠基也。稱数異者爲近基，屬于宗者爲遠基。茲其所以爲頮解者，既據其数異者互視之基而解,則不當但云能穪数異者,更當提其屬于宗者,然後類與数異者相穪之互可得而明也。

四,宗之統類,必須多類。若類之統特一,則不須多特一者,但有其一,類亦可存也。則類之爲解,豈必謂其可穪数異者乎?

釋第一曰:宗性已脱特義便可有公者之互視,設或不知,而謂生覺者之宗,爲有人類中所視各各之互,此何妨於類之本解乎? 葢凡但可以穪数異者,正謂之類。若不知宗之有類謬而穪数異者,亦惟謬而謂之類耳。

釋第二曰:設使靈魂與天質,相結而成一乎,此不可以爲本然之一者,緣其質與模,非互穪故,亦何可以受或宗或類之穪也? 又設使其合成者,或可謂之本然之一乎,則並指二者以爲人之類,固不爲最盡之類,而仍可以穪爲不類者。即亦可立之以爲宗,但其爲宗與理學所論有形體之宗不同。葢形體之諸宗其各屬、類,就其所有不同之模而分,而彼宗之屬、類,則但就其質有而分耳。

釋第三曰:謂穪賾之互視,由屬于宗者之互視,如其情然是也。謂必提其屬於宗者,則非也。舉其互視之近基,而其義已明,即其所云能穪数異者是矣。此加益大諸之説,尚未盡然。夫屬、宗之互視與穪賾之互視,非必有固然之相關者也。凡類亦有但可以下穪其賾,而不必上有其宗者,是可謂爲穪賾之類,而不可謂爲屬、宗之類也。如指上域、下域之質爲類,惟可以穪異数之質,不可謂爲屬于何宗之質,可見屬與穪之二互,其所關非固然,但偶然者矣。設令有關,則屬、宗者之互視或係于所穪之互,而所穪之互必無係于屬、宗之互。葢類之屬于其宗,必先自有公者之基在其類性,前辯已明。則何必舉其屬于宗者以爲穪不同数之解乎?

第四論其詳在于超形性學,兹略釋之曰:論宗與類,姑舉三義:一宗、類之性所實有者,二宗、類就所受拘於殊,爲所得之美成者。三第論其宗、類之分傳,而不指其在容德、在互視者。循第一義,則宗之可存於一類,如類之可存於一特一也。葢上焉者之實有,全在於各下焉者,如論生覺之宗,設但有人之一類,即可以存。亦如論人之類,設但有某甲之特一,亦可以存也。循第二義,則類之美成,或可就其特一之一也而存,而其宗之美成,固不得以一類而存。何也? 凡公性之美成,其次義在于受特性之拘,得以行其特性之諸用。今凡共一類之特一者,各殊各用之美成,其本元俱無所異,而其共宗之類,則所各接于宗之殊,所各自得行之用,固各不均。凡類性所函特一之美成,舉其廣,雖多特一者,勝于一特一者,而舉其盛則在多特一者,無以喻於一特一者。至于宗之在類,則不然矣,其兼有多類之美成,固必盛于專有一類之美成者矣。是故窮理者,皆謂類者也得存于一特一,而宗也者不得存於一類,葢循此義。

若循第三義，則宗不得存于一顯，而顯亦不得存於一特一也。何故？公也者，或在於容德，或在於互視，或在於其容德之全爲。今論容德與互視，非係于性之或在一、或在多者，但緣明悟而發耳。若其全爲，本指公性之現在於多，則宗何得存於一顯，顯何得存于一不分者哉？

## 宗之所向 辯二

宗不但向于顯，亦向顯屬之諸不分一者。蓋舉宗以稱顯與夫舉宗以稱不分之一者，其稱皆正稱也。兹論宗之所向於二者，其理何若。

### 顯所受宗之向爲全對向否 一支

宗與顯，乃相因而視者也。宜知凡相因而有之兩物，各有三義：舉其向於他，謂之向者。舉其受向，謂之界者。舉其復向于我，謂之對向者。又凡爲界者有二：一謂之初界，亦謂分界，亦謂之無隔之界。二謂之全界。何謂初界？爲界者與向界者之間無他物隔之，如見德，初向見用，次向所見之物，則見用爲與見德互視之初界也。何謂全界？見用與見用所及之物，其外更無他物爲見德之所向者，是乃互視之全界。緣見德雖無隔而向見用，然所向不止於現發之見用，更向所見之物，故必見用與物，二者相合，乃爲得其全界。

次，對向者，或亦爲初界，亦爲全界。如子視其父，亦爲初界，亦爲全界也。父子互爲界，互爲向，中間無隔，故爲初界。而又此外無界，故爲全界也。或爲初界，不能爲全界。如見用之視其見德爲初界，不謂全界也。合見用於受見之物，爲見德之全對向者，不可謂初對向者。若專論見用，則可謂初對向者，不可謂全對向者。

論宗之初對向、全對向者，有兩説：一謂顯乃宗之初對向、全對向。若夫不分一者，實亦宗之所向，但其向之之互視與所向顯之互視，固有不同，因而自立第六公稱。前定五公稱之数不提是義，到此乃當論及。此義所憑，在博斐略各之解宗也，但就顯而解，曾不及於不分之一。若謂顯不爲宗之全對向，則宗解何以但舉顯，不舉不分之一乎？

二謂宗所初向之界亦非顯，亦非不分一者。乃顯與不分一之所共，即所謂就不全與何立，以屬於宗者，是宗所向之初對向也。若顯與不分之一，各爲次對向耳。證之云：顯與所屬之不分一，其就何立與不全而屬於宗者，皆共一理，則此屬之公理，固在兩性分屬之先；則於分屬之先，已能界其宗之互視矣。

或有謂顛也不分一也，其所共不全何立之屬於宗者，較顛與不分一之屬於宗者，所謂名同而義似，不可以爲在顛與不分一者之先。蓋凡義似之上性，不得全脱於倫屬，故不得謂原先於下性者。則顛與不分之一所共屬於宗之理，不得先界宗也者之向也。應之曰：斯之爲屬，真爲同義，不可謂義似也。何也？謂屬於宗者爲義似，爲其先稱顛，後稱不分一故耳。夫生覺者之爲宗也，以稱人也者之顛及某甲之特一，則人固先於某甲。蓋人性先系於生覺，而某甲屬焉，然而不可謂人與某甲爲異性也。則屬於宗者，雖其先稱顛，後稱不分一，亦豈可謂爲似同義非同義之性也？

又顛與不分一，其合而屬於公者，必爲同義，則合於不合何立之屬者，亦爲同義。何也？凡就近稱以合於似義者，必不得就遠稱以合於同義。夫公屬者，乃顛與不分一之遠稱，而不全何立之屬者，乃顛與不分一之近稱也。遠稱者既同義矣，近稱寧有不同義乎？所謂合於公屬必爲同義者，理學分公稱而作五顛，又分公屬者作六顛。蓋不分一者所視宗者之互，既爲思有者之第六顛，則他無可以爲其宗者，而惟所謂公屬者，可以謂之爲宗也。三，不全何立之屬於宗者，雖或爲相似之義，亦可謂能先界宗者之向也。如有也者之宗，原係似義，而能界夫超形性學之所向，然而超形性學，乃學顛之一最盡顛，且同於一義之顛也。學雖殊顛，然共一明確之知，不得不然者，是謂同義。

正論有兩端：一曰：宗也者亦向顛，亦向於不分一者。證之云：博斐略之解宗也，就其可稱不同顛者，諸窮理者未嘗不以爲然。夫不但就顛分顛，謂不同顛，即屬其顛之不分一，皆亦謂爲不同顛者。則是宗之向，兼顛與不分一而向者。

次，就不全何立所分傳於賾之容德，乃宗者互視之基也。今論宗之分傳，視顛與不分之一，其不全何立之理皆一，但以分傳之近遠爲別。可見宗之一互，乃先向乎顛，而次即及於不分一者也。夫非以一分向顛，又以一分向不分一，而總之以一互視全向顛，復全向乎不分一，如一德能之互視全向乎其爲，而後亦全向乎其界者然。

二端，顛之於宗爲無隔之對向，但不可謂全對向。所以不爲全對向者，就第一端可證。蓋以證宗之互視，徑及乎不分之一，則其互，非止及於顛者。故知宗也者，不以顛爲全對向者也。所謂爲無隔之對向者，博斐略云：宗也者，不得不就顛而受解。亞利亦云：凡相互者，就其無隔之對向不得不然者，而受解焉。次，宗也者既爲倫賾之所共，固必有視其賾之互焉。若使先向所隔之物，後乃向顛，則是所隔者之接其於宗，固先於其顛，而豈其然乎？三顛與不分一之於宗，既謂有相共之公屬者，則亦宜謂有宗與顛。所共何立之公稱者，若無公稱，豈有公屬乎？四，其公屬者既爲同義，則其公屬之總理將謂之爲宗乎？爲顛乎？若謂爲宗也，則不得界乎宗向於我之互視。緣其視公者爲最盡之顛，而共屬公者之顛，與夫所謂公屬之宗，不得相準。按亞利之説，凡兩相對者，必爲兩相等。則豈可以宗之盡顚與公屬之宗爲相對乎？若謂爲顚，則既爲最盡之顚，又謂其所屬之顚之互與所屬不分一之互，皆是其所統特一之互，則悖於理學之通論。窮理者皆云：顚也者或論其屬於宗，或論其稱稱倫賾，其所謂公者無異也，又悖於理。凡兩特一之屬於一顚也，其相別未有如此兩互視者之夐然別者也，則安得有所謂公屬者，在顚與宗之間哉？故顚也者，乃宗者無隔之對向也。

第一説，所謂宗之不得不就顚而受解者，曰：凡解相互者，必舉其無隔之對向而解。若舉全向，雖於相互之性更爲明暢，然非所必須者，故博斐略惟謂就顚解宗，爲固然之須也。顧其宗解之中，亦舉不分一。前已有證。

第二説，所謂就不全與何立以屬於宗者，乃宗所先向，有前論足以正之。所謂稱之先後不礙乎同義者，良然，而其所舉之證則非也。生覺者之稱人與稱某甲，非就同義而稱。蓋物之本自同義者與就同義以稱其底者爲論不同。凡同義者，是其物之所自有者。若就同義而稱，則非物所自有，而但就其所稱之底以謂之者，故凡就同義而稱者，必就其所稱之底以受棄焉，非止於一稱一底也。茲論生覺者之在人、在某甲，非論多生覺者。而但論一生覺者，則非就同義之稱，以合其兩者之稱者也，故其論不足爲證。或又謂若是，則顚與不分一之公屬於宗也，亦但舉其本有雖先稱顚，後稱不分之一，不妨於同義。如以生覺者稱人，稱某甲，雖非同義，然而直舉其生覺之本元，固同義之稱也。曰：否。謂循先後而分傳者，若其公性，由先而傳及於後，則不妨爲同義之性。如生覺者就人顚以結某甲之特一，其所稱，雖非同義，然論其性之本有，非不同義之有也。若非就此一以及於他者，則其傳雖有先後，而必礙於同義之理。今夫公屬於宗者，其理對列兩端：一是顚之屬者，一是不分一之屬者。而惟是其公屬之理，則先降乎顚，而後降乎不分一者。故不但其分傳者，第爲似義，而其分傳之性，亦不可謂之一者。緣其在此一顚之時，亦有他分可在於別顚，而凡謂同義之宗，則必全在於各顚，不可以分析者也。

謂顚與不分一之屬於宗，皆合於公屬者之理，亦非也。蓋凡雖有先後，而非就此一以及於他者之分傳，未可謂之不同義者。雖然，間亦有二顚焉。舉其遠稱，則爲同義；而舉其近稱，則爲似義者也。如由所以然而推之知與由所以然之效而推之知，此二者在何似之習熟則同義，在學則相似之義。蓋由所以然而推之知直謂之學，而由所以然之効而推之知不直謂學，而但循偏義以謂學。顧其二者，皆謂何似之習熟也。又設有兩義似之殊皆接於宗，以成兩顚。此兩顚者，舉其上性之諸稱，或爲同義，然舉其所函之殊，固爲似義。則所謂凡就近稱而合於似義，不得就遠稱而合於同義者，其論固不盡然矣。

所謂其公屬者雖爲似義，亦可先界宗者之向者，亦非也。前已舉其故。所謂有也者之似義可以界超形性學者，亦非也。

爲超性學初且要之界，而同義自立之體乃其次界，故超性學初向　之妙性，而次向乎同義自立之體，則界超性學之向者，不可但謂似義之有也。

## 不分一向宗之互別於類之向宗者互否 二支

論此有三：一謂非別。證之曰。凡互視之基惟一，則其所發之互視亦一而已。今類與不分之一，皆有向宗者之一基，即所共所挾之不全和，可見其向宗之互，亦惟一耳。至問此一互視，爲数一者乎？爲類一者乎？則兩説皆有之。或謂類與不分之一，皆就数一以互向乎宗，顧其理又各不同。蓋類自爲向，而不分一者就類而向。如語與字，同出一旨，故其向乎所指之物，其互視必一。然字必依語而指，則亦依語而向；語則自指某物，故亦自向某物也。或謂類與不分一者之互視，就類則同，舉数則異也。蓋凡思成之有之互視，其現在之多寡，皆由明悟之攝想而乘。又明悟既用多攝想，以成類與不分一之互視，則其類雖同，其数不得不異也。

第二説謂不分一向宗之互，實有別於類所向宗之互，然而不分一者向宗、向類之互，實惟一互，但以之視類，則爲全屬者之互；以之視宗，則爲不全屬者之互耳。駁此者，儻謂舉全而稱，舉不全而稱，既足以分兩類之公稱，類一宗二。則就全而屬，就不全而屬，何能合爲数異之一互乎？則解之曰：全與不全，論其在公稱者，則爲各稱之本殊，故足以分爲二類。若論其在不分一者，則其本理專爲就全而屬於類者。緣近屬於類，乃其固然，而其就不全以屬於宗者，則爲可不然者而已矣。蓋多有不分之一，其上無宗可論。如天質與下域之質，非有兩類，則此特一之元質，但有本類，而無可謂宗也。可見不分一之屬於宗，非本然之屬，而但爲可不然之屬矣。故夫不分一全不全之屬，不可據之以分爲二類，而其向宗、向類之互，實惟一互也。

次，凡相向者，其相似之理，彼此皆一，宗所視於不分一者之互，無以別於其視類之互，則不分一所視其宗之互，亦無以別於所視其類之互也。況不分一，乃遠屬於宗者。則其視宗之互，必先向乎在中之他界，後向乎宗。設謂直向乎宗，而不向乎在其中者，則不分一之向乎宗，不可謂遠向，可謂近向矣。故知向類、向宗，必爲一互也。

三，設不分一，由不同之互以視類與宗者，則類亦由不同之互以視夫無隔之宗，與以上之諸遠宗，又不分一者，亦由不同之互以視近殊與遠殊，而皆不然。

第三説，謂不分一視宗之互與類所視宗之互，爲不相類之互，又不分一向類之互，與所向宗之互亦爲不類之互也。此正論也。所謂向宗、向類之互爲不類之互者，凡互視就近基而別。今不分之一所近基乎視宗之互者，與所近基乎視類之互者不一，則所基之互，亦不一也。何謂近基之不一？蓋此不分之一，就不全以屬於宗，又就其全以屬於顛，而全與不全，或舉在公稱者，或舉在其屬者，其能使相別者無異，則以公稱論，既足以分兩顛；以倫屬論，亦可以分兩顛矣。又顛也，其所由授宗性於不分一與所由受宗性於上者，其理則一。夫既就不全而受之，必亦就不全而授之。則不分之一，豈得就其全者之屬之互，以向於宗乎？三設不分一者所全屬於顛之互，亦爲所向乎宗之互，則是此一互也，亦可爲不分一者所向宗、殊之互。何故？不分之一，既爲就顛而得受於宗，是但有一互視者。兹亦就顛而受夫宗者之殊，則亦謂一互而併視其二者。顧共所向宗、殊之互，別於其所向顛之互，則其所向顛之互，豈不別於其所向宗之互乎？或謂一互足以向顛、向宗，然而不謂向乎顛，併向乎宗之殊也。蓋宗、顛皆就何立而稱，殊則舉何傷而稱耳。曰：否。宗與顛何立之相似，不爲同義之相似，一就内有之全者，一就内有之不全者，故不同義。固不能合二者於一互。若顛之所以別於宗、殊與所以別於宗者，三者皆爲無隔，且最盡，而屬於宗公者之顛也。故知一互非能以向顛者并向乎宗、殊，且非能既向顛又併向乎宗也。

所謂不分一視宗之互與顛所視宗之互爲不顛者，蓋凡共屬一顛之特一者，其本然之稱彼此無異。今不分一之與顛者各所向宗之互，其本然之稱不同，則爲不顛可知矣。謂本然之稱無異者，蓋共屬一顛之特一者，皆共一性，而凡本然之稱，皆擊物性，則不但在性者同一本然之稱，併其由性而發之情，無異稱也。謂本然之稱不同者，蓋不分一向宗之互，須有顛所向宗之互在於其先。若顛之互固無須於在其先者，則本有之理各異，豈可以爲屬於一顛之互乎？或謂此論未足以爲不顛之別，蓋凡屬於人性之特一，或有先後。如爲子者預先有父，又如何似之依賴者，其諸分亦由先後而積也。然而父與子皆一顛之特一，而一何似之諸分，皆成一顛之何似，則不分一者與顛者之互視，雖先後有序，不因而謂不顛之互矣。

曰：否。子之係於父也，何似之次第相係也，但是因性所以然，與其現在之効之相係，而不關爲子、爲何似之本理。若不分一者之互視，其本理自係於顛，固必須有顛互以在其先也。何以故？互視之理，本在所向，今不分一之互所由啓其向者，固有顛互在先，則其互也者之内理，豈不係乎在於其先者？

第一説所謂二互視之近基者，曰：顛與不分之一，雖皆就不全而得受於宗者，然其得受也，乃固然之相屬。而一爲遠得受，一爲近得受，故不可謂其二互視之基，爲一最盡顛之基也。所舉語字之喻，後有本論。

第二説謂不分一之所屬於宗，惟可不然者，曰：雖有不屬於宗之特一，然其屬宗之特一所由得受宗性，與所由得受顛性，其理皆爲固然。如人之爲白，乃可不然之稱也。顧既爲白矣，則就固然與何傷，亦必屬於公依者之宗也。或謂既有不屬某宗之特一，則舉其特一之超理，自不求向於宗，謂屬於宗，豈非可不然者乎？曰：若是，則不分一之屬於顛者，亦當謂爲可不然者耳。如□□□□之妙有，本爲特一之性，然而不可謂之屬於何顛也。

所謂凡相者向，相視之理，彼此皆一云者，曰：舉其遠對向者而執爲一互，其論非也。蓋遠對向者，所由向其遠向者之基與所向其近向者之基，理或不同，則不得就一互而向其二者。夫不分一之向顛、向宗，其互視之基不同矣，何能就一互而作兩向乎？向顛與宗，雖非一互，不因而悖其對向之一理。宗爲遠向者，特一爲遠對向者。顛爲近向者，特一爲近對向者。或就全而向，或就不全而向。相向之互有二，對向之理仍一。

所謂不分一之互，先向在其中之他界云者，曰：凡爲遠對向者，其職有二：或遠而界，或遠而向。夫向者之視，先及於此，然後乃至於彼，謂之遠向。而其在彼之物，則謂遠界，以能界我德能之互，如疆界然。而其所以謂爲遠者，中間尚有作用，乃其德能之所近向者，故謂彼界爲遠界也。遠而向者，其理又二：一，先向此而後向彼，二，雖無隔而向其界，然亦須有他對向者先隔其中，但爲直向，而不爲由此到彼之向也。此二者之對向，皆爲遠對向者，而有別焉。前義之遠對向，其視先所向中隔之界，亦可爲近對向者。若後義之遠對向，是就其顛別，以別於近對向者也，顛之向宗，乃無隔而向者。特一之向宗，乃中間爲顛所隔者，故謂顛別。緣其須有在其先者之互故也。謂不分一爲宗之遠對向者，是循後義，雖有在其中之他界而直向乎宗，不可謂先向乎中。

所謂顛由不同之互，視其以上諸宗者，曰：顛也者，就不全以得受其以上之諸宗，故就一顛之互可向乎諸宗。若不分一者，則舉全與不全以向乎顛與宗，固不能挾一互以向其二者，亦不可謂由不同之互，以視近、遠之兩殊者。蓋凡殊者，或是顛殊，或是宗殊，皆就不全以在於其以下之倫，而不挾其倫屬之全性，故一互足以視近、遠之兩殊焉。或又謂其殊也，固皆挾不全而在，但近、遠則有不同：宗殊之在不分一者遠，顛殊之在不分一者近也，故亦必有不同之互。曰：亦非也。殊所以爲公，非近、遠之謂也。何故？以殊而視近結之性，不可謂公者，殊與近性，其所函之廣，爲不異故。如以人性視能推理者，相結甚近，所謂近結之性，然推理者之爲殊也，不能廣於人性，故不足爲人性之公者。則惟視其倫屬之賾，乃可謂公者。今論屬賾皆遠而得受，無近之可論，而宗殊、顛殊，第就多函少函以爲其別，據其所以爲公殊者，不分近、遠，故不必其多互也，一互而足以貫宗顛諸殊矣。

# 論不分一者之性情 辯三

## 不分一之三義 一支

所謂不分之一者有三義：一舉其模但指可以屬於宗公性之容德與互視，而舉其質則指其所本有者。如舉某甲之不分一者而論，視人性則謂屬於類之不分一，視生覺者則謂屬於宗之不分一也。其所以分屬於類，分屬於宗者，詳在前論。

二，舉其模則指分傳於多者之非也。篤瑪解曰：是不分乎已者，是就分訖而不容更有所分，以別於其他者也。又博斐略之解曰：其所括諸情不能他有所宜者，第一解則舉不分一者之性，第二解則惟舉其情而皆以釋其不可以分傳。其所以不可分傳者，循前解，則爲其性函專殊，緣凡專殊者，乃不傳於同義之多之原始也。循後解，則總其所有諸情而解，其諸情之此分彼分，非不可以他有所宜，但總而括之，固不得併在於他之不分一也。情之要有七：面貌一，形體二，處所三，原本四，名五，鄉六，時七，皆外依之情也。又當知前一解兼諸或屬自立之類之一，或屬依賴之類之一。其爲不分一也，皆其不分於己，而特分於他者也。若後一解，則但屬自立之不分一者耳。

三，舉其模本言或互視，或容德以稱其爲一一者，而舉其質則指其特一之實有也。循此義，解曰：是但能稱一之爲一者也。據此第三義，則不分一者可以爲宗，以統凡不分一者之多類焉。其類若干，或謂但有二：一固然之不分一者，一可不然之不分一者。蓋爲前第二解，只包依賴之不分一者；若凡自立之不分一者，但可用以自稱，而自稱之稱，其於推理、辯無所用之。

正論謂不分一之宗，其屬類有四：一，主全與何立之不分一者，如用某一人稱某一人。二，主本然與何傍之不分一者，如用某甲特一之殊而稱某甲。三，舉固然與何傍之不分一者，如或用能笑者，或用非石者而稱某甲。凡本然者，必是固然；凡固然者，未必可爲本然。四，舉可不然與何傍之不分一者，如用此一白者以稱某甲也。此四者，皆就第三義以稱某一人之特一者也，一爲類之特一，二爲殊之特一，三爲獨之特一，四爲依之特一。若自立之不分一者，就其本稱而稱，故其用雖不甚廣，然實爲正當之稱，故亞利亦間用之。如稱善者本自爲善，稱人者本自爲人，皆爲本稱，亦各有可取之用。

夫不分一之爲宗也，有在一之四互稱一之四互，此一指所屬四類之特一者而言。必有屬於一之四互。對而應之，能在能稱，是爲公之特一者。其受稱者，是爲屬之特一者，故云屬於一之互。一是就全與何立以屬於一之互，即某甲所屬於某甲之互也。二是就本然與何傍以屬於一之互，即某甲所屬於自己之特殊之互也。三是固然與何傍以屬於一之互，即某甲所以屬於此一獨情之互也。四就可不然與何傍以屬於一之互，即某甲所以屬於此一依賴之互也。此四互視者，論其共屬於一之理，亦皆同義。

又當知公者。或宗或類與對應公者之特一者，即各有兩容德、兩互視。如公者有在賾之容德、在賾之互視，特一者有接公者之容德、接公者之互視。又公者有稱賾之容德、稱賾之互視，特一者有屬於公稱之容德、屬於公稱之互視。則不分一之爲宗者，亦有兩容德、兩互視，而屬於其宗之不分一者，亦兩容德、兩互視也。

又當知其兩容德與互視有爲思成者。如就全與何立以爲在一稱一之容、在一稱一之互及就本然與何傍以爲在一稱一之容、在一稱一之互也，其對應之屬者之容、之互，亦皆藉明悟而發。蓋此二類者，其於所稱之底，彼此惟一，無所相別，則必須明悟之攝想，爲分二限，而容德與互視之基始備焉。若此外第三四類，皆實有爲稱、爲底之別，不須明悟之攝，自有容德、互視之基。苟其稱與底，或但就明悟中率基之別而別，此乃可不然者，而非此二類之所固然者也。如就本然與何傍之稱，第二類之稱也。或其底實有所別，則其相視之互，亦就明悟而發者。下論詳之。

## 駁前義

攻前解者有五：其一曰：亞利云：凡不分一之有，不屬可確知者，故亦不屬可解。

其二曰：土與水之爲若干也，謂爲屬於土與水之不分一者也，然而尚可受分，則不可曰是不分於己者也。

其三曰：所謂總括諸情，不得並在於他者，或論某類之諸情乎，或論某不分一者之諸情乎，不可謂某一類之情。蓋人類諸情其爲甲所有者，乙亦可以有之，亦不可謂某不分一者之諸情。蓋以数而論，凡獨一依賴者，既不可以依兩底，則豈必諸情之併括者乎？不若謂其諸情之一情，不可在於他也。

其四曰：不分一者，不但可稱一，亦可稱多。何故？此之元質乃不分之一者，顧可用以稱某一人。又其人既死，亦可用其質以稱其骸。此二者，不但以数異也，亦以数異，緣死骸之模與生人之模不相類故。或曰：所謂但可用以稱一者，是謂不可並以稱多者，此元質但可遞而稱，不可並而稱。曰：此論未盡。凡公依賴者，不必並在於多底，即遞在於多底，亦足以謂爲公者。況数一之作，可用以稱初所以然及司所以然。又数一之所，可用以稱多天神並在於其所。

其五曰：某甲之所以爲某甲者，由此特一之人性合於此特一之在而成。今設就此合名，而或專指某特一之人性以稱，或專指某特一之在以稱，如謂某：甲爲此人，謂某甲爲此在，其名之模義但直指其一，而傍兼其二。此其稱，乃是就不全與何立而稱者。則是不分一，不但四顙，更當加第五顙矣。

解其一曰：論不分一者，亦有二義：一乃物之質有，一其容德與互視。舉前義則爲孑然一物而已，不屬可確知者；舉後義論其所容、所互則爲公性矣，固擊乎可知可論之學矣。亞利但論前義，博斐略但舉後義。

釋其二曰：所謂不分一不可更分於他者，但謂所分之他與我同乎一特理者耳。如此一水與其所分一分之水，雖共一水之總理，然而不共其特一之理。蓋所分之水，各自爲一全水，既不同於特理之初水，則豈可謂初水之分爲彼水者？彼我尚同一特理乎？如一燈點作二燈，各一燈之特理，不可謂此不分一之燈，可以分作兩燈也。

釋其三曰：所謂諸情之括者，非言獨情，但言依情。蓋七情中之鄉也、名也、形也、時也，皆爲依賴，而又非論某一顙之諸情，惟論某不分一者之諸情也。又所謂依賴之不得依兩底者，尚有辯論，循性之結所結於底之内依賴者，則是如論不循性之結所結於底之外依賴者，則非也。如原、如名、如時，此顙皆爲外依，乃諸凡不分一之所能共者。

釋其四曰：謂不分一之但可以稱一者，是云可稱一，不可稱多者。如公者之可稱多，不可以稱一也。蓋不分一者，與公者正相反對。則前云公者，既就自立之名以稱多者，兹論不分一者，不可就自立之名以稱多者。則其解當云是就自立之名，不可以稱多者也。若夫元質也，所以然之作用也，天神之處所也，皆但就其相合相托之義以稱多者，無所害於正論。

釋其五曰：舉不全與何立，非可以稱孑一者也。故謂特一之人性與特一之在相合而成某甲則是，謂所舉以稱某甲之稱爲不全何立之稱則非也。夫其用人也者以稱也，所舉此一人之模義，或爲亦表人性，亦表人之在，其說近理。是就全與何立之稱，固歸前所定之第一顙。設爲不表此人之在者，然而不能不表此人渾成之性者，亦爲舉全與何立之稱。緣凡就模義而表其物之渾性者，非不全之稱故也。夫其用在以稱者，在有二義焉。一表其在，兼其人性，二直表其在，而傍指人性也。循第一義，則其稱必。爲就全與何立之稱，緣在與某甲二名所表無二。若第二義，則又分二義，或以在而稱此之人性，或以在而稱某甲。若執前義，則其稱爲就何傍與固然之稱，固係於不分一者之第三顙。若執後義，則其稱爲就與何傍與本然之稱，固係於其第二顙也。蓋在也者，雖無關於人性之顙之本元，然而有關於特一之某所全有者也。

# 理辯之五公稱五卷

治理曆法加工部右侍郎又加二級臣南懷仁集述

## 五公之四 論殊

此博斐略之第四篇，義總有二：一爲殊之五析，一爲殊之五解，皆述古義。第一析列爲泛殊、切殊、甚且殊之三端。泛者是模，乃物所由或於他物有異，又或於自已有異。如坐與立、老與少之顯者也。切者，是在我而不可離之依模，乃此物所由異于他物。如能笑、能嘶者是。甚切者，是物所就本然以異于他物之模。如能推理者，爲人之所以異于畜類之類也。第二析列爲依然而異、本然而異之兩端。泛也，切也，依然而異者也。甚且者，本然而異者也。第三析之殊，乃其或可離，或不可離者。可離者，泛殊也。不可離者，切與甚切者也。第四析之殊，或爲本然，如能推理者；或爲依然，如知文知樂之類也。第五析，或分宗之殊，或成類之殊也。第二、第四析義同。

五解者，其一：殊也者，是類所由勝其宗者。其二：是就何偽與本然，能稱多不類者。其三：是能分别一宗以下之諸性者。其四：是各物所由以相異者。其五：是物性之内分，必循是而後可别於他諸有者。

㊀殊者有三：曰泛，曰切，暨甚切者。自異異他，皆謂泛殊。就不可離而相異者，是謂切殊。如準高卑，如瞳碧黑。類之特異，乃甚切殊。如人與馬，就靈蠢異。

㊁切殊之總端有二：一物之固然，如能笑能嘶。一乃形體之可不然者。但既已具此模，則亦不得而無，謂之既然之固然者。如目睛之特具某色也。博斐略取喻，只舉可不然者，緣更顯故。

㊀是三殊者，能使物異。但泛與切，則依然異。而甚切殊，則本然異。直謂泛切異於他物，是依然異，但謂之殊。若本然異，則謂類殊。夫生覺者，可加動止，可加推論。如動止殊，但謂泛殊。如推論殊，使物殊他。乃爲類殊，使殊他者，是

宗所由分傳作類，亦類所由可以受解。其依然者不可分宗，不可解類。

(解)第一析之三端，有相同，亦有相異。相同者，三端之殊各能使此物有別於他物也。循此可作一解，以統三殊，云是模，是舉其在不同時，所或異於己，或異於他物者也。相異者有三論，一泛、切兩殊但能作依然之異者，而甚切殊則能作本然之異者。緣甚切之殊，乃物所内有之一分；而泛與切之殊，則不關於物之本元者也。二，甚切之殊本名類殊，而泛殊、切殊無各本名，獨謂之殊。三，用甚且之殊可以析宗性，又可以解類性。若泛、切兩殊，既不關乎物性之本元，固不可用之以分宗解類也。當知一名有兼多義者，直用一名以稱，大都指諸義中之要義，然間或但指諸義之狹義。如謂生覺著，雖亦指人，然獨出此名，則但指其生覺而弗靈者耳。殊之爲名亦然。要義在甚切之殊，其直謂之殊者，但指泛與切之二端耳。

(古)又殊也者，或可以離，或不可離。動静疾遲，皆可離殊；自色鼻像，能推論否，非所可離。不可離者，復分本然與夫依然；能推理者，可受教者，皆本然殊，而目色等，是依然者。

(解)兹指第二、第三之析也。第二總包諸殊，第三但包不可離之殊，分作二端，一本然之殊，二依然之殊也。當知就本然而相宜者，有二端，一屬性之本元，如生覺者，本屬人性之全成者也。一由本元而發，如能笑者，由人形而發者也。博斐略但取前義之宜，謂之本然之宜，然其所指可受教者，亦是由性而發。今以爲人性本然之殊，姑引爲例，不爲確論。

(古)本然之殊，固繫物性，使殊於他。若依然者，不關物性，不殊他物。又本然殊，不可積增，不可退減。若依然者，雖不可離，皆可增減。宗殊、類殊，論其所稱，非多非少，成性恒一，何可增減，若睛碧黑，自容多少，其狀有異。

(解)本然之殊所異於依然之殊者有三：一，凡本然之殊，皆可用以解所成之物之本元，爲其屬本元之一分故也。依然之殊則否。二，凡本然之殊，能使其所成之物就本元以別於他性。若依然之殊，既不關乎物性，不得使其物就本元而別，但使其物或有變易而已。三，凡本然之殊，恒不增減；依然之殊，可增可減。蓋本元者，舉其本分而言，原不增減；若依然者，其所爲殊，非能與增減相逆者也。雖或有數種之德能、數種之互視不容增減，亦但是各德能、各互視本分所宜，而非其依然之殊本分之宜也。凡可稱多稱少者，謂之增減。如謂多白少白、多熱少熱，皆依然之殊也。若論物之本元，恒然爲一，無容多火，所云本然之殊，皆關本元，故無增減可論。

(古)本然之殊，一成物性，一分物性。生魂覺魂，或推理否，是生覺者本然之殊。而生而覺，是生覺者所以成殊。推理不推，是生覺殊。所其人畜，凡分宗殊，即成類殊。如夫生覺，就推理否，以分厥有，成人馬類。又如有魂，或能覺否，皆自立宗所分之殊。有魂能覺，接自立宗，而成動類。有魂無覺，接自立宗，而成植類。

(解)又分本然之殊爲二端：一是能分其性之殊，一是能成其性之殊也。此析有二義：一專論宗性，其殊必有兩端。如生覺者，有所由成全其生覺者，有所由分人分蠢者，原具兩端之殊也。二兼論宗與類，則其殊之用雖不同，實有則一。蓋生覺者所由分人類、分蠢類，及人、蠢二類所由成全其有者，其爲殊惟一也。

(古)殊之第一解，舉其成厥類能俾類勝宗，如人於生覺，多一能推理。夫生覺宗者，非謂絶無殊，亦非現具殊。苟其絶無殊，則類從何有？苟現具殊者，則豈此一物而現函相悖？蓋惟循超義，宗乃統萬殊。

(解)此置泛殊、切殊，而按古者五論以解甚切之殊也。其一，舉其所以作成厥類者而言，是類所由勝其宗者。所謂勝者，是就本然之稱而勝，以别於切殊。蓋凡切殊，亦可謂類之所由勝其宗者。如人，論其能笑，亦勝於但有生覺者。然非就本然而勝，但就固然而勝也。何謂勝其宗者？類之爲稱，由宗與殊相合而成。如諸具形之有，由質與模相結而成，宗當質，殊當模。則類所函者，本多於其宗，如具形之全有所函者，本多於其質之所函者也。即以此質爲喻，可釋所云宗之超義能統賾之萬殊者。蓋凡形而不靈諸有之模，爲其皆就司所以然之功，以出於質，故謂皆爲質所函者。則夫萬殊雖不實在於宗，然爲就人明悟所攝，謂出於宗；又爲夫宗自受殊，如質之自受其模，故謂就宗之超義義可統諸殊也。謂宗之不得現函相悖者，義指不得於本元之内現函悖情。若就宗所接於下性者而言，則宗與類皆可函相悖者。如就黑人與白人，可並謂爲黑生覺者、白生覺者。就推理與不推理，可並謂爲人爲蠢也。

(古)殊之二解，是能稱多不相類者，循問何傍。蓋設有問人何以立，則可答云：是生覺者。若設又問何等生覺，則可答云，能推理者。形物所成，皆必有二，一質一模。質乃所立，模則所傍。如人也者，脱於特殊，所函亦二，一宗一殊，殊傍宗立。

(解)兹立本然之殊第二解，乃殊之所以爲第三公稱者也。所謂循問何傍者，義言循問本然之何傍，以别於就固然與依然以稱多不相類者。

(古)殊之三解，一宗以下所統者諸性是殊所别。如人、如馬，在生覺下分爲二類，其能推理、不能推理，是其所殊。

(解)第三解舉殊爲物所由别而言。謂能别者言能使其共在一宗以下之諸性各就本然之别而别也。

(古)殊四解云物之分異。各有所由，人馬在宗，不得有别加推理否，乃有殊别。

㊎解四與三，語雖不同，義則無二。所謂分別，亦就本然之別而言。

㊎古更詳殊義在一宗下，所能分者，非即謂殊，繫物本元乃謂之殊。如謂生覺或能操舟，或不能操。能操舟者，可指謂人，所以蠢別。顧能操舟，非謂人殊，止謂人獨；非關内性，第由内發。

㊎解此本然殊之第五解也。曰：是能別夫在一宗以下之物，是關其物之本元者也。此義此前四解，更詳具切。蓋前諸解所指，皆可與泛、切二殊相通，故釋其義者必加一語云。就本然而別，此第五解，則顯指殊也者所由就本然以勝其宗，又解各類所以成類之本理及指類與他類本然之別也。

## 解析之確否 辯一

### 駁解 一支

據博斐略前論作殊之總解曰：是模，是凡物此時所以別於彼時，或此者所以別於彼者。駁此解爲未確者四端：一，所謂模，乃此解中之宗也，模與殊其義無二。蓋模乃其所模之物所有別於他物之所以然，則其解有疵。

二，夫人也，就其生覺以別於石。夫天也，就其質以別於四行。顧生覺者，非人之所以殊也。而天之質，豈可謂天之模哉？非模何以謂殊？則前解可以汎論其不爲殊者。

三，人也線也，不可謂就不同類而別。何者？人之所別於線，與自立之體所別於幾何，其理一耳。自立與幾何受絶，不可謂就類而別，則人與線亦受絶，不是分二類也。顧人與線，皆合於有也者之至宗，則尚可就各所有之殊以相別。而今不然，則殊之解不盡。

四，以數而論，物質一者不能有別，則豈可謂有彼此之別者？又如某甲，就其□[一]文藝，就其知樂藝，即在一時，固亦有別，何必在不同時文謂有別？又凡相向者，並在者也，無原先後。茲就某一人，論其在一時，豈可並謂老謂少？則豈能

---

[一] 底本缺字。

有相殊之互，爲現相對者。

欲釋前論，須知殊也者之本義與推理者所指不同。論其本義，則殊乃脱名，言乎兩物相別之互視也。如肖也者，亦爲脱名，以表甲肖者所梘乙肖之互也。若問此相別之互視以何爲限，以何爲基者，曰：比如人靈與物蠢爲相別之互之兩限，而其能推理不能推理者，乃其遠基。就其能不能所作之別，是其互視之近基也。又相別之互，以其使別之模爲基，能推理者、能笑者是乃使之別者。故其模亦稱之謂殊。而用以指物別之互，則謂模殊。用以指作基之模，則謂質殊。

若舉合名而言，則殊也者，亦言乎其使別者也。循是，則其殊之模義，言乎其使別者之互，而兼指其使別之模也。如論推理與否，兼指靈者；論白與否，兼指白之爲物之顭。

論理學所指之義，則殊乃第三公稱。而就使別之基模以定其名也，本兼質與模而合名之。而其切義，則或言在賾之容德。就本然之何偽，或言容德所發之互視，而指其容德與互視所依之質有。如宗與顭之論然也。博斐略於此篇之上半，專論公殊之義，即使別之基模也。但使別者之互視，何限何基者，其説不同。試如靈蠢之別，謂模然而受別，亦謂基然而受別。就別也者之互而解，則謂之模然而受別。就其能推理與否而解，則謂之基然而受別也。互視爲模，而能推理者，乃其模之基也。故謂就互，則模然受別。就能推理者，則基然受別。故有指別也者之互，爲人與馬使別之限者。如肖也者之互，是使人、馬相肖之限者也。蓋其使人與馬相肖之互，本以稱其肖者所發之互則其使人與馬相別之互，亦以稱夫別者所發之互耳。或有指別也者之互之基，即能推理者。爲人與馬使別之限者。如兩白相肖之互，本稱兩白各所依托之基，而以爲其限然。

若夫受別者之互，其現何在？有謂別也者之互，爲受別者之互之基，而即其限也。蓋凡受造者之互，本在于其受造之效，有受造者，必有受造者。受造者受効，而造之者爲所以然。凡効與所以然，有互視之理，然其造之之互，在于所以然者。其受造之者，則不在于造之者，而在其受造者。故云在于受造之効。今論人與馬受別之際，固必有造其別者。顧夫受其造者，非在其人，在其馬也，而在其別也者之互視。就此互視者，即其爲受造之効者，則亦即其爲受別者之互之限者。蓋其人其馬，即不爲限。又人也、馬也，與夫人、馬所具之互之間，既無他物，則他無可謂受別者互視之限也。

或以別也者之互爲使別之互之基且限，而以人與馬爲受別之互之基且限，緣人與馬乃其受別之互之所稱者，其中間別無可稱之底以隔之也。或以人與馬爲受別之互之限，而以別也者之互爲基。所據云：人與馬乃受別之互所稱之最盡底。則人與馬爲受別者之互之限，緣限之謂限，本在於受互視之稱故。又人與馬所由可稱之爲受別者在別也者之互，則別也者之互乃受別者之互之基也。

權前諸説，要於其當曰：使別之互以質殊爲基且限，如云能推理者是爲質殊，蓋使別之模之質有也。而受別者之互，則人與馬是其限。別也者之互，是其遠基也。今辯釋諸説，而正論可定焉。所謂使人、馬相別之互，本稱別者之互，而爲使別之互之限者，曰：此論但闡別也者之互與夫人也、馬也，中間尚有以模視底之互。緣凡模之視底者，皆有所以然之互在焉。顧非此處所論，乃互視公論。詳辯諸互視之基與限者。今第論其兩物相別之互爲從何而發者耳。

所謂別也者之互爲受別者之互之基且限者，曰：受造者洵不在其人、其馬。顧別也者之互，亦不可謂爲受造者。亞利云：生物之用，亦非生其底，亦非生其模，乃是生其底與模之合成者。蓋底質者，元有者也，模也者雖非元有，然凡生物之用之所向，不向乎生其模，而本向其底模所作之合者。兹論人、馬爲底，別也者之互爲模，則受造者非其人、馬，亦非其別也者，而但是人、馬與別也者之合。故人與馬乃受別之互所稱之限，而非可專以別也者之互爲限也。

所謂人與馬爲受別之互，所就無隔而稱者，故即以人與馬爲其互視之基，曰：若可以別也者之互，爲使別者之互之限，則此論或是。然右論已辯其非矣。

諸論既定，可釋駁論當知所謂模者，則當解中之宗。義云：結乎某倫之性之模也。凡倫屬相別之兩物，必於其性有共焉者。共一性，各一模，乃謂之有所殊焉。義云：凡物各有一模，爲其相別之所以然者。

所謂模與殊，其義無二者，不盡然也。夫宗乃其倫屬諸類之模所以然，豈可謂其類之殊哉？

所謂人與石就生覺而別者，亦非也。凡論此物所由別於彼物之殊，不宜統及其爲兩物所共者。若兼統兩物之所共，此非就其殊之全而別者也，乃但就其不相共處而爲之別耳。今生覺者，就其爲有形之物而論，乃人與石之所共，則何得指生覺爲人、石之所由別者乎？謂天之就質以別於四行者，亦非也。凡兩物所由別，非即謂殊。惟有模理相別，是之謂殊。又天非就質以別於下域諸形物。蓋四行所成，莫不有質，但皆可壞，惟天質則不可壞。以此別於下域諸形物，是所謂模，是即所謂殊也。

解第三論，當知理學所謂愛絶與所謂相別其義不同。凡兩物非有公理相通，彼此全者，是謂愛絶。如凡至宗與夫在於有也者以下之諸倫，絶無相共之殊者是也。在有也者以下，性有所共。而但就某模以結於所共之性，因而成其各別之兩物，是所謂相別者也。如形體與神體，共一自立之體，而就各特殊有別。黑人與白人，共一人性，而就黑白有別也。

由此推知，相別之物，必有所共之一稱。其一或是宗一，或是類一，或是数一。若其就肖義之一而一者，不足以爲相別之物所共之稱也。蓋雖肖義之物，就其所拘有也者之肖殊而別。然而其爲殊也，不盡脱乎有也者之總理不可直謂殊，但可謂之肖殊。故就此等之殊而別者，謂夐絶，不謂相別也。或曰：上下兩物，就無隔而合乎肖義者以無真殊，不謂相別，則就有隔而合乎肖義者，既有接本宗之真殊，可謂相別。如線也知也皆合於有者，而線也者就所拘幾何之殊，知也者就所拘何似之殊，各謂相別也。曰：無隔而合於肖義與有隔而合於肖義者，正謂夐絶，不可謂相別者。線也知也，非能各於有也者之外自有所爲全殊者而別也。緣其所爲殊者統於所拘有也者之内，不全脱其有之總理。而凡接上性以成下性之兩殊，彼此即相刺謬，不得統其所接之上性。如能推理、不能推理，各拘生覺者以成某倫之性，而此二殊者不但自不相統，亦不能受統于生覺之宗。又屬可壞、不屬可壞，各拘形體以成某倫之性，而此二殊者，不但自不相統，亦不能受統於有形體之宗也。今謂人線夐絶，不可謂相別者，蓋其爲殊，各統其所拘之有不得全脱，而殊也者之解其所謂別，舉相別之義而言。豈舉其夐絶之義而言乎？

所謂数一之不得有別者，曰：別也者，或謂本然之別，或爲依然之別。数一者惟一性耳，固不可謂就本然而別。若論依然之別，則但別於所依之模数一者。既可結於多依模，則就其所結諸模，亦必自有彼此之別矣。所謂即在一時固亦有別，何必在不同時者？曰：数一之物，在此一時，就其有所不同之模，可謂有別於己。然其所別之模，非切殊也。夫惟相悖相非之模切可謂殊耳。文藝樂藝，不相悖相非，故不能爲使別者。老與少，疾與不疾，皆相悖相非之模，然而不能同時並在于一物，此所以謂之切殊。

所謂凡相向者，無原先後云者，曰：就某一人而論，固不可謂其老其少並在一時。若謂二者並有相向之視，亦奚不可？蓋明悟之攝想於某一人也，因其有相向之兩限而想其爲老，並亦想其爲少，但舉相向之理並在一時，可謂相向者之無原先後也，豈必云老與少，實並在一時者乎？

## 駁析　二支

論所析之未確者，或謂其闕，或謂其贅。證其贅者云：第三公稱者，是此析之總理也。泛殊、切殊，不專係於第三之公稱，或係於四，或係於五者，以其皆爲或可離，或不可離之依賴者故。則殊之總理，固不得統泛與切，而其析爲贅。

證其闕者云：某甲與某乙相別之殊，不可謂泛殊，不可謂切殊，以非依賴者故。亦不可謂甚切殊。據博斐略所論，凡甚切殊皆爲顛殊。則顛以下之兩特一，其有所別也，豈可謂顛殊哉？故其析者不盡。

三，凡析也者之端，當時相對。二者謂相對，三者不謂相對。蓋一惟對一，則殊不宜析而爲三，故非贅即闕。

四，就甚切之殊而別者，亦就泛、切二殊而別。何也？凡由類殊甚切之殊而別者，其由性之情即殊切與夫所依賴者，亦皆有別。則甚切殊可以一端而兼三端。

五，共一宗者之類，其析爲数端也，當各有別，不得相同。今泛切、甚切之殊，總爲一殊之有。何也？論能映散人之見力者，乃白之殊。顧其視在白色者，則爲甚切殊。視在雪者，則爲切殊。視在懼而面白之人，則爲泛殊。是其所析之三端，總出於一殊，無相別也。白色本然之有最能映散日力，是其甚切殊也。若雪之白，則固然而不可離者，故其映散，屬於切殊。恐懼之色，依然之有，可離者也，故爲泛殊。

六，各類之本情，如能笑能嘶，皆能使其類就不可離之依賴者而別。顧其情不爲切殊，則不關於所析之何端。葢既不爲類殊，即不屬第三端。又不爲可離之依賴者，即不係第一端也。謂不爲切殊者，慱斐略云：切殊可以受增減，而凡類殊之情，非可受增減者。

謂殊也者之析，不贅不闕，乃理學定論也。證云：凡物所有與性相宜之模，能使別於他物者，或關乎其物之本元，或不關其物之本元。其關於本元者乎，則爲甚切之殊。若不關本元者乎，則或不可離於其物，或可離於其物。謂不可離者乎，則爲切殊；謂可離者乎，則爲泛殊也。可見三端以外，更無彼此所由作別之模也。

謂泛殊、切殊不係于殊之總理者，辯之曰：泛殊、切殊有二義：一，但舉其爲某一倫之依賴者。此本係於第四、第五公稱之論。二，舉其可離、不可離之依模，以爲物之所由別。則此三端者，皆係第三公稱宜有之論也。葢第三公稱之義，非必如此分析。而所分析者，乃其泛、切、甚切所共之總理。故雖公殊所由立者，本指甚切之殊，然而欲闡其性，亦須兼闡泛者、切者之性，不爲贅論。

所謂某甲某乙之殊，不關於三端之殊者，或關之謂某甲特一之殊，本關某甲本元之稱。緣夫茍無其殊，亦無某甲。明悟所成攝想某甲之臆，不得脱其殊，故凡不分一者之特殊，俱關乎其甚切之殊也。此説有辯。凡有關於本元者之稱，必從本元之何級而發，如稱能推理者，由靈級而發；稱能覺者，由覺級而發也。今不分一者之專殊，不由本元之可級而發，則固不關不分一之本元矣。謂不由何級者，本元所有之最盡級，即能推理者之類。是最盡類所由以受成之最盡殊。夫既已有最盡之殊，則其全成無所關於不分一之殊。而不分一之殊，但爲限定類性以成其爲不分一者，故謂不關本元，不係乎第三端之甚切殊也。理學所論皆恒然者，不論其屬變者類殊屬恒，特殊屬變，故類殊以上，爲本元之有，而特殊則不關于本元也。

二説，謂凡不分一者之殊，但爲自立之即，在其所限定類性之外，故雖爲不分一者所由成，而不關本元之有。則其爲殊，不可直謂甚切之殊，但爲其能限顯性，頗似顯殊，故其論亦與甚切殊相關耳。此說是也。若謂苟無其殊，亦無某物一，是固然矣，然不因而可謂其關某特一之本元，而但可證其爲自立之即，能限定其性者。以即而論本元，則即在本元之外。以即而論特一者，則即在特一之內，而爲限定其性者。如相因相向之物，此無則彼亦無，而明悟欲想此物，固不得不兼想于彼物也。顧其二者，各所實有之本元，初非相因爲有無者，故不足以證特一之殊爲其本元之有。

所謂析也者之端，當爲相對者是也。然不可謂凡分析者，但可爲兩端之相對。蓋所顯揭於此者，雖僅一端，而其所對列於彼一端者，固悉括乎此一端所非之諸有。故析雖多端，而略歸二者：以是對非，其非之中又有可分析者。如殊也者之或爲甚切殊，或非甚切殊。又其非甚切之殊，或爲切殊，或爲泛殊也。此等分析，不可以爲不相對。不然，窮理者析公稱爲五端，豈亦可以不確哉？

所謂就甚切殊而別，亦就泛切而別者，曰：論析者相對之端，不就其相統者而論，當就其相脱者而論。三者之殊，就質則相統，就模而論，則非不能相脱者矣。故雖甚切之殊兼有泛殊、切殊，但此一質有，不得據一模以統三殊。三殊各自有一模理也。

所謂此一殊，並可謂泛、謂切、謂甚切者，曰：舉殊也者之質有，則一殊誠可以兼泛、切、甚切之殊。若各舉模義則不然。如能映散見力者之爲質殊，視白色則謂甚切殊，視雪則謂切殊，而視恐懼色則謂泛殊也。質有雖一，模義不同。

問此一殊也者之質有，以視三不同之底，既可並謂泛殊、切殊、甚切殊，則其所視三相別之互爲一乎？抑爲三乎？有謂爲但一者，所據云：白物所別於黑物之模，白色所別於黑色之模，皆一模而已。則其相視之互，亦一而已。緣凡互視之別，皆據其基而別也。何謂其模皆一？凡白色、黑色，共色之宗，而白色所別於黑色之模，乃白色所加乎宗色之本殊也。夫白物與黑物，既共色之宗理，則其別亦就白色與黑色所別之模以爲別。而三者之互，總之亦惟有一互。第以論白色，則爲甚切殊；以論白物之不可離者，則爲切殊；以論白物之爲可離者，則爲泛殊耳。

此說雖可，然謂一殊之質有，循所不同之模，必有不同之互者，其理更確也。一則窮理者多謂舉一殊之質有，雖可合泛殊、切殊、甚切殊與一物，然究其模義，三者不同。今謂別也者之互視，本繫於殊之模義，則互視之爲三，可知也。一則釋十倫多端之辯，此說更順。所據云：凡互視雖據其遠基而別，然非據遠基之直義，乃據遠基所承載之近基而別也。互視之近基有別，則互視亦必有別矣。何謂近基有別？如白色映散見力之本殊，就其所作于白色，而爲本然之別者，是甚切之近基。就其所作于不可離之底，而爲固然之別者，是切殊之互之近基。就其所作於可離之底，而爲依然之別者，是泛殊之互之近基也。近基有別如此，所基之互，豈得無別乎？譬如謂初所以然也，日也，某甲也共生某乙，三者作用惟一，然而究作用之所由來，原各不同。則某乙受作所由，視三所以然之互，不能無相別。又甚切殊之互視，所須本然之相別以外，又須所基之二模爲相合於一宗者。如白能映散見力，黑能映聚物力，乃白、黑二色之本殊也。而白物、黑物，是其爲基之模相合于色之一宗，乃有其互。而切殊、泛殊之互，其基但在模與底合之，不必二底之合一宗也。或謂白底、黑底之相較，非舉各底之本性而較。若謂舉底性而較，則黑、白所使之別，第爲依然之別耳。夫底之相較，乃各挾其所有之模以相較，而有模之底之相別，無以異於其模之相別。今論黑、白二模，既攄本然而別，則挾其模之底，亦就本然而別，何嘗不合於一宗乎？曰：舉兩底所挾之模而較，而不論其模所依之底，則與專論脱底之模，其義無二，皆就爲本然而別。此其爲別，正甚切之殊也。其所以分泛，分切，亦但舉其模之殊者，或有可以離底，或有不可離底者，犁爲兩端耳。

所謂互視之別，皆就基而別者，良然。但白色、黑色本然之別，雖爲白物、黑物所由別之基，然而但可謂遠基耳。凡論互視，非就遠基之直義而別也，惟就遠基之承載夫近基者而別。近基不同，已具前論。

所謂凡類殊之情，不可受增減，故無關乎切殊者，曰：論諸類者之情有二説：一謂其情不關前設各殊之析。何也？博斐略之論切殊，但舉不分一者、所有相別而不可離之情以爲例。則不以類情爲切殊可知也。二謂諸類情本關甚切之殊。何故？博斐略作第四析以論本然而不可離之殊，舉可以受教者爲例：凡本然不可離之殊，正爲甚切之殊；而可以受教者，乃是人類之情。則類情爲甚切之殊矣。

正論云：諸類之情本統於殊也者之析，但不爲甚切之殊，僅謂切殊，故本係於第二端也。何謂僅爲切殊？凡不分一之情，爲其爲不分一者所由相別而不可離之情，故謂切殊。今論諸凡類情，俱就不可離之依而能使其類之相別，安得不爲切殊乎？何謂非甚切之殊？博斐略云，凡殊，以加某物，能使其別。但凡與切，使之變別，而切甚者，則使之別而爲他。夫類情能使變別，而不能使爲他，故但爲切殊，不爲甚切殊也。謂使之變別者，凡變別者，依然而別。蓋變也者，乃何似之依賴所成之動也，類情爲何似之依賴者，故但能使物之爲變別也。謂不能使別而爲他者，凡物就本元之不同而別者，是乃別而爲他之別。夫類情不能使其類之就本元而別，但就其依賴而別，故不可爲甚切之殊也。又甚切之殊所使之別，乃莫更大之別即本然之別也。類情不能使其類就本然而別，則非可謂莫大之別，故亦非甚切之殊也。

所謂切殊可受增減者，非論凡切殊，而但論不分一者不可離之切殊。故博斐略舉例但言不可分一者之情，而不言類也者之情也，泛論切殊，舉其總義，可增可減。故凡切殊，亦或可以受增減，或不可以受增減，然非其所必須者。

## 舉使别之總理三端之殊同名同義否　三支

有是非兩説，一舉殊也者之質有，則三者惟就同名肖義之一，以合乎總義。何者？殊也者，或爲自立之體，如能覺者，能推理者；或爲依賴，如能笑者、白者；或挾不全而稱，如能覺、能推理之各稱者；或挾全而稱，能笑稱白者。白者，自立也，依賴也，挾全挾不全者，不能同義。則殊也者之質有，名雖一，義不一也。故但可謂就肖義之一者而相合，原皆合於有也者之總理，而又能使其物之相别也。如能使其物或就本然而别，或就固然而别，或就依然可不然而别，皆能使之有别，而要不可謂同義之别。

二，舉殊也者之模義，模義者，使别之互視也。則三端皆同義者。證之曰：公者之互視以合結爲基，如殊也者之互視以分别爲基。今本然之合結與依然之合結，亦不同義，如本然之别與依然之别之不同義者然。則合結之不同義既不妨乎公者之互之同義，夫使别之不同義亦不礙乎殊者之互之同義而已。

或曰：公者之互視較殊也者之互視不相準也。五公者，皆共夫稱賾者之一總理。若殊也者所共使别之總理，則多寡有不能均者：其泛義略於切義，而切義又略於甚切義。則就甚切、泛切而共，豈可謂均共者哉？

次，愽斐略云，甚切之殊爲本然之殊。若泛與切者，但依然之殊耳。凡本然之有與依然之有，不謂同義，乃理學通論也。

三，公者之互視，皆思成之互視，故可同義。使别者之互不然。其互視之兩限，一爲殊者之質有，一爲殊所結之底。此二者，若係有實别，如能笑質有之於人，所結之底。白質有之於雪，所結之底。則其所由相視之互，爲實互矣。若無實别，如能推理者之於人，能映散見力者之於白色，則其所由相視之互，爲思互矣，實、思二端之互，豈能同一義乎？

解其一曰：殊也者之三端均共使别之總理，第其總理超於本然、依然之外，固非多别、少别之謂也。若泛殊、切殊之名，舉其所共之總理，非謂二者之不足於殊。况博斐略云：凡直謂殊者，本指泛、切二端之殊。則亦但用其名，以析殊也者之三顚耳。究其原義，第是或爲本然之殊，或爲固然之殊，或爲可不然之殊也。

解其二曰：理學所辯本然、依然之有，不得同義者，謂通共一模之兩物：其一自受其模，其一依他而受其模。則二者非能攄同義而謂共其模者也。如幾何之面謂之廣，而自立之體，就幾何之面，而亦謂之廣。論此幾何之面與所依自立之體，雖共有廣、模，但面自爲廣，而自立之體不自有其廣，而就幾何之面以爲廣。則二者之共有廣、模也，乃是就先後而共，而非

就同義而共者也。今論三端之殊，本自共一使別之總理，而其分本然，分依然，則第論其受別之底，而非論其所共之殊理也，

解其三曰：凡使別之互，皆以質殊爲限。夫使別者與質殊之合於一物也，不得有實別，即不得謂之實互，故俱能同於一義。

問曰：若使受析之三端不論質有，而但論其模義，以爲別也者之互，則三端之互，可謂就同義以共夫別也者之互之總理乎？曰：否。惟就肖義而共耳。何也？其互視之或實有，或思成，義不能同也。夫以別也者之實互而論三端之實互，可謂同義。以別也者之思互而論三端之思互，亦可謂同義。若欲釋互視之何者爲實互，何者爲思互，固不繫於此論。

# 專論甚切殊 辯二

## 所解當否 一支〔一〕

博斐略所舉甚切殊之解，要義云：殊之爲公者，是就問何傍與本然，而能穪諸不類者也。駁其解之不確者曰：凡云依傍何物者，是就所依傍以穪其物者。今殊也者，不可謂依傍於類，亦不可謂依傍於類屬之不分一，但可謂依傍乎宗，則不得就何傍而穪各類，穪各不分一，但能就何傍而穪宗耳。顧夫以殊視宗，不可謂殊爲其公者。殊乃五公穪之一也，豈可以穪宗？若是，則無所謂就何傍而穪者。生覺者爲宗，推理者爲殊；生覺者就何立而穪人，能推理者就何傍而穪人；推理者傍乎生覺者；故云依傍乎宗，不依傍乎類也。合生覺與推理而成人性，合宗與殊而成類。

所謂不依傍於類者，凡有所依傍於物者，必其所依之物先已全成，乃有可依。夫殊乃類與不分一所由全成其有者，則豈可反謂殊爲依傍於類者？

次，不但隔類受全受成於殊，即最盡之類亦受全受成於殊。夫隔類之殊既能穪不類之多者，最盡類之殊亦能穪数異之多者，則所謂能穪諸不類者，其解不盡矣。

〔一〕「一支」，據文意補。底本無。

欲釋此論，當知此解所釋乃擄殊之所爲第三公稱者。故舉其解之模義，本指在多之容德及所視乎多之互也。茲舉二端，而其義可明焉。其一云：凡就問何徬而稱者宜有二：一，依徬於某物，如某模然。二，其稱名也，直表此模而兼指其模所依之底也。又測顓、殊之性者，或可視其所分之宗而論，或可視其所成之顓而論，或可視其所稱不分一者而論。視其宗之分者，其爲顓殊，就明悟之功，從宗之超能而出，如其模然。而其模挾其美成，先加飾於其宗，後乃分布焉，以成在下之顓。但其所分於宗，非謂分宗性之本有。宗性不得受分，以其全者布在於各顓，則其所分，但是宗之超能而已。故宗也者，雖有在諸顓之容德，而擄其結此一殊，則但能在於此顓；擄其結彼一殊，則但能在於彼顓。此分宗之顓、殊也。又殊也者，就因性且正之稱以問何而稱夫宗，如模之稱其底然。顧殊之視宗，既不可謂其公者，則亦無所關於五公之某一稱者也。論其以殊而視顓者，其殊能全成夫顓，又使之別於他顓，又可用稱所成之顓，然欲謂殊爲顓之模，欲謂就何徬以稱顓者，不須論其依徬於顓，而但可謂之依徬於宗也。何故？凡爲分者，就其所由共成其全者，以謂之在於其全。殊之徬宗，因而共成下顓，如模之徬底然。則其在顓，固亦如顓之模。試觀質模合成之有模也者。模質以成其有，故模不但視質而謂之模，而視其合成諸物之全者亦謂之模也。顧就殊稱顓，亦不可謂其公者。緣殊與顓，其義均廣故。至論不分之一，又與顓、殊不同。以不分之一較最盡顓之殊，則最盡顓之殊廣於不分之一。又以最盡顓之殊較隔顓之殊，則隔顓之殊亦廣於盡顓之殊。固皆可以謂爲公者。依此可辯第一駁論之義。

其二端，窮理者有謂惟宗也，就純且真之殊而受拘。純者，純一殊，非兩合而成之殊。真者，同名同義之性所受拘之殊。如形體之爲宗，就有魂者、有覺者而受拘，此爲本殊。若最盡之顓，則非就本殊而殊，但就公性之多殊相錯以別於他顓。如人也者，擄其爲有靈者及能壞者，以別于諸顓。蓋靈乃人與天神所共，而能壞者，乃人與鳥獸所共，人合二以爲一，則上與天神殊，下與鳥獸殊也。所擄云何？博斐略之解殊也，但云是就問何徬，能稱多不顓者。又亞利云：欲解最盡顓之性，當舉多殊，而其多殊之各殊宜廣於顓，然並舉之，則與顓相稱。又云殊也者之所稱，廣於顓之所稱者。則亞利與博斐略之所謂殊，但是宗性所由受拘之之殊耳。

然謂最盡顓本有統殊以全成其有者，其説更當。證有三：一，最盡之各顓各自有一本元，因而別于共一宗之他諸顓。此一本元儻其不由本且純之顓殊而有，何從而有哉？蓋宗性之殊但能全成宗性，不能成顓性，則凡最盡之顓，各自有一本殊也。或曰：宗性之一殊固不得作成顓性，而但成宗性，然而合兩宗之殊固能另成一性，異於一宗殊之所成者。曰：否。若是，則問夫二殊所合之二宗，乃一倫相屬之宗乎？或不同倫不相屬之宗乎？謂不同倫，則一最盡之顓，而居於兩不相屬之宗下；謂同倫相屬者，則其最盡類之所函，當必多於以上無隔之宗之所函。而今論二殊所合，其爲無隔之宗者，固已先有盡類所受成之二殊，則其最盡類之所函，不能多於在上無隔之宗之所函者。可知兩宗之殊不能合而成一類性，而類性固自有本殊也。

二，宗性在於最盡類之時已受拘矣，但其宗性之殊不能拘宗性。使結而成類，則固自有類之本殊也。

三，最盡之類之視隔類也，如下宗之視其上宗然。下宗有本殊，因而拘其上宗，則最盡類豈無本殊以拘其隔類者哉？其亞利所云解類當用多殊者，但云用固有之依情以解類者，當舉多依情。緣獨舉某情未足以盡類之性故也。所謂殊所稱廣於類所稱者，論宗性之殊耳。

難曰，然則博斐略所解，但言能稱多不類者，不言能稱多異数者，得無闕哉？加益大以爲博斐略之解盡包宗類諸殊，釋其義云：博斐略言能稱諸不類者，不言但能稱諸不類者。蓋謂稱諸不類者，非逆於殊之性者。以此爲是，未嘗以彼爲非是，故云不逆其殊之性。此其所解，不但包宗性之殊，而亦包最盡類之殊也。何故？舉殊者之模義，宗、類相同。設其稱多不類者，有所逆于類之殊，必亦逆于宗之殊。夫既不逆宗殊，則亦不逆類殊也，博斐略此篇論殊，但舉其能分宗以成類者，故不暇及於能稱下性者耳。此論未確。一則此解之本旨在釋五公稱，若此處不舉其可以稱賾者，何處釋之乎？一則物之受解，不就夫不逆我者而解，但就所固有者而解。若但云不逆，則人之解，馬之解，俱可以解生覺者。緣皆不逆於生覺者之宗理也。如是，則馬之解可爲人之解，何故？凡所用以稱宗者，亦可用以稱其以下之類。設謂馬之解不逆於生覺而可用以解生覺者，則亦不逆於人性而可用以解人性，人性、馬性，將不混而謂一性乎？

第二説謂博斐略所云凡殊皆可以稱諸不類者，非云殊所稱者，各各爲類也，但云或自爲類，或爲屬於其類之賾。蓋以一類之賾自相視，雖不可謂不類者，若以視別類與屬於別類之賾，誠可謂不相類者。緣凡或有宗殊，或有類殊者，皆就不同類以別於他有者也。此説亦非。一則博斐略尚有説其所舉稱多不類者宗與類無異也。一則若如斯論，則最盡之類亦可謂稱不相類者。緣其不分一者，亦各就其類以別于他有故也。

正説云：博斐略此篇，但解宗殊，不及解類殊也。其故或有二端：一，博斐略所設之諸解，皆引古者，不自作解。古者但提宗殊，故博斐略亦不及於類殊也。二，窮理者在乎窮物之總理，緣其理愈超，其學愈確，兹欲爲作正解，以括最盡類之殊，則當去夫所爲不相類者，而云殊也者是可用以稱多者，就本然與問何傷也？

## 殊也者可分形性之殊超形性之殊否 二支

宗所由受拘之殊，類所由受成之殊，是所謂超形性之殊也。質與模之合成形有者，是所謂形性之殊也。謂不可爲殊者，所據云凡關於第三公稱者之殊，宜依結何宗，如其模然而限定之。今質與模不能依結于何宗以成其拘，則不得爲殊也。所謂不依結何宗者，模可以模元質，不可以模何宗。若夫質既不能當模，亦不能謂殊，殊如模然，依結乎宗故也。前所論皆超形性之殊，今辯形性之合可爲殊否，而形性之合惟在質、模二者，故論之。

謂可以爲殊者，所據云：用合名以表質與模，曰質者，如云白物、黑物。曰模者。如云白色、黑色。明悟可以爲本然之何傍，且同義之公稱，而用以稱諸合成之形有也。謂本然者，質、模乃形有者全成之内分也。謂何傍者，質、模就依附而稱者也。謂同義者，元質視上下二類之質可以爲宗，模也者視諸不相類之模亦可以爲宗也。今論物性，凡脱義之名所表者，可以爲公且同義，則合義之名所表，苟别無礙，豈不可爲公且同義者乎？所謂質、模，是脱義之名也。蓋質惟言質，而非指所結之模；模惟言模，而非指所依之底也。所謂質者、模者，是合義之名也。蓋不但表其質與模，又指其質所結之模，暨模所依之底也。故知質、模之合名皆可以爲殊也者。

窮理者辯此，别爲三説：一謂用有質者、有模者之稱以稱人、稱馬。其稱也，雖挾本然而稱，而但可謂省義。緣非關於第三公者之稱也，前論超形性之三殊皆不涉於質、模之合故。故以視合成之形有不足以謂之公者。此説非也。質、模之稱本爲同義之稱，又合名之義無所礙於公者之謂，則何以謂非公者哉？二謂此合名之稱固爲同義，可爲形性學之或宗或類，然而不可謂殊也。謂不可爲殊也者，就前所云不關第三公稱之論可據。所謂可爲宗、類者，蓋就本然而稱，又既爲自立之體，亦可就何立而稱故也。此説謂質可以當宗，於理頗近。博斐略之論宗，亦嘗以質相比。其謂有模者可當宗、類，則其義難通矣。若謂模也者爲形性學之殊，則於理亦近。緣形性學之模之視質，如超形性學之殊之視其宗然，但宗之與類皆舉何立而稱，而質者、模者之稱皆就何傍而稱，則其説亦非也。

正説云質、模視其所全成之形有，雖無博斐略所論三殊者之義，然其二者之稱，即第三之公稱者，前舉可以爲殊者之論，乃此義之證也。謂無三殊之義，而不謂悉無殊義者，蓋雖無博斐略所論之三義，然尚有多義。如質、模相合以成有形體，此有形體者之殊，能拘自立體之至宗，以成形體之屬類。其有形體者之視質、模，兼舉其二，可謂遠拘自立體之全殊。若舉其一，可謂遠拘而不全之殊。至於超形性學之三殊，則其理不同。緣皆超乎形性之殊，各自爲全殊，以近拘其宗也：

顧殊之要義，在乎能勝其宗與夫別於他類。今論形體之爲類也，就質與模，多於自立之至宗。又就質與模以別於神體，則各有殊者之要義。由此推之，就謂其不可以謂殊也。

## 五公之五 論獨

此篇設獨也者之四義，而第四義更爲全且切者。其一，畸與某類相宜，而非偏與全類相宜。如以某藝論人性者是也。其二，偏與全類相宜，然不畸形與一類相宜。畸以有兩足者論人是也。其三，舉全類固相宜，畸舉某類亦相宜，然非常有相宜者。如以白髮論人是也。其四，既與全類相宜，亦與畸類相宜，又常相宜。如以能笑者論人是也。四義俱謂之獨，然第四義更切。

（古）獨分四端，玆舉其一，第在畸類，非涉全類。如醫算藝，人類獨有，但雖人類，不必俱有。

（解）博斐略既舉凡物之本元以釋其所具公稱之三類，玆舉其在乎本元以外之二類也。先論獨，後論依者。獨與依相較，則獨更關切于物性故也。所謂在一類者，但指最盡之類而言。凡四獨之所謂類者，其義皆同。所謂全類指凡屬于最盡之諸特一，通有此獨者而言也。

（古）獨之二義，全類俱有，不止畸類。如有兩足，實關人類，然鳥非人，亦皆兩足。獨者之三，畸類所有，全類徧有，顧非常有。如人之髮，至老乃白。論其四者，畸類自有，又關全類，又所時有。如能笑者，一人能之，衆人盡能，而又常能。即不常笑，笑能具備。

（解）釋獨者之二、三、四義也，所謂關於全類，但論無所礙之不分一者。蓋人亦或有生而無兩足者，是其質之有缺故。或有終身而不白髮者，以殀死故。所以亞利云第二倫之獨謂之因性之獨，但任物性之自然，則無不皆有者也。

（古）凡爲人者，即爲能笑。凡能笑者，固即爲人。彼此轉應，故正爲獨。

（解）四端之中，惟第四之獨正可謂獨。緣與所依之性相應而轉。凡並設並除者，謂相轉應。如云凡有人在，必有能笑在；凡非有能笑在，亦非有人在。彼此相因，故謂轉應也。蓋獨之四義，皆舉各與公有所相悖者。儻其物之於我，所關愈切，則愈可謂獨。今第一獨只有關於某畸類，非關全類。第二獨有關全類，不但關於畸類。第三獨，畸類、全類，咸所有關，然非常相關者。若第四獨，則兼與諸義相關，故於獨義更切云。

# 獨析與解當否 辯一

## 論析 一支

獨義有二：一名稱所發，一推理者之用所定。名稱則指其所獨繫於我者。如舉模義，則謂與我相宜者之互，與他物相宜者之非。舉質義，則指其所獨有者，如能笑能嘶者也。兹推理者之所定，是指其爲第四公稱者。所舉專在模義，則謂就依然之固然，可在賾之或容德、或互視也。博斐略循前義以設獨之四端，今辯其當否焉。後義自有別論。

證四獨之析，所未允者有五：一，亞利論獨，但設三端：一本然之獨，二恒然之獨，三時有之獨也，則不可更加第四獨。二，第一義之獨可分二端：一，其所恒有，如以兩足論生覺者。一，非所恒有，如以知醫知算論人性，則其析不盡也。三，論夫受析者之宗理，非兼統其第二義可也。獨之宗理不但自挾與我相宜之互，亦挾與他物相宜之非。今第二義之獨非但關於一類，則不挾他類相宜之非也，故不屬於獨之宗理。四，謂第三義之獨非所常有云者。其云非常，或非獨者之現在乎？或非獨者之相宜乎？不可謂非相宜者，緣白髮之於人，未嘗見其不相宜；亦不可謂非現在者，緣第四義之獨，不必現在而後謂之相宜，雖不現在亦有相宜。況初所以然之能而論，人雖現在，其能笑者可以不現在乎。又四行冷熱等情，乃四義之獨，然就其本性之所以然，皆可以相離者也。五，見、聽、有覺諸德，皆爲生覺者之獨情，而四義未括。若論應屬何等，既恒有相宜者，必當係於第四。而今不然，多許生覺之物於五覺缺一、缺二，又人亦有失其視聽之德者，則其德非能與生覺者恒相宜也。可知獨之四義尚有不盡矣。

雖然，博斐略所設四析，正且確也；亞利之論獨也，其義無異。蓋云有本然之獨，有恒然之獨，有比然之獨，有間或然之獨也。本然之獨，即博斐略所指第四義之獨。恒然之獨，即第一義之獨。比然之獨，即第二義之獨。如云有兩足者，非第可謂人類之獨，但與四足者比並論之，則兩足乃人之所獨也。間或然之獨，即第三義之獨。亞利但分三論，義非有闕，其謂間或然者，已于第一、第三義括之。緣有第一之非涉全類，第三之非能常有者，故又立一間或然之倫耳。據博斐略所指第四獨者之三要，可以推證所析之確。曰全，曰畸，曰恒，備此三要，乃爲全成之獨，闕一則不全。要既有三，則有闕之獨，亦三也。由此推知獨者之析，非同義之析，而但爲肖義之析。緣第四獨，既兼三要，豈能與有關之三獨共一義哉？況其有關之三獨，亦不共義，惟就肖義而同耳。第二義之獨，既惟比然之獨，故所與第一、第三獨之共義更有不均也。據此而析獨，有直謂獨者有比然而謂獨者。夫惟全具獨者之模義，模義乃與我相宜之互，與他相宜之非也。具此兩端，模義乃全。乃是直然之獨。此獨分爲三端：一是在畸類，亦在全類，常有相宜者。二是畸與全皆宜，然非常有者。三是畸類所有，非全類所徧有，而或常有，如生覺中之恒有兩足者。或不必常有，如人類之不必盡知文藝者。此之或常或不常，不足別爲立端。此外不全具夫獨者之模義，乃是比然之獨，比於他物之無此獨者，乃可謂獨耳。謂亞利論獨惟指三端，據上所論，可知其與博斐略同一義也。

所謂第一義之獨，亦可分二端者，曰：夫恒有與不恒有，不足分兩端也。設謂與全類相宜，不但與畸類相宜者，亦可據恒與不恒之義而分兩端乎，則二者絶不相協。何也？舉全類固相宜，舉畸類亦相宜者，其稱皆與其類相宜。緣在其類中之特一皆有其獨，而又止此畸類得有其獨，故切謂此類之獨，而就恒與不恒可分兩端也。若第關畸類，非涉全類，則其不恒有關者，是謂但與畸類相宜，乃即第一義之獨者。其恒有所關者是與某宗之某類有相宜，乃即第二義之獨者。而二者皆類之獨，非其所屬之宗之獨，故不復分爲兩端。

所謂受析之宗理，非統第二義之獨者，曰：受析之宗理超乎直然、比然之獨之外，故第二義亦獨之宗理所統者。

所謂其云非常，或非其現在，或非其相宜云者，曰：非其獨者之現在，若辯所舉白髮之論，則髮之爲物，非時時可白者。蓋雖常有可白之容德，然而非有可以常白之容德也。若第四獨之所謂常者，則指時時可有其獨之容德，緣其獨與底之相宜不是某時可有之相宜，乃是時時現有之相宜也。

所爲聽、見等有覺之德云者，曰：生覺之宗性，其在五司者不一也。觸、味二司，凡生覺者皆有之，是爲第四義之獨。其見、聽、臭之三司，惟其具有全體，飛走之生覺者則亦有之，亦謂第四之獨。若論甚蠢微性之物與凡不能動移之生覺者，則不可以爲第四獨之也。所謂失其見、聽之德者，亦有二説：一曰，生覺諸德，常在不滅，但或體具有礙，故德能不展其用。亞利謂老年之人設借少年之目，則兩人之見用無異焉。二曰，不但覺具有壞，雖使併其覺德而盡滅焉，不遂可謂非生覺者之獨情也。蓋雖不現在，非不現宜，固真可謂第四之獨矣。如凡固然而宜之模，雖未現依於性，亦可用之以稱其性，則諸覺德雖既滅後，亦可用以稱其前所依之底。蓋其固然之宜，未嘗不現與相依故也。

## 論解 二支

博斐略解第四義之獨，云是與全顛相宜，亦止與畸顛相宜，又所常有，而其所謂顛，惟指最盡之顛者。駁此有三：一，能生覺者之視生覺宗，實爲第四義之獨，不爲最盡顛之獨，則其解不盡。二，所謂常相宜者，或指其現在之相宜乎，或不拘現在而時常有所宜乎。若時常不拘現在，則所謂常相宜者，非能異於固然相宜者。然此兩義皆非也。論現在者，如鴉也，雪也，其現在之時與黑白之色，固是相宜，然黑色、白色豈可謂鴉與雪第四義之獨乎？論常相宜者，博斐略謂舉第四獨與不可離之依賴者相較，此二者均之常與其物相宜，但就畸與不畸而別，夫不可離之依賴與其所依之物，非固然而宜者也。則常與固然，非必爲一義矣。謂不可離之依賴非固然而宜者，蓋有形也者，乃凡有幾何者之第四獨，然而非其固然之稱，則凡其爲第四獨者，非必爲固然而宜者也。謂有形也者乃凡有幾何之第四獨者，蓋形乃幾何之限界，既不可謂有無界之幾何，則亦不可謂有無形之幾何。又幾何乃形也者之本底，既不能有不着本底之依賴，則亦不能有具其形，不具其幾何者也。謂有形非幾何固然之稱者，凡有幾形之顛，若皆就可不然而稱其底者，則其統顛之宗亦不能挾固然而稱，必就可不然而稱。今凡幾何之形之諸顛，皆就可不然而稱其體，緣物形就其性力，多是可以不然，況循造物之能更皆可以使其不然。則形也者之宗，固但就夫可不然，以稱有幾何之形者也。

三，熱冷、濕乾，乃四形第四義之獨，顧非畸非常而有相宜，則解所謂畸、所謂常，非所論於第四之獨也。謂非畸非常者，熱不但在於火也，而雜者亦或有熱。又水既變熱，即亦無冷。緣凡相悖之情不得並在，彼也者乃此也者之非故。則初情亦不但宜於畸顛，亦不能常有宜於四行矣。

欲明正義，當知博斐略所謂獨者，惟論純獨，非論合獨。蓋但舉其可以爲公者而凡可謂之公者，皆純之有也。專主此義，故多許相悖之情，如奇耦之於数，直曲之於線，皆非其解之所括者。次前所解者但括顛之獨，未解宗之獨，然而由顛、獨可推宗、獨，故但解顛、獨耳。三所謂常者，其説未定。一曰常也者言乎其物所現在之時也，所據者即二駁之義。二曰常也者言乎其固然而宜者，蓋凡第四義之獨，皆係於第四公稱，兹論第四公稱之獨，不但現在之時有相宜，雖不現在，亦必相宜，則凡第四之獨，皆與其底固然相宜者也。博斐略提獨者之要義，其所云常，似指此義。若夫前論所舉，亦未足據。蓋博斐略舉殊與獨而並較，謂二者皆常在於本底，然不遂謂凡常有所宜于物之現在者，即可謂甚切之殊，則不可離之依賴者，與第四義之獨，其爲常在者雖同，顧非可謂凡常在於物者，雖不固然而宜，而亦可謂獨也。

正論曰：所謂常者，究其原義及博斐略與亞利之意，蓋指現在之全時也。博斐略舉獨與不可離之依賴者而相較，則其旨可知已。蓋既同一常在，又不可離之依賴之常，既但指其物現在之全時，則獨之所謂常，亦豈有異乎？亞利之意，就篤比理辯學一種論。第四篇可以推知。彼處所責于凡爲獨者，但爲與其底轉應之依賴，而凡物之相轉應者，其現時之常必一也。由此而推，可知亞利、博斐略之意，並謂凡依賴情，其就全與畸，與常，以宜於底者，皆由物之本元而發，所以爲固然相宜者耳。依此則解第二駁論，當曰：常也者所舉現在之義，即指全時所舉常在而不拘現在之義，即指固然之宜也。解現在者之駁，當曰：黑與白，雖常有所宜於鴉與雪，然不止畸顛之相宜，故雖常宜，非即第四之獨也。解不現在者之駁，當曰：獨與不可離之依賴者相較，非舉常在者而較，但舉現在者而較也。

所謂凡有幾何，必有形者良然，蓋幾何有幾何之界，如謂有幾何，又謂其無界乎，豈不悖哉？然謂凡有幾顛者，若就可不然而稱其底，即其統顛之宗，亦不能挾固然而稱，則非也。蓋就各顛形而論，其爲幾何，雖皆可不然者，若就其爲宗者之形而論，其爲幾何，未有不挾固然者。何也？形也者之爲宗，雖幾何者所不可離之情，然而宗所本有之效必寄之於顛，故論宗形之所施與兼論諸顛之所施，皆爲固然之效也。所由分舉各顛而論，則爲可不然之效者，以其皆屬可變者故。譬如以體模論元質，非模則壞，有模則存。自模就模，此固然者，但不拘何模，皆有能存元質之效，則元質雖希有模，非必希就某倫之某一模。此則所謂可不然者耳。又如某甲所有之一笑能乃固然相宜者，然此笑能但爲就可不然而相宜。蓋設使初所以然者，用其全能，除此一笑，則必默定所當與之某能，以從彼人之性而發，而其司所以然之效，不得而參焉。如馬能生馬，顧其生此馬不生彼馬者，不係於生馬之馬，而獨係初所以然之所主也。夫此笑能，就其爲人性所發之效，既非此人所能自主，則論其從性而發之情，亦必非此人所能自定者也，故曰挾可不然而發者。

所謂能生覺之爲獨，非最盡顛之獨者，曰：就前所云但解顛、獨，不接宗、獨者，可晰此義。今欲詳之，又當知獨也者，由宗與顛之相結而生，如其子然。蓋凡顛殊，既爲本元所有之成必自挾有依賴之成，以爲其行用之具，反能顯現其内成者。不然，明悟之識既由凡物外所顯現者而生，而其物非憑依賴，何以呈顯其本元之所有者乎？今不但最盡之顛結於上性而成，即諸隔顛，皆結於上性而成，故皆各有由性之本情，以爲其獨。若論至宗，既無上性所拘，自不得何似之實情，以成其獨也。所以謂實情，不直謂情者，蓋凡至宗，不能有諸實情諸實獨，而亦可有非之情、非之獨，如自立者之至宗有能受相悖之容德也。謂何似之情而不直謂實情，蓋幾何與何似之兩至宗，皆或有互視之實情爲其獨也。

或曰：如是，則不但顛與宗各有本情之獨，凡特一者，亦可有之，皆由上性、下性相結而成，故茲謂宗之結於顛、殊者能生獨情，而顛之結於特一者不然，似無可據之理，況特一之殊貴於顛、殊，豈顧不能生獨情乎？

曰：以宗與顛殊之相結，較顛與特一殊之相結，不相同也。前論獨情之所由生者足證此義。蓋形之所以發而爲情者，欲現諸物內有之不齊，欲使諸物能各致其本分之用也。今夫一顛中之諸特一，其內有相等其作用亦相等，此特一所能行者，彼特一亦必能之，但有或多或少之別，何必俾其各有特情乎？

次設顛與特殊相結，別有各特所生之情，則其情或皆同顛，但不同数者乎，或爲不同顛者乎。不可謂但不同数者，一則顛情之在各特一其殊既異，何必又謂別有数異之情？一則此数異之情之總理先在其顛而相宜，蓋其總理就其散在倫屬者，既與某顛之特一有所相宜，必有所以相宜之理在其特一者，而其所以相宜者，惟其一顛而已。則凡特一所有之情，必先有所宜於其顛，後乃就其顛而宜於其特一者，不必論及於数也。亦不可謂不同顛，一則諸顛皆就內有之所成以相勝，而特一者之情彼此無所相勝。蓋凡物所以有相勝者，由有各殊之不同，而特殊之貴彼此相同。一則凡屬一顛中之特一者俱爲一顛。蓋就其情之不顛推知所依之性之不顛，而屬於一顛之諸特一，則皆一形之特一故也，則其情之相顛可知矣。此論但證此特一者，非能各有實情，別于彼特一之實情。若就非之情而論，諸凡特一又各自有不相顛者。

所謂特殊貴於顛殊者，曰：物性雖更貴，非脫於其質及現在之拘者，皆不得有發情之能。特一之有拘，不可與顛殊之無拘者例也。

論初情，固爲四行之獨，若謂非畸非常，則不然也。篤瑪云：熱之在火，由本元內始而發。又加蓋大云：獨依賴與共依賴所由別者，獨者由物之內始而發，共者則否。欲知熱之何以獨宜於火，當知凡論熱，其義有二：一是熱極，一是熱減。不能更熱者謂之熱極。熱極以下謂之熱減。而熱減者，不可謂火之獨情，雜物亦可有之。惟夫熱極，乃火第四之獨耳。蓋凡物各有宜然之性，雜者之於極熱，非所相宜。若有相宜，豈可謂雜者？設有熱極在於雜者，如在熾鐵之熱，此非鐵性本元之熱，乃是外來易失之熱，故不得爲雜者之獨情也。如在日之光，可以傳照於物，然而至明之光但是太陽之獨情，不得而傳於他物。雜者所有與熱之相宜，第爲共厥火性而有。然而甲之所有，偶在於乙，雖其情不但在甲，而不遂可謂非甲之獨情也。緣其情雖亦在乙，而論其情之至者，則甲之所獨有耳。正如篤瑪所云：自有者與初所以然者彼此轉應。緣凡謂自有者，不得不屬於初所以然；而凡謂初所以然，不得不謂自有。其他諸有，悉非自能爲有，皆初有之所傳也。

所謂水既能變熱，則必無冷者，曰：舉現在而論，水熱時非現冷之謂。舉固然之宜而論，水熱時非不冷之謂。謂四情爲四行之獨者，惟論其固然之宜，故熱之是與冷之非，無相悖也。

或曰：博斐略云，獨也者，不增不減。夫初情皆可增可減，則豈可謂四行之獨情乎？曰：所謂不增不減，惟論獨情與其底固然之相宜耳。如以固然之宜論水者，其冷或有二分，或有六分，冷雖不同，所稱爲冷者皆一，則謂水爲冷者，非據其現有之冷，而但據其本所宜有之冷耳。况獨之所謂不增不減者，乃舉其一類中之兩特一者而較，本性所共有之獨情，彼此必無增減也。

## 獨爲公者否 三支

以爲非者，所據云：獨有與衆共，其稱相悖。公者，衆所共之謂也，則獨豈能謂公者？次謂獨爲公者，或視類而爲公乎，或視屬類之賾而爲公乎，以獨而稱物者，二者之外，無復有依然之正稱矣。今用獨而稱其類，不謂用上而稱其下，緣獨情與類性相轉應故。而凡謂公者，必與其所稱之性有上下之秩，以廣於其所稱者，是不可用獨以稱其類也。謂用獨而稱屬類之賾乎，則獨非就獨之在已者而稱也，乃就原所宜於其類者而稱。而今但就其在已者以辯其可謂公者否，則獨豈得謂爲五公者之一也？

以爲是者，其據云：獨也者，是可用以稱賾，就何傍與依然及固然之稱也。謂何傍者，乃獨之所由別于宗、類者也，前解已明。所謂依然而稱，則舉其不關本元而但依其物，如模之依底然而用以稱其物者也。就此可知獨與殊之別，緣殊乃物性之内分，是其本元所函者故。而獨之與依，則就其固然而別焉者也。但固然者有二義：一由内發，一從外至。内發者復分爲二：一，其固然之稱關於其物之本元。如笑能與人性固然相關。二，其固然而發之稱兼函他稱，亦謂固然之稱。如能笑本函何似之宗理，則不但能笑者爲固然，併其所函何似之宗理亦就固然而稱者也。從外而至者，非其本元之固然，而但從因性之司所以然相合而成。如雪之謂白，鴉之謂黑，皆由外至之固然而稱，緣究性力所能，其生雪、生鴉之所以然，即其生白、黑之所以然，而不得相離也。

今論獨也者之解之固然者，爲由内之固然乎？爲從外之固然乎？謂從外至者，所據有三：一，第四獨之固然，足謂第四公者之固然。顧第四獨之固然，但是由外至之固然，則第四公者，亦不越於外至之固然也。二，凡就外至之固然而謂固然者，直謂爲固然。蓋凡可以推論而知者，皆直謂固然。而凡由外至之固然。皆可推而知者，如天之運、地之静，如類皆是，則外至之固然乃第四公者，所須之固然矣。三，石之非人也，人與馬同一生覺者之互也，乃人性第四稱之獨，顧不從其人之本元而發。蓋非也，互也，雖固然而在物，而非其物性之所發者也。則獨也者之固然，非必由物性而發者也。

謂獨也者之固然爲由内發之固然，於理爲允。證之云：博斐略舉獨與依而較，曰獨也者，先與顥有相宜，後乃就其顥而相宜於所屬之諸特一者。依則反是。先與特一者有相宜，然後就其屬與顥之特一者而可用以稱顥也。凡先與顥而相宜之稱，俱從其顥之本元而發，則獨也者之固然，亦必爲内發之固然矣。又博斐略以雪之白與鴉之黑爲第五公稱之依賴者，而不以爲第四義之獨者。夫黑白之於鴉、雪，乃由外而至之固然，則知博斐略所欲指爲獨之固然者，必非外至之固然，乃由内而發之固然也。

二，凡非其獨也者，必亦非其獨也者所依之本元。如謂非能笑者，亦謂非人也。若夫非依者則不然。依者雖壞，其底者不即壞。今挾外至之固然而相宜者，雖或非其依，不即非其所依之物。如非某物之現在者，豈即併某物之本元而非之乎？而凡固然相宜之就外至者，皆憑據其物之現在，則雖非之不能即非其物之本元也。則外至之固然，非獨也者所須之固然也。

三，由前而推，凡物之現在，惟就可不然而相宜，則凡據其物之現在而相宜者，亦惟就可不然而宜也。今凡就外至之固然而宜者，皆據其物之現在，則皆就可不然而相宜。若夫獨也者，直謂固然而宜，非就可不然而宜，則自須由内發之固然矣。

所謂第四獨之固然，但是由外至之固然者，曰：獨也者之解，所言常有所關者，乃指由内而發固然之常，前證已明，故宜謂凡第四義之獨，皆係於第四公稱者。然而凡係第四公稱者，不即爲第四義之獨也。如以能明悟者稱人性，其稱乃第四公稱，然非第四義之獨，但是第二義之獨耳。所謂凡屬可推而知者皆直謂之固然，亦非也。凡就因性之所以然而相宜，非可直謂固然者，但可謂就因性之所以然以爲固然者耳，故不可直謂之獨，而但可謂因性之獨也。况凡物之色，亦未可謂物之獨情，其爲黑白等色，大都係於飲食地氣，與四情之何者相合，若是者皆非常然，不足爲第四義之獨也。

所謂非也、互也，乃第四獨云者，曰：窮理者謂獨也者從本元而發，葢其獨不係於物之現在，亦不係于物以外諸因性之所以然，乃是無隔而依憑其物之本元者。顧所謂憑，有二義：一由内而發。如凡實之獨情。一雖不由内發，但既有其性，亦有其稱。如非也、互也與諸外稱之類也。

獨也者，一謂宗之獨，一謂顥之獨。宗之獨，其解云：是依情，是可用以稱不相顥之賾，就何傍之固然者。顥之獨，其解云：是依情，是可用以稱数異之賾，就何傍之固然者也。問宗之獨之視其論屬也，常爲宗乎？抑可以爲顥乎？又顥之獨之視其倫屬也，常爲最盡顥乎？抑可以爲宗乎？曰：宗之獨非常爲宗，顥之獨非常爲顥也。葢能見者，能覺者，皆謂宗之獨，爲其可以稱不同顥者故。然舉能見、能覺之物，皆爲最盡之顥，則能見、能覺之在顥，亦爲顥獨矣。又能明悟者，視作明悟與受明悟，則爲其宗獨，顧其所稱之人性乃最盡之類。則能明悟者，亦可爲類獨矣。

今釋前諸駁論，所謂獨有衆共之相悖者，曰：二者若在一底，則相悖。若視夫不同底者，則不相悖也。夫一物而謂之獨，又謂之公者，非以視一底，而以視其不同底者。蓋其視宗性、類性則爲獨，其視宗性、類性所統之賾則爲公者。如能笑者之視人性則爲獨，以視某某之各性則爲公者也。所謂獨也者，但因原所相宜之類而稱者。解此論有二説：一曰，獨也者之與公性相宜也，非與□[一]公性相宜，而指其在於倫屬之相宜，故就其在己而直謂可以稱賾者。二曰，獨也者雖先稱公性，顧次就其在賾之公性亦可以稱其賾者，則不可謂獨之不自爲公者，而但據公性以爲公也。一則據第二義之獨，而就自己以稱其賾；一則凡依他而稱者，不即可謂非自爲公者。否則生也者之於人，亦不可以謂宗，緣人據其爲覺者，以稱之謂生者故。

## 五公之六 論依

設依也者之三解，一曰：是可在，又可不在，而其底不即壞也，因此而分爲可離之依賴者與不可離之依賴者。二曰：是能在此一物，亦能不在此一物者。三曰：非宗，非類，非殊，非獨，而常在於底者。

(古)依者云何？或在或否，其底非損；一可離底，一不可離。物之有動，是謂可離；黑在於鴉，則不可離者。明悟所用，脱黑非黑，鴉性不損。

(解)依賴之要理有三：一，凡依於底之物，如及幾何、冷熱，舉此義，乃依賴與自立之所由別者。二，凡依賴之情，或就固然而宜，或就可不然而宜者。三，凡就可不然而宜之稱也，此第二義。復分二端：一，其本元是依賴者，又就可不然而宜，如黑白之類。二，其本元是自立者，但就可不然而宜，如受服、受飾者之類。博斐略之解依賴，但舉第三義耳。

所謂明悟之用云者，博斐略之解依賴云或在或否。又析之云：一爲可離，一爲不可離，二義非自相悖也。所云或在或否而底非即壞者，但論或就明悟之脱，或就明悟之非，以爲可離者。如非雪之白，豈即非其雪哉？所謂不可離之依賴者，則論其不可實別，緣白與雪，究論性力之能，不得實相離也。

[一] 底本缺字。

㊄古依之二解，是可在此，又可不在。依之三解，非宗、非類、非殊、非獨，常在厥底。

解此設第二、三解，所云可在可不在者，舉其容德而言，視第一解所云或在或否者，其義更顯。緣舉爲而解，不若容舉德而解。爲也者，乃可不然之稱，而容德者，則固然之稱故也。在者，在於其底，即前解所云其底無損者。蓋此一依賴，既可在此一底，又可不在此一底，則知雖或有離有減而其底未必損也。第三解指他諸公者之非而解，謂常在其底，非言不能離底。義言既有依賴者在，不能不依底而在，蓋底也者，雖無所係於依賴，然依賴者必有所係於底故。

## 依也者之義 辯一

### 駁前解以明其確 一支

所設之三解，駁其有關者五端：一，博斐略之論依，其大旨所向，在論其爲第五公稱也。顧前設三解，皆未及公者之義。二，第一解所謂或在或否，其底無損者，或謂依賴者離，而其底之現在不損乎？抑謂依賴者離，而其底之本元不損乎？不可謂現在不損。蓋物之死，器之焚，論其物與器之所遭，豈非依然而至？然既已至矣，其物其器，豈得不損？謂可離而本元不損者，則或論實之離乎？抑論用明悟而離者乎？不可謂實之離。一則依賴者多謂不可離者故，一則依賴者雖或實可離，然不可特依賴有之。即獨亦有時而離其底，如冷亦可以離於水也。若謂用明悟而離，亦非依賴所專有者。蓋用明悟，則獨亦可離，於本元亦無所損。如明悟或以非其人之能笑者，不即非其人之本元也。緣爲底者，原先於其獨，則舉此原先，其獨未在，此際可以受非，於本元者何損焉？三，白也者，若舉其脫義而論，不屬第五公稱之依賴者，緣脫底之白，不可用以稱物，既不可以稱物，即不可爲公也。然而在也者，可在底，亦可以離底，則第二解有疵矣。四，第二解所謂可在云者，亦非也。若舉可在底之容德而解，則以白而論幾十年後所生之白人，亦有可在彼人之容德可謂第五公稱之依賴者乎？顧五公稱之依賴者，必能實稱屬已之賾，而白也者不得實稱其未現在之人，則不當舉在底之容德爲依賴之解矣。五，何似者視人亦謂依，亦謂獨。舉白之何似，則就可不然而稱人。舉能笑之何似，則就固然而稱人。故何似者，爲依亦爲獨，則獨也者之解，不可就他公稱之非而解也。

雖然，博斐略之解皆是也。第一解就爲而解，第二解就容德而解，其旨無二，總言依也者，是公者，是可在其底，相結於倫屬之賾者；是可離其底，但挾可不然而稱者也。欲明此解，當知所謂可在者，非指其依賴所結於底之切依，而但指其可不然之結。如有模者着衣者之稱，皆爲第五公者之稱，顧不能就切依之義而結。緣模與衣，皆自立之體故。

次解依也者之所謂底，非言切依所結之底，而但指依也者之倫屬。緣凡公者，皆就屬倫而解，固知博斐略所舉依賴爲公稱而解也。雖然，謂依是公者，是可用以稱多者，就問何傍與依然及可不然之稱也，其解更爲明悉。

釋第二論曰：謂依賴可離其底者，言其可就明悟之非而離。蓋依賴者既就可不然而依，則或實可離，或就明悟而可離，其物性恒然無易。獨也者不然，就固然而宜，設有非其物之獨情者，其本元併亦受非。何故？就某一稱之非，以非其本元者，從有也者而下，至于不分之一，中間爲宗，爲類，爲殊，爲獨，隨其所舉，皆謂之稱，各級不同，故云某稱。其義有二：一謂直非，一謂曲非。所非在於能推理者，是乃直非。緣能推理者，乃其直指人性本元之内稱故也。所非在於能笑者，則爲曲非。蓋能笑之非雖不直非其人性，不涉内稱，但由内稱固然而出，則其非笑能者，必亦非其所由發之内稱也。亞未則納云：人也者，舉其爲生覺而能推理者，乃其笑能自然之始。則非其笑能，亦必非其生覺而能推理者矣，但所謂非，乃獨與性所相宜之非，不指獨所現在之非。蓋凡非獨之現在，不即非其物之本元，前論已明也。由此而推，可以知人性而視獨情爲其性之有原先也，故用我明悟可以攝其性而姑置其獨，然不能攝性而遂非其獨，緣獨也者，乃由人性本元所發之情故。

所謂脱底之白，不可用以稱物云者，曰：解之所云可在於底者，乃其妙合於倫屬之賾者。若白色雖能結於底，然非就一妙合於賾者以爲結，故就其脱義，不關於依者之解。第四疑，後有本論釋之。

所謂何似爲依、爲獨者，良然，但謂之視人兼有依與獨之義，則非也。雖此一稱，以視各不同之底可以爲獨爲依，況可以爲宗、類、殊，然而以視一底，則不然矣。蓋依於底能不相宜，而獨與底不得不相宜，二者相悖，則夫何似者之視人性，固爲獨，不爲依也。或曰：何似者之一類，固然與人相宜，故就固然而稱人，則因何似者之他類挾可不然而相宜，亦就可不然而稱人。曰：否。挾可不然而稱者，本有固然而稱之非，則何似者既固然而稱人，不得復就可不然而稱人也。

## 依與底之相宜須其兩現在否 二支

第五公稱之依賴者有三端：一爲實之依賴者，如黑白幾何之類。一爲思成之依賴者，如明悟所成之互。一謂非之依賴者，如非也、缺也之論。

凡内且實之依賴者，非現在於現在之底，不可謂與底之相宜也。論外且實之依賴，則須依賴者之實現在與底對之現在，乃可謂相宜。內依賴者，如火之熱，水之冷。外依賴者，如時如所之類；如以愛德愛某物，以明德明某物，因其皆以外物爲界，故我之發愛發悟，亦爲外依賴。其證云：凡內且實之依賴，所有與底之相宜，必在其現所依結者。若其依賴與底既不現在，不得就現依而結，則亦何得有相宜者乎？何謂相宜者在現之依結，依與獨之所由異？緣獨之與性本有相稱，而依則否，但由可不然之相稱而已。夫性相稱者無須兩界之現在，而可不然之稱必須有現施之所以然，則必由於兩界之現在矣。緣凡現施之所以然，固須有現在之底以受其施也。何謂外依賴者須依賴之現在，又須底之對現在者？蓋明悟之用與夫愛德之用，不但可以用現在之底，亦可以用於不實現在，而但雖現在之諸底。如天文所懷交食之知，學者所懷利禄之希之類也，如依明悟，希依愛欲，而交食、利禄皆其不現在而對現在者。

次凡就可不然而相宜之思有，但須依賴所對之現在，又須其底或實或對之現在也。蓋依有所宜於底，即可用以稱其底，而凡可不然之稱，須現模其底乃始相宜。思成之有既不由因性之相稱者而模，則須現之依結者而模，故必其底之或實現在，或對現在，乃有相宜相稱者耳。

或曰：公者之互就可不然而宜，顧非必其現在。蓋據前所論作明悟所成之象，其性之初顯時已脱特殊，則其互雖未現發，然於性已有相宜者，何須對之現在乃相宜也？

曰：公者之互，雖就可不然而宜，然公性已脱特一，其近基既備，則非就可不然而宜，乃就固然而有宜也，故其互雖未對現在，而先已與性相宜耳。或又謂：明悟攝公性，使脱特殊，此際未攝特一，故特一者不可謂對現在。顧就公性之脱，不但公者之互與性有宜，即特一之互亦有宜於特性，則豈待底也者之對現在而後有相宜哉？曰：對現在者有二，一初，一次。明悟但直攝一物以成其對象，然或别有物焉與明悟先攝之物有相關者，則兹物因初物之現在而亦謂現在，明悟直所攝之現在謂初對現在，其相關之物之現在謂次對現在也。公性與特性相因而有，明悟攝公性之意想，次亦爲攝特性之意想，故公性對現在，特性亦謂之對現在也。

三，凡虛之非也者及其所稱之底，雖皆不現在，實可謂相宜者。不涉明悟之非，是謂虛非。如空中無光，即是光之非。若明悟以暗爲去光之模，即屬思成之非，不謂虛非也。蓋模不在底，即可謂其模之非與其底有相宜；如光不在虛空，即可謂光之非與虛空有相宜也。謂模不在底，不須底之現在者，如謂某人非言非動，不必其人之現在。其人雖不現在，其言與動之非，亦安見其相宜乎？

四，凡可不然且實之缺之宜於底也，必須底之實現在，如水之熱，氣之乾，是可不然者。水之現熱，即冷之缺；氣之現乾，即濕之缺，皆是實缺。又須缺者之非之現在也。何故？缺也者，是底在當然之時，可以有模者之非也。顧其爲底，若非實現在，固不得有受模之容德。緣凡缺也者所缺之模，須有底在，乃可謂模在於底。則既有缺某模者在，必有其缺在；有缺在，必有可容其模之底在也。謂實之缺者，以別於凡就明悟而宜之缺，如公性之脱一者然。緣其脱一之際，公性不實在，而但有明悟所擬之現在也。或曰：死也者，乃有生命之實缺，顧不但不須底之現在，且致其底之壞滅，則豈可謂凡實之缺者皆須底之現在乎？曰：所謂死者有二義，一指生命之別於肉軀者，一指其生命之缺也。又生命亦有二義，一謂生體，一謂生依。生體者，即人之靈魂；生依者，其靈魂所發之諸用。夫論死也者，若指其生依之別於肉軀者乎，則真可用以稱某甲之爲死，緣某甲絶命之際，真有生依者與之別也。若謂生體之別肉軀乎，則亦可用以稱某甲肉軀之爲死，緣某甲絶命之際，其靈魂漸別於肉軀故也。就此義而言，即今某甲與其生命之缺也者，雖非現在，然就今而追論其方死之時，則乃可謂之現在也。若其所謂死者但指生命之缺乎，則不可用以稱某甲之死，何也？以生體之缺而論，則必其肉軀、其靈性相合而後成其爲某甲。合成者固現在有靈性，又何能爲靈性之缺之底？若以生依之缺而論，則其缺但可依於能受模之底。某甲既不現在，不得行其生體所作之諸用，則無可以受缺之模，所以或舉其生體之缺，或舉其生依之缺，皆不可以稱夫不現在之人也。雖然，舉細搦多格之義而言，細搦多格者，乃西文中之一法，或舉一分以當其全，或舉其全以當其分，皆舉細搦多格而言。固可用生體之缺，以稱其某甲之死，第其所指之缺，亦就其肉軀之壞滅者而稱耳。

## 實且内之依賴視所未依之底可謂公依否 三支

實且内之依賴，如黑白、冷熱者，就前所論而推，此種依賴若不現在於底，不得謂之有所相宜也。一説云所謂公者有二，一云爲公者，一云能公者。公性現結倫屬，謂之爲公者。公性雖未結於倫屬，然而有其結之容德，是謂能公者。夫其依賴者之視其未依之底，雖不可謂爲公者，然而可謂能公者也。其證有二：一公也者，是能在於多之一者也。如論白也者，雖未依於諸底之前，亦爲能在於多者之一，故白亦可謂爲能公者。次謂公性之須在於倫屬，乃爲公者緣謂在多者，乃公者之爲故耳。夫公者之全爲，不論其在一存多，而論其能徧在于諸特一，則凡爲公者，豈可不並在於其倫賾乎？然而篤瑪之論公者云：不須同時在賾，但能並在，或迭在。即謂公者，則現在于特一，非公者所必須也。此二義，古者未詳，顧似皆以爲非。亞利云：公者是在多者之一者。所云在多者，指公性與倫賾所妙合而一者也。又云公者爲全在。爲全者，必有分而現受統于其全者。若公者不在於賾，不謂統其分，豈可謂其全者乎？由此推知爲也能也，不可分作兩公者。蓋設謂性之與賾，原非相結，則其所有在賾之容德，不能俾其性爲公者，但能俾其性爲公者之容德也。

正論曰：凡實之依賴者，視其所未依之底，不可謂公者。證之云：四公稱所以別於第五公稱者，四者之容德或爲本然，或爲固然，而第五者之容德但爲可不然者。夫論白也者之視其所能依之底，非可不然之容德，乃本然之容德。蓋凡依賴者所視于底之互，而亦爲所能依之質所以然者，乃其依賴之所以得爲依賴，則其所視質底之容德，豈得不爲本然之容德乎？有謂依賴者所挾本然之容德，非視各特一之底，而惟視其底之宗理，視夫宗理之依賴，非公者也，論其所視各底之容德，乃是可不然之容德，緣依賴雖挾本然，而向於底然但可挾不然者而向某底，而此可不然之德，是乃所以爲公者之德者也。曰：否。依賴者視底之容德與視其某某之底者，其容德無二。如元質視體模之容德，先向體模之宗理，然後向於某某之體模也。向之所至，雖有先後，其爲向則一耳。又依賴者所用以向底之容德，先向底之宗性，後乃就宗性以向特一之性。而第五公稱之依賴者，先向特一之性，而後就某特一者以向乎公性。則依賴所以爲公者，非以向底本然之容德，而以向於倫屬可不然之容德也。

所謂公者是能在多者之一者，其義云：能在倫屬之多者，如全之在於分者然。今白色未曾依在何底之前，非可謂有倫屬之特一者，則亦非可謂有在特一者之容德。如全之在其分者，而但有其本然之容德，如模之能在其底耳。所謂以公性爲須在倫屬始謂公者，緣在多者乃公者之爲故也。良然。篤瑪所云亦不越此。蓋彼處但論顓者，而論顓之爲，乃就本然之妙合以在于特一者，故不須多者之現在，第須多者之相宜也。若夫第五公者之爲，既非由本然之固然。設非現在于特一，則何以爲相宜乎？但雖須現在于多者，而非須徧在于諸不分一者。緣夫公者之本理須特一者之不止於一，然而多寡之数，於本元固然無所關。

## 五公之七 五稱同異

(古)五稱義已悉，自茲別同異。與異。可用稱多者，是乃五所同。宗者稱屬顓與顓諸特一，而殊亦如之。顓之所可稱，所統不分一；獨也稱其顓，惟稱所由發。及稱顓所函，諸不分一者，依能稱諸顓及顓諸特一。譬如生覺宗稱人、稱馬牛，及其特一者，不推理之殊，以稱爲馬牛顓，馬牛諸特一，人性之爲顓，但稱不分一。能笑者爲獨，則以稱人顓及所統其某，依有不可離。如黑之稱鴉，與其各特一，可離爲動者，兼稱人與馬，併其諸特一。宗與殊、與獨，先稱在公性，後乃及特一。依也則不然，先稱特一者，以及于公性。

能統多顜者，宗、殊之所同，但宗之所統廣于殊統者。推理不推理，百顜所由成，皆屬生覺宗，而推理之殊，但統神與人，故宗廣于殊。可用稱宗者，亦可稱諸顜；用以稱殊者，亦稱所成顜。如舉自立體，有魂與有覺皆稱生覺宗，亦及生覺倫。顜與諸特一，攄理能立論，可稱推理者，此但指神與人而言。初所以然之靈，以一照通萬理，不必由推。併及顜與特。若非宗性者，宗下亦必非殊也。若非在，殊下亦即非。如非生覺宗，即非人馬顜。若非推理殊，即非神人顜。

宗所可稱者，多於餘四稱。又宗者之義，能超統其殊。如生覺之宗超顜推理否，而殊則不然，不能統宗性。殊能分宗者，有宗在其先，故設無宗者，則亦無殊者。雖無殊者，宗性不即無。如無生覺宗，豈有推理不推理否？雖或除不論，然其自立體有魂能覺宗，非即可除却，又能推理否？皆傍于生覺，人、馬各生覺，自立無所傍，所以宗稱下則挾問何立，而殊挾何傍。宗之在一顜，一顜不二宗。比如生覺宗，人惟一生覺，論殊在一顜，其顜包多殊。如人有靈才，及其可受教，皆與禽獸別，其殊非一殊。宗如顜之質，殊如宗之模，是皆宗與殊所爲有差別。

宗之與顜，皆可稱多。顜之所稱，但在数異。数異、顜異，宗可兼稱。宗在顜先，以視其倫，皆可謂全。宗也統顜，顜不統宗，緣宗所括廣于顜故。宗受殊拘，乃成屬顜。宗固原先，故設無宗必無屬顜，然無屬顜，宗非即無，如有顜在，必有宗在，然宗雖在，顜非必在。宗下諸顜，用宗可稱。顜上諸宗，非可顜稱。緣宗統顜，其廣勝顜。緣顜函殊，其貴踰宗。宗或爲顜，然宗未嘗可謂盡顜，盡顜未嘗可謂至宗。是宗與顜所同所異。

宗、獨兩公稱其根皆從顜，蓋凡爲人性，亦爲生覺者，亦爲能笑者，宗、獨均所稱。譬如人與馬，均謂爲生覺。又如某與某，均謂爲能笑。以宗而稱顜，名義俱相同；以獨稱顜者，義亦不二。宗在獨之先，獨在宗之後。如先有生覺，乃有宗與獨，以別其屬倫。宗所統多顜，皆宗所能稱；獨不兼多顜，惟稱所由發。獨與顜交稱，其義轉相應。如凡謂人性，亦謂能笑者。如謂能笑者，亦必謂人性。若宗之與顜，非可兩相應。蓋凡謂人性，雖亦生覺者，生覺即非人，亦非即能笑。獨通全顜有，畸有亦常有。宗則通各顜而又常有關，但非畸一顜。故雖除其獨，而宗非即除。設除宗性者，豈復有顜、獨？是乃宗與獨所同所異者

宗與依也，皆可稱多，或其可離，如覺之動；或其不可離，如鴉之黑。論其稱賾理則惟一。顜所全成，固由於宗，宗在顜先。依雖不離，第爲顜飾，固在顜後。宗性下降，成全各顜，所傳于顜，惟一宗性。依之所傳，賁成其質，惟關其外，多寡不一。依可增減，而宗則否。依先在特，後稱宗顜。宗顜降特，固有原先。宗挾何立，依挾何傍。是宗與依所有同異。

以殊而視類，所傅各均一。均之謂人類，則均謂推理。又各在特一，恒然不可離。某恒有人性，亦恒謂推理。以殊穪其賾，所挾在何傍；以類穪賾者，是挾何立穪。殊非数一類，如謂四足者，兼穪獸多類，若類所穪者，惟在倫屬特。類由殊全成，殊在類之先，故設無殊者，即亦無類者。殊之所以成，非從類所致，故雖無類者，而殊非即無。殊與殊相合而可成以類，推理屬壞者。兩殊合成人，若夫類與類，則不能相合以更成他類。牡馬與牝驢相配而生騾，馬、驢二類物但可爲作者，非驢分内故。是詳殊與類，有同亦有異。

殊也與獨，在賾俱均。凡推理者，凡能笑者，彼此均能，無偏多寡。又殊與獨，常通全類。獨之所有，或非現在，非不現宜；殊結多類，皆可以穪。如推理者，穪人穪神，獨穪一類，是所由發。殊所成類，恒不得離，然不相應。緣凡爲人，即謂推理，然凡推理，即非爲人。若獨與類，彼此相應，故能相穪。是殊與獨同者異者。

殊與依相提，皆可以穪賾，又皆于全類、常關不相離，此所謂常關、全類者，但不可離之依。殊也統諸類而不受類統。蓋穪推理者，統穪神與人，神、人各所能，非可以相統。依也在于賾，可謂統諸賾，底受匪一依，亦可受多依，故謂依也者，亦受統于底。殊也無多寡，則亦無增減。而依則不然，可增亦可減。凡殊相悖者，不能相交合以成其物性，依雖有悖者，亦可相交錯以共文厥底。是殊與依者所別同異。

類之與獨，所別云何？蓋類與獨彼此相應，緣凡謂人，皆謂能笑。又凡能笑，皆亦謂人。類之于特，是其内分，故不離特。獨之于類，由類而發，亦不離類。類若最盡，不可爲宗。隔類爲宗，爲有下性，獨與類異，未嘗謂宗。類在獨先，獨在類後，緣先謂人，後謂能笑。類之在賾，皆爲現在；獨之在性，或現在焉，或固相宜。如指某甲，可常謂人，不常謂笑。惟謂能笑，是所固宜。凡異解者，厥性亦異，類解、獨解，二義迥絶，則知理異。

類也與依，皆可穪多，是所相同。類挾何立，以穪其多；依挾何傍，以穪厥底。自立之體，各在一類，不兼他倫。若依賴者，依于特一，異類同依，非拘一類。又類也者，爲依之底，固在依先；依也依底，方可謂有，固在類後。屬類之特，均共類性；依在特底，雖不可離，所共非均。是類與依，所由相異。

獨與宗、類、殊所別前已悉，兹以獨視依而辯其同異。夫獨與其性，不得兩相脱，性在獨亦在。夫依亦如之，有鴉即有黑，是人即能笑者。獨也關全類，而又常相關。依之在于底，其不可離者，亦同此理論，是皆獨與依相同不異者。獨但關此類，依則關多類。如穪曰黑者，烏鴉與烏櫂，總皆謂之黑，故獨與性應，依與底則否。有獨之特一均共此獨性，有依之特底所共不能均。獨也性恒一，不增亦不減。若夫依也者，時可增減論。是知獨與依，于此迥然别。

(解)亞利曰：思想物理同異，大能裨益所學，故斐斐略既釋五公稱之性，復舉同異而較，亦欲學者一覽而悉公者之理也。前設總義，後提兩端較之，舉此五公括于十較，不能多，不能少也。蓋五者之一可與二、三、四、五相較，其二但與三、四、五相較，其三但與四、五相較，其四與五相較，其五互義已在前四，不更有較，故總惟十較耳。首舉宗與殊之較者，一則本然之序，殊先于類。蓋殊也者，類所以成全其性之內分者。一則宗之所與殊同者，多于其所與類同者。又慱斐略所謂殊與獨，但論宗也者所由受分之殊與夫最盡類之獨也。

又五公稱之同異，約略言之，以宗而較殊、類、獨，所同者三；較依，所同者一。又以較殊，所異者六也；較類，所異者七；較獨，所異者五；較依，所異者四也。殊與類、獨、依相較，所同者二；又畸與類較，所異者四；與獨較，所異者二；與依較，所異者三也。類與獨較，所同者二，所異者亦二；其與依較，所同者一，所異者四。獨與依較，所同者二，所異者三也。

所當解者兩端：一云第五公稱之依賴者先與特一者有相宜，次乃因其特一而與類性有相宜也。此如有此一馬之動，所以謂馬之有動；有某人之白者，所以謂人爲有白者。此皆論實依賴，非論思成之依賴也。何故？凡實依賴者，其于物性非有固然之宜，必待外所以然之施。使我有此依賴，乃可謂與我有宜，而凡所以然者之實用，固必向于現在特一之物，以立其界。若夫明悟所施之用，則不必然，用其思想，能直向其公性，如爲宗、爲類之互皆然。

二云兩類者不得合而更成他類也。欲明此義，當知博斐略非論形性之合，而惟論超形性之合。義見前。又所謂兩殊相合以成類者，非論同等之殊，而惟論相屬之殊。蓋同等之殊非有上與下、爲與受之義，故不能相接，而相屬之殊雖其下焉者不自能拘其上，但既能拘宗，則亦能拘宗所結之殊，以成下類，故下殊之視其上者，如模之視其質，如爲之視其受然。若兩最盡之類，非有上下、爲受之義，固不能相接以成一本一元之理也。由此而推，可以解或者所云下域之質與人之靈模各爲最盡之類，顧能相合以成人類。又幾何之線與面各爲最盡之類，顧能相合以成幾何之諸類者，蓋此之相合俱爲形性之合。而博斐略所云兩類，義匪宗、殊，自不能就超形性者之合以別成夫他類也。

# 坤輿圖説　卷上

西洋南怀仁撰

《坤輿圖説》者，乃論全地相聯貫合之大端也。如地形、地震、山岳、海潮、海動、江河、人物、風俗、各方生産，皆同學西士利瑪竇、艾儒略、高一志、熊三拔諸子通曉天地經緯理者。昔經詳論，其書如《空際格致》、《職方外紀》、《表度説》等，已行世久矣。今撮其簡略，多加後賢之新論，以發明先賢所未發大地之真理。

夫地與海本是圓形，而合爲一球，居天球之中。誠如雞子，黄在青内。有謂地爲方者，乃語其定而不移之性，非語其形體也。天既包地，則彼此相應。故天有南北二極，地亦有之；天分三百六十度，地亦同之。天中有赤道，自赤道而南二十三度半爲南道，赤道而北二十三度半爲北道。按：中國在赤道之北，日行赤道，則晝夜平；行南道，則晝短；行北道，則晝長。故天球有晝夜平圈列于中，晝短、晝長二圈列于南北，以著日行之界。地球亦設三圈，對于下焉。但天包地外爲甚大，其度廣；地處天中爲甚小，其度狹；此其差異者耳。查得直行北方者，每路二百五十里，覺北極出高一度，南極入低一度；直行南方者，每路二百五十里，覺北極入低一度，南極出高一度。則不特審地形果圓，而並徵地之每一度廣二百五十里，則地之東西南北各一週，有九萬里實数也。是南北與東西数適相等而不容異也。

夫地厚二萬八千六百三十六里零百分里之三十六分，上下四旁，皆生齒所居。渾淪一球，原無上下，蓋在天之内，何瞻非天。總六合内，凡足所佇，即爲下。凡首所向，即爲上。其專以身之所居分上下者，未然也。且予自大西浮海入中國，至晝夜平線，已見南北二極皆在平地，略無高低。道轉而南，過大浪山，已見南極出地三十五度，則大浪山與中國，上下相爲對待矣。而吾彼時只仰天在上，未視之在下也。故謂地形圓，而週圍皆生齒者，信然矣。

以天勢分山海，自北而南爲五帶：一在晝長、晝短二圈之間，其地甚熱，帶近日輪故也；二在北極圈之内，三在南極圈之内，此二處地居甚冷，帶遠日輪故也；四在北極、晝長二圈之間；五在南極、晝短二圈之間，此二地皆謂之正帶，不甚冷熱，日輪不遠不近故也。

又以地勢分輿地爲五大州：曰歐邏巴，曰利未亞，曰亞細亞，曰南北亞墨利加，曰墨瓦蠟泥加。若歐邏巴者，南至地中海，北至青地及冰海，東至大乃河、墨阿的湖、大海，西至大西洋。若利未亞者，南至大浪山，北至地中海，東至西紅海、聖老楞佐島，西至阿則亞諾海。即此州只以聖土之下徼路與亞細亞相聯，其餘全爲四海所圍。若亞細亞者，南至蘇門荅喇、吕宋等島，北至新增白臘及北海，東至日本島、大清海，西至大乃河、墨阿的湖、大海、西紅海、小西洋。若亞墨利加者，全爲四海所圍，南北以徼地相聯。若瑪熱辣泥加者，盡在南方，惟見南極出地而北極恒藏焉，其界未審何如，故未敢訂之。惟其北邊與爪哇及瑪熱辣泥峽爲境也。其各州之界，當以五色別之，令其便覽。各國繁夥難悉，原宜作圓球，以其入圖不便，不得不易圓爲平，反圈爲線耳。欲知其形，必須相合，連東西二海爲一片可也。其經緯線，本宜每度畫之，今且惟每十度爲一方，以免雜亂。依是可分置各國于其所。

天下之緯，自晝夜平線爲中而起，上数至北極，下数至南極。天下之經，自順天府起爲初度，至三百六十度，復相接焉。試如察得福島，離中線以上二十八度，離順天府以東二百十五度，則安之于所也。凡地在中線以上至北極，則實爲北方。凡在中線以下，則實爲南方焉。又用緯線，以著各極出地幾何。蓋地離晝夜平線度数與極出地度数相等，但在南方，則著南極出地之数，在北方，則著北極出地之数也。假如視京師隔中線以北四十度，則知京師北極高四十度也。視大浪山隔中線以南三十五度，則知大浪山南極高三十五度也。凡同緯之地，其極出地数同，則四季寒暑同態焉。若兩處離中線度数相同，但一離于南，一離于北，其四季並晝夜刻数均同，惟時相反，此之夏爲彼之冬耳。其長晝、長夜，離中線愈遠，則其長愈多。余爲式以記于圖邊，每五度其晝夜長何如，則東西上下隔中線数一，則皆可通用焉。

用經線以定兩處相離幾何辰也。蓋日輪一日作一週，則每辰行三十度，兩處相離三十度，並謂差一辰。假如山西太原府列在于三百五十五經度，而則意蘭島列于三百二十五經度，彼此相去三十度，則相差一辰。故凡太原爲午，則意蘭爲巳，其餘倣此焉。設差六辰，則兩處晝夜相反焉。如所離中線度数又同，而差南北，則兩地人對足底反行。假如河南開封府離中線以北三十四度，而列在于三百五十七經度，又南亞墨利加之内近銀河之地，如趙路亞斯等，離中線以南三十四度，而列于一百七十七經度，彼此相去一百八十度，即六辰，則彼此相對反足底行矣。從此可曉同經線處並同辰，而同時見日月蝕焉。

夫地圖所定各方之經緯度，多歷年世愈久而愈準。蓋其定法，以測驗爲主。當其始，天下大半諸國地及海島不可更僕，前無紀録之書，不知海外之復有此大地否也。近今二百年來，大西洋諸國名士航海通遊天下，週圍無所不到，凡各地依曆學諸法測天以定本地經緯度，是以萬國地名輿圖大備如此。其六合之地及山川、江河、湖海、島嶼，原無名稱，凡初歷其地者，多以前古聖人之名名之，以爲別識，而定其道里云。

## 地體之圜

世謂天圜而地方，此葢言其動静之義，方圓之理耳，非言其形也。今先論東西，次論南北，以證合地圜之旨。日月諸星，雖每日出入地平一遍，第天下國土，非同時出入。葢東方先見，西方後見，漸東漸早，漸西漸遲。

如第一圖，午、酉、子、卯爲日天，甲、乙、丙、丁爲地球。今日輪在午，而人居甲，即日正在其天頂，得午時；人居丙，即得子時。日在其天頂衝也，東去甲九十度，居丁，得酉時。日既過其天頂，將没于地，則午、甲、丙、子爲其地平也。西去九十度，居乙，即得卯時，日向其天頂，方出于地，亦午、甲、丙、子爲其地平也。依此推算，今日輪出地平，在卯，人居丁，得午時；居乙，得子時矣。此何以故？地爲圜體，故日出于卯，因甲高與乙障隔，日光不照，故丁之日中，乙之半夜也。若地爲方體者，如上甲、乙、丙、丁，則日出卯，凡甲、乙、丁地面人宜俱得卯；日入酉，俱得酉；不應東西相去二百五十里而差一度，又七千五百里而差一時也。

故明有時差者，不能不信地圜也。又丁、乙與甲異地，即異天頂，即異日中，而又與甲同卯、酉，即丁之午前短、午後長矣，乙之午前長、午後短矣。獨甲得午前、後平耳。而今半晝分天下皆同，何也？則明有半晝分者，不能不信地圜也。

自南而北，地爲圜體，亦可推焉。如第三圖，西、南、東、北爲周天，甲、乙、丙爲地之圜球，丁、戊、己爲地之方面。若人在圜球之乙，即見在南諸星。從乙漸向丙，即南諸星漸隱矣。漸向甲者反是。若人在平面之丁，即得俱見南北二極之星，其在戊、在己，亦如南北極，諸星何由得漸次隱見乎？則地之爲圜體，固可證矣。

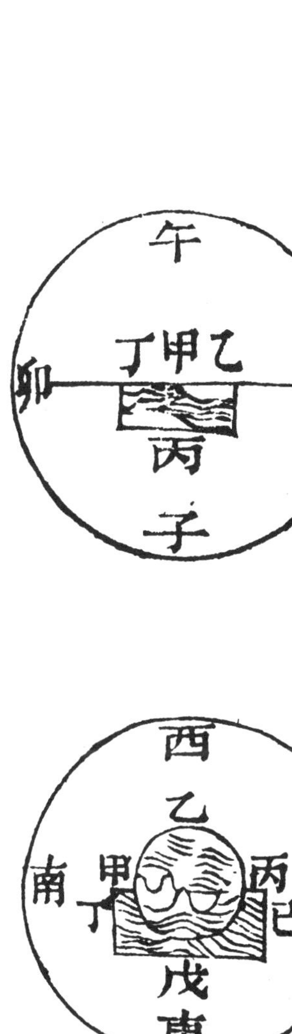

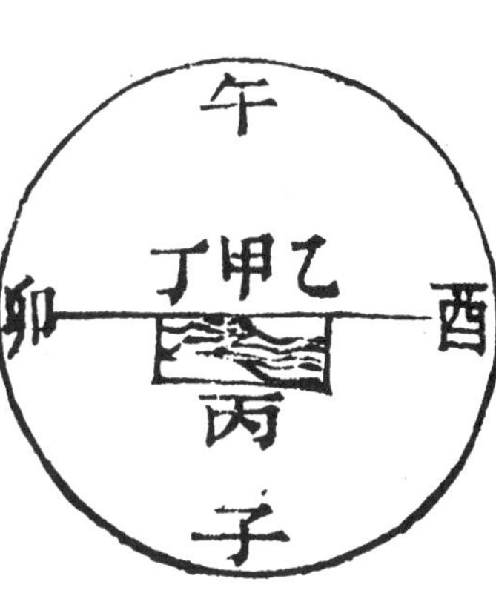


第三圖



## 地圜

又地周三百六十度，每度二百五十里，其周圍實獨有九萬里。令地爲方，四面，其一面應得二萬二千五百里。人居一面地平之上，其二萬二千五百里之内，並宜見之，乃今目力所及，大略能見三百里。即于最高山上，未有能見四、五百里者。則地之圜體突起于中，能遮兩界故也。地水同爲一圜球，以月食之形可推而明之。夫月食之故，由大地有日月之間如上圖，日不能施照于月，故地射影于月面，亦成圓形，則地爲圜可知。

或言：果大地如圜球，則四旁在下，國土窪處之海水，不知何故得以不傾云云。曰：物重者，各有體之重心。此重心者，在重體之中。地中之心，爲諸重物各重之本所，物之重心悉欲就之。凡謂下者，必遠于天而就地心；凡謂上者，必就天而遠于地心。而地之圜球懸于空際，居中無著，常得安然，而四方土物皆願降就于地心之本所。東降欲就其心而遇西就者，不得不止；南降欲就其心而遇北就者，亦不得不止。凡物之欲就者皆然。故凡相遇之際，皆能相衝相逆，而凝結于地之中心。即不相及者，以欲就故，亦附離不脱，致令大地懸居空際也。

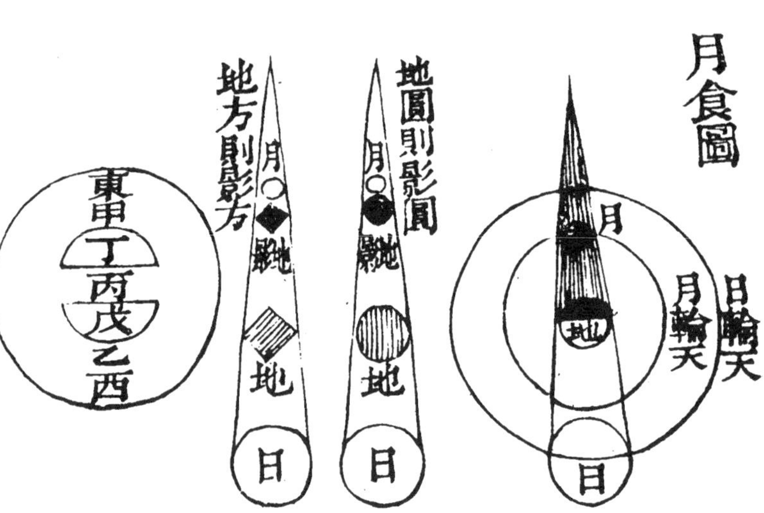

（如上圖）丙爲地中心，甲乙兩分，各爲之半球。甲東降就其心，乙西亦降就其心，兩半球又各有本體之重心，如丁、如戊。甲東降，必欲令本體之重心丁至丙中心然後止；乙西降，必欲其本體之重心戊至丙中心然後止。故兩半球相遇于丙中心，甲不令乙得東，乙不令甲得西，一衝一逆，力勢均平，遂兩不進，亦兩不退，而懸居空際，安然永奠矣。譬一門焉，二人出入，在外者衝欲開之，在内者逆欲閉之，一衝一逆，爲力均平，門必不動。甲乙半球，其理同也。至四方八面，一塵一土，莫不皆然。地道隤然而下凝職是故耳。

## 地球南北兩極，必對天上南北兩極，不離天之中心

夫地之中爲諸天之中心，從月食之理而明之。新法歷書有本論，其地球南北兩極，正對天上南北兩極，而永遠不離者，從本極之高度明見之。蓋天下萬國，從古各有所測，本地南北極之高下，度于今之所測者不異。其不離天極之所以然，在萬物變化之功。蓋天下各地，萬物生長、變化之功，皆原太陽及諸星循四時之序，照臨而成也。在各國之地平，上下、高卑若干，因而剛柔燥濕隨之，而萬物各得其宜耳。今使地之兩極，不必其爲向天上之兩極而離之，或于上下，或于左右，則是天下萬國必隨之而紛擾動摇，將原在乎。赤道之北者，忽易而爲赤道之南；赤道之南者，忽易而爲赤道之北。近者變遠，遠者變近。夏之熱，忽變乎冬之寒。則四序顛倒，生長變化之功，因之大亂，而萬物滅絶矣。審乎此，則地之南北兩極，恒向乎天之兩極，亘萬古而不移也，夫何惑焉。即使地有偶然之變，因動而離于極，則地亦必即自具轉動之能，以復歸于本極，與元所向天上南北之兩極焉。夫地球自具轉動之力，與吸鐵石之力無二。吸鐵石之力無他，即向南北兩極之力也。蓋吸鐵石原爲地内純土之顆，故其本性之氣與大地本性之氣無異。所謂純土者，即四元行之一行，並無他行以雜之也。夫地上之淺土、雜土，爲日月諸星所照臨，以爲五穀、百果、草木，萬彙化育之功。純土則在地之至深，如山之中央，如石鐵等礦是也。審此，則夫地球之全體相爲葆合，蓋有脈絡以聯貫于其間焉。

嘗考天下萬國名山，及地内五金礦、大石深礦，其南北陡衺，面上明視，每層之脈絡，未有不從下至上，而向南北之兩極者也。遥等從遠西至中夏，歷九萬里而遥，縱心流覽，凡于瀕海陡衺之高山，察其南北面之脈絡，大概皆向南北兩極，其中則别有脈絡，與本地所交地平線之斜角正合。本地北極在地平上之斜角，五金石礦等地内深洞之脈絡亦然。凡此脈絡内，多有吸鐵石之氣。又嘗考天下萬國堪輿諸書圖五大洲，凡名山大川，皆互相綿亘至幾千萬里之遥，自南而北，逶迤繡錯，其列于地者，顯而可見也。其内之脈絡蟬聯通貫，即何殊乎人身之脈絡骨節縱横通貫而成其爲全體也哉。

# 地震

或問地震曷故？曰：古之論者甚繁，或謂地含生氣，自爲震動；或謂地體猶舟浮海中，遇風波即動；或謂地體亦有剝朽，乃剝朽者裂分全體而墜于內空之地，當墜落時，無不摇動全體而致聲響者；又有謂地內有蛟龍，或鰲魚，轉奮而致震也。凡此無稽之言，不足深辯。惟取理之至正者，而姑論其数端，及其性情之自然者如左。

其一，地震者，因內所含熱氣所致也。蓋地外有太陽恒照，內有火氣恒燃，則所生熱氣漸多而注射于空隙中，是氣愈積愈重，不能含納，勢必奮怒欲出，乃猝不得路，則或進或退，旋轉鬱勃，潰圍破裂而出，故致震動，且有聲響也。正如火藥充實于礮銃內，火一燃而衝突奮裂，乃必破諸阻礙而發大響也。或疑氣似不能動地，須知氣之力，堅猛莫禦，試觀夫風初亦莫非微氣所發，積而至于走石、拔樹、頹屋、覆舟。夫氣之困鬱于地，其奮發必力奮而震摇乎地體，理之自然者也。何足異哉？

欲證其所由然，則有二端可以明之。一，震之時率在春秋之月，蓋因此二時氣最易生也。一，震之所必在土理疏燥及多空窟之地，以其易容多氣。故山崩之處，內多洞穴者，其震猶更密也。若地有空竅向天，而可以噓散所藴之氣者，則終不致震耳。又海中之島，亦多震者，因外圍之海水與內所含之硝磺，多致生熱氣，熱氣既熾，必發震也。所以本土之人，每多掘井，欲其氣透而易散，以免地震故也。

大凡地震之或先或後，必久屬亢旱，或并多風肆暴而致，總之，氣之爲烈耳。其氣爲烈之故，而有三焉。其一，凡地內之有空洞，氣既充盈，而又生新氣以增益之，勢難並容，不勝其鬱勃而奮力求出，故致震撼也。其二，凡地被寒氣侵閡，必自收縮，乃致其內所含熱氣自爲流遁，而遂亂相衝擊其地也。其三，地內所藏熱氣一被外之冷氣侵閡，則必退而斂約，斂約愈極，其力愈長，而質愈稀清，愈稀清亦愈欲舒放，而得廣所，斯乃摇動觸震地體也。

夫震之久暫，首係氣勢，凡氣之厚且多者緩消，薄與寡者速散。次係地勢，凡地之疏輭者易開，密且硬者難出，因其久爲衝奮，或連或斷，而復續竟致久動矣。其實一動非能久也，凡致地震之烈氣，積在地內，不過数十百丈之深，則遇低窪之處，如江海山谷等，易出而散，因而震動不越一郡縣，或一山谷之地而止。若猛烈之氣藏于地內，至数十百里之深，則既難發洩，必致四面衝奮，尋其所出之路，因而震数省之地，致数千里之遠也。

## 山　岳

先聖論地初受造時甚圓，無深淺高卑之殊，惟水徧圍其面而已。但造物者將居民物于地面，則開取淵坎，令水歸之。致露乾土，即以所取之土致成山岳陵阜之類。試觀海涯無不倚山陵之足，江河多峽于阜嶺之中，大約高山多近深谷，可以驗其原生之意也。然造成後又有變遷。蓋諸國典籍所記，高岸爲谷，深谷爲陵。古所未有者，或新發而始見，是乃地震所致，或風力，或水勢所成也。若究其山生之爲者，不但飾地之觀，豎地之骨，直于人物有多益焉。蓋或以毓五金，或以捍四海，或以湧溪澤，或以茂林叢，或以蔽風雪，或以障蔭翳，或以界封疆，或以禦寇盜，或以闢飛走之囿，或以廣藏修之居，無算妙用。則造物之原旨，以全夫寰宇之美，而備生民之須耳。今摘天下各國有名高山里数，開列于左：

阨勒齊亞國，阨莫山，高十三里一百九十二丈；

西齊理亞國，晝夜噴火之山，名阨得納，高十三里一百五十六丈；

西洋德納里法島，必个山，高二十一里二百一十四丈；

阨勒齊亞國，亞多山，高二十四里一百零四丈；

意大里亞國，呀爾伯山，高二十七里一百六十八丈；

諾爾物西亞國，山高三十里零二十丈；

亞墨尼加洲，伯納黑山，高五十五里一百二十丈；

莫斯哥未亞國，里弗依山，高八十三里零七十二丈；

亞細亞洲，高架所山，高一百三十一里二百零四丈。

## 海水之動

海水自然之動，止有其一，即下動也。凡外動爲强，則非自然可知矣。其强動甚多，其一，外風所發，風既不一，動亦不一；其二，自東而西，凡從歐邏巴航海西向而行，則順而速；東向而行，則逆而遲。此動非特大海，又于地中海可見，其所以然,從太陽自西而東行以生焉見《風氣説》;其三,自北而南,凡航海者,從北向南,必順而速;從南而北,必逆而遲。夏月行北海者,常見冰塊之廣大如城,如海島,曾有見長三百餘里者,從北而南流。其所以然者,北極相近之海大寒,比年中多雲雨、多冰雪;與赤道相近之海大熱,每日海水之氣甚多,被日薰蒸,沖上空際。蓋南海之勢處卑,北海之勢處高,故水北而南流也。

## 海之潮汐

潮汐各方不同,地中海迤北、迤西,或悉無之,或微而難辨;迤南、迤東,則有而大,至于大滄海中,則隨處皆可見也。第大小、速遲、長短,各處又不同。近岸見大,離岸愈遠,潮愈微矣。地中海潮水極微,又吕宋國、莫路加等處,不過長一、三尺。若其他如大西拂蘭第亞國,潮水長至一丈五尺,亦有一丈八尺至二丈之處。安理亞國隆第諾府現長至三丈,其國之他處,長至五六丈。阿利亞國近滿直府長至七丈,近聖瑪諾府間長至九丈。此各方海潮不同之故,由海濱地有崇卑直曲之勢,海底、海内之洞有多寡大小故也。況月之照海,各方不同,則其所成功,亦不能同。其長退之度,或每以三候,或長以四候。或其長極速,即騎馳猶難猝脱。則一候倏淹覆四百餘里,而又一候倏歸,本所又始。起長之時亦不同,大概每日遲約四刻,朔望所長更大。嘗推其故,而有得于古昔之所論者,則以海潮由月輪隨宗動天之運也。古今多宗之。其正驗有多端:

一曰,潮長與退之異勢,多隨月顯隱盈虧之勢。蓋月之帶運一晝夜一周天,其周可分四分,自東方至午,自午至酉,自酉至子,復自子至東。而潮一晝夜概發二次,卯長午消,酉長子消。若隨處、隨時略有不同,是不足爲論,别有其所以然也。

二曰,月與日相會,相對有近遠之異勢,亦使潮之勢或殊。假如望時,月盈即潮,大月漸虧,而潮漸小。

三曰,潮之發長,每日遲四刻,必由于月每日多用四刻,以成一週,而返原所。蓋月之本動,從西而東,一日約行十三度,從宗動天之帶動,自東而西,必欲一日零四刻,方可以補其所逆行之路,而全一週也。

四曰,冬時之月,多强于夏時之月,故冬潮概烈于夏潮。

五曰,凡物屬陰者,概以月爲主,則海潮既由濕氣之甚,無不聽月所主持矣。即月所以主持海潮者,非惟光也。蓋朔會時,月之下面無光,至與吾對足之地亦無光,海當是時,猶然發潮不息。則知月尚有他能力,所謂隱德者,乃可通遠而成功矣。蓋海水、海底多藴育濃熱之氣，大概與硫磺、硝等同情力者，其氣被月之隱德感動，有時潮發，有時潮息，如瘧疾者，雖閉户静室中，月星照不到，然其身之氣，仍被月星感動，時而瘧發，時而瘧息然。

或問：海水潮汐向用爲何？曰：一則以免腐朽之患，蓋水不動必朽腐，然腐朽之水，氣被太陽蒸升，變爲濃雲，爲風所拂帶至内地，多生瘟疾，人畜必死；一則以清外聚之垢，蓋地土杢惡之積，由江河而歸于海，乃潮長復發吐之也；一則以輔航漂渡之事，蓋潮長則從海易就岸，潮退則從岸易入海。觀此，則海潮之益不淺矣，造物主豈無意乎！

或問：海水之鹹曷故？曰：多由于幹濕二氣之滲。證曰：凡滋味必從二氣之雜，乃乾而甚燥，必生鹹。如灰、溺、汗等是也。則海既含多氣，或風從外至，或日從内生，故其水不能不鹹也。試用海水濯物，必温和乾燥，較諸他水爲濁。其沾濡如油，何也？又含土之乾氣故也。又試觀海水或流沙内，或被火蒸必甘，何也？失土氣之大分故也。又試取浮薄空罌，塞口沉于海中，其内所浸入之水必甘，因水從徵孔入，少帶土氣故也。又從海氣聚結之雨必甘，何也？氣上時，其土之濁多墜失故也。觀此多端，海水之鹹從土極乾燋之氣而生也。明矣。雖然，太陽之亢炎亦能致鹹。驗之海面之水，鹹甚于海底者，近受日暈之射，而底之水日光不及故也。又試之夏月海水多鹹于冬月，蓋日軌甚近之所使然矣。又海底多有鹽脈，貫通各處，鹽之本性，見水即化，今海水□〔一〕流恒染鹽味，此海水之鹹所由來第一根原也，另有本論。

# 江　河

夫地内多藏積水，常見鑿礦者，多遇池瀆及速泬之澗。又隨處掘井者，或淺或深，無不得水之源。又觀乾地屢開竅發水，而或成湖澱，或淹房屋、人物也，因知地中非函大積之水，定無是事也。

又造物者初收水于深淵時，遺多分于地内。又隨處開闢，匿空隱渠，以徧運潤澤之恩。正如人體内多備脈絡筋骨，以運血氣之潤澤也。蓋地原本至乾，非得水之潤，自難凝結。又不能養育卉木、金石之類，濟捄人物之用。因知天地造成之初，地面即多發泉川江湖，以備後用。

夫江河溪泉，多由于海水。證以四端：一曰天下江川，日日入海而不溢者，必有他出。若無出而不溢，極難解矣。二

〔一〕底本缺字。

曰江河之洪大者，非源于海，更無此大源矣。蓋地内從氣所變之水，萬不足供大江之常流也。三曰從古嘗有江湖泉川新出，其味如海之鹹，其魚亦如海内之形，則江河非由于海而何？四曰凡近海之地必多泉川，愈遠于海者，其川亦愈寡矣。

又江河雖多從海而出，但泉川亦有從氣變生者。蓋地中所藏多氣既不能出外，又被圍山之冷攻之，因漸變涣而滴流，致成泉溪之水源。試觀最高之山，大都有水泉，甚甘甚冽，然海水或相去甚遠，其地或甚低，其水又濁且鹹，又何能致甘冽乎？又觀人屋近于山麓，閉其户牖，必多濕而發水，何也？其内藏之氣易變水也，矧山穴之内乎？又入山中諸洞等，旁多滴水成水渚，乃溪澗之水源備矣。

或問：海卑地崇，水何能逆本性上流于地面乎？曰：海水所由之匿空隱渠，必曲非直，乃水因潮長時强入其内，不能復退，惟有漸進，勢不得不上湧矣。況星辰之隱德，必招攝海水，以滋萬物，而土爲極乾，又招水以自慰其渴，因濟外物之須。則水之上流也，觀其私性爲逆；觀衆物之公性，則不爲逆也。正如凡遇空時，水土必上，火氣必下，而是上下之動者，論各元行之性爲逆，論衆物之性不逆是也。

# 天下名河

## 亞細亞洲

黄河，元朝圖史載，黄河本東北流歷西蕃，至蘭州，凡四千五百餘里，始入中國。又東北流過夷境，凡二千五百餘里，始轉河東。又南流至蒲州，凡一千八百餘里，通計屈曲九千餘里。

歐拂辣得河，長六千里，其流入海口處，闊四十八里。

安日得河，長四千八百里，闊約五里，深十丈餘，分七岔入海，及水産金沙。

阿被河，長七千二百里。此河開凍時，有大冰如山岳，衝擊樹木，排至兩岸，旁溢一千二百里，土人遷移入山避之。

印度河，長四千里，入海口處闊一百六十里。

## 歐邏巴洲

大乃河，長二千四百八十里。分三岔入墨阿的湖。
窩耳加河，長一千六百里，分七十二流入海。
達乃河，長四千八百里，入大海。
多惱河，長三千六百里，分七岔入海。其河有橋，長一十一里，高十五丈。

## 利未亞州

泥琭河，長八千八百里，分七流入海，産葛爾各第羅蛇及海馬。
黑河，地内藏其水道，至二百四十里遠有餘。

## 北亞墨利加

加納大河，海潮入此河至一千六百里，流入海口處闊二百四十里。

## 南亞墨利加

聖瑪得勒納河，長三千六百里。
巴里亞河，深十五丈，入海口處闊四百四十餘里。
雅瑪瑣農江，長一萬餘里，闊八十四里，深不可測。入海口處闊三百六十六里，其水勢悍急，直射海水，至三百二十餘里皆甜水。其兩岸綿亘有一百三十餘國，語言、風俗俱不同。

# 氣行

古或以氣無色，不屬五，外司疑爲無有。此説大謬。可證者有六：一曰，無氣則天内空矣，地何以懸空而得居于中？

萬物何以得生？日月星辰何以得外光？或以隱德養育萬生乎？蓋物惟聯統，庶得相濟相保，空虚是所大忌避也。二曰，禽魚無所賴，則不能飛，飛者以翼御氣，如人用手御水而得浮也。三曰，風寂時，人急趨走，則前面若有物觸之者，然是非氣而何？四曰，人向空中揮鞭，定有聲響，凡彈射皆然。夫聲從二物相擊而生，若空中非有氣，必無他物以生聲矣。五曰，一室之中，兩門相對，開閉此一門，則彼一門亦動。又人在室中急行，其窗之紙及諸係懸之輕物亦動，非由氣而何？六曰，室中寂静無風，見隙影内塵埃滚滚上下，所謂野馬者，何也？必氣使之然矣。数端不足證有氣乎。至其變幻莫測，則因小大應感之不倫耳，非難明也。氣惟實有，而萬不可無。一則以資喘息之功，一則以運天光物像，及人物聲音之跡。一則以存火、水等類之性。蓋氣一缺，則人物之呼吸遂輟，而内心火及其生機并滅。又上天所射之光，形物所發之像，諸體所出之聲，無所憑摅，無由至于所當至，而資存其所包含内物之體也。若言氣無色體可見，遂謂之無，則彼風聲、臭味及鬼神、人物之魂，諸不屬人目者，悉當謂之無乎？夫外目所不及者，有理之内目可及也。

夫氣厚分有上、中、下三域：上域近火，近火常熱；下域近水土，水土常爲太陽所射，足以發煖，故氣亦煖；中域上遠于天，下遠于地則寒。各域之界，由何而分？以絶高山爲界，上爲上域，風雨所不至，氣甚清，人物難居。下爲中域，雨雪所結。自此以下，爲下域矣。第其寒煖之分處，又有厚薄不等，若南北二極之下，因遠太陽，則上下煖處薄，中寒處厚。若赤道之下，因近太陽，則上下煖處厚，中寒處薄。以是知氣域之不齊也。

## 風

夫風之本質，乃地所發乾熱之氣。有多端可證。一，試春秋時多風，何也？是時空際多聚乾熱之氣。二，曉晨時多風，何也？日出而升，必攝多氣。三，雪化時多風，何也？雪内多有乾氣。是氣將分别于冷濕，故生風。四，空際忽見火色，知後必有風，何也？火者，乾熱之氣所致也。五，風愈大而物愈燥，何也？風之元質乾熱故也。由是可知，空際之氣雖動，時或生風，亦能如風之清凉人物，然其實與風不同，則風之元質多屬乾氣，而乾氣中或亦有濕氣參之，故春時之風與海上之風多致物朽，可以爲驗。

大海中，黄道之下，恒有東風，故船往西行者，必宜順風，則行而疾；如東行，則逆風而遲。蓋太陽從冬至迄夏至，輪轉恒行黄道下，而其爆煖，不絶照于空際，正對之氣，令之沖上，然其故恒隨太陽從東而西，則東邊之風氣必後隨之，而恒補前氣之缺矣。大海之水亦然，恒隨太陽從東而西。葢太陽西行，無一息之停，以其爆熱恒照而吸西海之水氣，令之上沖，而或雲霧，因而在西之水面，比在東之水面恒卑。葢東高西卑，則海水從東而西流，以補其缺，此自然之理也。

夫乾熱氣騰，上至于中域，爲冷寒氣所扼，既不得上，而性輕，又不得下，則必致横飛也。又其飛之速遲、强弱，由于氣之衆寡清濁，及其上沖之力與勢也。葢氣之沖上者疾急，一值阻扼，其退飛亦必速迅，由是可知風飛時，其前後左右之氣，無不動而隨之者。是以氣動爲風者，亦必有故也。或問旋風何？曰，若上所論乾熱之氣入数雲内，復各爆出，適相撞結，因各隨所向之地，互相推逐，以成旋輪。譬之川水，其急流時，忽值山石阻遏，無由可出，即回而爲旋窩也。又譬之諸風，凡從廣闊之地歸入隘巷，而無路可出，必回旋矣。是風在平地，值物多起；在海中，值舟多沉。

夫風有多利，姑舉四端：其一，拂動近氣，令就平和，以利呼吸。人與諸生，緣此以免閉塞之傷。葢近氣無風，則積聚不散，有傷生命故也。其二，帶雲成雨，以滋内地。葢内地氣微，旋生旋滅，力不足成雲雨之功，惟大海廣受日照，猛起濕熱之氣，蓬蓬勃勃，升至中域，太陽返照，光力不及之際，遂乃變熱而涼，先結成雲，漸散成雨。然使無風帶入内地，則濕氣所成雲雨，復歸初升原處，何由利内地之人乎？其三，燥地所餘潮氣，悦生動物，速熟諸果。其四，助舟楫之力，以通貨財，以利天下是也。

## 雲　雨

雲乃濕氣之密且結者也。地水之氣，被日爆煖，沖至空際中域，一遇本域之寒，即棄所帶之熱，而反元冷之情，因漸湊密，終結成雲。則或薄而稀，或厚而密者，又由于氣之乾濕清濁相勝之異勢也。薄稀者輕浮，易爲風所撥散，難以成雨，是爲枯瘠無益之雲。若厚密者，多含潤澤，故易化雨而益物。則雨無他，乃施雨之雲耳。

凡初雨之時，必濛濛而細，漸而近地，則其雨點愈大矣。葢雨落時多細微，雨點彼此相沾，若下之路遠，則相沾之更多而加重大。故山頂比山根之雨點微小，因雲離山頂近，離山根遠故也。又冬月比夏月雨點微小，因冬月天冷時，雲離地不遠，夏天大暑日，雲高，離地更遠。然雲遠則雨點從上而下，一路彼此相沾之多而加重大；雲近則路短，而相沾之雨點小。雨雹時亦然。若當時有大風，雹子而横斜下，其體更加重大。葢横斜之路，比正直之路更遠，路遠則雹子相沾之多。間有如彈丸大者，若剖而細視之，則灼見多小雹子沾于一處，由此故也。

# 四元行之序並其形

四元行不雜不亂，蓋有次第存乎其間。故得其所則安，不得其所則强，及其强力已盡，自復歸于本所焉。本所者何？土下而水次之，火上而氣次之，此定序也。其故有三：

一曰重輕。重愛卑，輕愛高，以分上下重輕。又有甚次之别，因上之中有下，下之中有上，以分元行之四。水輕于土，氣重于火，水在土之上，氣在火之下。然水以重言，氣以輕言者，較從其衆故也。蓋水對一土曰輕，對二火、氣曰重，氣對一火曰重，對二水、土則曰輕也。以是知水必下而不上，氣必上而不下矣。

二曰和情。蓋情相和則近，相背則遠。假如乾冷成土，濕冷成水。土、水以冷情相和，故相近。濕熱成氣，濕冷成水，水、氣以濕情相和，故亦相近。乾熱成火，濕熱成氣，氣火以熱情相和，故亦相近。若背情之行，相反則遠。假如水冷而濕，火熱而乾，二情正背，故以相遠。問土、火以乾情相和，而極遠者，以土火雖有相和之情，重輕大異。故權衡于二者之故，可以定四行之序矣。

三曰見試。蓋四行之序，目前易試也。火發爲焱，嘗有從下至上，尖殺之形，西曰火形，蓋不能安下，而奮力以上，必向極高是也。氣偶入土、水之中，不得其安而欲上行，在土爲地震，爲山崩，在水爲漚、爲泡。試强一毬至水底，忽然突出是也。水若騰在氣域，必被强而不得安，迨强力已盡，自復歸于本所。如成雨者，以太陽薰蒸地濕爲雲，雲稀屬氣，故輕而浮，雲密屬水，故重而墜。墜者復其本所也。土入水必下，至水底而後安。

夫四元行必圜，其理有二。一則宇宙之全，正爲一球，球以天與火、氣、水、土五大體而成。天體既圜，則四元行之皆爲形圜也斷然矣。一則四行皆在月天之下相切，若有他形，則火形之上或方或尖而不圜，必于月天之下未能相切，以致有空闕，爲物性所不容矣。四行之上既圜，則其下亦然。苟下有他形，則周乎地者亦不圓矣。地既無不圓，則其相連之水與氣亦無不圓可知矣。蓋凡物必圓而後能存，如方則易散而毁矣。以故非特天地與四元行皆圓，至於人物、肢體、及草木、果實，無不皆圓也。即如滴水而必成珠，此固物合以存，不欲散而毁也。

# 人物

天以下週圍大地，無不有人居焉。古者多疑赤道及南北二極下之地皆無人居，蓋以其甚暑、甚寒故也。然航海者每週全地而驗之，處處皆有人居，足以知舊説之非是矣。欲明其然，則見于空際格致論中。從東而西，凡離赤道之南北一般遠之地，則人物大同小異。若其離赤道近遠大不同之地，則人物亦隨之而大不同矣。蓋天下變化之功，大概從日月五星，自東而西，周天之運動而生，其四元行之情如冷熱乾濕，隨之而變然。日月五星皆依黄道而行，而黄道之平分在于赤道也。

普天之下，人所公同者，即靈性也。其五倫規矩之繁簡，法度之疏密，禮貌之華樸，雖有不同，終無以出于理外者。蓋所同者其性，而其所不同者則面貌及聲音也。蓋凡物傳類者，如禽獸等，容貌多相同，獨人不然，人各一貌，皆可識别。不但天下之廣如此，即一國、一方、一家皆如此。容貌、聲音，無二人全同者，此其中有主宰天下者之大意存焉。蓋憑面貌以判彼此彝倫所係，齊治攸關，原非細故。假使人面皆同，必至夫婦各不相識，父子皆不能辨，人各肆志任情，姦宄叢生，無所不至，雖欲治，得乎？彼禽獸大率同類相似者，豈非以其無彝倫齊治關係故哉？面貌異矣，又復别以聲音，蓋以人目異等，又或夜遇，無從識認，更有此以證佐之也云爾。

# 坤輿圖説　卷下

## 亞細亞州

亞細亞，天下一大州。人類肇生，聖賢首出，其界南至蘇門荅喇、吕宋等島，北至新增白臘及北海，東至日本島、大清海，西至大乃河、墨阿的湖、大海、西紅海、小西洋。國土不啻百餘，大者首推中國。此外曰韃而靼，曰回回，曰印第亞，曰莫卧爾，曰百兒西亞，曰度兒格，曰如德亞，俱此州巨邦。海中有大島，曰則意蘭，曰蘇門荅喇，曰爪哇，曰渤泥，曰吕宋，曰木路各。更有地中海諸島，亦屬此州界内。

中國則居其東南，自古帝王聖哲、聲名文物、禮樂衣冠，遠近所宗。山川、土俗、物産、朝貢諸國，詳載省志諸書，不贅。西北有回回諸國，人多習武，亦有好學好禮者。初宗馬哈默之教，諸國多同，後各立門户，互相排擊。地産牛、羊、馬、畜極多，因不啖豕，諸國無豕。

莫卧爾印度有五，惟南印度仍其舊，餘四印度皆爲莫卧爾所併。其國甚廣，分十四道，象三千餘。嘗攻西印度，其王統兵五十萬，馬十五萬，象二百，每象負一木臺，容人二十，載銃千門，大者四門，每門駕牛二百，盛載金銀五十巨罌以禦，不勝，盡爲莫卧爾王所獲。東印度有大河，名安日，謂經此水浴，作罪悉得消除。五印度人咸往沐浴。東近滿喇加國。各人奉四元行之一，死後各用本行葬其屍。奉土者入土，奉水、火者投水、火，奉氣者懸屍於空中。

最西有名邦曰如德亞，其國史書載上古事蹟極詳，自初生人類至今六千餘年，世代相傳，及分散時候，萬事萬物造作原始，悉記無訛。因造物主降生是邦，故人稱爲聖土。春秋時，有二聖王，父達味德，子撒喇滿，造一天主堂，皆金玉砌成，飾以珍寶，窮極美麗，費以三十萬萬。王德盛智高，聲聞最遠。中國謂西方有聖人，疑即指此。古名大秦，唐貞觀中，曾以經像來賓，有《景教流行碑》可考。

如德亞之西有國，名達馬斯谷。産絲、緜、羢、罽、顔料極佳，城不用磚石，是一活樹糾結，甚厚無隙，高峻不可攀登。天下所未有。

# 印第亞

印第亞即天竺五印度，在印度河左右。人面紫色，善百工技巧，無筆札，以錐畫樹葉爲書。國王例不世及，以姊妹子爲嗣，親子給禄自膳。男不衣衣，以尺布掩臍下；女以布纏首至足。其俗士、農、工、賈，各世其業，最貴曰婆羅門，次曰乃勒。奉佛，多設齋醮。今沿海諸國率奉天主正教。其地有加得山，中分南北。南半山川、氣候、鳥獸、魚蟲、草木，各極詭異。立夏至秋分，無日不雨。反是，則酷暑難堪，惟有涼風解之。自巳至申，從海西來，自亥至寅，從陸東來。

草木異常者難屈指。所産木造舟極堅，不破壞。多生椰樹，幹可造舟車，葉可覆屋，實能療饑，漿止渴，可爲酒、醋，爲油，爲飴糖，可削爲釘，殼盛飲，瓤索綯。有二奇木，一名陰樹，花形如茉莉，晝不開，夜始放，晨盡落。國人好卧於下，花覆滿身。一木不花而實，不可食，枝飄揚下垂，附地生根若柱。歲久結成巨林，無異屋宇。有容千人者，樹中近原幹處以供佛，名菩薩樹。

有巨鳥，吻能解百毒，一吻直金錢五十。象異他種，能識人言。或命負物至某處，往輒不爽。他國象遇之，則蹲伏。有獸名獨角，能解毒。此地多毒蛇，蛇飲泉水，染毒，人獸飲之必死。百獸雖渴，不敢飲，俟此獸來，以角攪其水，毒遂解，百獸始就飲。又有獸，形如牛，大如象，生兩角，一在鼻上，一在頂背，皮甲甚堅，交接處如鎧甲，頭大尾短，居水中可數十日。從小豢之，亦可馭，百獸俱慴伏。值象與馬，必逐殺之。骨、肉、皮、角、牙、糞皆爲藥，西洋貴重之。其貓有肉翅，能飛。蝙蝠大如貓。

地勢三角形，末鋭處闊不百步，東西氣候，各極相反，此晴則彼雨，此寒則彼熱，此風濤蔽天，彼穩平如地。海舶乘順風過者，至鋭處行如拔山，比南印度尤異。

## 百兒西亞

印度河西有大國，曰百兒西亞。幅員甚廣，都城百二十門，乘馬疾馳，一日未能周。有一苑囿，造於空際，下以石柱擎之，上承土石，樓臺、池沼、草木、鳥獸畢具，大逾一邑。國王嘗建一臺，以所殺敵人頭累之，幾五萬。國主好獵，一圍獲鹿三萬，聚其角爲臺，今尚存。東近撒馬兒罕界一塔，以黄金鑄成，上頂一金剛石，如胡桃，光夜照十五里。河江極大，有一河發水，水所及處，生各種名花。

百兒西亞西北諸國皆爲度兒格所併，内有國亞喇比亞，土産金銀，多寶石。地在二海中，氣候常和，一歲再熟。有樹如橡栗，夜露墜其上，即凝爲蜜。晨取食，極甘美。産百物俱豐，古稱福土。其地有沙海，廣二千餘里，沙乘大風如浪。行旅過此，偶爲沙浪所壓，倏忽成邱山。凡欲渡者，以羅經定方向，測道里，備糧糗及兼旬之水，乘駱駝駝行，甚疾，日馳四、五百里，又耐渴，一飲可度五、六日。其腹容水甚多，客或乏水，則剖駝飲其腹中水。

度兒格之西北納多理亞國有山，多瓊石，國人往鑿之。至一石穴，見石人無算。皆昔時避亂之民，穴居於此，死後爲寒氣所凝，漸化爲石。又有地名際刺，産異羊，羊羢輕細，雨中衣之，不沾濡漬，以油毫不污染。有山，生草木皆香，過之，香氣馥郁，襲人衣裾。

## 韃而靼

中國之北，迤西一帶，直抵歐羅巴東界，俱名韃而靼。江河絶少，平土多沙，大半皆山。大者曰意貌，中分亞細亞之南北。其北皆韃而靼種，氣候極寒，冬月無雨，入夏微寒僅濕土。人性好勇，以病殁爲辱。少城郭居室，駕屋於車，以便遷徙。産牛、羊、駱駝，嗜馬肉，以馬頭爲絶品，貴者方得噉之。道行饑渴，即刺所乘馬瀝血而飲。嗜酒，以一醉爲榮。國俗大都如此。

更有殊異不倫，夜行晝伏，身蒙鹿皮，喜食蛇、蟻、蜘蛛者。有人身羊足，氣候極寒，夏月層冰二尺。有長人善躍，一躍三丈，履水如行陸。

迤西舊有女國，曰亞瑪作搦，最驍勇善戰，嘗破一名都，曰厄弗俗。其地建一神祠，宏麗奇巧，非思議所及。國俗惟春月容男子一至其地，生子，男輒殺之。今爲他國所併，存其名耳。

又有地曰得白得，不以金銀爲幣，止用珊瑚。至大剛國，惟屑樹皮爲錢，印王號其上當幣。其俗國王死，往葬，逢人輒殺，謬謂死者可事其主。

## 則意蘭

印第亞之南有則意蘭島，人自幼以環繫耳，漸垂至肩而止。海中多珍珠，江河生貓睛、昔泥紅、金剛石等。山林多桂皮、香木，亦產水晶，嘗琢成棺斂死者。相傳爲中國人所居，今房屋、殿宇亦頗相類。西有小島，總名馬兒地襪，不下数千，悉爲人所居。海中生一椰樹，其實甚小，可療諸病。

## 蘇門荅喇

蘇門荅喇島至濕熱，人至其地者多病。君長不一。產金甚多，及產銅、鐵、錫、諸色染料。有大山，油泉可取爲油。多沉香、龍腦、金、銀、香、椒、桂。人强武，恒與敵國相攻殺。多海獸、海魚，時登岸傷人。其東北滿喇加國，地不甚廣，爲海商輻輳。正在赤道下，春秋二分，氣候極熱，賴無日不雨，故可居。產象及胡椒，佳果木終歲不絕。人良善，不事生業，或彈琵琶閒游。

## 爪哇

爪哇大小有二，俱在蘇門荅喇東南，海島各有主。多象，無馬、騾，產香料、蘇木、象牙，不用錢，以胡椒及布爲貨幣。人姦宄凶急，好作魘魅妖術。諸國每治兵争白象，白象所在即爲盟主。

## 渤泥

渤泥島在赤道下，出片腦極佳。燃火沈水中，火不滅，直焚至盡。有獸名把雜爾，似羊鹿，其腹内生一石，能療百病，極貴重，至百换國，王藉以爲利。

## 吕宋

廣州之東南爲吕宋。其地産鷹，鷹王飛則衆鷹從之。或得禽獸，俟鷹王先取其睛，然後群鷹方啖其肉。又有一樹，百獸不得近，一過其下即斃矣。

## 木路各

吕宋之南有木路各，無五穀，出沙谷米，是一木磨粉而成。産丁香、胡椒二樹，天下所無，惟本處折枝插地即活。性最熱，祛濕氣，與水、酒同貯，即吸乾。樹旁不生草，土人欲除草，折其枝插地，草即立槁。又産異羊，牝牡皆有乳。有大龜，一殼可容一人。或用爲盾以禦敵。

## 日本

日本乃海内一大島。長三千二百里，寛不過六百里。今有六十六州，各有國主。俗尚强力，雖有總王，權常在强臣。其民多習武，少習文，土産銀、鐵、好漆。其王生子，年三十以上，以王讓之。其國大抵不重寶石，只重金、銀及古窑器。

## 阿爾母斯

阿爾母斯，其地悉是鹽及硫磺，草木不生，鳥獸絶迹。人著皮履，遇雨過履底，一日輒敗。多地震，氣候極熱，須坐卧水中，没至口方解。絶無淡水，勺水皆從海外載至。因居三大州之中，富商大賈多聚此地，百貨駢集，人煙輻輳，凡海内珍奇難致之物，輒往取之。

## 地中海諸島

亞細亞之地中海有島百千，其大者曰哥阿島，昔國人盡患疫，有名醫依卜加得，不用藥療，令城内外遍舉大火，燒一晝夜，火息病愈。蓋疫爲邪氣所侵，火氣猛烈，盪滌諸邪，邪盡疾愈，乃至理。一曰羅德島，天氣常清明，終歲見日。嘗鑄一鉅銅人，高三十丈，海中築兩臺盛其足，風帆直過跨下，一指可容一人直立。掌托銅盤，夜燃火以照行海。鑄十二年乃成，後地震而頹。運其銅，以九百駱駝往載。一曰祭波里島，物産極豐，每歲國賦至百萬。葡萄酒極美，可度八十年。出火浣布，煉石而成，非他物也。

## 歐邏巴州

天下第二大州，名曰歐邏巴。南至地中海，北至青地及冰海，東至大乃河、墨阿的湖、大海，西至大西洋，共七十餘國。其大者曰以西把尼亞、曰拂郎察、曰意大里亞、曰熱爾瑪尼亞、曰拂蘭地亞、曰波羅泥亞、曰翁加里亞、曰大泥亞、曰雪際亞、曰諾勿惹亞、曰厄勒祭亞、曰莫斯哥未亞。其地中海有甘的亞諸島，西海有意而蘭、大諳厄利亞諸島。凡大小諸國，自國王以及庶民皆奉天主聖教，纖毫異學不容竄入。國王互爲婚姻，世相和好。財用百物，有無相通，不私封殖。其婚娶，男子大約三十，女子至二十外，臨時議婚，不預聘通。國皆一夫一婦，無有二色者。

土多肥饒，産五穀，以麥爲重，果實更繁。出五金，以金、銀、銅鑄錢爲幣。衣服蠶絲者，有天鵝絨、織金緞之屬；羊羢者有毯、罽、鎖哈喇之屬。又有利諾草，爲布細而堅，輕而滑，敝可擣爲紙，極堅韌。君臣冠服，各有差等，相見以免冠爲禮。男子二十已上，概衣青色，兵士勿論。女人以金寶爲飾，服御羅綺，佩帶諸香，至四十及未四十而寡者，即屏去，衣素衣。酒以葡萄釀成，不雜他物，可積至数十年。膏油之顃，味美者曰阿利襪，是樹頭果，熟後全爲油。

國俗多酒，會客不勸酒，偶犯一醉，終身以爲辱。飲食用金、銀、玻璃及磁器。其屋有三等，最上者純以石砌；其次磚爲牆柱，木爲棟梁；其下土爲牆，木爲梁柱。石屋、磚屋，築基最深，上累六、七層，高至十餘丈。瓦或用鉛，或輕石板，或陶瓦、磚石，屋歷千年不壞。牆厚而實，冬不寒，夏不溽。其工作製造，備極精巧。其駕車，國王用八馬，大臣六馬，其次四馬或二馬乘載，騾、馬、驢互用。戰馬皆用牡，騸過則弱不堪戰矣。

諸國皆尚文學，國王廣設學校，一國、一郡有大學、中學，一邑、一鄉有小學。小學選學行之士爲師，中學、大學又選學行最優之士爲師。生徒多者至数萬人。其小學曰文科，有四種，一古賢明訓，一各國史書，一各種詩文，一文章議論。學者自七、八歲學至十七、八，學成，本學師儒試之，優者進于中學。曰理科，有三家，初年學辯是非之法，二年學察性理之道，三年學察性理以上之學。學成，本學師儒又試之，優者進於大學。乃分爲四科，聽人自擇，一曰道科，主興教化；一曰教科，主守教法；一曰治科，主習政事；一曰醫科，主療疾病。皆學数年而後成。學成，師儒又嚴考閲之，一師問難畢，又輪一師，一人遍應諸師之問。如是取中，便許任事。學道者專務化民，不與國事。治民者秩滿後，國王遣官察其政績，廉得其實，以告於王而黜陟之。凡四科官禄入皆厚，養廉有餘，尚能推惠貧乏，絶無交賄行賂等情。

諸國所讀之書，皆古聖賢撰著。一以天主經典爲宗，即後賢有作，必合大道、益人心，乃許流傳。設檢書官，經看詳定，方准刊行。毋容一字蠱人心、壞風俗者。諸國奉天主教，皆愛天主萬物之上，及愛人如己，故國人俱喜施捨。千餘年來，未有因貧鬻子女者，未有饑餓轉溝壑者。在處皆有貧院，專養一方鰥寡孤獨及殘疾之人。又有幼院，專育小兒。凡貧者無力養贍，送至院，院牆穴設有轉盤，内外不相見。扣牆，則院中人轉兒入。異日父母復欲收養，按所入之年月，便得其子。又有病院，大城多至数十所，有中、下院，處中、下人，有大人院，處貴人。凡貴人若羈旅，若使客，偶患疾病，則入此院，倍美于常屋。所需藥物，悉有主者掌之，預備名醫診視。復有衣衾帷幔，調護看守之人，病愈而去。貧者量給資斧。此乃國王大家所立，或城中併力而成，月輪一大貴人，總領其事。

各城邑遇豐年，多積米、麥，饑歲以常價糶之。人遇道中遺物，或獸畜之顃，必覔其主還之；弗得主，則置之公所，聽失者來取，如符合，即送復。國中有天理堂，選盛德宏才、無求於世者主之，凡國家大舉動、大征伐，必先質問，合天理否，以爲可，然後行。諸國賦税不過十分之一，民皆自輸，無徵比催科之法。詞訟極簡，小事里中和解，大事乃聞官。官設三堂，先訴第三堂，不服告第二堂，又不服，告第一堂。終不服，上之國堂。經此堂判後，人無不聽理。凡官府判事，不先事加刑，必俟事明罪定，招認允服，然後刑之。吏胥餼廩亦出於詞訟，但因事大小多寡，立有定例，刊布署前，不能多取。故官無恃勢剥奪，吏胥無舞文詐害。封内絶無戰鬬，其有邪教異國，恃强侵侮，不可德馴，本國除常設兵政外，復有世族英賢，智勇兼備者数千人，結爲義會，以保國護民。初入會時，試果不憚諸艱，方始聽入。遇警則鳩集成師，一可當十，必能滅寇成功。

## 以西把尼亞

歐邏巴之極西，曰以西把尼亞，周一萬二千五百里。世稱天下萬國，相連一處者，中國爲冠；若分散於他域者，以西把尼亞爲冠。其地三面環海，一面臨山。産駿馬、五金、絲、緜、細羢、白糖。國人好學，有共學二所，遠近學者聚焉。

國中有二大名城，一曰色未利亞，近地中海，爲亞墨利加諸舶所聚。金銀如土，奇物無数。多阿利襪果，有一林，長五百里者。一名多勒多城，在山巔，運水甚艱。巧者製一水器，盤水至城，不頼人力。其器晝夜自能轉動。又有渾天象，其大如屋，人入其中，見各重天之運動，其度数皆與天合。

境内有河，曰寡第亞納，伏流地中百餘里。穹窿若橋梁，其上爲牧場，畜牛、羊無算。國中天主堂雖多，有一創建極美，在多勒多城，金寶祭器数千。有精巧銀殿，高丈餘，闊丈許，内復有小金殿，高数尺，其工費又多於本殿金銀之数。近來國王又造一大堂，高大奇巧無比。修道之士環居，内有三十六祭臺，中臺左右有編簫二，座中各有三十二層，每層百管，管各一音，合三千餘管，凡風雨波濤、嘔吟戰鬬，與百鳥之聲，皆可模倣。

以西把尼亞屬國，大者二十餘，中下共百餘。本國之西有波爾杜瓦國，都城有得若，大河入海，四方商舶皆聚，爲歐邏巴總會之地。産果實、絲、棉，極美。水族亦繁出，葡萄酒最佳，過海至中國不壞。國中共學二所，其講學名賢，經國王所聘，雖已輟講，亦終身給禄。歐邏巴高士多出此學。

又有一地界兩河，周圍七百里，天主堂一千四百八十所，水泉二萬五千，石橋二百。通海大市六處，隨處立有仁會，遍恤孤寡煢獨。國王復遣官，專撫孤子。歐邏巴初通海道，周經利未亞，過大浪山，抵小西洋，至中國貿易者，從此國始。

## 拂郎察

以西把尼亞東北爲拂郎察。周一萬一千二百里,分十六道,屬國五十。都城名把理斯,設一共學,生徒嘗四萬餘,併他方學共七所。又設社院,以教貧士,一切供億,皆王主之。中古一顛斯聖王惡回回占如德亞地,興兵伐之,始製大銃。其國在歐邏巴内,回回遂稱西土人爲弗郎機,銃亦沿此名。是國之王,天主特寵,自古迄今,皆賜一神,能以手撫人癧瘡,應手而愈。每歲一日療人,先期齋戒三日。凡患此疾者,預集天主殿中,國王舉手撫之,祝曰:王者撫汝,天主救汝。撫百人,百人愈;撫千人,千人愈;其神異如此。國王元子别有土地,供禄食。他國不爾也。國土膏腴,物力豐富,居民安逸。有山出石,藍色,質脆,可鋸爲板,當瓦覆屋。國人性情温爽,禮貌周全,尚文好學。

## 意大理亞

拂郎察東南爲意大理亞,周圍一萬五千里,三面環地中海,一面臨高山。地産豐厚,物力十全,四遠之人,輻輳于此。舊有一千一百六十六郡,最大者曰羅瑪,古爲總王之都,歐邏巴諸國皆臣服焉。城周一百五十里,地有大渠,穿出城外百里以入于海,四方商舶悉輸珍寶,駢集是渠。教王居于此,以代天主在世。主教皆不婚娶,永無世及。但憑盛德,輔弼大臣公推其一而立焉。列國之王,雖非其臣,咸致敬盡禮,稱爲聖父神師,認爲代天主教之君也。凡有大事莫決,必請命焉。其左右簡列國才全德備,或即王侯至戚五、六十人,分領教事。羅瑪城奇觀甚多,宰輔家有一名苑,中造流觴曲水,機巧異常,有銅鑄各類群鳥,遇機一發,自能鼓翼而鳴,各具本類之聲。有一編簫,但置水中,機動則鳴,其音甚妙。又有高大渾全石柱,外周鏤古王形像、故事,爛然可觀。内則空虚,可容数人登躋,上下如塔然。聖伯多禄殿用精石製造,花素奇巧,可容五、六萬人,殿高處視在下人如孩童。城中有大山,曰瑪山。人烟稠密,苦無泉,造一高梁,長六十里,梁上立溝,接遠山之水,如通流河。有水泉,其味與乳無異。

西北爲勿搦祭亞,無國王,世家共推一有功德者爲主。城建海中,有一種木爲樁,入水千年不朽,其上鋪石造屋,備極精美。城内街衢俱是海,兩旁可通陸行。城中有艘二萬,又有橋梁極闊,上列三街,俱有民居,不異城市。其高可下度風帆。國中精于造舟，預庀物料，一舟指顧可成。造玻璃極佳，甲于天下。有勿里諸湖在山巔，從石峽瀉下，聲如迅雷，聞五十里，日光耀之，恍惚皆虹霓狀。又有沸泉、温泉。沸泉常沸，高丈餘，不可染指，投畜、物于內，頃刻便糜爛。温泉，女子或浴或飲，不生育者生育，育者多乳。所産鐵鑛，掘盡踰二十五年復生。在本土任加火力，終不鎔；之他所則鎔。

其南爲納波里。地極豐厚，有火山，晝夜出火，爆石彈射他方，至百里外。後移一聖人遺蛻至本國，其害遂息。

又地名哥生濟亞，有兩河，一河濯髮則黄，濯絲則白。一河濯絲、髮皆黑。外有博樂業城，昔二大家争爲奇事，一家造一方塔，高出雲表，以爲無可踰。一家亦建一塔，與前塔齊，第彼塔直聳，此則斜倚若傾，今歷数百年未壞，直聳者反將頹。

又有城名把都亞，中有公堂，縱二百步，横六十步，上爲樓，鉛瓦中間無一柱。又把兒瑪一堂，廣可馳馬，亦無一柱，惟以梁如人字相倚，尋丈至盈尺皆然。上壓愈重，下挺持愈堅。

從納波里至左里城，石山相隔，國人穴山通道，長四、五里，廣容兩車，對視如明星。又有地出火，四周皆小山，山洞甚多，入內可療病。各主一疾，如欲汗者，入某洞則汗至；欲除濕者，入某洞則濕去。

意大理亞名島有三，一西齊里亞。地極富庶，亦有大山噴火，山四周多草木，積雪不消，常成晶石。沸泉如醋，物入便黑。國人最慧，善談論，最精天文，造日晷法自此地始。有巧工德大禄者，造百鳥能飛，即微如蠅蟲亦能飛。更有天文師名亞而幾墨得者，有三絶。昔敵國駕数百艘臨其島，彼則鑄一巨鏡，映日注射敵艘，光照火發，数百艘一時燒盡。又其王命造一極大舶，舶成，將下海，雖傾一國之力，用牛、馬、駱駝千萬，莫能運。幾墨得營運巧法，第一舉手，舟如山岳轉動，須臾下海。又造一自動渾天儀，十二重，層層相間，七政各有本動，凡日、月、五星、列宿，運行遲疾，與天無二。以玻璃爲之，重重可透視。傍近有瑪兒島，不生毒物，蛇、蝎等皆不螫人，毒物自外至輒死。一哥而西加，有三十三城，産犬能戰，一犬可當一騎。其國布陣，一騎間一犬，反有騎不如犬者。又近熱奴亞一鷄島，滿島皆鷄，自生自育，絶非野雉之屬。

## 熱爾瑪尼亞

拂郎察東北有國，曰熱爾瑪尼亞。國王不世及，乃七大屬國之君所共推者。或用本國臣，或用列國君，須請命教王立之。國中設共學十九所。冬月極冷，善造煖室，微火温之遂煖。土人散處各國，爲兵極忠實，至死不貳。各國護衛宮城，或從征他國，皆選此國人充之。工作精巧，制器匪夷所思，能于戒指内納一自鳴鐘。多水澤，冰堅後用一種木屐，兩足躡之，一足立冰上，一足從後擊，乘滑勢，一激数丈。其行甚速，手中尚不廢常業。又有法蘭哥地，人最質直易信。行旅過者輒詈之，客或不荅，則大喜，延入，具酒食。謂此人已經嘗試，可信托也。多葡萄，善造酒。但沽與他方過客，土人滴酒不入口。即他國載酒至，不容入境。其屬國名波夜米亞者，地生金，掘井恒得。金塊有重十餘斤。河底常有金，如豆粒。有羅得林日亞國，最侈汰，其王一延客堂，四周皆列珊瑚，琅玕交錯，儼一屏障。有一大銃，製作極巧，二刻間連發四十次。

## 拂蘭地亞

亞勒馬尼亞西南爲拂蘭地亞，地不甚廣，人居稠密。有大城二百八十，小城六千三百六十八。共學三所，一學分二十餘院。人樂易温良，好談論，婦人貿易，無異男子。其性貞潔，能手作錯金絨，不煩機杼。布最輕細，皆出此地。

## 波羅泥亞

亞勒瑪泥亞東北曰波羅泥亞。地豐厚，多平衍。皆蜜林，探之不盡。產鹽，味極厚，光如晶。其人美秀和樸，禮賓篤備，絶無盜賊。國王不傳子，聽大臣擇立賢君。世守國法，不變分毫。亦有立子者，須王在位時預擬；非預擬不得立。國中分爲四區，區居三月，一年而遍。地甚冷，冬月海凍，行旅於冰上歷幾晝夜，望星而行。其屬國波多理亞，地易發生，種一歲有三歲之獲。草菜三日便長五、六尺。海濱出琥珀，是海底脂膏，從石隙流出。初如油，天熱浮海面，見風始凝；天寒出隙便凝。每爲大風衝至海濱。

## 翁加里亞

翁加里亞在波羅泥亞南，物産極豐，牛羊可供歐邏巴一州之用。有四水甚奇，其一從地中噴出，即凝爲石；其一冬月常流，至夏反合爲冰；其一以鐵投之便如泥，再鎔又成精銅；其一水色沉緑，凍則便成緑石，永不化。

# 大泥亞諸國

歐邏巴西北有四大國：曰大泥亞，曰諾而勿惹亞，曰雪際亞，曰鄂底亞，與熱爾瑪泥亞相隔一海套，道阻難通。其南夏至日長六十九刻，其中長八十二刻，其北夏至日輪横行地面，半年爲一晝夜。地多山林，産獸及海魚極大。其大泥亞國沿海産菽麥，牛羊最多，牛輸徃他國，歲常五萬。海中魚蔽水面，舟爲魚湧，輒不能行。不藉網罟，隨手取之不盡。本國一世家名第谷，建一臺於高山絶頂，以窮天象。究心三十餘年，累黍不爽，所制窺天之器，窮極要渺，今爲西土歷法之宗。

其諾而勿惹亞，寡五穀，山林多材木、鳥獸，海多魚鼈。人性馴厚，喜接遠方賓旅。昔時過客僑居者，不索物價，今稍需即饜足。其地絶無盜賊。雪際亞地分七道，屬國十二，歐邏巴北稱第一富庶，多五穀、五金、財貨，百物貿易，不以金銀，以物相抵。人好勇，亦善遇遠方人。鄂底亞在雪際亞之南，亦繁庶。

# 厄勒祭亞

厄勒祭亞在歐邏巴極南，地分四道，凡禮樂、法度、文字、典籍，皆爲西土之宗。至今古經，尚循其文字。所出聖賢及博物窮理者，後先接踵。今爲回回擾亂，漸不如前。其人喜啖水族，不嘗肉味，亦嗜美酒。東北有羅馬泥亞國，都城周裏三層，生齒極衆。城外居民緜亘二百五十里。一聖女殿，門開三百六十，以象周天。附近有高山，名阿零薄，山頂終歲清明，無風雨。有河水，一名亞施亞，白羊飲之變黑。一名亞馬諾，黑羊飲之變白。有二島，一爲厄歐白亞，海潮一日七次。一爲哥而府，圍六百里。出酒與油蜜極美，遍島皆橘、柚、香櫞之屬，更無别樹。天氣清和，野鳥不至。

# 莫斯哥未亞

亞細亞西北盡境有大國，曰莫斯哥未亞。東西萬五千里，南北八千里，中分十六道。有窩兒加河最大，支河八十，皆爲尾閭，以七十餘口入北高海。兵力甚强，日事吞併。其地夜長晝短，冬至日止二時。氣候極寒，雪下堅凝，行旅駕車度雪中，馬疾如飛。室宇多用火温。行旅爲嚴寒所侵，血脈皆凍，如驀入温室，耳、鼻輒墮。每自外來者，先以水浸其軀，俟僵體漸甦，方可入温室。八月至四月皆衣皮裘。

多獸皮，如狐、貉、貂鼠之屬，一裘或至千金者。熊皮爲卧褥，永絶蟣虱。産皮處用以充賦税。國多盜畜，猛犬噬之。晝置穽中，夜聞鐘聲始放，人亟匿影閉户矣。今亦稍信天主真教，其王常手持十字。俗最澆，凡貿易須假托外邦商賈，方取信。國人若言本土，則逆其詐。有大鐘，摇非三十人不能，惟國王即位及誕日鳴之。所造大銃長三丈七尺，用藥二石，内容二人掃除。又有蜜林，其樹悉爲蜂房，國人各界其樹爲恒産。

## 地中海諸島

地中海有島百千，其大者曰甘的亞，周二千三百里，古王造一苑囿，路徑交錯，一入不能出，游者以物識地，然後可入。生一草，名阿力滿，能療饑。地中海風浪，至冬極大難行。有鳥名亞爾爵虐，作巢于水次，一歲一乳，自卵至翼，不過半月。此半月海必平静無風波，商舶待之以渡海。

## 西北海諸島

歐邏巴西海迤北一帶至冰海，海島極大，曰諳厄利亞、曰意而蘭大，其外小島，不下千百。意而蘭大氣候極和，夏熱不擇陰，冬寒不需火。産獸畜最多，絶無毒物。

有一湖，插木于内，入土一段化成鐵，水中一段化成石，出水面方爲原木。傍一小島，島中一地洞，常出怪異之形。諳厄利亞氣候融和，地方廣大，分三道。共學二所，共三十院。有怪石，能阻聲，長七丈，高二丈，隔石發大銃不聞，名聾石。

有湖長百五十里，廣五十里，中容三十小島。有三奇事：一奇魚味甚佳，皆無鰭翅；二奇天静無風，倏起大浪，舟楫遇之無不破；三奇一小島無根，因風移動，人弗敢居，草木極茂，孳息牛、羊、豕頗極多。近有一地，死者不殮，移屍于山，千歲不朽，子孫亦能認識。地無鼠，有從海舟來者，至此遂死。

又有三湖，細流相通，其魚不相往來。此水魚誤入彼水輒死。傍有海窖，潮盛時，吸其水永不盈；潮退，噴水如山高。

當吸水時，人立其側，衣沾水，即隨水吸入窖中；如不沾衣，雖近立亦無害。

迤北一帶海島極多，至冬夜長，行路工作皆以燈。産貂鼪甚繁，皆以爲衣。又有人長大多力，遍體生毛。牛、羊、鹿最衆。犬最猛烈，可殺虎，遇獅亦不避。冬月海冰爲風所擊，湧積如山。山多鳥獸，水多魚鼈，以魚肉爲糧，或磨成麪，油燃燈，骨造舟車、屋室。皮可作船，遇風不沉不破，陸走負之而行。海風甚猛，拔樹折屋，攝人物於他所。

又有小島，其人飲酒不醉，年壽最長。近諳厄利亞國爲格落蘭得，其地多火，以磚石障之仍可居。或宛轉作溝通火，火焰所至，便置釜甑，熟物不須薪火，亦終古不滅。

# 利未亞州

天下第三大州曰利未亞，南至大浪山，北至地中海，東至西紅海聖老楞佐島，西至阿則亞諾海，大小共百餘國。其地中多曠野，野獸最盛。有極堅好文彩之木，能入水、土千年不朽。迤北近海諸國最豐饒，五穀一歲再熟，每種一斗，可收十石。穀熟時，外國百鳥皆至其地，避寒就食，涉冬始歸。故秋末冬初，近海諸地獵取禽鳥無算。産葡萄樹極高大，生實繁衍，他國所無。地既曠野，人或無常居，每種一熟，即移徙他處。野地皆産異獸，因其處水泉絶少，水之所瀦，百獸聚焉。復異類相合，輒産奇形怪狀之獸。

有鳥名亞既剌，乃百鳥之王。羽毛黄黑色，高二、三尺，首有冠，鈎喙如鷹隼。飛極高，巢於峻山石穴。生子令視日，目不瞬者乃留。壽最長久，老者脱毛，復生新羽。性鷙猛，能攫羊、鹿百鳥食之，肉經宿則不食。冒險者尋其巢，取其餘肉，可供終歲。毒蛇能害其子，其性有知覺，則知先尋一種石置巢邊，蛇毒遂解。有山狸似麝，臍後一肉囊，香滿其中。輒病，向石上剔出始安。香如蘇合，油而黑，能療耳病。又産異羊甚鉅，一尾便数十斤，味最美。毒蛇能殺人，土人能制蛇者，蛇至其前，自能驅逐。此等人世世子孫皆然，尊貴人行路，必覓此人相隨。其地馬善走，又猛，能與虎鬬。

界内名山亞大辣者，在西北。此山最高，凡風、雨、露、雷，皆在半山，山頂終古晴明，視日、星倍大，國人呼爲天柱。此方人夜睡無夢，甚爲奇。有月山，極險峻，不可躋攀。有獅山，在西南境，其上頻興雷電，轟擊不絶，不問寒暑。其在曷噩剌國出銀鑛甚多，取之不盡。其在西南海曰大浪山，海風迅急，浪極大。商舶至此不能過，則退歸西洋。破船率在此處。過之則大喜，可望登岸。此山而東，嘗有暗礁，全是珊瑚，剛者利若鋒刃，海船最畏避。

凡利未亞之國，著者曰厄日多，曰馬邏可，曰弗撒，曰亞費利加，曰奴米第亞，曰亞毘心域，曰莫訥木大彼亞，曰西爾得。散處者曰井巴島，曰聖多默島，意勒納島，聖老楞佐島。

## 厄日多

利未亞東北有大國，曰厄日多。自古有名，極稱富厚。中古時曾大豐七年，繼即大歉七載。天主教中前知聖人備瑟者，預令國人罄國中之財，悉用積穀。至荒時，不惟救本國饑，四方來糴，財貨盡輸入其國，故富厚無比。今五穀極饒，畜産最多，他方百果草木移至此地，茂盛倍常。其地千萬年無雨，亦無雲氣。

國中有大河，名曰泥琭河。河水每年一發，自五月始以漸而長，土人視水漲多少，以爲豐歉之候，大率最大不過二丈一尺，最小不過一丈五尺。至一丈五尺則歉收，二丈一尺則大有年。凡水漲無過四十日，其水中有膏腴，水所極處，膏腴即著土中，又不泥濘，故地極腴饒。百穀草木俱暢茂。當水盛時，城郭多被淹没。國人於水未發前，預杜門户，移家於舟以避之。去河遠處，水亦不至。昔國王求救旱澇，得智巧士亞爾幾墨得，作一水器，以時注洩，便利無比。即今龍尾車也。

國人極有機智，好攻格物窮理之學。又精天文，因其地不雨，併無雲霧，日月星辰，晝夜明朗，故其考驗益精，他國不如。前好爲淫祀，繼有聖徒到彼化誨，遂出聖賢甚多。其國女人恒一乳生三、四子，天下騾不孳生，惟此地騾能傳種。國王嘗鑿数石臺，非以石砌，是擇大石如陵阜者鑱削成。下趾闊三百二十四步，高二百七十五級，級高四尺。登臺頂極力遠射，不能越臺趾。有城曰該禄，是古大國都城，名聞西土。其城有百門，門高百尺，皆用本處一種脂膏砌石成之，堅緻無比。街衢行三日始遍。五百年前，最爲强盛。善用象戰，鄰國大小皆畏服。屬國甚多，今其國已廢，城亦爲大水衝擊，齧其下土，因而傾倒。然此城雖不如舊，尚有街長三十里，悉爲市肆。行旅喧填，百貨具集，城中常有駱駝二、三萬。

## 馬邏可　弗撒　亞非利加　奴米第亞

近地中海一帶爲馬邏可與弗撒國。馬邏可地分七道，出獸皮，羊皮極珍美。蜜最多，國人以蜜爲糧。其俗以冠爲重，非貴人、老人不得加冠於首，僅以尺寸蔽頂而已。弗撒地亦分七道，都城最大，宫室殿宇極華整高宏。有一殿，周圍三里，開三十門，夜燃燈九百盞。國人亦略識理義。厄日多之西爲亞非利加，地肥饒易生，一麥嘗秀三百四十一穗，以此極爲富厚。馬邏可之南有國名奴米第亞，人性獰惡，不可教誨。有果樹，如棗可食。其地有小利未亞，乏水泉，方千里無江河，行旅過者，須備兼旬之水。

## 亞毗心域　莫訥木大彼亞

利未亞東北近紅海，其國甚多，人皆黑色。迤北稍白，向南漸黑，甚者如漆，惟齒目極白。其人有兩種，一在利未亞東者，名亞毗心域，地方極大，擄本州三分之一。從西紅海至月山，皆其封域。産五穀、五金，金不善鍊，恒以生金塊易物。糖蠟最多，造燭純以蠟。國中道不拾遺，夜不閉户，從無盜寇。人極智慧，崇奉天主正教。修道者手持十字，或掛胸前，極敬愛。西土多默聖人，爲其傳道自彼始。王行遊國中，常有六十皮帳隨之，僕從車徒，恒滿五、六十里。

一在利未亞南，名莫訥木大彼亞，國土最多，皆極愚蠢，不識理義。氣候甚熱，沿海皆沙，人踐之即成瘡痏，黑人坐卧其中，安然無恙。所居極穢。喜食象肉，亦食人，皆生齕之。齒皆銼鋭若犬牙。然奔走疾如馳馬，不衣衣，反笑人衣衣，或塗油於身，以爲美樂。無文字。初歐邏巴人傳教至此，黑人見其看誦經書，大相驚訝，以爲書中有言語可傳達，其愚如此。地無兵刃，以木爲標鎗，火炙其鋭處，用之極銛利。身有羶氣，永不可除。性不知憂慮，聞簫管、琴、瑟諸樂音，便起舞不止。其性樸實耐久，教爲善事，即盡力爲之。爲人奴極忠於主，爲主用力，視死如歸，遇敵無避。亦知天地有主，但視其王若神靈，凡陰晴旱潦，皆徃祈之。王若偶一噴涕，舉朝舉國皆高聲應諾，大可笑也。近亦多有奉天主教者。但性喜飲酒，易醉。

産鷄皆黑，豕肉爲天下第一美味，病者食之無害。産象極大，一牙有重二百斤者。有獸如貓，名亞爾加里亞，尾有汗，極香。穽於木籠，汗沾於木，乾之，以刀削下，便爲奇香。烏木、黄金最多，地無寸鐵，特貴重之。布帛喜紅色、班色，及玻璃器。善浮水，他國名爲海鬼。亞毗心域屬國，名諳哥得者，夜食不晝食，止一餐，不再食。以鹽、鐵爲幣。又一種名步冬，頗知學問，重書籍，善歌舞，亦亞毗心域之顃。

## 西爾得　工鄂

利未亞西有海濱國，名西爾得。地有兩大沙，一在海中，隨水游移不定。一在地，隨風飄泊，所至積如邱山，城郭田畝，皆被壓没。國人苦之。又有工鄂國，地亦豐饒。頗解義理，自與西客往來，國中崇奉天主。其王遣子往歐邏巴學習文字，講格物窮理之學。

## 井　巴

利未亞南有一種，名曰井巴。聚衆十餘萬，極勇猛，又善用兵。無定居，以馬、駱駝乘載，遷徙所至，即食其人及鳥、獸、蟲、蛇，必生命盡絶，乃轉他國，爲南方諸小國大害。

## 福　島

利未亞西北有七島，福島其總名。其地甚饒，凡生人所需，無不有。絶無雨，風氣滋潤，易長草木，百穀不煩耕種，布種自生。葡萄酒及白糖至多，西舶往來，必到此島市物，爲舟中之用。有一鐵島，無泉水，生一種大樹，每日没，有雲氣抱之，釀成甘水滴下，至明旦日出，方雲散水歇。樹下作數池，一夜輒滿，人畜皆沾足，終古如此。木島去路西大泥亞半月水程，樹木茂翳，地肥美。路西大泥亞人至此焚之，八年始盡。今種葡萄，釀酒絶佳。

## 聖多默島　意勒納島　聖老楞佐島

聖多默島在利未亞西，圍千里，徑三百里，濃陰多雨，愈近日處，雲愈重，雨愈多。此島之果俱無核。

又有意勒納島，鳥獸、果實甚繁，絶無人居。海舶從小西洋至大西洋者，恒泊此十餘日，樵採漁獵，備二、三萬里之用而去。又赤道南有聖老楞佐島，圍二萬餘里，人多黑色，散處林麓，無定居。出琥珀、象牙極廣。

## 亞墨利加州

亞墨利加，第四大州總名也。地分南北，中有一峽相連。峽南曰南亞墨利加，南起墨瓦蠟泥海峽，北至加納達；峽北曰北亞墨利加，南起加納達，北至冰海，東盡福島。地極廣平，分天下之半。

初，僅知有亞細亞、歐邏巴、利未亞三大州，至百年前，西國大臣名閣龍者，深於格物窮理，又講習行海之法。天主默啟其衷，一日行遊西海，嗅海中氣味，忽有省悟，謂此乃土地之氣，必有人烟國土。奏聞國王，資以舟航糧糗、器具、貨財、將卒、珍寶，閣龍率衆出海，展轉数月，危險生疾，從人咸怨，欲還。閣龍志堅，促令前行。一日，舶上望樓人大聲言：有地！衆共歡喜，亟取道前行，果至一地。初未敢登岸，因土人未嘗航舟，不知海外有人物，乍見海舶既大，駕風帆迅疾，發大砲如雷，咸相詫異，皆驚竄奔逸。舟人無計與通。偶一女子在近，遺錦衣、金寶、玩好器具而歸。明日，其父母同衆來觀，又與之寶貨。土人大悦，遂款留西客。與地作屋，以便往來。閣龍命來人一半留彼，一半還報國王，致其物産。

明年，國王又命載百穀、百果種，攜農師、巧匠，往教。其地人情益喜，然猶滯在一隅。其後又有亞墨利哥者，至歐邏巴西南海，尋得赤道以南大地，即以其名名之，故曰亞墨利加。数年後，又有一人名哥爾得斯，國王仍賜海舶，命往西北尋訪，復得大地，在赤道以北，即北亞墨利加。其大國與歐邏巴饋遺相通，西國王亦命掌教諸士至彼，勸人爲善。数十年來，相沿惡俗稍變。

其國在南亞墨利加者，有白露、伯西爾、智加、金加西臘，南北相連處有宇加單、加達納，在北亞墨利加者，有墨是可、花地、新拂郎察、瓦革了、農地、雞未臘、新亞泥俺、加里伏爾尼亞，西北諸蠻方，外有諸島，總名亞墨利加島云。

## 南亞墨利加　白露

南亞墨利加西曰白露，大小数十國，廣袤一萬餘里，中間平壤沃野亦一萬餘里。地肥磽不一，肥者不煩耕治，布子自能生長，五穀、百果、草木，悉皆上品，本土人目爲大地苑囿。其鳥獸之多，羽毛麗，聲音美，亦天下第一。地出金鑛，取時金土互溷,别之,金多於土,故金、銀最多。國王宫殿,皆黄金爲板飾之。獨不産鐵,兵器用燒木銛石,今貿易相通,漸知用鐵,然至貴。餘器物皆金、銀、銅三種爲之,有数國,從來無雨,地有濕性,或資水澤。

有樹,生脂膏極香烈,名拔爾撒摩,傅諸傷損,一晝夜肌肉復合如故。塗痘不瘢,塗屍千餘年不朽。一種異羊,可當騾、馬,性甚倔强,有時倒卧,雖鞭策至死不起,以好言慰之,即起而走,惟所使矣。食物最少,可絶食三四日,肝生一物如卵,能療諸病,海商貴之。天鵝、鸚鵡尤多,一鳥名厄馬,最大,長頸高足,翼翎美麗,不能飛,足若牛蹄,善奔走,馬不能及。卵可作杯器,今番舶所市龍卵,即此物。産棉花甚多,亦織爲布,不甚用,專易西洋布及利諾布,或剪馬毛織爲服。

江河極大,有泉如脂膏,常出不竭。取燃燈或塗舟、砌牆,當油漆用。有一種泉水,出於石罅,離数十步,即變爲石。有土能燃火,平地山岡皆有之,地震極多,一郡一邑常有沉墊無遺,或平地突起山阜,或移山别地,皆地震所爲。不敢爲大宫室,上葢薄板,以備震壓。其俗無文字、書籍,結繩爲識,或以五色狀物形以當字,即史書亦然。算数用小石子,亦精敏。其文飾以珍寶嵌面,以金爲環,穿脣、鼻,臂腿或繫金鈴,復飾重寶,夜中光照一室。其國都達萬餘里,鑿山平谷爲坦途,更布石以便驛使傳命,数里一更,三日夜可達二千里。人性良善,不傲,不飾詐,頗似淳古風。因其地多金、銀,任意可取,故無竊盜、貪吝。但陋俗最多,自歐邏巴天主教士人徃彼勸化,教經典書文,與談道德理義,徃時惡俗如殺人祭魔、驅人殉葬等事,俱不復然。爲善反力於諸國,有捐軀不辭者。

其間有極醜惡地,土産極薄,人拾蟲蟻爲糧,以網四角掛樹而卧,因地氣最濕,又有毒蛇,人犯必死,不敢下卧,恐寐時觸之。土音各種不同,有一正音,可通萬里之外。近一大國,名亞老哥,人强毅果敢,善用弓矢及鐵杵,不立文字,一切政教號令,皆口傳説,辯論極精,聞者最易感動。凡出兵時,大將戒諭兵士不過数言,無不感激流涕,願效死者。他談論皆如此。

## 伯西爾

南亞墨利加東有大國,名伯西爾。天氣融和,人壽長,無疾病。他方病不能療者,至此即瘳。地甚肥饒,江河爲天下最大。有大山界白露者,甚高,飛鳥莫能過。産白糖最多。嘉木種種不一,蘇木更多,亦稱蘇木國。一獸名懶面,甚猛,爪如人指,鬃如馬,腹亟著地,不能行,盡一月不踰百步。喜食樹葉,緣樹取之,亦須兩日,下樹亦然。無法可使速。有獸,前半類狸,後半類狐,人足梟耳,腹下有房,可張可合,恒納其子於中,欲乳方出。其地之虎,餓時百夫莫當,值飽,一人制之有餘，即犬亦可斃之。國人善射，前矢中的，後矢即破前筈，連發数矢，相接如貫，無一失者。

俗多躶體，獨婦人以髮蔽前後。幼時鑿頤及下脣作孔，以貓睛、夜光諸寶石嵌入爲美。婦人生子即起，作務如常。其夫坐蓐数十日，服攝調養，親戚俱來問候，饋遺弓矢、食物，通國皆然。地不産米、麥，不釀酒，用草根晒乾，磨麪作餅以當飰。凡物皆公用，不自私。土人能居水中一、二時刻，張目明視。亦有浮水最捷者，恒追執大魚名都白狼而騎之，以鐵鈎鈎魚目，曳之東西走，轉捕他魚。素無君長、書籍，亦無衣冠。散居聚落，喜啖人肉。近歐邏巴士人傳天主教到彼，今已稍稍歸化，頗成人理。

其南有銀河，水味甘美，湧溢平地。水退，布地皆銀沙、銀粒，河身最大，入海處闊数百里，海中五百里一派，尚爲銀泉，不入鹵味。其北有大河，名阿勒戀，亦名馬良温，河身曲折三萬里，未得其源。兩河俱爲天下第一。

## 智　加

南亞墨利加之南爲智加，即長人國。地方頗冷，人長一丈許，遍體皆毛。昔時人更長大，曾掘地得人齒，闊三指，長四指餘，則全身可知。其人好持弓矢，矢長六尺，每握一矢，插入口中至没羽，以示勇。男女以五色畫面爲文飾。

## 金加西蠟

南亞墨利加之北曰金加西蠟，其地出金、銀，天下稱首，鑛有四坑，深者二百丈，土人以牛皮造軟梯下之。役者常三萬人，所得金、銀，國王什取其一。七日約得課銀三萬兩。其山麓有城，名銀城，百物俱貴，獨銀至賤。貿易用銀錢五等，大者八錢，小至五分。金錢四等，大者十兩，小者一兩。歐邏巴自通道以來，歲歲交易，所獲金、銀甚多，故西土之金、銀漸賤。其南北地相連處，名宇家單，近赤道北十八度之下，南北亞墨利加從之而通，東西二大海從此而隔。周圍五千餘里，天主教未至，其國預知敬十字聖架。國俗以文身爲飾。

## 北亞墨利加　墨是可

北亞墨利加，國土多富饒，鳥、獸、魚、鼈極衆，畜類更繁，富家牧羊嘗至五六萬，有屠牛萬餘，僅取皮革，餘悉棄不用。百年前無馬，今得西國馬種，野中生馬甚衆，最良。有雞大於鵝，羽毛華彩，味最佳。吻上有鼻，可伸縮如象，縮僅寸餘，伸可五寸許。諸國未通時，地少五穀，今亦漸饒斗種可收十石。産良藥甚多。

其南總名新以西把尼亞，内有大國墨是可，屬國三十，境内兩大湖，甘鹹各一，俱不通海。鹹者水消長若海潮，土人取以熬鹽，甘者中多鱗介。湖四面環山，山多積雪，人烟輻輳，集於山下。舊都城容三十萬家，大率富饒安樂。每用兵與他國相争，鄰國助兵十餘萬，守都城恒用三十萬，但囿於封域，聞人言他方有大國土，輒笑而不信。今所建都城周四十八里，不在地面，直從大湖中創，起堅木爲樁，密植湖中，上加板以承城郭宫室。其堅木名則獨鹿，入水千年不朽。城内街衢、室屋，皆宏敞精絶。國王寶藏極多，所重金、銀、鳥羽。工人輯鳥毛爲畫，光彩生動。

國内初不知文字，今能讀書，肆中有鬻書。其業大抵務農、工，以尊貴爲長。人面目美秀。彼自言有四絶：一馬、二屋、三街衢、四相貌。昔年土俗事魔，殺人以祭，或遭災亂，每歲輒加。祭法以绿石爲山，寘人背於上，持石刀剖取人心，以擲魔面，肢體則分食之。所殺人皆取於鄰國，故頻年戰鬬不休。今歐邏巴傳教士人感以天主愛人之心，知事魔謬，不復祭魔食人。中有一大山，山谷野人最勇猛，一可當百，善走如飛，馬不能及。又善射，人發一矢，彼發三矢，百發百中。亦喜啖人肉，鑿人腦骨以爲飾，今漸習於善。最喜得衣，如商客與衣一襲，則一歲盡力爲之防守。

迤北有墨古亞剛，不過千里，地極豐饒，人强力多壽。生一種嘉穀，一歲可三熟。牛、羊、駱駝、糖、蜜、絲、布尤多。

更北有古里亞加納，地苦貧，人皆露卧，漁獵爲生。有寡斯大人，性良善，亦以漁爲業。其地有山，出二泉，稠膩如脂膏，一紅、一墨色。

## 花地　新拂郎察　瓦革了　農地

北亞墨利加西南有花地，富饒，好戰不休，不尚文事。男女皆裸體，僅以木葉或獸皮蔽前後，間飾以金銀、纓絡。人皆牧鹿，若牧羊然。亦飲其乳。

有新拂郎察，因西土拂郎察人所通，故名，地曠野多險峻，稍生五穀，土瘠民貧。亦嗜人肉。

有瓦革了，本魚名，因海中産此魚甚多，商販往他國恒数千艘，故以魚名其地。土瘠人愚，純沙，不生五穀。土人造魚腊，時取魚頭数萬，密布沙中，每頭種穀二三粒，後魚腐地肥，穀生暢茂，收穫倍于常土。

有農地，多崇山茂林，屢出異獸。人强力果敢，搏獸取皮爲裘，亦爲屋緣。飾以金銀爲環，鉗項穿耳。近海一大河，闊五百里，窮四千里，不得其源，如中國黄河。

## 雞未臘　新亞泥俺　加里伏爾泥亞

北亞墨利加西爲雞未臘，爲新亞泥俺，爲加里伏爾泥亞。地勢相連，國俗略同，男婦皆衣羽毛及虎、豹、熊、羆等裘，間以金、銀飾之。其地多大山，一最大者，高六、七十里，廣八百里，長三、四千里，山下終歲極熱，山半温和，山巔極冷。頻年多雪，盛時深六、七尺，雪消，一望平濤数百里。山出泉極大，匯爲大江，数處皆廣数百里。樹木茂盛，參天蔽日，松木腐爛者，蜂就作房，蜜瑩白，味美。採蜜者預次水邊，候蜂來，隨之去，獲蜜甚多。獨少鹽，得之如寶。相傳餂之不忍食。獅、象、虎、豹等獸成群，皮甚賤。雉大者重十五六斤，多雷電，樹木恒被震壞。有小鳥如雀，於枯樹啄小孔千数，每孔藏一粟，爲冬月之儲。

## 西北諸蠻方

北亞墨利加地愈北，人愈野，無城郭、君長、文字，数家成一聚落，四周以木栅爲城。其俗好飲酒，日以仇殺爲事，即平居亦以鬬爲戲，以牛羊相賭。凡壯男出戰，一家老弱婦女咸持齋祈勝；戰勝，家人迎賀。斷敵人頭築牆，若再戰，臨行，其老人指牆上髑髏相勸勉；其女人則砍其指骨，連爲身首之飾。人肉三分之一祭所事魔神，一賞戰功，一給持齋助禱者。若獲大仇，削其骨二寸許，鑿頤作孔，以骨栽入，露寸許於外，用表其功。頤有樹三骨者，人咸敬畏。戰時家中寶物皆擕去，誓不反顧，以期必勝。其尚勇好殺如此。蓋由地本富饒，人家星列，無君長、官府以理法斷其曲直，故小小争競，便相攻殺。

此地人多力，女人亦然。每遷徙，什物、器皿、糧糗，子女共作一駝負之而行，上下峻山，如履平地。坐則以右足爲席。男女皆飾發爲事，首飾甚多，亦帶螺、貝等物。男女皆垂耳環，若傷觸其耳及環爲大辱，必反報之。居屋卑隘，門户低，皆以備敵。

昔年信魔，持齋極虔，齋時絶不言語，日僅食菽一握，飲水一杯。凡將與人攻戰，或將漁獵耕獲，或將喜樂宴飲，或忽遇仇家者，輒持齋，各有日数。耕者祀兔、鹿，求不傷稼；獵者祭大鹿角，以求多獲。鹿角大者長五六尺，徑五六寸。有大鷙鳥，所謂鳥王，巫藏其干腊一具，亦以爲神。獵者祭之。巫覡甚多，凡祈晴雨，於衆石中一尋取一石，彷佛似物形者，以爲神而祭之。一日不驗，即棄去，别求一石。偶值晴雨，輒歸功焉。近歐邏巴行教士人勸令敬事造物真主，戒勿相殺，勿食人，遂翕然一變。又强毅有恒心，既改，永不犯。俗富足好施，每作熟食置門首，任往來者取之。

## 亞墨利加諸島

兩亞墨利加之島不可勝数，大者爲小以西把尼亞，爲古巴，爲牙賣加等，氣候多熱，草木花實，終歲不斷。産一異草，食之殺人，去其汁則甚美，亦可爲糧。有毒木，人過其影即死，手持枝葉亦死，覺中其毒，亟沉水中可免。有鳥，夜張其翼，則發大光，可自照。野猪猛獸縱横原野。土人善走，疾如奔馬。又能負重，足力竭後，以鍼刺股，出黑血少許，則疾走如初。取黄金，一歲限定幾日。

又有一島，女人善射，甚勇猛。生数歲即割右乳，以便弓矢。昔商舶行近此島，遇女子盪小舟來，射殺商舶二人，去如飛，不可追逐。

更有一島，土人言其泉水甚異，於日未出時，往取其水，洗面百遍，老容可復少。

又有一島，墨瓦蘭嘗過此，不見人物，謂曰無福島。

一珊瑚島，以多生珊瑚樹，故名。

有新爲匿島，甚大，似利未亞之爲匿，故亦以爲名。

# 墨瓦蠟泥加　亦名瑪熱辣泥加

天下第五大州，曰墨瓦蠟泥加。先，閣龍諸人已覓得兩亞墨利加，西士以西把尼亞國王復念地爲圜體，徂西自可達東，向至亞墨利加，海道遂阻，必有西行入海處。於是選海舶舟師，裹餱糧甲兵，命一强力之臣墨瓦蘭者往訪。墨瓦蘭承命，沿亞墨利加東偏紆迴数萬里，展轉經年，人情厭斁，輒思返國。墨瓦蘭懼無以復命，拔劍下令曰：有言歸國者斬！舟人震慴，賈勇而前。忽得海峽，亘千餘里，海南大地，恍又一乾坤。墨瓦蘭率衆巡行，祇見平原漭蕩，杳無涯際，入夜燐火星流，瀰漫山谷，因命爲火地。他方或以鸚鵡名州者，以其所産鸚鵡。亦此大地之一隅。謂墨瓦蘭開此區，遂以其名命曰墨瓦蠟泥加。

墨瓦蘭既踰此峽，入太平大海，自西復東，直抵亞細亞馬路古界，度小西洋，越利未亞大浪山而北，折遵海，還報本國。遍遶大地一周，四過赤道下，歷地三十萬餘里，從古航海未有若斯者。名其舟爲勝舶，言戰勝風濤之險，奏巡方偉功。其人物、風俗、山川，畜産，鳥獸、蟲魚俱無傳説，即南極度数道里遠幾何，皆推步未周，不漫述。以俟後或有詳之者。

# 四海總説

造物主化成天地，四行包裹，以漸而堅凝，火最居上，火包氣，氣包水，土則居於下。是環地面皆水也。造物主於是别地爲高深，而水盡行於地中，與平土各得什五，所瀦曰川、曰湖、曰海。川則流，湖則聚，海則潮。川與湖不過水之支派，海則衆流所鍾，稱百谷王，故説水必詳于海。

有二焉：海在國之中，國包海者，曰地中海。國在海之中，海包國者，曰寰海。寰海極廣，隨處異名。或以洲域稱：近亞細亞者，謂亞細亞海；近歐邏巴者，謂歐邏巴海；他如利未亞、亞墨利加、墨瓦蠟泥加及蒀爾小國，皆可隨本地所稱。或隨本地方隅命之：在南者，曰南海；在北者，謂北海；東西亦然。玆將中國列中央，從大東洋至小東洋爲東海，從小西洋至大西洋爲西海，近墨瓦蠟泥一帶爲南海，近北極下爲北海，地中海附焉，天下之水盡於此矣。

# 海狀

地心重濁，水附於地，到處就其重心，故地形圓，水勢亦圓。隔数百里，水面便如橋梁，登桅望之，則見其前或夷或險，但海中夷險，各處不同，惟太平海極淺，亘古至今，無大風浪。大西洋極深，深十餘里，從大西洋至大清海，四十五度以南，其風常有定候。至四十五度以北，風色錯亂不常。尤異者，在大清海東南一隅，有異風變亂淩雜，倐忽更二十四向，海舶任風而飄。風、水又各異道，如前南風，水必北行；倐轉爲北風，水勢尚未趨南，舟莫適從，因至摧破。

小西洋海潮極高、極迅急，頃刻湧数百里，海中大舶及蛟龍魚鼈乘潮勢，湧入山中不可出。歐邏巴新增蠟利未亞大浪山，亦時起風浪險急，至滿喇加海，無風倐起浪。又不全海皆然，惟里許一處，以次第興，後浪將起，前浪已息。利未亞海近爲匿亞之地，當赤道下者，常苦無風。天氣酷熱，舶至此，食物俱壞，人易生疾。海深不得下碇，舶大不能用櫓，海水暗流及潮湧至淺處壞者，多在於此。至北海，則半年無日，氣候極寒而冰，故曰冰海。舶爲冰堅所阻，直守至冰解，方得去。又苦海中冰塊爲風擊，堆叠成山，舶觸之，定爲虀粉。

凡海中色，大率都緑。惟東、西二紅海，色淡紅。或云海底珊瑚所映，亦非本色。近小西洋一處，入夜海水通明如火，持罌汲起，滿罌俱火光，滴入掌中，光亦瑩然可玩，後漸消滅。

# 海族

海族不可勝窮。自鱗介外，凡陸地走獸，海中多有相似者。魚族一名把勒亞，身長数十丈，首有二大孔，噴水上出，勢若懸河。見海舶，則昂首注水舶中，頃刻水滿舟沈。遇之者以盛酒鉅木罌投之，連吞数罌，俛首而逝淺處，得之熬油，可数千斤。

一魚名斯得白，長二十五丈，性最良，能保護人。或漁人爲惡魚所困，此魚往鬭，解漁人之厄。故國法禁人捕之。

一名薄里波，其色能隨物變。如附土則土色，附石如石色。

一名仁魚，西書記此魚嘗負一小兒登岸，偶以鬐觸傷兒，兒死，魚不勝悲痛，亦觸石死。西國取海豚，嘗取仁魚爲招。

每呼仁魚入網，即入；海豚亦與之俱俟。豚入盡，復呼仁魚出網，海豚悉羅。

一名劍魚，嘴長丈許，有齬刻如鋸，猛而多力，能與把勒魚戰，海水皆紅，此魚輒勝。以嘴觸船則破，海舶甚畏之。

一魚甚大，長十餘丈，闊丈餘。目大二尺，頭高八尺，口在腹下，有三十二齒，齒皆徑尺，頤骨亦長五六尺。迅風起，嘗衝至海涯。

一魚甚大有力，海舶遇之，其魚竟以頭尾抱舶兩頭。舟人欲擊之，恐一動，舟必覆。惟跪祈天主，須臾解去。

一如鱷魚，名剌瓦而多，長尾堅鱗甲，刀箭不能入，足有利爪，鋸牙滿口，性甚獰惡。入水食魚，登陸人畜無所擇。百魚遠近皆避，第其行甚遲，小魚百種嘗隨之，以避他魚吞啖。生子初如鵝卵，後漸長，以至二丈。每吐涎於地，人畜踐之，即仆，因就食之。凡物開口皆動下頦，此魚獨動上齶，口中無舌。冬月則不食物。人見卻走，必逐而食之；人返逐之，彼亦卻走。其目入水則鈍，出水極明，見人遠則哭，近則噬，故西國稱假慈悲者爲剌瓦而多哭。獨有三物能制之：一爲仁魚，蓋此魚通身鱗甲，惟腹下有輭處，仁魚鬐甚利，能刺殺之；一爲乙苟滿，鼠屬也，其大如貓，善以泥塗身令滑，俟此魚開口，輒入腹，嚙其五臟而出，又能破壞其卵；一爲雜腹蘭，香草也，此魚最喜食蜜，養蜂家四周種雜腹蘭，即弗敢入。

有名落斯馬，長四丈許，足短，居海底，罕出水面。皮甚堅，用力剌之不可入。額有二角如鉤，寐時以角掛石，盡日不醒。昔西舶就一海島，纜舟登島行遊，復在島造作火食。漸次登舟，解維不幾里，忽聞起大聲，回視所登之島已没，方知是一魚背。有獸形，體稍方，其骨輭脆。有翼，能鼓大風，以覆海舟。其形亦大如島。

又有一獸，二手二足，氣力猛甚，遇海舶，輒顛倒播弄之，多遭没溺，稱爲海魔。其小者有飛魚，僅尺許，能掠水面而飛。有狗魚，善窺飛魚之影，伺其所向，先至其所，開口待啖。恒追数十里，飛魚急輒上舟，爲人得之。舟人以雞羽或白練飄揚水面，上著利鉤，狗魚認爲飛魚，躍起吞之，爲舟人所獲。

又有麻魚，狀極麁笨，饑餓時潛於海底魚聚處，凡魚近其身，即麻木不能動，因而食之。倘人以手足近之，亦必麻木。

又海蝦蟆産地中海，與石同色。餓時潛身石内，鼻吐一紅線如小蚯蚓，以餌小魚。衆魚誤以爲石内小蟲，群争食之，咸入其口。西紅海内産風魚，可以占風。國人晒乾，挂於房内，以其身首所向，即爲風起之方。有介屬之魚，僅尺許，有殼，六足，足有皮。如欲他徙，則豎半殼當舟，張足皮當帆，乘風而行，名曰船魚。

有蟹，大踰丈許，其螯以箝人首，人首立斷；箝人肱，人肱立斷。其殼覆地如矮屋然，可容人卧。

有海馬，其牙堅白瑩浄，文理細如絲髮，可爲念珠等物。復有海女，上體是女人，下體爲魚形。其骨爲念珠等物，可止下血。二者皆魚骨中上品,各國貴重之。

海鳥有二種,一宿島中者,日常飛颺海面,海舶遇之,可占海島遠近。一生長海中,不知登岸。舶上欲取之,以皮布水面,以鈎著餌置皮上,鳥就食,輒可鈎至,若釣魚然。

有鳥能捕魚者,身生皮囊,如網入水,裹魚而出,人因取之。

又有極異者,爲海人。有二種,其一通體皆人,鬚眉畢具,特手指略相連,如鳧爪。西海曾捕得之,進於國王。與之言,不應;與飲食,不嘗。王以爲不可狎,復縱之海,轉盼視人,鼓掌大笑而去。二百年前,西洋喝蘭達地曾於海中獲一女人,與之食輒食,亦肯爲人役使,且活多年。見十字聖架,亦能俯伏,但不能言。其身有肉皮,下垂至地,如衣袍服者然,但著體而生,不可脱卸。二者俱可登岸,第不識其性情,莫測其族類,又不知其在海宅於何所,似人非人良可怪。

## 海産

海産以明珠爲貴,則意蘭最上。土人取海蚌,置日中晒之,俟其口自開,然後取珠,則珠鮮白光瑩。有大如雞子者,光照数里。南海皆剖蚌出珠,故珠色黯無光。有珊瑚島,其下多珊瑚。初在海中,色緑而質軟,上生白子。土人以鐵網取之,出水便堅。有紅、黑、白三色,紅者堅而密,白、黑者鬆脆。大浪山東北有暗礁,水涸礁出,悉是珊瑚。

貓睛、寶石各處不乏,小西洋更多。琥珀則歐邏巴波羅尼亞有之,沿海三千里,皆是因風浪所湧,堆積此地。龍涎香,黑人國與伯西兒兩海最多。有大塊重千餘斤者,望之如島,每爲風濤湧泊於岸,諸蟲鳥獸並喜食之。

## 海舶

海舶百種不止,約有三等。小者僅容数十人,用以傳書信,不以載物。其腹空虚,自上達下,惟留一孔。四圍點水不漏,下鎮以石。一遇風濤,不習水者盡入舟腹,密閉其孔,塗以瀝青,使水不進。操舟者縛其身于檣桅,任風飄蕩。其腹空虚,永不沉溺;船底有鎮石,亦不翻覆。俟浪平,舟人自解縛,萬無一失。一日可行千里。

中者容数百人,自小西洋以達廣東,則用此舶。其大者上下八層,高約八丈,最下一層鎮以沙石千餘石,使舶不傾側震溢。二、三層載貨與食用之物。海中得淡水最艱，須裝千餘大桶，以足千人一年之用。他物稱是。

上近地平板一層，中下人居之，或裝細軟、切用等物。地平板外，則虛百步，爲揚帆、習武、游戲之地。前後各建屋四層，爲尊貴者之居。中有甬道，可通頭尾。尾建水閣爲納涼，以待貴者遊息。舶兩傍列大銃数十門，其鐵彈有三十餘斤重者。上下前後有風帆十餘道，桅之大者二十丈，周一丈二尺。帆闊八丈，約需白布二千四百丈爲之。鐵貓重六千三百五十餘斤，其纜繩周二尺五寸，重一萬四千三百餘斤。

水手二三百人，將卒銃士三四百人。客商数百。有舶總管貴官一員，是西國國王所命，以掌一舶之事。有賞罰生殺之權。又有舶師三人，通天文二士。舶師專掌候風使帆，整理器用，吹號頭，指使夫役探試淺水、礁石，以定趨避。通天文士專掌窺測天文，晝測日，夜測星，用海圖量取度数，以識險易，知里道。又有官醫，主一舶疾病。有市肆貿易食物。大舶不畏風浪，獨畏山礁、淺沙。又畏火，舶上火禁極嚴，千人之命攸係。其起程但候風色，不選擇日時，亦未嘗有大失。若多舶同走，大者先行引路。舶後尾樓夜點燈籠照視，燈籠周一丈四尺，高一丈二尺，皆玻璃板湊成。行海晝夜無停，有山島可記者，指山島行。至大洋中，萬里無山島，則用羅經以審方。審方之法，全在海圖，量取度数，即知舶行至某處，離某處若干里，瞭如指掌。

不待指山島爲準，而其分寸不爽則更有過焉者矣。蓋度数之法，可以測天行黃赤道之分合，九重天之高卑，自尋常以至杪忽，一一皆驗。測海之法，亦即用此耳。以此推之，百不失一。其詳見于西士熊三拔表度説。

## 異物圖

亞細亞州爪哇島等處有無對鳥，無足，腹下生長皮，如筋纏于樹枝以立身。毛色五彩，光耀可愛，不見其飲食，意惟服氣而已。

亞細亞州印度國産獨角獸，形大如馬，極輕快，毛色黄。頭有角，長四五尺，其色明，作飲器能解毒。角鋭，能觸大獅。獅與之鬬，避身樹後，若誤觸樹木，獅反噬之。

亞細亞州印度國剛霸亞地産獸名鼻角，身長如象，足稍短，遍體皆紅、黄斑點，有鱗介，矢不能透。鼻上一角，堅如鋼鐵，將與象鬬時，則于山石磨其角，觸象腹而斃之。

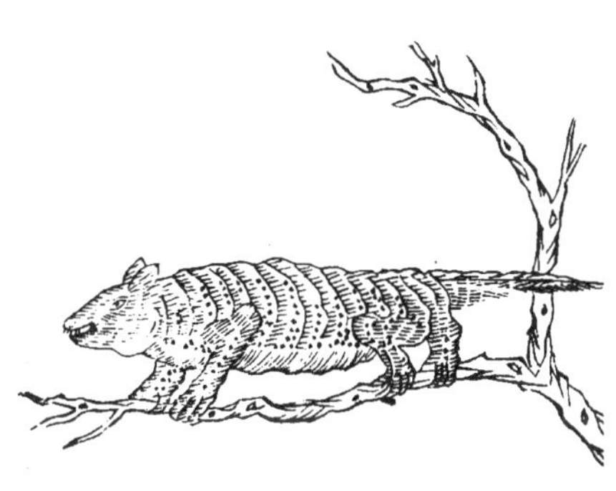

亞細亞州如德亞國産獸名加默良，皮如水氣明亮，隨物變色，性行最慢，藏於草木、土石間，令人難以別識。

亞細亞州南印度國産山羊，項生兩乳，下垂乳極肥壯，眼甚靈明。

歐邏巴州意大理亞國有河名巴鐸，入海河口産般第狗，晝潛身於水，夜卧旱地，毛色不一，以黑爲貴，能囓樹木，其利

如刀。

歐邏巴州意大理亞國有蜘蛛類，名大懶毒辣，凡螫人，受其毒即如風狂，或嬉笑、或跳舞、或仰卧、或奔走。其毒中人氣血，比年必發。療其疾者，依各人本性所喜樂音解之。

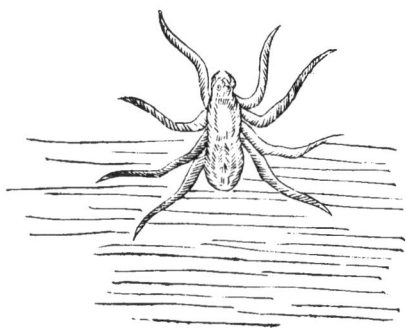

歐邏巴東北里都瓦你亞國産獸名獲落，身大如狼，毛黑光潤，皮甚貴。性嗜死屍，貪食無厭，飽則走入稠密樹林，夾其

腹令空，仍覓他食。

歐邏巴州熱爾瑪尼亞國獸名撒辣漫大辣，産于冷濕之地。性甚寒，皮厚，力能滅火。毛色黑黄間雜，背脊黑長，至尾有斑點。

利未亞州額第約必牙國有狸猴獸，身上截如狸，下截如猴，色如瓦灰，重腹如皮囊。遇獵人逐之，則藏其子於皮囊內。窟於樹木中，其樹徑約三丈餘。

利未亞州東北厄日多國，產魚名喇加多，約三丈餘，長尾，堅鱗甲，刀箭不能入。足有利爪，鋸牙滿口。性甚獰惡，色黄，口無舌，唯用上齶食物。入水食魚，登陸每吐涎于地，人畜踐之即仆，因就食之。見人遠則哭，近則噬。冬月時不食物，睡時嘗張口吐氣。有獸名應能滿，潛入腹内，嚙其肺腸則死。應能滿大如松鼠，淡黑色，國人多畜之以制焉。

利未亞州多獅，爲百獸王，諸獸見皆匿影。性最傲，遇者亟俯伏，雖餓■不噬。千人逐之，亦遲行；人不見處，反任性疾行。畏雄雞、車輪之聲，聞則遠遁。又最有情，受人德必報。常時病瘧，四日則發一度，病時躁暴猛烈，人不能制，擲以毬，則騰跳轉弄不息。

利未亞州有獸，名意夜納，形、色皆如大狼，目睛能變各色。夜間學人聲音，喚誘人而啖之。

利未亞州西亞毗心域國産獸，名惡那西約，首如馬形，前足長如大馬，後足短。長頸，自前蹄至首高二丈五尺餘。皮毛五彩，芻畜囿中，人視之，則從容轉身，若示人以華彩之狀。

亞墨利加州白露國産雞，大于常雞数倍。頭較身小，生有肉鼻，能縮能伸，鼻色有稍白，有灰色，有天青色不等。惱怒則血聚於鼻上，變紅色，其時開屏如孔雀。渾身毛色黑白相間。生子之後，不甚愛養，須人照管，方得存活。

南亞墨利加州智勒國産異獸，名蘇，其尾長大，與身相等，凡獵人逐之，則負其子於背，以尾蔽之。急則吼聲洪大，令人震恐。

南亞墨利加州伯西爾喜鵲，吻長而輕，與身相等，約長八寸，空明薄如紙。

此地蛇大無目，盤旋樹上，凡獸經過其旁，聞氣，即緊縛之於樹間而食。

南亞墨利加州有駱駝鳥，禽中最大者，形如鵝，其首高如乘馬之人，走時張翼，狀如棚。行疾如馬，或謂其腹甚熱，能化生鐵。

海中有飛魚，僅尺許，能掠水面而飛，狗魚善窺其影，伺飛魚所向，先至其所，開口待啖，恒追数十里。飛魚急輒上舟，爲舟人得之。

大東洋海産魚，名西楞，上半身如男女形，下半身則魚尾，其骨能止血病，女魚更效。

把勒亞魚，身長数十丈，首有二大孔，噴水上出，勢若懸河。見海舶，則昂首注水舶中，頃刻水滿舶沈。遇之者以盛酒鉅木罌投之，連吞数罌，俛首而逝。

劍魚嘴長丈許，有齬刻如鋸，猛而多力，能與把勒亞魚戰，海水皆紅，此魚輒勝。以嘴觸船則破，海舶甚畏之。

海舶圖

海舶廣大，容載千餘人，風帆十餘道，約二千四百丈布爲之。桅高二十丈，鐵貓重六千三百五十餘斤，纜繩重一萬四千三百餘斤。其詳見前海舶説。終篇。

七奇圖

## 一、亞細亞洲巴必鸞城

瑟彌辣米德王后創造京都城池，形勢矩方，每方長五十里，周圍計二百里，城門通共一百，皆净銅作成。城高十九丈，闊、厚四丈八尺，用美石砌成。城樓上有園囿、樹木景致，接山水，湧流如小河然。造工者每日三十萬。

## 二、銅人巨像

樂德海島銅鑄一人,高三十丈,安置於海口,其手指一人難以圍抱。兩足踏兩石臺,跨下高壙,能容大舶經過。右手持燈,夜間點照,引海舶認識港口叢舶。銅人内空,通從足至手,有螺旋梯,升上點燈。造工者每日千餘人,作十二年乃成。

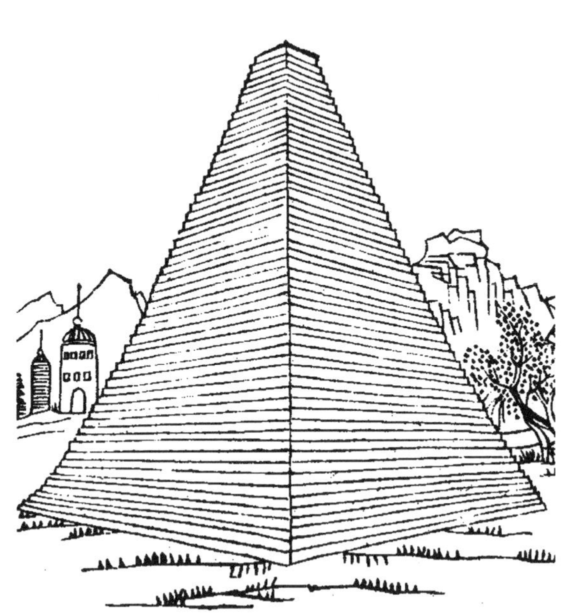

# 三、利未亞洲厄日多國孟斐府尖形高臺

多禄茂王建造，地基矩方，每方一里，周圍四里，臺高二百五十級，每級寬二丈八尺五寸，高二尺五寸，皆細白石爲之。自基至頂，計六十二丈五尺，頂上寬容五十人。造工者每日三十六萬。

# 四、亞細洲嘉略省茅索禄王塋墓

亞爾德彌細亞王后追念其夫王,建造塋墓,下層矩方,四面各有貴美石柱二十六株,穿廊圓拱各寬七丈餘。内有石梯至頂,頂上銅輦一乘,銅馬二匹,茅索禄王像一尊。其奇異一在製度,二崇高,三工精,四質料純細白石。築造將畢,王后憶念其夫王,悵悶而殂。

## 五、亞細亞洲厄弗俗府供月祠廟

宏麗奇巧，基址建在湖中，以免地震摧倒。高四十四丈，寬二十一丈，内有細白石柱共一百五十七株，各高約七丈。廟内甚多細石，絶巧人像。廟外四面各有橋梁，一道以通四門。橋最寬闊，細白石作成，正門前安置美石精工神像。築工者至二百二十年乃成。

# 六、歐邏巴洲亞嘉亞省供木星人形之像

斐第亞天下名工，取山中一塊最硬大石，雕刻木星人形之像。身體宏大，工精細巧，安坐廟中。時有譏笑者，對工師曰：設使這宏大之軀起立，豈不沖破廟宇乎？工師答曰：我已安置之，萬不能起立。

## 七、法羅海島高臺

厄日多國多禄茂王建造，崇隆無際。高臺基址起自邱山，細白石築成，頂上安置多火炬，夜照海艘，以便認識港涯叢泊。

公樂場圖

古時七奇之外，歐邏巴州意大理亞國羅瑪府營建公樂場一埏，體勢撱圓形，周圍樓房異式，四層，高二十二丈餘，俱用美石築成。空場之徑七十六丈，樓房下有畜養諸種猛獸多穴，於公樂之時即放出，猛獸在場相鬬，觀看者坐團圓，臺級層層相接，高出数丈，能容八萬七千人座位，其間各有行走道路，不相逼礙。此場自一千六百年來，至今現存。

## 附：四庫全書總目提要（據中華書局一九六五年版校點）

《坤輿圖説》二卷，國朝南懷仁撰。懷仁西洋人，康熙中官欽天監監正。是書上卷自坤輿至人物分十五條，皆言地之所生；下卷載海外諸國道里山川、民風物産，分爲五大州，而終之以西洋七奇圖説。大致與艾儒略《職方外紀》互相出入，而亦時有詳略異同。案：東方朔《神異經》曰：東南大荒之中有樸父焉，夫婦並高千里，腹圍案，此下當有腹圍之里数，原本脱佚，今姑仍之。自輔天初立時，使其夫婦導開百川，嬾不用意謫之，並立東南，不飲不食，不畏寒暑，須黄河清當復使其夫婦導護百川云云。此書所載有銅人跨海而立，巨舶往來出其胯下者，似影附此語而作。又《神異經》曰：北方層冰萬里，厚百丈，有磎鼠在冰下土中焉，形如鼠，肉重千斤，可以作脯，食之已熱云云。此書記此物，全與相合。又周密《癸辛雜識》曰：西域有沙海，正據要津，其水熱如湯，不可向邇，此天所以限華夷也，終古未嘗通中國。忽一日，有巨獸浮水室，其骨長数十里，横於兩涘如津梁，然骨中有髓竅，可容並馬。於是西域之地始通中國，謀往來者，每以膏油塗其骨，懼其枯朽而折，則無復可通故耳云云。此書記此事亦全與相合。疑其東來以後，得見中國古書，因依仿而變幻其説，不必皆有實跡。然核以諸書所記賈舶之所傳聞，亦有歷歷不誣者。蓋雖有所粉飾，而不盡虚構，存廣異聞，固亦無不可也。

（《坤輿圖説》卷下終）

# 附録

## 一　進呈《窮理學》書奏

治理曆法加工部右侍郎又加二級南懷仁謹奏爲恭進《窮理學》之書，以明曆理，以廣開百學之門，永垂萬世事。

竊惟治曆明時爲帝王之首務，今我皇上治曆明時超越百代，如太陽之光，超越諸星之光。然蓋曆法有屬法之數，有立法之理，設惟有其法之數而無其法之理，即如人惟有形體而無靈性，亦如諸天惟有定所而無運動之照臨焉。夫曆理爲諸星恒動定規之所由，如泉源爲水流之所自也。嘗觀二十一史所載漢以後諸家之曆詳矣，大都專求法數，罕求名理，修改之門户雖歧，實則互相依傍，雖間有出一二新意，亦未能洞曉本原。惟元郭守敬之曆號稱精密，顧其法亦未盡善，在當日已有推食而不食、食而失推之弊，其立法之後不越十八年，其差已如此，況沿至於今日哉？今我皇上之治曆已爲全備，其書則有《永年曆表》，有《靈臺儀象志》，有《諸曆之理指》一百五十餘卷，曆典光明可謂極矣。然臣猶有請者，非爲加曆理之内光，惟加曆理之外光，將所載諸書之曆理，開窮理之學以發明之，使習曆者知其數并知其理，而後其光發見於外也。今習曆者惟知其數而不知其理，其所以不知曆理者，緣不知理推之法故耳。夫見在曆指等書所論天文曆法之理，設不知其推法，則如金寶藏於地脈而不知開礦之門路矣，若展卷惟泥於法數而不究法理，如手徒持燈籠而不用其内之光然。故從來學曆者，必先熟習窮理之總學。蓋曆學者，窮理學中之一支也。若無窮理學，則無真曆之學，猶木之無根，何從有其枝也？所以前代曆法壞亂失傳，朦朧不明者，皆不知理推之法故也。

臣自欽取來京，至今二十四載，晝夜竭力，以全備理推之法，詳察窮理之書，從西字已經翻譯而未刻者，皆較對而增修之，纂集之；其未經翻譯者則接續而翻譯，以加補之，輯集成帙，庶幾能備理推之要法矣。前曾在内廷奏聞，及越一載，復蒙上問格物窮理之書已翻譯畢否，此見我皇上萬幾之中尤勤念於典學，明睿所照，知窮理學爲百學之根也。且古今各學之名公凡論，諸學之粹精純貴，皆謂窮理學爲百學之宗，謂訂非之磨勘，試真之礪石，萬藝之司衡，靈界之日光，明悟之眼目，義理之啟鑰，爲諸學之首需者也。如兵工醫律量度等學，若無理推之法，則必浮泛而不能爲精確之藝。且天下不拘何方何品之士，凡論事物莫不以理爲主，但常有不知分别其理之真僞何在，故彼此恒有相反之説而不能歸於一，是必有一確法以定之，其法即理推之法也。然此理推之法，洵能服人心而成天下之務，可以爲平天下之法也。若寶塔、城池奇巧等工，年代已久，必至湮没，而創立者之名亦與之湮没矣。孔孟之學萬世不磨，理推之學亦然。蓋理爲人性之本分，永刻在人類心中，今皇上開理學之功名，必同刻在人心爲永遠之鞏固，緣人性永遠不滅，職是故也，由此而皇上之功與孔孟齊光於天壤矣。茲繕成窮理之書六十卷，進呈御覽，伏乞睿鑒，鏤板施行。臣原從曆法起見，字多逾格，爲此具本親齎，謹具奏聞。

康熙二十二年八月二十六日奏，九月初八日奉旨：「禮部、翰林院會同詳看議奏書并發。」

（據中華書局一九八九年影印本徐宗澤《明清間耶穌會士譯著提要》卷四整理。）

## 二　南先生行述

皇清誥授資政大夫治理曆法加工部右侍郎又加二級敦伯南公行略

公諱懷仁，字敦伯，遠西熱爾瑪尼亞國人，系出世胄。自幼齡入會修道，矢志童貞，讀書窮理，博學深潛，精通象緯，雖考中文、理、道學三科進士，惟欲引人昭事上帝，專顧己靈。以此航海三年，經赤道四季相反之苦變，風濤寇盜之險危，歷九萬里而來中國，已閱三十餘年。其初由粵至秦，傳教西安府。順治十七年，蒙世祖章皇帝欽取來京佐曆，皇恩豢養。康熙七年，蒙皇上特用，命治理曆法天文，授欽天監監副，具疏懇辭，荷旨準其所請。是時，蒙上命創製觀象臺新式儀器六座，著有《靈臺儀象志》十六卷，圖法備全，蒙加太常寺卿。復奉旨著《康熙永年曆》三十餘卷，預推二千餘年日月五星交食等項，蒙加通政使司通政使，俱經疏控辭，未荷俞允。又集述翻譯《窮理學》書六十餘卷，圖説詳悉，進呈御覽。兼值吴逆叛亂，上命製輕巧紅衣木炮，連放一百次，堅固中鵠。復奉旨製造紅衣銅炮一百三十位，應戡亂急需。迨至將及隆平，又命製神威戰炮三百二十位。告成之日，命往盧溝橋教習八旗炮手。蒙俞旨著莊頭供應，經三越月，學習先成。恭遇皇上幸臨試放，每炮俱一連三次中鵠，復令請炮齊放，共打一鵠，亦俱齊中。天顔喜悦，賜御服貂裘袍衣，天語獎慰：爾向年製炮，陝西、湖廣、江西等省已有功效，今所製新炮，從未有如此之準者。是時，懷仁叩頭謝恩，回奏：此準炮之法出自皇上創立指示，臣何敢冒爲有功。康熙二十一年，蒙加工部右侍郎。后又奉命製紅衣大炮五十三位，亦已完成。惟二十六年傳旨製造一千斤銅炮八十位，尚未告竣。前年皇上見其顔色舉動大異往昔，深堇睿慮，賜丸藥兩罐，諭令調養。詎料客夏遇疾纏綿，延至去冬，日見沉劇，屢蒙皇上遣御醫診視，至於歲暮，竟爾長逝。其生也每慚無尺寸微勞，過荷殊寵，錫之高秋，矧又賜賚弘多，不可勝紀，毫無仰報，故其殁也，思念隆渥未能仰報，祇具遺疏，恭謝天恩。然其性稟質直無私，宅心慈愛，自奉尤甘澹薄，至於遵趨皇事，如萬泉莊開河、海子開河、測量水閘等項，更敏勉竭力，不辭勞瘁，兢兢成謹，惟恐有負聖恩。若其勤學，克勵苦修，每夜篝燈，遲眠蚤起，至老不輟。易簣之頃，惟俯首感謝皇恩而已。今於正月二十七日蒙皇上遣大臣發一員，暨侍衛趙、和二員，捧上諭一道，獎嘉優恤，并賜銀二百兩，大緞十端，以茶酒詣柩前奠哭。遠臣荷兹異數隆恩，既叨榮於生前，又復蒙哀於身後，自古優恤遠臣之典，從未有若斯之鉅盛也。昇等涕泣感激，叩謝天恩，曷其有極。

公生於前士（壬）戌九月初十日辰時，終於康熙丁卯十二月二十六日申時，享年六十六歲。兹約略其生平梗概，伏冀大人先生哀矜而賜之銘誄，昇等感且不朽。遠西同會徐日昇、安多仝述。

（原題《皇清誥授資政大夫治理曆法加工部右侍郎又加二級敦伯南公行略》，藏國家圖書館，攝影本）

## 三　疇人傳·南懷仁傳

南懷仁，字勳卿，一字敦伯，康熙初年入中國。是時吴明烜、楊光先等以舊法點竄遞更，强天從人，儀器倒用，以致天道勿協。康熙七年十二月，命大臣召懷仁與監官質辯。越明年正月丁酉，諸大臣同赴觀象臺測驗立春、雨水、太陰、火星、木星。懷仁預推度數與所測皆符，明烜所指不實。大臣等請將康熙九年《時憲書》交南懷仁推算。從之。遂以懷仁爲監副。是年八月，因舊製儀器有差，疏請改造，並呈式樣。部照南懷仁所指速造，十二年儀成，擢懷仁爲監正。其儀凡六：

一曰黄道經緯儀。儀之圈有四，圈各分四象限，限各九十度。其外大圈恒定而不移者，名天元子午規。外徑六尺，規面厚一寸三分，側面寬二寸五分。規之下半夾入於雲座，仰載之，半圓，前後正直，子午上直天頂。從天頂北下數五十度定北極，從天頂南下數一百三十度定南極，此赤道極也。次爲過極至圈。圈平分處，各以鋼樞貫於赤道之南北極。又依黄赤大距度於過極至圈上，定黄道之南北極。距黄極九十度，安黄道經圈，與過極至圈十字相交，各陷其中以相入。令兩圈合爲一體，旋轉相從，經圈之兩側面，一爲十二宮，一爲二十四節氣。其兩交處，一當冬至，一當夏至，此第三圈也。第四爲黄道緯圈,則以鋼樞貫於黄極焉。圈之徑爲圓軸,圍三寸,軸之中心立圓柱爲緯表,與緯圈側面成直角。而經圈、緯圈上各設遊表儀,頂更設銅絲爲垂線。全儀以雙龍擎之,復爲交梁,以立龍足,梁之四端,各承以獅,仍置螺柱以取平。

一曰赤道經緯儀。儀有三圈。外大圈者,天元子午規也,以一龍南向而負之。規之分度定極,皆與黄道儀同。去極九十度,安赤道經圈,與子午規十字相交,恒定不動。經圈之内規面及上側面,皆鋟二十四時各四刻。外規面分三百六十度,内安赤道緯圈,以南北極爲樞,而可東西遊轉,與經圈内規面相切。緯圈徑亦爲圓軸,軸中心亦立圓柱以及遊表、垂線、交梁、螺柱等,法皆同黄道儀。

一曰地平經儀。儀止用一圈,即地平圈。全徑六尺,其平面寬二寸五分,厚一寸二分,分四象限,限各九十度,以四龍立於交梁以承之。四端各施取平之螺柱,而梁之交處則安立柱,高與地平圈等,適當地平圈之中心。又於地平圈上東西各立一柱,約高四尺,柱各一龍,盤旋而上,從柱端各伸一爪,互捧圓珠。下有立軸,其形扁方,空其中如牕櫺以安直線。軸之上端入於珠,下端入立柱,中心令可旋轉。而軸中之線,恒爲天頂之垂線焉。又爲長方横表,長如地平圈,全徑厚一寸,寬一寸五分,中心開方孔管,於立軸下端,便隨立軸旋轉。復剡其兩端令鋭,以指地平圈之度分。又自兩端各出一線,而上會於立軸中直線之頂,成兩三角形。凡測一星,則旋轉遊表,使三線與所測之星參相直,乃視表端所指,即其星之地平經度也。

一曰地平緯儀。即象限,蓋取全圈四分之一以測高度者也。其弧九十度,其兩邊皆圓,半徑六尺,兩半徑交處爲儀心。儀架東西立柱,各以二龍拱之,上架横梁。又立中柱,上管於横梁,令可轉動。儀安柱上,儀心上指儀之兩邊,一與中柱平行,一與横梁平行。又於儀心立短圓柱以爲表。又加窺衡,長與半徑等,上端安於儀心,剡其下端,以指弧面度分。更安表耳於衡端。欲測某物,乃以窺衡上下遊移,從表耳縫中窺圓柱,令與所測之物相參直,其衡端所指度分,即其物之高度也。

一曰紀限儀。紀限儀者,全圓六分之一也。其弧面爲六十度,一弧一幹,幹長六尺,即全圓之半徑,弧之寬二寸五分。幹之左右,細雲糾縵纏連,蓋藉之以固全儀者也。幹之上端有小横,與幹成十字。儀心與衡兩端皆立圓柱爲表,而弧面設遊表三。承儀之臺,約高四尺,中直立柱,以繫儀之重心,則左右旋轉,高低斜側,無所不可,故又名百遊儀焉。

一曰天體儀。儀爲圓球,徑六尺,面布黄赤經緯度分及宫次,星宿羅列,宛然穹象,故以『天體』名之。中貫鋼軸,露其兩端,以屬於子午規之南北極,令可轉運。座高四尺七寸,座上爲地平圈,寬八寸,當子午處各爲闕,以入子午規。闕之度與子午規之寬厚等。則兩圈十字相交,内規面恰平,而左右上下環抱乎儀。周圍皆空五分,以便高弧遊表進退。又安時盤於子午規外，徑二尺，分二十四時，以北極爲心。其指時刻之表，亦定於北極，令能隨天轉移，又能自轉焉。座下復設機輪運轉子午規，使北極隨各方出地度升降，則各方天象隱現之限，皆可究觀，尤爲精妙。

六儀相須爲用。凡礙於彼者，又有此以通之，所以並行而不悖也。乃繪圖立説，次爲一十六卷，名曰《新製靈臺儀象志》。其書首論推測七政之行，諸星相離遠近之數，並詳製器法度，輕重堅固之理，表裏精粗，互相發明。其言地平儀之用，測日或測星，須於地平圈内旋轉中心表，向於本點，而令横表上所立勾股形之兩線正對之。蓋勾、股兩線，如股與弦，或勾與弦，並人目、本星，四者相參直，則横表之度指所在，即本星地平之經度分也。或從東西，或從南北，起而數之皆可。若當日光照灼，難用目視，則於白紙上以勾股形兩線相參直之影爲準。若日色淡時，則可用目視之。然人之目與太陽正對，亦必射目，須用五彩玻璃鏡以窺之。若夜間測星，不拘何器，必以兩籠炬之光，照近遠兩線兩表。所謂近遠者，即於測星之目爲近遠也。其炬光須對照表端，而不可以對照測星之目。試將籠炬糊其半，而不使之透明於其後，則人在籠炬之後，於隱暗之地，而目所見，凡光照之物，更爲明顯也。

象限儀之用，凡測日或測星，轉儀向天，低昂窺衡，以取參直，即得地平之緯度。凡轉動儀時，若其背面之垂線，或有不對於原定之處，則其偏内或偏外若干分秒，必須與其所測得之緯度，或加或減分秒若干。蓋儀偏於内則用減，偏於外則用加也。夫地平而分爲經緯兩儀者，以便於用而窺測爲準故也。其便於用者，蓋謂兩人同時分測，乃並向於一點，以轉動而互用之，則赤道經緯度可推也。並夫日月五星之視差，及地半徑差、清蒙氣差等，無不可推也。

紀限儀之用，其測法先定所測之二星爲何星，乃順其正斜之勢，以儀面對之，而扶之以滑車，一人從衡端之耳表，窺中心柱表及第一星，務令目與表與星相參直，又一人從遊耳表向中心柱表，窺第二星，法亦如之。次視兩耳表間弧上之距度分，即兩星之距度分也。若兩星相距太近，難容兩人並測，則另加定耳表於中線或左或右之十度，一人從所定表向同邊之柱表窺第一星，又一人從遊表向中心表窺第二星。其定表至遊表之指線度分若干，即兩星相距度分若干也。

赤道儀之用，可以知時刻，亦可以測經緯度分。若測時刻，則赤道經圈上用時刻遊表，即通光耳，而對之於南北軸表，蓋經圈内遊表所指，即本時刻分秒也。若經度用兩通光耳，即兩徑表在赤道經圈上一定一遊，一人從定耳窺南北軸表，與第一星相參測之，一人以遊耳轉移遷就，而窺本軸表，與第二星相參直。如兩耳間於經圈外之度分，即兩星之經度差也。用加減法，即得某星之經度矣。緯度亦以通光耳於緯圈上轉移而遷就焉。若測向北之緯度，即設耳於赤道之南；測向南之緯度，即設耳於赤道之北。務欲其準，與夫在本軸中心小表，令目與表與所測之星相參直，次視本耳下緯圈之度分，在赤道之或南或北若干度分，即本星之距赤道南北之度也。若本星在赤道密近，難以軸中心表對之，則用負圈角度，定於緯圈之第十度上，在赤道或南或北，次以通光遊表對之。蓋遊表距相對之十度若干度分之數，則減其半，即爲某星之緯度分也。

黄道儀之用，欲求某星之黄道經緯度，須一人於黄道圈上，查先所得某星之黄道經緯度分，其上加遊表，而過南北軸中柱表，對星定儀，又一人用遊表於緯圈上過柱表，對所測之星，遊移取直，則緯圈上遊表之指線，定某星之緯度，又定儀查黄道圈兩表相距之度分，即某星之經度差。若本星在黄道密近，難以軸中心表對之，則用負圈角表，而測其緯度，其法與測赤道緯法同。

十七年八月，預推七政交食表成。表爲湯若望所推，懷仁續成之者。凡三十二卷，名曰《康熙永年表》。二十一年八月，懷仁奉命至盛京，測北極高度，較京師高二度，别爲推算日月交食表，名《九十度表》。懷仁言歷之爲學也，其理其法，必有先後之序，漸以及焉，故由易可以及難，由淺可以入深，未有略形器而可驟語夫精微之理者也。如《幾何原本》諸書，爲歷學萬理之所從出。然其初要自一點一線一平面之解，及其至也，窮高極遠，而天地莫能外焉。又製垂球，鍊銅爲球，以線繫之，數其往來之數，準定時刻，可以測日月之徑，候星辰之行。所著又有《坤輿圖説》二卷、《西方要記》一卷、《不得已辨》一卷、《别本坤與外紀》一卷。（《欽定大清會典》《靈臺儀象志》《操縵卮言》）

論曰：懷仁謂推步之學未有略形器而可驟語精微者，斯言固不爲無見也。西人熟於幾何，故所製儀象極爲精審。蓋儀象精審，則測量真確；測量真確，則推步密合。西法之有驗於天，實儀象有以先之也。不此之求，而徒騖乎鐘律卦氣之説，宜爲彼之所竊笑哉。

（選自《疇人傳合編校注》，清阮元撰，羅士琳、華世芳等校注，中州古籍出版社二〇一二年版）

## 四　清史稿·南懷仁傳（據中華書局一九七七年校點本）

南懷仁，初名佛迪南特斯，姓阜泌斯脱氏，比利時國人。康熙初，入中國。時湯若望方黜，楊光先爲監正，吴明烜爲監副，以大統術治曆，節氣不應，金、水二星躔度舛錯。明烜奏水星當見，其言復不售。乃召南懷仁，命治理曆法。南懷仁劾光先、明烜而去之，遂授南懷仁監副。

時康熙八年三月，南懷仁言是歲按舊法以十一月置閏，以新法測驗，閏當在九年正月。既又言是月二十九日雨水，乃正月中氣，即爲康熙九年之正月，閏當在是年二月。上命禮部詢欽天監官，多從南懷仁，乃罷八年十二月閏，移置九年二月；節氣占候，悉用南懷仁説。六月，南懷仁請改造觀象臺儀器，從之。十二月，儀器成，擢南懷仁監正。儀凡六：曰黄道經緯儀，曰赤道經緯儀，曰地平經儀，曰地平緯儀，曰紀限儀，曰天體儀；並繪圖立説，次爲靈台儀象志。十七年，進康熙永年表，表推七政交食，爲湯若望未竟之書，南懷仁續成之。二十一年，命南懷仁至盛京測北極高度，較京師高二度，別爲推算日月交食表上之。南懷仁官監正久，累加至工部侍郎。二十七年，卒，謚勤敏。

自是欽天監用西洋人，累進爲監正、監副，相繼不絶。五十四年，命紀理安製地平經緯儀，合地平、象限二儀爲一。乾隆中，戴進賢、徐懋德、劉松齡、傅作霖皆賜進士。道光間，高拱宸等或歸國，或病卒。時監官已深習西法，不必復用西洋人，奏奉宣宗諭，停西洋人入監。方聖祖用南懷仁，許奉天主教，仍其國俗，而禁各省立堂入教。是時各省天主堂已三十餘所。雍正間，禁令嚴，盡毀去，但留京師一所，俾西洋人入監者居之。入内地傳教，輒繩以法。迨停西洋人入監，未幾海禁弛，傳教入條約，新舊教堂遍内地矣。

論曰：曆算之術，愈入則愈深，愈進則愈密。湯若望、南懷仁所述作，與楊光先所攻訐，淺深疏密，今人人能言之。其在當日，嫉忌遠人，牽涉宗教，引繩批根，互爲起仆，誠一時得失之林也。聖祖嘗言當曆法争議未已，己所未學，不能定是非，乃發憤學討，卒能深造密微，窮極其閫奥。爲天下主，虚己勵學如是。嗚呼，聖矣！

## 五　進呈《窮理學》〔一〕

比利時國人南懷仁撰。懷仁字敦伯，一字勳卿，幼入耶穌會，説者謂其讀書窮理，博學深潛，精通象緯。順治十六年，偕同會衛匡國東來，初布教陝西。十七年，奉召至北京，助湯若望理曆事。康熙三年，楊光先攻擊西士之事起，懷仁、若望、利類、思安俱縲絏入獄。四年三月，懷仁等俱被釋，而若望卒於是年七月。是時，楊光先、吴明烜繼若望掌領天監務七年，懷仁劾光先造曆之誤，遂罷斥光先等，而以懷仁司欽天監。十三年，懷仁復奉命鑄西洋礮，自是迭有所作。三藩之平，懷仁所造礮頗著成效。十七年，加通政使司通政使。十九年，加工部右侍郎職銜。卒於二十六年。

〔一〕北大藏《窮理學存》卷首，無署名，疑爲馮承鈞先生舊作。詳本書《前言》注〔四〕。

天主教自明季流傳中國，至於清初，曆百餘年，匪利瑪竇，而若望及懷仁，播拄其間，不能有教傳十三省之盛也。懷仁著述甚富，以關於曆象者爲多。攄徐日昇、安多撰《南懷仁行述》，懷仁曾集述翻譯《窮理學》六十餘卷，悉進呈御覽，今所見爲一殘闕舊抄本，結銜作治理曆法加工部侍郎，又加二級臣南懷仁。則此書之成，當在康熙十九年以後。原來有無刊本不可知。大約流傳不廣。法國戈爾迭目録於此妄事離析，別爲数書，當由未見原書故有此誤爾。殘本計存《理推之總論》五卷，《形性之理推》三卷，《輕重之理推》一卷，《理辯之五公稱》五卷。其《理推之總論》及《理辯之五公稱》俱作集述，而所謂「五公稱」者，即抄自李之藻譯之《名理探》，唯於《名理探》中論及上帝諸節，胥于删潤，是其異了。《理推之總論》所推究者，亦不出名、理諸項。按之藻譯《名理探》，《五公稱》外尚有《十倫府》，疑懷仁集述之《理推總論》，即出於此。惜《十倫府》一部分流傳甚寡，無由定其是非矣。《形性之理推》及《輕重之理推》作懷仁譯義、著述不等，或爲彼自著。《形性》一部，所論多關幾何原理；《輕重》一部，則所謂力藝之學也。又按俞正燮《癸巳類稿》卷十四書人身圖説後，曾引懷仁此書，云一切知識記憶不在於心，而在頭腦之内，是《窮理學》中或尚集有鄧玉函、羅雅谷論人身之書在内。懷仁此書六十餘卷，集當時西學之大成，可稱偉著。其中必有今已不傳之作，籍此可窺梗概，而僅殘篇斷篇，流傳於世，則其幸豈止懷仁一人而已哉！